姚大力 著

边疆史地十讲

复旦大学出版社

目录

匈奴帝国与汉匈关系的演化
　　——早期北亚史札记　1

论拓跋鲜卑部的早期历史
　　——读《魏书·序纪》　85

大月氏与吐火罗的关系
　　——一个新假设　113

"吐蕃"一名的读音与来源　143

"大中国"的诞生
　　——元王朝在中国历史上的定位　157

元乡试如何确定上贡人选及其次第
　　——读《三场文选》札记　195

《混一疆理历代国都之图》中的岛屿状南亚　257

腹地亚洲边疆与中国历史

  ——读《中国的亚洲内陆边疆》札记　297

沟通欧亚的"瓶颈"

  ——中西文化交流史上的新疆　351

马札尔人是西迁鞑靼部后人吗?

  ——评《中国北方诸族的源流》　387

匈奴帝国与汉匈关系的演化
——早期北亚史札记

一、"匈奴"之名能追溯到远古吗？

匈奴应是公元前 5—前 4 世纪形成的蒙古高原上出现最早的游牧人群。

作为用现代历史学的理念及方法研究匈奴史的开山之作，王国维的《鬼方昆夷猃狁考》继承了中国民族史书写中一种源远流长的叙事范式。他将活动于蒙古高原的胡或匈奴的历史，向上一直追溯到晚商，认为这个人群历经千余年始终保持着 Hun 的名称。他声称，对这一点不唯"自音韵学上证之有余"，而且以其地理分布言之，亦"全相符合也"。

他写道："古之獯鬻、猃狁，后人皆被以犬戎之名。……尔后强国并起，外族不得逞于中国。其逃亡奔走、复其故国者，或本在边裔、未入中国者，战国辟土时，乃复与之相接。彼所自称，本无戎狄之名，乃复以本名呼之。于是胡与匈奴之名，始见于战国之际。与数百年前之獯鬻、猃狁先后相应。其为同种，当司马氏作《匈奴传》时盖已知之矣。"①

王国维高屋建瓴的眼光，表现在他一眼就看穿了如下事实：汉地社会对于分布在"华夏边缘"之外诸人群的认识过程，大体可分为两个阶段或层次。诸夏先接触到的，是中原之内及其周边较靠近自己的蛮夷戎狄；而后才在戎狄以外，与胡人（即匈奴）相遭遇，接着又先后在胡的东、西两个方向上遇到了过去同样未曾直面过的新人群，于是分别以东胡和西胡名之。

但另一方面，自晚商开始追述匈奴名称之连续性的证据链，在西周末其实已经出现一个致命的断裂。倘若如其所言，从鬼方到昆夷、畎夷的名称中还可以说都含有 kun/qhun 的音节，那么此说在面对玁狁、猃狁的族称时就会碰到解释上的严重困难。因为后一组族称中前一个汉字（玁、猃）的韵尾，直到进入中古汉语后仍都以 -m 收声。于是他只好用两个汉字"合音"为一字的假设来解决这个难题，故先谓"而'玁'字[与'獯']其声虽同，其韵已变"，复谓"其变化惟可于双声求之，殆先有'獯'音，而后有'玁狁'二字之合音也"。此即分别采用按中古音韵认定的前一字声母和后字之韵母合为一音 ($qh[am]-[j]un>qhun$)，用"玁狁"两字拼出"獯"字之音。王国维在这里采用的"合音"，其实就是后世所谓反切法。但也许出于是否能把反切法的出现推前到先秦意存犹豫，他宁可用"合音"这样含糊的说法。

---

① 王国维：《鬼方昆夷猃狁考》，载《王国维遗书》(2)，上海：上海古籍书店影印本，1983 年，《观堂集林》卷十三，叶 6A、10A，叶 12A 至 12B。又，陈寅恪曾以为，"胡"为族名，或即 Hun 之尾辅音 -n 脱落所致。是颇可备一说。

这很容易让人想起顾炎武《音学五书》对"反切之始"的讨论。在他为"反语不始于汉末矣"的论断所引述的三十六条举证中，至少有近一半不能成立（参见"附录壹'反切之始'用例考"）。这与顾氏把"二声合为一字"与反切法混为一谈有很大关系；而当时人还不知道上古音中有复声母的存在，则更加重了对"合音"即"反语"的误解。它最明显地表现在"何不为盍""'句渎'正切'谷'字"两例中。"何不"两字相切当读为 $guɯ$ （＜$g[aal]$-$[p]ɯ$），而无论如何也切不出"盍"字之音（$gaab$）来。"谷"的上古音作 $kloog$，而"句渎"相切得 $koog$（＜$k[oo]$-$[l']oog$），与"谷"字的上古音并不相符①。

反切当然是一种特殊的"二声合为一字"之方式。但在后者中还包括着反切之外的另一种"合音"形式，那就是将两字疾读而合为一声。如疾读"何不"，使合为一字，则其音与"盍"相近（$gaap$＜$gaa[l]$-$p[ɯ]$）。在上古音存在复声母的前提下，许多被顾炎武混同于反切的例证，其实只能用"疾读"式的合音法予以解释。如上引"句渎"为"谷"之例，"谷"音 $kloog$，恰与"句渎"疾读为一字的音值 $kl'oog$（＜$k[o]$-$l'oog$）相近。又如以"蒺藜"为"茨"之例②。其上古音分别是 zit-rij 和 zli。按反切法，"蒺藜"相切音 zij，与"茨"的上古音不符。只有采用疾读，合"蒺藜"为一声，其音为 $zrij$（＜zit-rij，-t、r-舌音相并），方得与"茨"的上古音相近。

---

① 顾炎武：《音学五书·音论卷下》，《顾炎武全集》（2），华东师范大学古籍研究所整理（《音学五书》整理者为刘永翔），上海：上海古籍出版社，2011年，页68、69。此处上古音拟构见郑张尚芳：《上古音系》，上海：上海教育出版社，2003年，页392、282、350，页391、385、543。

② 《音学五书·音论卷下》，页69。

顾炎武的举证虽多有未安之处，但在他引述的例子里，终究还有十余条只能用类似后世的反切法才说得通。王国维应当对这一点看得非常清楚，所以在其论证中虽避免明确提及反切，却仍暗用反切原理，把獯与狎狁勘定为同名异译。

可是合"狎狁""猃狁"两字以表"獯"音的说法，还面临另一重无法排除的障碍。那就是在王国维时代普遍认为"獯""狎"两字的上古音声母相同的见解，现在已被很多古汉语专家看作是不正确的。"獯"是一个单声母字（qhun），而"狎""猃"同为复声母字（hngram?、 qhram?）①，其声母都带一个流音后垫-r。故即使认可上古存在类似后世反切的"合音"，仍难以证明"狎狁""猃狁"的二合之音与 Hun 的族称相谐。可见从音韵上无法把匈奴的名称上溯为"狎狁"或"猃狁"。

毋宁认为，上述"狎狁"或"猃狁"，原是比它下一波的匈奴更早即已现身西北的非诸夏人群。而当匈奴与诸夏相遇之时，"狎狁""猃狁"或已变成虽与诸夏相异却早就本土化的"他者"。王国维说，"入春秋后，始谓之戎，继号曰狄"②，二者都是出于诸夏的他称，所指即"狎狁"或"猃狁"。此一论断，今天看来仍然是可以成立的。

---

① 上古音拟构见郑张尚芳：《上古音系》，页 327、440。拟构中的-? 为非响音收尾，带有该收尾的汉字在四世纪以后演变为四声之中的上声字。又，狎狁之名的前一字，金文多写作"严""厣""㹞"等。如果《诗经》里的"狎狁"（甚或《史记》之"猃狁"）可以看作是汉代经学家针对该族名在上古的种种异写所厘定的通名，那么前举诸字的读音自应与"狎""猃"之声韵相通。

② 王国维：《鬼方昆夷狎狁考》，《观堂集林》卷 13，叶 1A。

所以，诸夏（及其前身）在西北方向上所先后面对并被王国维视为始终如一的那个"他者"，实际上很可能包含着前后三批不同的人们：最先是约公元前四千纪初从原始汉藏共同语分化出来的原始藏缅语各族的祖先人群①；自公元前二千纪下半叶起，则是由前者中之一部分与从北亚南下的人群相混合而成的猃狁或戎狄（详见下节）；到战国中叶前后，才是形成于北方草原的匈奴边缘人群。

二、匈奴人群的起源

体现在王国维上述研究里的中国民族史叙事范式，具有两项显著的、很容易引发误解的特征。在将匈奴名称上推到远古的意图背后，这一范式事实上把对于族名的追溯，当作辨认一个被称为"民族"的固有人群共同体发育进程的最基本路径。族名的延续和演变，就这样被简单并且不言而喻地视为某个特定人群血脉传承的历史证据。不仅如此，该叙事范式还习惯于从"华夏边缘"去寻找中国以外世界各不同人群的起源。按照此种见解，古史中的戎狄往往被认为是分布于华夏周边且与之同源的各畜牧或农牧兼营人群。但在实际上，戎狄的一个重要来源很可能是从旧石器晚期以来就活动

---

① 最近的分子遗传学研究表明，原始汉语人群和原始藏缅语各人群，在公元前3900年的中国西北地区，从原始汉藏共同语人群创造的前期仰韶文化共同体中互相分离开来。因此汉语祖先人群在他们西方所接触到的最早的他族，应即后来的藏缅语各族祖先人群。见 Menghan Zhang, Shi Yan, Wuyun Pan, Li Jin, Phylogenetic evidence for Sino-Tibetan origin in northern China in the late Neolithic, *Nature* 569, 2019, pp.112-115。

在西伯利亚的古老人群中南下的人口。

马利清在十多年前综述中国北部边疆的考古文化时,曾十分敏锐地写道:自朱开沟文化末叶(约前 1500 年)起,鄂尔多斯地区考古文化的面貌发生了重大改变;从更北方南下的人群"带来了新鲜的、更适应环境的生产和生活方式"。此一见解与最近发表的分子遗传学研究若合符节。分布于北亚的该人群在公元前 3000 年至前 1000 年间经历过一次大规模人口扩张,其南下各支系很可能就是汉文史料所称獯鬻、猃狁或戎狄的重要构成部分。马牛羊等家畜,乃至牛马牵引的大车或许就是经由他们被引入东亚的。基因的证据表明,戎狄不但逐步融入了已从原始汉藏共同语分离出来的原始藏缅语诸人群,出于他们的一个父系单倍体 Q-M120 还在上述时期之末进入诸夏共同体,终而发展成为汉族人口的父系核心成分之一①。

---

① 马利清:《原匈奴、匈奴历史与文化的考古学探索》,呼和浩特:内蒙古大学出版社,2005 年,页 261。Na Sun, Lan-Hai Wei, et al., Phylogeography of Y-chromosome haplogroup Q1a1a-M120, a paternal lineage connecting populations in Siberia and East Asia, *Annals of Human Biology*, 10 Jul 2019, https: // doi.org./1080/03014460.2019.1632930.前引马著还写道:"春秋时期,北方青铜文化的整体特征有一个较大的变化,殉牲开始普遍流行,游牧色彩浓厚,中原文化因素几乎完全退出了北方草原,在当地彻底销声匿迹,在此前后,应该有过一次北方游牧民族席卷南下的大潮。春秋晚期到战国初,匈奴文化因素在鄂尔多斯、阴山河套地区广泛传播。"见前引书页 301。如果北方青铜文化"整体特征"的"较大的变化"始于朱开沟文化末叶,下延至春秋时期已大体完成,那么它显然不可能是由"一次北方游牧民族席卷南下的大潮"带来的,因为其出现时间上要先于游牧文化,特别是匈奴文化在蒙古高原的存在。而被史籍称为"戎狄"的人群自北方南来,恰当公元前 1000 年之前后数百年间,倒很可能是上述文化变迁的有力推动者。当然他们还不是游牧民。已有学者指出:"獯鬻是与周人一样利用战车而不是骑马作战的民族";"在很微妙的意义上,他们可能是兴盛于商末周初之际的鄂尔多斯青铜文化的文化继承者。他们或许根本就不是游牧民族;⋯⋯他们的生活方式并没有因为北方草原上正流行的向游牧经济的转变而发生太 (转下页)

蒙古高原上出现真正的游牧人群，是在公元前第一千纪之内的事情。他们自然可以来源于高原周边的四面八方，如西伯利亚南缘的森林或森林草原、中亚绿洲边缘的中纬度荒漠带、大兴安岭两侧的山地、欧亚草原带的中西部地区，其中当然也包括出于诸夏北方或西北的农牧混合带者。位于秦汉西北边境的楼烦与林胡，其名称与几百年前的猃狁前后相承，似可表明这个族称的存在从东周一直延续到秦汉①。

现在已经很难确知，秦汉时被指称为楼烦、林胡者，究竟是否猃狁的后裔人群。但大致可以断定，这些群落中人口的大多数活动在当地已多历年所，并不是随匈奴的扩张而抵达那里的"新来者"，而属于最终被纳入不断扩大的匈奴游牧共同体之内的新成员。这可以看作华北边缘人群加入匈奴之中的一个具体例证②。考

（接上页）大的波动"。见李峰：《西周的灭亡：中国早期国家的地理和政治危机》（增订本），徐峰译，上海：上海古籍出版社，2016 年，页 156—157。武沐也已在综合诸家之说的基础上揭示说，史料中的戎狄分布地区虽广，"但几乎没有深入到北方草原文化带的记载"。金文中并且还留下了西周前期攻伐鬼方，俘略其车辆的记录。见武沐：《匈奴史研究》，北京：民族出版社，2009 年，页 20、23。

① "猃狁"的前期上古音为 qhram-lon，其秦汉音读演化为 qhram-ʎon；而"楼烦"的秦汉音作 gro-ban＞gro-man，两者音甚近。很难令人相信，音译汉字的读音变化会真实地反映这个族名在其源语中的类似语音变化。不过"楼烦"之"楼"与"烦"字的声母相合的读音（gro＋b-＞grom-），确与"猃狁"之"猃"的字音（qhram-）颇相似。它们应当与"林胡"之"林"（gruɯm）一样，仍可视为对同一个外族名称的汉字音译。

② 方回曾就胡与林胡、楼烦的关系问题评论说："匈奴即胡也。林胡、楼烦亦胡之别种也。'苏秦传'，其说燕王，谓'北有林胡'。则匈奴是时未全有北土。"见魏了翁撰、方回续：《古今考》卷 26，"史记·世家·赵武灵王胡服骑射"条，明崇祯九年刻本，叶 13B。

古研究在宁夏固原、银南，内蒙古西部、东部，以及东北地区相当于东周时代的许多遗址中，辨认出其起始多晚于戎狄文化的"与胡有关的遗存"，以及各地胡文化遗存的内部差异。这些遗存中的居民骨殖，"以当地的古华北类型为主，同时出现了南下的北亚人种和北上的中原居民"①。

"充分流动的畜牧业"(fully mobile pastoralism)在欧亚草原带的崛起，最早或始于公元前1200年前后②。从公元前第二千纪末到前一千纪中叶，欧亚草原上的设防据点和农牧混合经济定居点渐次消失，取而代之的是普遍出现在上述转变阶段末期的以跨骑于马背之上从事游牧为基本特征的畜牧业经济。推动着这一转变的根本原因，究竟是人口的大规模迁徙和替代，抑或军事精英集团的入侵与征服所带来的新文化，还是由于各地原有人群相继采纳了一种相对

---

① 杨建华、邵会秋、潘玲：《欧亚草原东部的金属之路：丝绸之路与匈奴联盟的孕育过程》，上海：上海古籍出版社，2017年，页377—402。引文见页400。林沄在《中国北方长城地带游牧文化带的形成过程》（载《燕京学报》新14期，北京：北京大学出版社，2003年）里，基于他过去对春秋战国时期长城沿线六个"考古文化类型"所从事的细致剖析，明确提出"戎狄非胡"的观点。按，相对于"胡"，这时的"戎狄"已演化成为诸夏所熟悉的在地化人群。又按，西方学者稍后也曾提出，传统意义上的中国"北方"文物，尽管从类型学角度具有一定程度的共同性，但根据它们在视觉象征和冶金技术方面所呈现的地区性区别，还可以被分划为太行山东西两大区域。见 Emma C. Bunker, First-millennium BCE *Beifang* artifacts as historical documents, in Bryan K. Hanks & Katheryn M. Linduff, *Social Complexity in Prehistoric Eurasia: Monuments, Metals and Mobility*, published in U.S.A. by Cambridge University Press, 2009, pp.272-294。

② Colin Renfrew, Introduction, in M. Levine et al edit., *Late Prehistoric Exploitation of the Eurasian Steppe*, Cambridge: McDonald Institute for Archaeological Research, 1999, pp.1-4. 引语见p.3。有关这个问题的讨论，参见下文。

新式的生计方式？就蒙古高原南部各边缘区域的当日文化变迁而言，一部分戎狄及"胡人"的先后侵入固然不能排除，但其规模恐怕远不足以在其所至之处实现人口替代。吉迪·谢拉赫甚至怀疑在诸夏文明的东北边境存在源于外部人口的"新来者"。他认为，赤峰夏家店下层文化与其上层文化的物质属性之间，既反映出文化连续性的一面，同时也由于后者所体现的"草原风格"乃至"草原认同"而存在巨大的差异。但他不赞成用外来"军事精英"侵入模式来解释这种差异的产生，而认为带动此一文化变迁的，是"采纳了外部象征符号和技术来扩大其权力与特权的当地精英"①。

巴菲尔德在他的评论里引述在北美迅速传播开来的崭新的"平原印第安文化"，来呼应谢拉赫对"少数精英从外部进入并统治当地原有人口"说的质疑。西班牙引入新墨西哥的家马对印第安社会造成了巨大的冲击。在一百年之内，各种不同起源的形形色色当地部落全都采纳了包括马匹跨骑、野牛捕猎和使用帐篷在内的相同文化行为。"这一组合文化的传播既非由于单个野牛捕猎人群的扩张，

---

① Gideon Shelach, Violence on frontiers? Sources of power and socio-political change at the easternmost parts of the Eurasian steppe during the Late Second and Early First Millennia BCE, in *Social Complexity in Prehistoric Eurasia: Monuments, Metals and Mobility*, pp.241-271; Gideon Shelach, Early pastoral societies of Northeast China: Local change and interregional interaction during c. 1100-600 BCE, in Reuven Amitai & Michal Biran, *Mongols, Turks, and Others: Eurasia Nomads and the Sedentary World*, Leiden: Brill, 2005, pp.15-58. 赤峰地区位于农牧混合带边缘。后一篇论文注意到，这里几乎一直有农业活动的存在。作者并且强调说，夏家店上层文化还不属于游牧文化。农业仍是其重要资源之一，只是它的重要性已随着该文化对畜牧依赖程度的增加而显著下降。

也不是由新到来的野牛捕猎精英对于原先不从事野牛捕猎人群的统治所导致。那是因为当地人口的各种组成部分，包括从事河谷种植的各类定居社会、流动的森林采猎者，以及山岭和平原上的徒步狩猎者，全都接受了上述组合文化。"①

当然，我们也不能由此就轻率地以为，从华北农牧混合带脱离出去、融入匈奴的人群，构成了匈奴的人口主体。拉铁摩尔在肯定匈奴中应当含有从诸夏周边地带流入蒙古高原的汉藏语系诸人群成分的同时，又明确指出："如果草原社会的形成是基于一部分'旧社会'边境的残余人群，而这些人群又与汉人同源，那么，为什么草原的主要语言属乌拉尔—阿尔泰语系，而与原始汉语完全无关呢？"②他据此认为，匈奴人口的主体并不来源于汉地边缘。

值得注意的是，根据俄罗斯考古学家诺芙格罗德娃在其名著《古代蒙古》里的研究，晚期青铜及早期铁器时代漠北蒙古高原上的考古文化，可以大体划分为三个大类型（见图1），她分别称之为"带有用赭石粉所绘图像之'围栏'的分布地区"（北部）、"流行石板墓的历史文化区域"（东部），以及"流行赫列克苏尔式遗迹与鹿石的历史文化区域"（西部）③。

---

① Thomas Barfield, Introduction, in *Social Complexity in Prehistoric Eurasia: Monuments, Metals and Mobility*, pp.235-240.

② 拉铁摩尔：《中国的亚洲内陆边疆》，唐晓峰译，南京：江苏人民出版社，2005年，页290。

③ Элеонора Афанасьевна Новгородова, *Древняя Монголия: Некоторые проблемы хронологии и этнокультурной истории*, Москва, Наука, 1989, Стр. 256. F. Allard 在对一组研究欧亚草原"社会权力、纪念性与移动性"的论文进行评论时指出："俄国和蒙古考古学者在过去提出的一些文化变迁解释模式中，十分依赖于不同考古文（转下页）

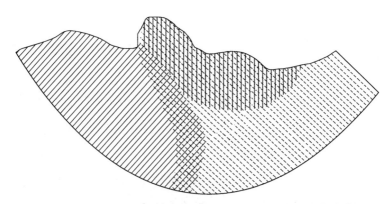

图 1　青铜及早期铁器时代西北蒙古高原考古文化分布示意图①

资料来源：据诺芙格罗德娃《古代蒙古：关于年代学与民族文化史的几个问题》（莫斯科：科学出版社，1989 年）页 256 原图改制。

诺芙格罗德娃三十年前的上述见解，与新近从分子遗传学研究

(接上页)化与文化上被界定为不同特定人群之间的对等性。这一取径很久以来即被大多数西方考古学家所放弃。于是，诸如呼尼河谷等以鹿石、赫列克苏尔与石板墓并存为特征的蒙古地区，就被看作是三种移动人群重叠分布的区域，其中每个群体都在当地景观中留下了它们独特的文化产物。"见 Social Complexity in Prehistoric Eurasia: Monuments, Metals and Mobility, pp.323-329. 不过二十多年来的古人类基因研究已充分表明，大规模人群流动、基因交流乃至人口替代事件确实曾在青铜和铁器时代的欧亚草原多次发生。因此对人口变迁与某个人群所持有的特定文化分布范围扩大或缩小之间存在某种因果关系的可能性，似乎也还不能一概加以否定。克利斯蒂安在评论几种讨论游牧文化在欧亚草原上早期历史的著作时指出：在审视出土器物特征与特定人群之间有无关系时，被西方考古学家自 1960 年代以来就敬若神明的"瓶瓶罐罐不等于人群"(Pots are not people) 原则，不应该在方法论上成为一种过分的束缚。他说，"瓶瓶罐罐"在有时候可能真的就与特定人群相对应。有时候我们也可能提出非常强有力的理由，把文化之间的差别与创造这些文化的说不同语言的不同人群之间的差别互相联系在一起。见 D. Christian, "Pots are not people": Recent books on the archaeology and history of Central Eurasia, *Journal of the Economic and Social History of the Orient* 54-5, 2011, pp.520-527。

① 本示意图未包含属于中国疆域的内蒙古地区。

所获得的认识，在很大程度上可以互相支持。与匈奴几乎同时兴起的东胡或鲜卑人群的父系核心基因类型，就继承自约公元前第二千纪活动于蒙古高原东部人群中的父系遗传主成分。这就是说，在蒙古高原上自东向西分布的，应是与原通古斯语人群有遥远亲缘关系的原蒙古语各人群①。大约自公元前一千纪起在高原西北融合而成的突厥语系诸人群，则逐渐自西向东分布，并像被它融入其中的那些来自东部蒙古人群的祖先们一样，继续朝着西和西北方向侵入从前分布其他不同人群的地域②。而从外贝加尔地区自北向南分布的

---

① 参见李辉、金力：《Y染色体与东亚族群演化》，上海：上海科学技术出版社，2015年，页265—273；韦兰海：《蒙古语诸族的分子人类学溯源》第二章第一节"蒙古语诸族的父系遗传结构和主要父系类型"（未刊书稿，经作者同意后引用）。原通古斯语和原蒙古语人群的共祖年代在大约15 000年前。又参见Jeong C., Wang K., Wilkin S, et al., A dynamic 6,000-year genetic history of Eurasia's Eastern Steppe, *Cell* 183, 890-904, Nov. 2020. 本文也把青铜时代蒙古高原的人类遗传结构分为三个类型，分别是位于东部蒙古的"远古东北亚各人群"，位于北部蒙古的远古东北亚和远古北欧亚人群的混合体，以及位于西部蒙古的远古东北亚人群与阿尔泰山之西"西部草原畜牧人群"的混合。对远古常染色体的分析尚无法在原蒙古语和原通古斯语人群间作出区分，但这里所说的以Ulaanzuukh遗址和石板墓遗骨为代表的东部蒙古高原人群，显然属于各种原蒙古语人群。

② 参看Allentoft, ME, et al., Population genomics of Bronze Age Eurasia. *Nature*, 522（7555），pp.167-172. 据此文，直到青铜时代结束时为止，欧亚草原上由印欧语人群占支配地位的地域，最东到达图瓦—阿勒泰—天山廊道及其以南的塔里木盆地周边，以及西北部蒙古高原的部分区域。唯此种状况自铁器时代始即发生改变。尽管分布于东哈萨克斯坦草原、阿勒泰—图瓦山区的"东部斯基泰人"与"西部斯基泰人"比他们所在的这两个地区的现代人口之间的遗传关系要近得多，但他们仍应被视为有各自独立的起源，前者并在公元前第一千纪经历过一次重大的人口扩张，有诸多西伯利亚狩猎—采集人口混合其中，其基因成分所占比例高达44%之多。而拥有与东部斯基泰人遗传同一性的人口，后来几乎排他性地分布在突厥语族各人群中。见M. Unterländer, Z. Hofmanova, M. Gross, et al., Ancestry and demography and descendants of Iron Age nomads of the Eurasian steppe, *Nature Communications* 8：14651，（转下页）

居民，则主要由两大人群混合构成，其中大部分是在更早的时代就生活在当地的与乌拉尔语人群有亲缘关系的古代北亚部落，小部分是从西部扩散到当地的与叶尼塞语人群有亲缘关系的铜石并用文化持有者，此外还有自东向西扩散到那里的少数与通古斯语人群有亲缘关系的远古人群①。无论匈奴的统治部落属于上述三者中的哪一

（接上页）Mar. 2017；又见 Damgaard PB, et al., 137 ancient human genomes from across the Eurasian steppes. *Nature*，557（7705），2018，pp.369-374。这两篇论文在有关东、西斯基泰人之间是否存在基因交流的问题上看法很不一样。前者认为仍存在主要是自西向东的基因流动。后者则认为，他们之间似不存在明显的基因交流。突厥语诸人群的起源地，就在与上述地区相邻乃至重叠的蒙古高原西部。因此这个人群的构成成分与文化来源都显得相当复杂。赫列克苏尔—鹿石文化当然不能被等同于突厥语人群的文化；但说突厥人的文化是由前者孕育而成，应该没有什么问题。由此看来，突厥诸语言恐怕也不应包括在主要是由蒙古语族和通古斯—满语族（也包括朝鲜—韩语和日本语）组成的"阿尔泰语系"之中。

① Jeong, CW, et al., Bronze Age population dynamics and the rise of dairy pastoralism on the eastern Eurasian steppe. *PNAS*，115（48）E11248-E11255；first published November 5, 2018；Peter de Barros Damgaard, et al., The first horse herders and the impact of early Bronze Age steppe expansion into Asia, *Science* 10.1126/ science aar.7711, 2018.前文表明，活动在外贝加尔地区和北部蒙古的晚期青铜时代牧民，绝大部分属于前期青铜时代当地狩猎采集民的后裔，由欧亚草原中西部人群的东迁运动带给他们的遗传贡献，不超过7%。但对其齿垢进行质谱法分析所获得的蛋白质证据表明，他们的日常食物中包括牛、绵羊和山羊的乳制品。可见放养反刍类乳畜的畜牧生产的方式，已经从西部传入蒙古高原。根据后文，该地域范围内此前曾经历过两次重大的人口事件。第一次是由新石器时代远古东北亚人群替代了旧石器时代晚期曾分布在那里的远古北欧亚狩猎—采集部落（引者按，此指携带 N 单倍型的乌拉尔语祖先人群在 1.3 万年至 9 000 年前从中国东北迁往贝加尔湖即西西伯利亚地区）；第二次发生在新石器与早期青铜时代之间的 1 500 年间，远古北欧亚的分支又陆续来到这里，与远古东北亚人群发生不同程度的基因交流与基因混合。除此之外，青铜时代也有原通古斯语人群向西扩散，加入第二次人口替换后的贝加尔湖沿岸人群。在蒙古高原，这些不同来源人口中的大多数，最终似乎都被融合在西半部的铁勒—突厥或东半部的原蒙古语人群中。上引文献未具体提及乌拉尔语祖先人群的迁徙；此项知识蒙厦门大学韦兰海老师示知。本文引用的对北亚人群分子遗传学分析的论文，也多承他推荐或提供。谨致谢意。

部分,被囊括在一个称为"匈奴人"的军事—政治共同体之中的游牧人口,总之是以这三大人群为其主要构成部分的。

我们当然也必须注意到,不应该想当然地以为,由考古学所界定的文化必定与历史上的某个特定人群具有直接的关联,因而不同文化的划分可以与历史上不同人群间的划分相匹配。甚至连考古文化本身都"是一个颇成问题的概念,它至多也只是某种便利顺手的篮子,可以把看起来相似的那些人工物品的组合放在一起,它还经常不加斟酌地接受下述假定,即一定形态的文化必与从前的某个人群相适配"。考古文化尤其不能被先验地等同于时代上晚得多的那些有历史记载的族裔群体的祖型文化[①]。更不用说,不同文化之间的互相渗透与交融,使它们之间的区别趋于模糊。而在看来长期维持着某一文化传统的人群中,也完全可能发生由基因交流和基因混合所导致的群体遗传结构的改变。

不过,考虑到所有这些制约因素之后,也许我们仍可以在较为宽泛的意义上把原蒙古语和原突厥语人群的起源和发育,定位在蒙古高原上述三大地域区分的格局之内。而远古西伯利亚各种人群对蒙古高原的影响,后来被逐渐淹没在蒙古和突厥语系诸人群及其文化进一步发育的历史过程中。除去可能以极其稀薄的比例遗留在后续人群中的基因片断外,从阿尔泰山—萨彦岭地区进入北部蒙古的阿凡纳羡沃铜石并用文化持有者们,以及其他印欧语人群(包括安

---

① Philip Kohl, *The Making of Bronze Age Eurasia*, Cambridge: Cambridge University Press, 2007, p.17.

德罗诺沃人群及更晚的其他东伊朗语人群等）的历史踪迹，后来也都完全被淹没了①。

这个问题之所以很值得提出来，是因为在月氏、匈奴及其之后的千余年里，出现在蒙古高原上的一系列游牧"民族"，其实都是由上述三个人群联合构成且并未经历真正意义上文化或族群整合的某种政治共同体（或曰"政治体"，即 polity，如罗新所称呼的那样）。被外部世界视为统一体的鲜卑、柔然、突厥、回鹘等人群内部，实际上都包含着多至数十个保持着各自不同的语言、生计方式、祖先传说与信仰传承的大型部落组织。就此而言，外部世界看到的蒙古草原上一波接一波的"民族"变迁，不过反映了轮番强大起来并具有不同语言文化背景的若干游牧部落，先后取得草原社会内部最高支配权的实情而已。

蒙古高原上各不同族群及其文化长期未经整合的局面，终因蒙古民族的形成而得以改变。这是蒙古人在中国北方民族史上的地位十分独特的重要原因之一。

这里还需要顺便指出，尽管蒙古帝国和元王朝的建立，是使古

---

① Vitali V. Volkov, Early nomads of Mongolia, in Jeannine Davis-Kimball, Vladimir A. Bashlov, & Leonid T. Yablonsky edit., *Nomads of the Eurasian Steppes in the Early Iron Age*, Berkeley CA: Zinat Press, 1995, pp.319-335; Damgaard PB, et al., 137 ancient human genomes from across the Eurasian steppes.据前一篇带研究性的全面综述，阿凡纳美沃文化曾进入过蒙古高原北部。此外在公元前一千纪或再稍早一点，连接萨彦岭和阿尔泰山的西北蒙古，仍与它更西面诸地区处于同一个"族群—文化区域"。那里墓葬中的骨殖属于混合了北亚人群成分的欧罗巴种族。这部分血脉后来大概主要混入了突厥人之中。后一篇论文则通过古人类基因分析揭示出，匈奴人群中除包含了起源于北亚的各种成分外，也有一些呈现出在相当程度上与西部欧亚草原的人群相混合的成分。

代蒙古人走上民族形成道路的重大促进因素，但是直到元朝的统治在汉文明地区被全面推翻，蒙古民族共同体形成的历史过程还远远没有完成。蒙古族集体身份意识的真正形成，应当发生在晚明至清前期的一百数十年之间。

鉴于古代蒙古高原游牧人群的多样性，所谓"谁是匈奴"，或者"匈奴人讲的是什么语言"，只有当转换为"谁是匈奴中的统治部落"或"匈奴统治部落究竟说什么语言"的提问时，才真正得以成立。

对于匈奴统治部落所操语言的早期研究，可参见亦邻真发表于1979年的一篇论文的评述。他认为匈奴语很可能不属于蒙古、突厥或通古斯—满三个语族中的任何一种，因此不能排除它属于"阿尔泰语系中原曾存在[的]第四种语族的可能，更不必说阿尔泰语系以外的语言了"①。那么，他们说的又会是"阿尔泰语系以外"的哪一种语言呢？

贝利引述了近三十个留在文献记录里的匈奴语汇，包括专名、普通名词等，认为都可以用伊朗语对它们进行词源学解释。释图澄在石勒出兵刘曜前向他开示的那首著名的十字谶言（"秀支替戾冈，仆谷劬秃当"），也被贝利译释为用汉字记音方式呈现的伊朗语读音。他批评兰司铁、巴津、葛玛丽等人用突厥语对它进行的解读，说这些解读都离开了史料提供的汉文翻译原意②。贝利的见

---

① 亦邻真：《中国北方民族与蒙古族族源》，载《亦邻真蒙古学文集》，呼和浩特：内蒙古人民出版社，2001年，页544—582（原载《内蒙古大学学报》1979年第3—4期）。他在本文里提出，在分析匈奴语言时，需要分清匈奴统治部落与它统治之下"形形色色的部落、民族和语言"。

② H. W. Bailey, Huna, in *Indo-Scythian Studies*, *Being Khotanese Texts*, Vol.Ⅶ, London: Cambridge University Press, 1985, pp.25-41.

解，仍值得今日人们继续关注。

蒲立本则在20世纪60年代就提出，"最简单的解释就是，匈奴人说的是一种叶尼塞语言"①。本世纪初，又有学者在纠正蒲立本阐释中若干未确之处的基础上，比照现代叶尼塞语来分析十字谶言。他肯定了蒲立本关于匈奴上层所说应为叶尼塞语的结论②。

关于该谶言的一项最新研究，再次试图把它的源语解释为突厥语③。但是此文对古代汉字读音的处理，似乎过于随意。标题中对"羯"字的拟构（chieh）就错了，"羯"属"月"部字，其中古音收声辅音应为-t。并且按此种错误的拟构，"羯"的源词也不可能再是作者所建议的 *Kir。对谶言中音写汉字的拟音，也有多处与中古汉语的读音不相符。如把声母应属齿音的"之"字（tj-）拟构为牙音的 ke-，把后鼻音字"冈"拟构为前鼻音 kan，"谷"字的中古音作 kok，却被拟构为 lug。本文的可信度因此也受到不可避免的损伤。

对匈奴时期若干贵族墓主骨殖的分子遗传学检测，似乎支持匈奴统治人群与今日说叶尼塞语的 Kit 族同祖的推测④。不过这个结

---

① 蒲立本：《上古汉语的辅音系统》"附录·匈奴语"，潘悟云、徐文堪译，北京：中华书局，1999年，页201。

② Alexander Vovin, Did the Xiong-nu Speak Yeniseian Language? *Central Asiatic Journal*, Vol.44, No.1, 2000, pp.87-104.

③ Andrew Shimunek & others, The earliest attested Turkic language, the chieh（羯）* kir) language of the fourth century A.D., *Journal Asiatique* 303.1, 2015, pp.143-151.

④ 黄韵之、李辉：《遗传学和语言学证据指向匈奴属于叶尼塞语系人群》，《清华元史》第3辑，北京：商务印书馆，2015年，页435—456。又，据2003年发表的对保存很好的一个匈奴时代墓地的出土骨殖所进行的分子遗传学分析，这里可能是一个由突厥部落在公元前3世纪至公元2世纪间使用的坟地，位于蒙古国北部额金河流域。见 Keyser-Tracqui C, et al., Nuclear and mitochondrial DNA analysis of a 2,000-year-old necropolis in the Egyin Gol Valley of Mongolia, *Am. J. Hum. Genet.* 73.2, 2003, pp. 247-260。

论看来也还需要有更多基因样本的分析结果作进一步验证。

值得我们注意的是，史料明言羯人石勒的身世由来云："其先匈奴别部羌渠之胄。"周一良指出，北朝史文"凡言别部者，谓种族不同而相隶属"。而所谓羌渠，谭其骧以为即康居异译，是羯胡源出于"康居之臣民降附匈奴"者。陈勇在新近的研究里进一步揭明，魏晋时期的羯或羯胡是一种具有特指含义的部族标识，是杂胡中的一种，与其他杂胡并称"胡羯"。石勒起兵时，部属中羯人的比例原本并不高。后赵建国前后，并州杂胡大量涌入羯族，遂形成"以羯为名的并州杂胡共同体"。这个"羯胡"集团，与拥有"匈奴"名号的刘渊族人及五部屠各之间的身份区别，是非常明确的①。

如果羯胡确实源于康居人，而上举谶言又确实与叶尼塞语相类，那么我们由此或可推知以下三点。其一，羯语几乎不可能属于叶尼塞语系统，因为康居人说的应该就是类似此后之粟特语那样的东伊朗语。其二，既然已知匈奴统治部落与羯人族属相异，那么匈奴本部落的语言，也不可能再与羯语，亦即东伊朗语同。其三，然而石勒极可能是业经匈奴化的羯人，因此十字谶言的源语并非羯语，而是匈奴语；也就是说，匈奴语应与叶尼塞语相类似。关于这个问题，尚待今后进一步的发现与研究来予以解答。

总之，所谓匈奴游牧共同体，并不是现代意义上的"民族共同

---

① 周一良：《论宇文周之种族》，《魏晋南北朝史论集》，北京：中华书局，1963年，页224。谭其骧：《羯考》，《长水集》，北京：人民出版社，1987年，页236。按谭文，"康居之臣民"，指粟特、塔什干一带臣属于康居之"伊兰族人也"。陈勇：《后赵羯胡为流寓河北之并州杂胡说》，《民族研究》2008年第1期，页66—75。

体",或者这一性质的共同体在历史时期的某种形态,而是蒙古草原上最早形成的大型的游牧人政治—军事共同体。

三、如何看待游牧生计的起源问题

欧亚草原上游牧经济形式的一般特征,被哈赞诺夫极其简练地概括为如下几点:(一)以羊群(绵羊与山羊)为主要畜养对象的马上放牧,其他牧畜包括马匹、牛、骆驼等;(二)畜牧业是恒常的经济活动形式;(三)终年以不使用畜厩的自由放牧形式维持畜群;(四)根据放牧经济的需要,在某个特定的放牧地段或这些地段之间周期性迁徙(尤其是在春、秋季分别向相对固定的夏牧场和冬牧场迁牧);(五)人口的全部或其主要部分都参与游牧活动;(六)以生计的维持作为基本生产取向(因而与以资本主义方式经营的牧场不同)[①]。

支撑着上述游牧类型的自然环境,亦即欧亚草原带,横亘于欧亚大陆北部,东西长达8 500公里。严格地说起来,它基本是在北纬58°至45°之间的地理宽幅内摆动。蒙古高原有很大一部分地域位于该宽幅之南。因此今内蒙古除呼伦贝尔之外,都未在水草最丰美

---

① Anatoly M. Khazanov, *Nomads and the Outside World*, Trans. by Julia Crookenden, Second edition, Madison, Wisconsin: The University of Wisconsin Press, 1994, p.16.大多数研究早期欧亚草原半游牧或游牧文化的考古学家,都称这些从事流动畜牧业或游牧的人群为牛群牧放者。牛曾是古代游牧人十分重要的运输家畜。哈赞诺夫写道,牛逐渐停止使用,可能是在中世纪,尤其是在后蒙古时代。另一方面,前二千纪以往欧亚草原上也难得见到骆驼遗骨。它变得重要起来,似乎也是在蒙古和后蒙古时代。因此在欧亚草原类型的游牧经济中占支配地位的牧畜,实际上是羊与马。见上引书页48。

的草原带范围里。

但是,分布在真正草原带以北的森林草原区,及其以南的半荒漠草原甚至蒿属荒滩,也是游牧人擅长利用的天地,后者并且往往成为他们在长时期的近距离接触中熟悉星罗棋布于旷野乃至沙漠中大小绿洲社会的中介环境。可见,北亚游牧人的活动还要远远超出标准的草原带范围。因此广义的"欧亚草原",也可以被界定为由海拔很低的"低地草原"(含今哈萨克斯坦、土库曼斯坦与乌兹别克斯坦,里海北部低地与南俄平原)和海拔4 500—15 000英尺的"高地草原"(含阿勒泰—图瓦—米努辛斯克山地和蒙古高原)这样两部分所构成①。其中包含了十分多样化的自然地理景观。

活跃于这个地域内的游牧生计,并不是自古以来就一直存在的。所以蒙古高原上从某个时期开始从事草原游牧业的各人群从何起源,与蒙古草原上的游牧生计方式本身如何发生,乃是两个虽然互有关联但不能混为一谈的问题。那么蒙古高原的游牧经济究竟是如何产生的呢?

狄宇宙以为,"中国北部地区游牧文化的形成,很可能与远离中原的一个更广阔的地区有着密切的联系,而发生在中华文化圈内的政治和文化进程对其的影响只是边缘性的"②。在他看来,这个远离中原的"更广阔的地区",位于南西伯利亚—阿尔泰地区,及其以西

---

① O. Lattimore, The geographical factor in Mongol history, in *Studies in Frontier History: Collected Papers, 1928-1958*, Oxford: Oxford University Press, 1962, pp. 241-258.

② 狄宇宙:《古代中国与其强邻:东亚历史上游牧力量的兴起》,贺岩、高书文译,北京:中国社会科学出版社,2010年,页83。

的东北部哈萨克草原。这番话本身并没有什么问题；但它也很容易被误解，使人误认为蒙古高原的游牧文化是从南西伯利亚—阿尔泰地区传入的。

即使游牧经济在蒙古高原上的出现比它以西的毗邻地区略晚，它是否必定意味着游牧方式是从外部传入蒙古的？① 此处所关涉的，实际上更是我们应当如何理解游牧方式的起源这个带有根本性的问题。

《考古中的游牧民》一书作者柯立伯说，与食物生产以及都市生活的起源这样的重大体系转型不同，游牧的起源或许算不上是一种"精确意义上的起源"（a precise origin），或者它在不同地方和不同的时间点上会有许多次起源。在罗里斯坦和中部扎格罗斯山脉，游牧活动曾分别出现在公元前第七千纪、前三千纪，以及前一千纪。他说，从事考古发掘和基本生计方式研究的学者可能会聚焦于较早的那些起源事件，而关注历史学或族群史的学者，则会重视较晚的起源。因此更好得多的做法，是去研究导致游牧出现和衰落的那一系列前提条件，而不是追究它如何起源，并为此而建立各种因果模式②。

---

① 我自己过去曾长期以为，蒙古高原的游牧生计是从它以西地区传入的。这一认识现在看来是完全错误的。

② Roger Cribb, *Nomads in Archaeology*, Cambridge: Cambridge University Press, 1991, pp.9-15. 关于伊朗西部史前游牧经济的研究，可参见 A. S. Gilbert, On the origins of specialized nomadic pastoralism in western Iran, *World Archaeology* 15-1, 1983, pp.105-119, 以及 Kamyar Abdi, The early development of pastoralism in the Central Zagros Mountains, *Journal of World Prehistory* 17-4, 2003, pp.395-448. 前一篇文章认为，专门化的游牧在新石器和红铜时代山脉地区的出现是可能的，不过考古证据尚不能确认它的存在已独立于定居的、可裂变的社群共同体。后者则指出，那个地区的畜牧业，经历了从畜牧、流动畜牧、以定居地为基础的季节性移牧（transhumant）、半游牧等阶段的演化，并已经在前6500至前5500年之间发展出"羽翼丰满的游牧的畜牧业"（full-fledged nomadic pastoralism）。

柯立伯的看法反映出近几十年来在考古和人类学领域内形成的对于各种不同类型游牧经济共同特征的一些新认识。它们强调游牧经济的多样性，以及欧亚草原畜牧社会作为一个"非均衡的制度复合体"的属性。正是由于这些特征，就像前引 A. S. Gilbert 的论文所言，游牧现象或许不应看作是一种具有确凿起源的、如一般所想象那样稳定的制度模式。

所谓多样性，是说主要依靠牲畜生存并保持着有规则的空间移动性的诸多人群，在对牲畜的管理策略、社会组织、土地利用、对农业生产的依赖程度、与外部群体的互动、根据性别和年纪区分生产任务等方面，都存在数不清的差异。游牧人不是一种人群，而是很多种不一样的人群。畜群的放养总是经常与流动性联系在一起。因为牲畜必须终年饲养，但植物生长有季节性。在饲料的生产、收割和储存无法做到的地方，通过移牧来利用季节性草场，就是维持对牧畜有规律供料的最好策略。实现这一策略可以有多种方式和途径，它集中体现出游牧经济所具有的"适应的可变性"特征（adaptive variability）。因此，试图将一系列牧畜移动分判为"季节性移牧""半定居"或"游牧"等类别范畴，"已被证明是一种知识上不会有结果的努力"[①]。

---

① Rada Dyson-Hudson & Neville Dyson-Hudson, Nomadic pastoralism, *Annual Review of Anthropology* 9, 1980, pp.15-61.声名显赫的巴泽雷克文化是这方面最显著的一个例证。从一开始直到现在，它都普遍地被视为游牧文化，至少属于"早期游牧文化"。圆木结构的巴泽雷克墓室，与附近的现代牧人在冬营地居住的带树皮的原木屋十分相像，被 F. Hančar 认为构成了曾经的定居生活在"已然成为完全游牧文明之中的最后遗存"。曾主持过该墓地早期发掘的 M. P. Gryaznov 也主张，那是一个（转下页）

多样性也充分体现在每一个特定游牧人群的内部。

除开畜群和被广泛利用的家畜的各种次生产品（如奶制品、皮毛，用于牵曳或驮载的畜力，乃至作为重要燃料资源的晾干的牛粪等）之外，游牧人还经常谋取其他生存手段，如狩猎、采集、捕捞、农耕，以及专门性手工艺、强劳力提供等替换性机会。游牧作为一种专门化的经济方式，是一种"富有弹性的"专业化经济。它所构成的实际上只是"多资源与多目标的畜牧业"(multi-source and multi-purpose pastoralism)，亦即某种伸缩性极强的混合生计的一部分。据此，针对畜群的高额投资只是游牧人可以采纳的诸多选择之一；即使把核心投资置于牲畜放牧的基础上，游牧人在周期性的移动中也可以实现他们多种多样的追求。

研究伊朗游牧人群的萨尔兹曼还曾指出，甚至在游牧和定居，以及畜牧与农业活动之间的转化，也不意味着某种如表面看来那般绝对的断裂。他说，大部分的经济，无论游牧与否，都同时依赖于利用各种资源的不同生产类型。绝大多数集中很大劳力于游牧的人群，也会从事某些农业活动。它绝不把自己限制于单一的经济行为

（接上页）"完全地从事游牧"的社会。但是上述考古文化最著名的发掘者鲁登柯却以为，它反映的是某种基本定居或半定居的畜牧生存方式。他写道，阿尔泰山的牧草到处都如此繁茂，以至于即使放养最大的畜群，也只需要移动很短的距离。不那么富庶的游牧群体，则可以终年停留在一个不大的地方。另外，不同游牧群体之间被牧畜难以穿越的山岭所分隔，也无法从事像在开阔草原上的那种长距离移动。见 Franz Hančar, The Eurasian animal style and the Altai complex, *Artibus Asiae* 15-1/2, 1952, pp.171-194. 又参见：F. T. Hiebert, Pazyryk Chronology and early horse nomads reconsidered, *Bulletin of the Asia Institute*, new series 6, 1992, pp.117-129; S. I. Rudenko, *Frozen Tombs of Siberia of Iron Age Horsemen*, trans. by M. W. Thompson, Berkeley: University of California Press, 1970, pp.80-81。

之中。在这个意义上，游牧只是畜牧经济的一种功能上的副产品，是面对资源分布的稀薄和可变性而不得不采取的"随机应变式"(opportunistic) 的回应。在某些游牧人群里，部分人口会转移他们的活动，而剩下的部分仍在游牧。欧洲东部草原的游牧人在将绝大部分人力用于放牧的同时，甚至还组织集约式的灌溉农业。较新近的蒙古考古，还"为匈奴时期若干都市中心的兴起提供了重要证据"。分别在蒙古和西伯利亚发现的匈奴时期类似村庄的定居点或有围墙的遗址，其建筑结构、布置安排与面积"都显示出比一般设想中的草原社会远为发达的功能或经济分工"。

因此，一个人群的生活或文化可以有许多不同的方面或层面。选择或强调从中识别出来的一个方面，并把它简约化或本质化为一种关键的或基本的标识，很可能会扭曲包含诸多复杂性的人类现实[①]。

---

① W. Honeychurch, Cheryl A. Makarewicz, Archaeology of pastoral nomadism, *Annual Review of Anthropology* 45, 2016, pp.341-359；P. C. Salzman, Pastoral nomads: Some general observations based on research in Iran, *Journal of Anthropological Research* 58-2, 2002, pp.245-264；P. C. Salzman, Processes of sedentarization as adaptation and response, in P. C. Salzman ed., *When Nomads Settled*, Praeger Scientific, A J.F. Bergin Publishers Book, New York: Praeger, 1980, p.13；W. Honeychurch, Alternative complexities: The archaeology of pastoral nomadic states, *Journal of Archaeology Research* 22-4, 2014, pp.277-326. 这里引述的最前一篇综述还写道，现代民族学资料表明，以"游牧人"著称的不少人群，可能把很多时间用于无关乎畜群的活动。他们可以在都市周边待上好多年，而突然又重新开始季节性迁徙。他们的家庭可能是分离的，有人照看畜群，有人进入都市工作场所。有的家庭好几十年没有参与移牧，但仍认为自己是游牧人。在研究游牧社会时，民族学家因此必须面对幅度极大的变化范围，而考古学家也已经发现了同样程度的变异。两段直接引文分别见 B. Hanks, Archaeology of Eurasian steppes and Mongolia, *Annual Review of Anthropology* 39, 2010, pp.469-486, 以及 W. Honeychurch, The nomads as state builder: Historical theory and material evidence from Mongolia, *Journal of World Prehistory* 26-4, 2014, pp.283-321。

所谓"非均衡的制度复合体"(non-uniform institutional complexity),则或许可以说是针对二三十年前有关欧亚草原流动畜牧文化发展的主流叙事的某种校正。M. D. 弗莱切蒂用下面这段话来概括先前那种讲述模式:专门化的畜牧经济是在公元前4000年左右从欧亚西部地区、黑海以北的各农业社会中派生出来的。在整个公元前第四和第三千纪,流动的畜牧者们变得越来越依赖家牛、家羊,以及用于骑乘和拉车的驯养马,并且在回应环境变迁与日益增长的草场需求的过程中,不紧不慢地向东部草原扩张。在进入晚期青铜时代之时,移动的牧人共同体业已占据整个欧亚草原,并开始侵入诸如南部中亚等草原以外各地域。带有特定形式的冶金术、陶器、印欧系语言及意识形态,被认为构成了同一个在地理上分布辽阔、文化上互相关联的多社会联合体。它以"安德罗诺沃文化共同体"著称,并进而为公元前一千纪由马背上的骑士所缔造的斯基泰、萨迦、匈奴等有国家的游牧社会,搭建了一个"族群遗传学"的超大舞台①。

尽管诸如金属器、陶器、马匹跨骑技术及其装备、经济转变等各种物质文化形式的广泛分布,一直被当作上述征服与迁徙过程的历史证据,它们其实更可能是贸易与地区间其他各种互动行为的见证,因而也更适合于用来阐明各地区原有人群间的物质流动。以英美过程及后过程考古学为学术背景的研究者们,于是尝试放弃将人群及其文化的跨地域迁徙与传播视为欧亚草原游牧化进程的基本动

---

① M. D. Frachetti, Multiregional emerging of mobile pastoralism and nonuniform institutional complexity across Eurasia, *Current Anthropology* 53-1, 2012, pp.2-38.

能的理念,而更倾向于从长时期在各地延续的土生土长的各种地域性文化的内在动力及其充分主动性与自主性的角度,当然同时也从它们年复一年的移动性和各种畜牧策略所激发的欧亚草原上大范围经济与社会互动的角度,去描述和解释草原景观的宏观变迁①。

正是基于上述转变中的学术理路,弗莱切蒂主张,一个广泛分布的各种考古文化的聚合体之所以可能形成,与其说是出于大规模的人群替代,或出自某种有特定起源地的物质文化及其人群的持续传播,不如把它们归因于各种地方性人群及其各自文化在贯穿一片巨大地区并波动不居的种种社会网络中所发生的不规则的与随机的互动、传播、交换或交易等行为。这就是他提出的欧亚草原青铜文化"非均衡复合体"理论的最主要观点②。这个理论并不否认,随着某些带普遍性的制度密码先后经不同程度的改塑变异,而被同化在诸多地方性的流动畜牧社会里,因此在青铜时代整个欧亚草原上的畜牧文化中,存在越来越明显的趋同倾向。但他同时还强调以下两点。

首先,这些带变异的同化之所以会发生在许许多多根植于各自小生境内的地方性人群之中,那是由于他们面对多资源环境的变化条件所做出的策略选择,并且这种选择会随其环境的变迁而变化。与某些特定制度在互动群体中的共振力度不断获得加强同时,其他那些制度仍可能是因地而异、各有分殊的。

---

① M. D. Frachetti et al., Eurasia pastoralists and their shifting regional interactions at the steppe margin: Settlement history at Mukri, Kazakhstan, *World Archaeology* 42-4, 2010, pp.622-646.

② M. D. Frachetti, *Pastoral Landscapes and Social Interaction in Bronze Age Eurasia*, Berkeley: University of California Press, 2009.此处转述的原文见本书页9。

其次，同一个地方性社会内一般性制度的各不同层面，如墓葬形式、居址布置、意识形态、政治结构、生计安排、贸易规则等，可以分别与不止一个其他地域社会的相应制度层面之间发生复杂的、多面向的互相"校正"或协调。这样一种综合性文化变迁，因而也呈现出远比单线演进要繁复得多的面貌。

就是这样，欧亚草原上的流动畜牧业遵循着多地区发展与互动的多种不同轨道，产生出一系列非均衡地互相趋同、靠拢的制度结构，以及一个极其膨胀的在某些方面具有相似形式的文化共同体①。

弗莱切蒂在上述一系列研究中提出来的连接兴都库什山与天山的"内亚山脉走廊"（Inner Asian Mountain Corridor），被稍后的农业史研究者扩充为空间范围更为宽泛的史前东西方物种相向传播的通道，即所谓"中部亚洲走廊"（Middle Asian Corridor）②。然而，他的"中心命题，即非常特殊地属于东部草原的某种牧放绵羊与山羊、少牛无马的畜牧形态，乃是在公元前第四千纪从中亚向北传入西部阿尔泰山地的说法，尽管使人深感兴味，却仍未能被证实"③。

---

① 参见前引 Multiregional emerging of mobile pastoralism and nonuniform institutional complexity across Eurasia；又见 M. D. Frachetti, Differentiated landscape and nonuniform complexity among Bronze Age societies of Eurasia steppe, in B. K. Hanks & K. M. Linduff, *Social Complexity in Prehistoric Eurasia*, Cambridge: Cambridge University Press, 2009, pp.19-46。

② 除上注中引用的第一篇论文外，还可参见 R. Spengler, M. Frachetti, et al., Early agriculture and crop transmission among Bronze Age mobile pastoralists of Central Eurasia, *Proceedings: Biological Science 281-1783*, 2014, 1-7；并见 Chris J. Stevens et al., Between China and South Asia: A middle Asia corridor of crop dispersal and agriculture innovation in the Bronze Age, *The Holocene* 26-10, 2016, pp.1541-1555。

③ 见刊出于前引 Multiregional emerging 一文之后的 D. W. Anthony 对它的评论。登载在同一处的还有其他好几位同行的评议，可参看。

他在新制度经济学启发下所形成的整个阐释框架，似乎还需要等待大量坚实的、实证性的细部研究成果来予以验证和改善。

四、欧亚草原游牧生计的生成与发育

虽然上述见解也许还有种种不足，但考古和人类学领域有关游牧形态的多样性与可伸缩性，有关流动畜牧多地区起源的共识，已经可以为我们重新思考游牧生计如何出现在欧亚草原上的问题，提供巨大的促进力。如果流动畜牧本质上起源于各种地方性人群在各自不同的生态环境中，为充分利用各自所能获得的环境资源而选择的不同且多变的策略性回应，如果从流动畜牧到游牧形式的变迁起始于带有很大随机性的"波动"，并且以"缓慢、平滑的量的变化起决定性作用"①，且其中不存在极难跨越的界限，那么欧亚草原的游牧生计也就可以在不同的时间节点上产生于许许多多自然条件各不相同的小生境之中，并且各自呈现不相同的具体形态。

所以，欧亚草原游牧生计的起源，事实上不可能被追溯到某个单一的或者极有限的若干个时空起始点上去。因为它本来就不是这样起源的。同时，史前草原上的流动畜牧向游牧生计的转变本身，在考古遗存方面还缺乏充分的可辨析度。因而甚至有学者认为：在中亚考古学领域，区别史前游牧和基于定居生活的流动畜牧活动的考古学指征，其实还没有被很好地予以界定；对于史前游牧人群的

---

① 引语分别见 A. S. Gilbert, On the origins of specialized nomadic pastoralism in western Iran, *Nomads and the Outside World*, p.89。

移动性与农牧兼营生计中流动畜牧方式的认识,"都是假设的,而并没有被证实"①。在这种情况下,想要逐一厘清分布于草原各地的游牧生计的具体发育路径,从现有认识水平看来几乎就是一项注定不可能完成的任务。前面引述过的哈赞诺夫对欧亚草原游牧形态的高度概括,至今没有失去其经典性。然而它只是一道复色光。我们无法像透过色散系统的分光,就能看见这道白光呈现在光谱上的五颜六色那样,从中看清实际存在于史前的各式各样游牧生计的来龙去脉。

不过我们毕竟还可以从柯立伯所说"导致游牧出现……的那一系列前提条件",去推知欧亚草原上游牧方式出现的大致年代。

这些前提条件里,有些作为流动畜牧业得以成立的要素,很早以前就已经具备了。例如绵羊和山羊的野生祖种都分布在草原以南,被驯养于 8 500 年至 8 000 年前的小亚及西亚。牛（*Bostaurus*）的驯养也始于 8 000 年前的肥沃新月地带中段,略早于 8 000 年的华北可能是另一个独立的野牛驯养地。不过在被驯养后的 2 000 年或更长时期内,它们主要是当作在未完全成熟时即被宰杀的肉畜来饲养的。双峰驼（*Camelus Bactorianus*,巴克特里亚骆驼）的野生祖种,可能就分布在凉爽的中亚荒漠,它的驯养始于公元前约 5000 年。单峰驼（*Camelus dromedarius*）则驯育于公元前 3000 年左右的

---

① E. G. Johanesson, Animals, identity, and mortuary behavior in Late Bronze Age-Early Iron Age Mongolia: A reassessment of faunal remains in mortuary monuments of nomadic pastoralists, in P. N. Kardulas ed., *The Ecology of Nomadism*, Boulder, Co.: University Press of Colorado, 2015.引语原文见页 103。

阿拉伯半岛。分布极广的家狗，可能有诸多野生祖种①。

长距离移牧活动所不可或缺的用于骑乘的马匹，则由欧亚草原上的本地野马驯化而来。马匹至少有前后两个最初的驯化地点。前者或许就位于公元前第四千纪中叶哈萨克斯坦北部草原的博泰，那里正处于驯养马的野生祖种 *Equus ferus* 的分布地域。然而现代家马并非源于博泰马；从前一向被认为是唯一幸存到近代的未经驯养过的所谓"普利泽瓦尔斯基马"（Przewalski's horses），倒是重回野生状态的博泰马后裔。在前三千纪末叶以来所有驯养马的遗传结构中，源于博泰马的遗传成分最多不超过 2.7%。

今天可以检测出来的驯养马遗传结构中的大规模基因更替，发生于公元前 2000 年或略早一点。它应是另外一次对野生马匹从事驯化的结果。驯化中心地点很可能是在西部欧亚草原，但也可能是在东欧、小亚、中东，乃至伊比利亚②。

曾有学者认为，马匹被用于跨骑的历史，与它被驯化的时间几乎同样长久。出土于红铜时代第聂伯河中游 Dereivka 遗址的一些骨

---

① Greger Larson & Dorian Q. Fuller, The evolution of animal domestication, *Annual Review of Ecology, Evolution, and Systematics* 45, 2014, pp.115-136.

② Charleen Gaunitz, Antoine Fages, Kristian Hanghoj, Ludovic Orlando, el al., Ancient genomes revisit the ancestry of domestic and Przewalski's horses, *Science* 360, 2018, pp.111-114; Vera Warmuth, Anders Eriksson, et al., Reconstruction the origin and spread of horse domestication in the Eurasian steppe, *Proceedings of the National Academy of Science of the United States of America*, May 22, 2012, pp.109-121.上述发现也带出来一个尚待解决的新问题，即用马力牵引的有轮辐大车乃至轻型战车是否出现在马的第二次驯化之后？关于野马在更新世中晚期及更晚近时代中的分布略图，可参见 J. D. Sachs, *The Ages of Globalization: Geography, Technologies, and Institutions*, New York: Columbia University Press, 2020, p.57。

角制品，曾在20世纪80年代被认为是最早出现的马镳（俄文作 *psalia*，译言 cheek-pieces，又称为颊片）。后来因为它们的功能很难被确认，而且其出土环境也看不出与马匹有什么关联，这个结论很快就被放弃了。

马匹跨骑的直接的考古学证据很难获得；而最有可能显示在马身体上的与被用于跨骑相关的病理学现象，就是由马衔磨锉所导致的前臼齿和下颌骨的磨损痕迹。长期研究欧亚草原上马匹驯养与使用历史的著名考古学家安东尼，从出土于博泰遗址（前3600年至前3100年）及时代在博泰之后的多处遗址中马匹骨殖的前臼齿上，发现了这样的磨损痕迹。他因此认为，在大车尚未出现在欧亚草原上之时，从马头后方对马进行的控御，只能出自跨骑时的需求。所以马匹的跨骑，应早于它被用于拉车[①]。

可是仅以马臼齿上的磨痕来证明马衔的使用与跨骑的出现，证据似乎仍不够充分。事实上在欧亚草原发现骨角质或金属制的马衔与颊片，根据库兹米娜的综合性研究，要晚至公元前17世纪方才开始。那时离马匹的第二次驯化已有四五百年。另外，较早开始频繁出现的那些马具，究竟是用于控御拉车还是控御骑乘的马？这也是

[①] D. Anthony, D. Y. Telegin, & D. Brown, The origin of horseback riding, *Scientific American* 265-6, 1991, pp.94-101; D. W. Anthony, & D. R. Brown, The secondary products revolution, horse-riding, and mounted warfare, *Journal of World Prehistory* 24-2/3, 2011, pp.131-160. 前一篇文章认为，Dereivka马臼齿因马衔磨损造成的齿面倾斜高差有3.5毫米，其数值远大于野马臼齿的平均倾斜值0.82毫米，而与从现代马样本组获得的试验资料极其接近。不过根据后一篇论文揭示的资料，能检测的四匹Dereivka马的臼齿倾斜高差分别为0.5、1.0、1.5、2.0毫米。Dereivka马被用于骑乘的考古证据，好像又变得相当薄弱。

一个问题。库兹米娜认为，颊片起源于从第聂伯河到中部哈萨克斯坦的草原地区。其中属于前17世纪至前13世纪的，都是用于驾驭拉车的马匹。只有前12世纪之后出现的先于斯基泰骑士所用但其类型相似的颊片，才可能是真正用于跨骑的马具。"它们之出现在公元前第二千纪末叶，表明了马匹跨骑扩展到整个草原的时间节点。"①

因此，虽然由马的前一次驯化乃至或许是几乎与之同时出现的早期跨骑，以及由使用牛力（很可能也包括马匹）牵引的车辆所推动的流动畜牧业，早在前第四千纪末叶已出现在欧亚草原，马匹跨骑技术的突破或成熟，看来仍应是后一次驯养马在旧大陆传播开来之后的事情。对东部欧亚草原特别是蒙古高原，情况尤其如此。

哈赞诺夫指出："在晚至前第二千纪中叶之时，游牧的所有必要

---

① E. E. Kuz'mina, *The Origin of the Indo-Iranians*, Leiden: Brill, 2007, p.131.这一论断在很大程度上代表着欧亚草原考古研究者的共同见解。雅波伦斯基说，在欧亚草原东部，"马匹骑乘的装备出现在西元前14至前11世纪之间"。见L. T. Yablonsky, Written sources and the history of archaeological studies of the Saka in Central Asia, in J. Davis-Kimball, V. R. Bashilov, & L. T. Yablonsky eds., *Nomads of the Eurasian Steppes in the Early Iron Age*, Berkeley: Zinat Press, 1995, p.195. 伦福儒引述哈赞诺夫的论断说："跨骑即使真的存在于西元前第四或第三千纪甚或更晚，也一定是非常不发达的。"在这之后伦福儒接着写道："如果我们想起青铜时代相当发达的冶金业，青铜马衔的缺乏似乎就变得愈加引人深思。事情确实很清楚：如果有这样的需求——而这样的需求也必定会出现，倘若当日真的已使用由更易损的原材料制成的各种复杂的马衔和马勒的话——那么金属工匠们就已经有足够成熟的能力来制作它们。"见C. Renfrew, Pastoralism and interaction: Some introductory questions, in K. Boyle et al., *Ancient Interactions: East and West in Eurasia*, Cambridge: McDonald Institute for Archaeological Research, 2002, 引文见页6。

条件，包括畜群内各种类之间比较合适的配置，对极其多样的移牧方式的长时期实践，乳制品生产，畜力牵引的大车，跨骑技术等，都已在欧洲与哈萨克斯坦草原上出现了。"然而所有这些并没有推动"各种草原青铜文化"的转型。"显著的突破"只是发生在前二千纪与前一千纪之际，实际上是在前一千纪之初。他把其中缘由归结到发生在前二千纪而在接近前一千纪时达到顶点的气候干燥化趋势①。

哈赞诺夫的"气候干燥化推动论"后来受到不少批评。即使上述大尺度的气候趋势确实存在，它对广阔的、包含复杂的地理多样性的欧亚草原上不同的生态环境，也不可能产生一刀切式的影响。不同小生境中因地而异的地方性气候波动，会以相当大的幅度超前或滞后于全球性气候变迁的节奏。而仅在东部里海到咸海南部地区，不同的小生态区（ecological niches）就不少于十二处之多②。

无论"早期"跨骑是否真正存在，也无论前第二千纪晚期"发达"的跨骑技术是源于"早期"跨骑，抑或是从控御拉车马匹的技术中重新发明出来的，使用金属马勒装备的跨骑技术出现的时间证据，似乎大大抵消了援引气候干燥化作为草原游牧起源最后推动力的必要性。由金属马勒所标志的简便、安全的跨骑技术的发展，使马背上的牧人能放养更大得多的牲口群，更了解和适应他们

---

① *Nomads and the Outside World*, pp.94-95.
② L. T. Yablonsky, Some ethnogenetical hypotheses, in *Nomads of the Eurasian Steppes in the Early Iron Age*, p.244.

的生存环境，更扩大了不同游牧群体间文化接触的范围，同时当然也增加了人群间为争夺游牧资源而产生军事冲突的可能性。于是跨骑也就成为推进前第一千纪早期草原各地游牧生计"生成性发展"(formative development) 的最后一项前提条件①。它出现在前第二千纪的最后两百多年里，而不是哈赞诺夫所说的该千纪"中叶"，因此与游牧形态的彰显恰好前后衔接。

欧亚草原上的青铜末/早期铁器时代 (Final Bronze-Early Iron Age，自公元前 1200 年至前 300 年)，因而被汉克斯命名为"游牧与骑兵战争"的发展时期②。俄国学者则倾向于从中再细分出一个处于公元前 8—前 7 世纪前后的时间节点，作为欧亚草原社会早期铁器时代的开始③。如果在伦福儒的相关论述所使用的概念中，"充分流动的畜牧业"与"羽翼丰满的非常流动的游牧型畜牧经济"(the fully-fledged and very mobile nomadic pastoralist economies，或者由辛梅里安、狭义斯基泰、萨尔马提亚和萨迦等人群所体现、"几乎所有权威学者都同意"的"铁器时代充分游牧的畜牧经济"，the fully nomadic-pastoralist economies) 二者确实是对于前后两个不同阶段的标示④，那就意味着他也同意下述见解，即欧亚草原的"青铜末/早期铁器时代"，事实上还可以被分解为早期游牧文化和完全成熟

---

① V. G. Petrenko, Scythian culture in the North Caucasus, in *Nomads of the Eurasian Steppes in the Early Iron Age*, p.5.
② Archaeology of Eurasian steppes and Mongolia.
③ *Nomads of the Eurasian Steppes in the Early Iron Age*, p.XII.
④ "充分流动的畜牧业"，见 *Late Prehistoric Exploitation of the Eurasian Steppe*，页 3。另外两个语词见 *Ancient Interactions: East and West in Eurasia*，页 1、7。

的游牧文化两阶段。而成熟的游牧文化出现在东部欧亚草原带，则始于匈奴的时代。

五、匈奴文化的兴起

由于游牧生计的物质证据很难被确切把握，研究者往往借用"斯基泰三要素"（Scythian triad）的出现当作欧亚草原各地区游牧形态生成的指征。用它来界定的这种考古文化的"最早遗存"，当数在俄国图瓦地区发现的阿尔然一号（前9世纪末至前8世纪）、二号（前7至前6世纪）墓葬群，以及目前正在发掘的规模更大的阿尔然○号王陵（时代与阿尔然一号王陵相近）[①]。三要素之一的"动物风格"，看来很像是从阿尔泰—西伯利亚向东、西两个方向传播到整个草原带的；现在已经没有人再会像20世纪中叶那样以为，它"来源于靠近古代希腊或伊朗的斯基泰文化发源地"[②]。即使这种特殊母题的艺术风格，连同三要素中的另两项即斯基泰类型的武器，以及跨骑用马具可以被"打包"在一起，充当辨识游牧生计存在的明显标志，我们仍不能以为，游牧经济及其文化，就是以

---

① Gino Caspari et al., Integrating remote sensing and geophysics for exploring early nomadic funerary architecture in the "Siberian Valley of the Kings", *Sensors* 19 (14), 3074, July 2019, https://doit.org/10.3390/s19143074; G. Caspari et al., Tunnug1 (Arzhan 0) —An early Scythian kurgan in Tuva Republic, Russia, *Archaeology Research in Asia*, 15, 2018, pp.82-87.

② M. I. Artamonov, Frozen tombs of Scythians, *Scientific American* 212-5, 1965, pp.100-109.

这种"打包"的方式,从某个起源地无远弗届地传播到草原各个角落的。

因此如前所述,十多年以来,学者们已基本放弃用传播论的眼光来解释游牧文化在欧亚草原带的全面展开,并转而在不同地域环境内社会组织、政治结构、地区内及地区间互动与武力冲突等方面的具体变迁中,更细致地去考察作为这一系列变迁组成部分的早期游牧文化在草原各不同地区生成与发育的情况。

以下拟对蒙古高原早期游牧研究中的若干新成果略作介绍,以便在此背景下去理解匈奴人群的兴起。

牛、绵羊、山羊和马匹等家畜,很可能是在公元前第三千纪,经由阿凡那羡沃人群,引入蒙古高原与南西伯利亚的狩猎—采集人群中的。至晚到前 1300 年时,那里人们的日常食物中已包括作为畜牧业次级产品的牛乳①。这表明至少在那时候,畜牧业的在地化过程应当早已完成了。

有研究者认为,在中亚的干旱地区以及北部和西北蒙古,牛群的放养总的说来大约只能存在于游牧形式中②。也有人试图根据下述时空参照框架去定位蒙古草原上游牧型畜牧者(nomadic pastoral-

---

① C. Jeong, et al., Bronze Age population dynamics and the rise of dairy pastoralism on the Easter Eurasian steppes. 本文前面部分已引述过:提供乳制品的家牛不是在蒙古高原当地,而是在西方驯化的;但蒙古北部与南西伯利亚的人群中只混入了很小部分西方牧人的基因,表明这里的乳畜牧养起源于被当地狩猎—采集民所采纳的外来文化与技术,而不是人群替代所带来的结果。

② Vitali V. Volkov, Early nomads of Mongolia, in *Nomads of the Eurasian Steppe in the Early Iron Age*.

ists) 的出现：他们于公元前 2800 年代出现在中亚草原最东边缘的阿尔泰山，在前 1400 年代出现于南西伯利亚和北部蒙古，前 1000 年左右出现在蒙古草原东部边缘和黑龙江流域①。还有学者强调，蒙古高原上"真正的马文化"出现在它的青铜晚期（前 1400 至前 750 年）。前二千纪下半叶马匹颅骨的微变形表明，它已被通过马衔控御用来拉车；而用于跨骑的新型马具（包括骨、角和青铜制颊片，青铜马嚼、皮带固定器等）最早有规则地出现，则在公元前 900 年至前 800 年间②。上述一系列时间参数说明，至晚在公元前第一千纪前叶，早期游牧方式无疑已现身于蒙古高原。它既不是从蒙古高原之外，也不是从高原内的某个特定地点起源，然后从那里向四处弥散，而更可能是以某种"共振"模式在多地同时生成的。匈奴人的游牧政体，也正是在这种早期游牧生计渐臻成熟的基础上产生的。

近三四十年以来对蒙古高原的考古发掘与研究，已经能够以公元前 800 年为界，将"匈奴人"出现之前已存在于那里的晚期青铜及早期铁器时代游牧文化（前 1500 年至前 300 年），区分为赫列克苏尔—鹿石文化和石板墓文化两个类型。紧随它们之后，属于匈奴

---

① J. Wright, Landscapes of inequality? A Critique of monumental hierarchy in the Mongol Bronze Age, *Asian Perspectives* 51-2, 2012, pp.139-163.

② W. Honeychurch, The development of cultural and social complexity in Mongolia, in Junko Habu et al., *Handbook of East and Southeast Asian Archaeology* (eBook), New York: Springer Science + Business Media LLC, 2017, pp.513-532; W. T. T. Taylor, J. Bayarsaikhan, & T. Tuvshinjargal, Equine cranial morphology and the identification of riding and chariotry in late Bronze Age Mongolia, *Antiquity*, 89 (346), 2015, pp.854-871.

的考古文化（前 300 年至公元 200 年代）就开始了。

所谓赫列克苏尔，是指大量分布在蒙古高原中部及西北部的纪念性石头堆积物。在蒙古国中部 Baga Gazaryn Chuluu 一地就发现了 340 处赫列克苏尔；在很大程度上它们与在其他地方看到的同类纪念物十分接近①。

赫列克苏尔的中央由一个铺满大小石头的圆形土台墩构成。台墩之下或葬有或未埋葬死者。它的外周多被围以一圈方圆约三四十米的圆形或方形石栅，由此形成一个以台墩为中心的封闭空间。石栅以外还建造了许多有规则排列或散乱分布的"卫星"式圆形小石堆；它们的营建年代不一。大约有三分之一到一半的小石堆地下，还埋有为数不多的祭祀用马匹的头、蹄等不完整遗骸（见图 2）。对考古资料较齐全的两个地点的统计表明，每个中央台墩平均附带 5—6 个卫星石堆，其下总共埋葬 5—6 匹献祭用牺牲遗骸。献祭马匹最多者则可达到 15—20 头。

往往与赫列克苏尔同时出现的，还有雕刻着排列紧密的一头头奔鹿以及武器等其他图案的石碑，俗称"鹿石"。它作为与赫列克苏尔相联系的信仰与习俗的一个组成部分，成为赫列克苏尔纪念物的一种标识②。

---

① E. G. Johanesson, Animals, identity, and mortuary behavior in Late Bronze Age-Early Iron Age Mongolia: A reassessment of faunal remains in mortuary monuments of nomadic pastoralists, in P. Nick Kardulias edited, *The Ecology of Pastoralism*, University Press of Colorado, 2015, pp.97-116.

② W. Honeychurch, The development of cultural and social complexity in Mongolia.

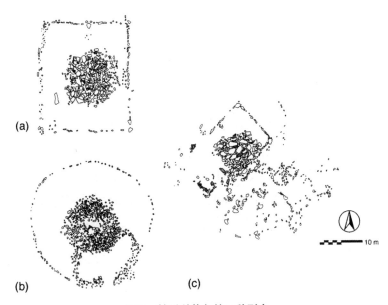

图 2　赫列科苏尔的三种型态

资料来源：Joshua Wright, Landscapes of Inequality? A Critique of Monumental Hierarchy in the Mongolia Bronze Age, *Asian Perspectives* 51-2(Fall 2002), p.147.

赫列克苏尔反映了那样一种社会结构，在其中马匹拥有极其重要的象征的、社会的，以及经济的价值。但它们并没有像在严重社会分层的背景下那样，作为被异化的财富来加以炫耀。相反，马匹作为日常经验的普通、重要和中心组成部分出现在此种集体性礼仪场合，反映出游牧人团体中更带平等主义的意识形态取向。它通过为定期举办的集体性团聚提供一个戏剧性的场面空间，来集合在其他场合处于高度移动和分散状态的共同体成员。因此赫列克苏尔所强调的，是在场人群的集体身份、其行动的共同性及其共同价值与历史，同时也限制游牧人中的个体化意识形态和团体内不平等的发展。即使就发现于中西部蒙古的极少数异乎寻常地巨大的赫列克苏尔而言，它们的上述社会功能似乎也没有改变①。

在接近公元前 800 年时，赫列克苏尔开始消失，逐渐被蒙古高原的另一种石头纪念物形式，即石板墓所取代。在前述 Baga Gazaryn Chuluu，被认定的石板墓多达 287 座。它用很多块竖插到地下的高大厚重的石板围出一个深约 1.5 米的长方形地下埋葬坑。葬坑经常呈东西向，一般长 1.5—3 米；但也有的葬坑长度超过 10 米、露出地表的石板可长达 2 米（见图 3）。埋入石板墓里的，除人的尸首以及家畜外，还有范围广泛的青铜器、石器、陶器和骨器②。

---

① 参见前引 Joshua Wright, Inequality on the surface: Horse, power, and community in Mongolian Bronze Age. 本段落有少许文字出自我从文献中摘译的对于 J. Wright 见解的概括。当时未记下具体出处，目下还只好作付阙待补处理。

② 参见 E. G. Johanesson, Animals, identity, and mortuary behavior in Late Bronze Age-Early Iron Age Mongolia: A reassessment of faunal remains in mortuary monuments of nomadic pastoralists, 以及 W. Honeychurch, The development of cultural and social complexity in Mongolia. 按 Honneychurch 的见解，石板墓文化有它自己的前身，即在大约公元前 1500 年至前 1000 年的时间段里分布于东部、南部及中部蒙古的特殊葬式，因其"沙漏式的轮廓"而被用英文指称为"定型葬式"（shaped burial）。它们大都东西朝向，自下往上用砖样石块垒成沙漏形的坡壁，并在东侧竖立起巨大的石板作为标志。这种石头纪念物的长度在 39 米至 3.5 米之间，平均长度约为 9 米。坑穴内都埋有死尸。除羊、牛、马等献祭牲口外，墓葬物还包括陶器、用非当地矿物制作的有孔圆珠、种类繁多的石器，甚至还有类似于鹿石上所刻画的、或与卡拉苏克文化相关的青铜器。有关此种葬式的"年代学与建筑直到最近这几年才开始被人理解"。结合根据分子遗传学追溯的人群遗传历史，我们有理由推测，赫列克苏尔—鹿石文化和石板墓文化并不是同一文化的两个不同发展阶段，而更可能代表了源出于不同人群的两种不一样的文化。

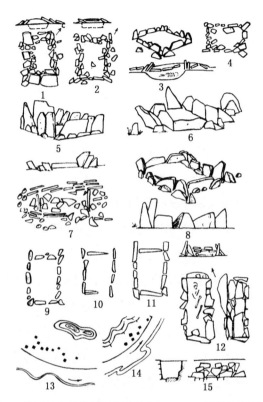

图 3 外贝加尔的各种石板墓(图中 13、14 为墓地平面图)

资料来源：诺芙格罗德娃：《古代蒙古：关于年代学与民族文化史的几个问题》，莫斯科：科学出版社，1989 年，页 243。

如果说与匈奴时期的考古文化相比，赫列克苏尔和石板墓同样显示了对于纪念性的更多的地方性关联，反映出畜牧人群有限的移动性，以及更为有限的游牧习俗①，那么学者们在对于二者之间的

---

① 见 Steven A Rosen 对 E.G.Johanesson 上引论文的评论，刊载于 *Journal of Eastern Mediterranean Archaeology & Heritage Studies* 4-4，2016，pp.371-373。

比较之中，仍可以看出极其明显的差异与变化。豪尼丘奇在前引论文里写道，在前700年左右，下述转变席卷了大部分蒙古地区：赫列克苏尔那种景观规模的集体纪念性建造物让位于对埋葬在专属私人墓葬里的财富及远距离交易产品的强调。这意味着发生在由赫列克苏尔所营造的空间之中的那种共同体取向和由全体成员加入的参与性展示，已广泛地转向一套更适合于地域社会内少数派系中人的习俗，后者保持着通畅的外部联系，拥有富裕的畜群，而且从基于对外网络关系的有关领导权的意识形态中获益。他认为，除其他原因外，这一转变也应当与马匹由赫列克苏尔时期主要被用于拖车演进为石板墓时期用以跨骑所产生的推动力有密切关系。

自公元前300年起，蒙古高原及南西伯利亚的技术与墓葬文化又发生了全面变迁。在从早期铁器时代迈入成熟的铁器时代之时，"石圈形"墓葬普遍地取代了石板墓的葬式。石圈直径在4米至10米之间，覆盖在南北朝向的1米至3米深的墓穴上（见图4）。随葬品包括诸多稀有和珍贵的物件。在许多石圈墓的墓穴北区，还加挖了一个凹龛，用以盛放牛羊的头骨或脚蹄。摆放在凹龛内的献祭家畜的数量，经常达到四五十头或更多。人口统计和基因分析显示出，采取这一葬式的死者，在该地区的人口中只占很小的比例，并且多有亲属关系。与绝大部分可能被火葬、无标记埋葬甚或野葬的普通部众的身份有别，石圈墓中人应属于匈奴时期人群中的中下级贵族家庭[1]。

---

[1] E. G. Johanesson, Animals, identity, and mortuary behavior in Late Bronze Age-Early Iron Age Mongolia. 关于石圈墓与赫列克苏尔及石板墓处理献祭用牺牲的方式，作者举出五方面的差异。可参看。

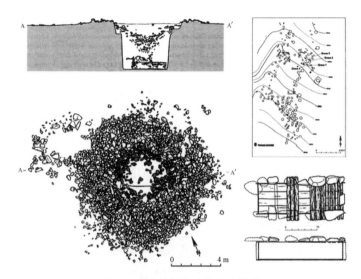

图 4 匈奴中下级贵族的石圈墓

资料来源:W. Honeychurch, The development of cultural and social complexity in Mongolia.

过去我们比较了解的匈奴墓,主要是埋葬匈奴王或其最高级贵族的大型土墩墓葬。其年代晚至西汉末与东汉前期(约公元 1 世纪)。由它们来代表的匈奴考古文化,无法与公元前 3 世纪冒顿单于时代的匈奴文化构成互相衔接的关系。于是有些研究者把《史记》记录的冒顿时代(公元前 3—前 2 世纪)称为"文献早期匈奴",而将前 2 世纪末至前 1 世纪前期位于蒙古高原北部边缘之"可以确认为典型的匈奴遗存的匈奴墓葬"建造者们称为"考古早期匈奴"。只有在西汉中叶之后,当匈奴人在西汉打击下退至漠北,草原社会才"逐渐形成了有自身特色的匈奴文化"。

这样一个解释框架似乎意味着:"文献早期匈奴"是一批找不到

物质文化可以与之相印证的纸上形象（其意若曰：此时匈奴"有文献记录而无考古证据"）；"考古早期匈奴"的各色器物在时间维度上虽已属于"典型的匈奴遗存"，但它反映的只是活动在远离核心地区、尚未完成整合的"早期"匈奴人群的某些文化要素，还不能算是名副其实的匈奴文化（若曰此时"有匈奴而尚无匈奴文化"）；正因为"匈奴文化的形成晚于其政治军事实体的形成时间"，所以只有当从漠南草原北迁的匈奴部落将他们的文化带回漠北，从而推动它与更西面的欧亚草原文化发生更密切的交流之后，匈奴文化才真正得以在那里开始形成"自身特色"[①]。

以上认识，与四五十年前的匈奴研究由于找错了匈奴文化的起源地，因而产生匈奴历史要待匈奴艺术衰落之时方才开始的见解，颇有异曲同工的类似性[②]。在以石圈墓为标志的草原文化被揭示出来之后，我们或许不必要再持有上述那种太过曲折而令人费解的说法。因为它正好可以填补从公元前3世纪直到西汉晚期为止匈奴文化的考古缺环，从而为匈奴文化的连续性提供了足够充分的考古学证据。

六、 匈奴帝国的政治结构

如果将位于南西伯利亚的巴泽雷克文化排除在考察范围之外，

[①] 杨建华、邵会秋、潘林：《欧亚草原东部的金属之路：丝绸之路与匈奴联盟的孕育过程》，页444—468。

[②] Sophia-Karin Psaras, Han and Xiongnu: A reexamination of cultural and political relations (I), *Monumenta Serica* 51 (2003), pp.55-236. 作者对田广金和普里查克上述观点的评述，见页103。

那么匈奴人就是东部欧亚草原上游牧帝国的最早建立者①。

最近二十多年来，在蒙古游牧帝国研究领域内影响最大的一种见解，把这一系列政权界定为"帝国形态的部族联盟"。据此，游牧经济的高度流动性和草原人口的低密度分布，决定了在那里的游牧社会缺乏发展出国家组织的内在动力。在这个意义上，游牧帝国的产生，主要是草原部落为更有效地从毗邻的东亚农耕大国获取各种"贵显专用品"（prestige goods）如丝绸、贵金属制品、漆器、铜镜、珠宝等，而力图提升其自身外交优势的结果。因此它仅仅在对外关系方面表现为帝国形态，而在对内关系上则尚未脱离部落联盟或超级酋邦的阶段。这类与位于其南方的专制君主官僚制农业国家处于共生状态中的大型游牧政权，因而被形象地称为"如影随形的帝国"（the shadow empires）②。

---

①　对巴泽雷克墓葬的碳-14及树木年代学最新测定资料表明，业已达到高度社会分化的这一铁器文化的时代，处于公元前3世纪中叶，即略早于冒顿单于出生的时日。即使它真的是一个早期游牧王国的遗存，其地理位置也不在蒙古高原。关于巴泽雷克断代的最近研究，见J. P. Mallory, F. G. McCormac, P. J. Reimer, & L. S. Marsadolov, The date of Pazyryk, in *Ancient Interactions*：*East and west in Eurasia*, pp.199-212。

②　T. Barfield, The *Xiong-nu* imperial confederacy：Organization and foreign policy, *Journal of Asian Studies* 61-1, 1981, pp.45-61。"贵显专用品"这个概念是较后来才出现的。它被用来强调游牧政权欲从周边定居社会索要的，主要是用于在各级统治者中间实行分赏、由以巩固等级制显贵内部关系的外来奢侈品。不过在1992年出版的专著中，巴菲尔德已明确指出，匈奴帝国从汉朝取得的粮食等农产品，至多也只够七百名游牧人一年的需求额。狄宇宙之后亦曾明言，游牧民族依赖于汉地农产品的假设，"看起来既没有文字资料也没有物质证据能够证实"。见巴菲尔德：《危险的边疆：游牧帝国与中国》，袁剑译，南京：江苏人民出版社，2011年，页59；又见狄宇宙：《古代中国与其强邻：东亚历史上游牧力量的兴起》，贺严、高书文译，北京：中国社会科学出版社，2010年，页202。狄宇宙事实上也把匈奴帝国的兴起视为草原（转下页）

遵循着上述思路，蒙古游牧帝国作为一种"超复杂酋邦制"政体，或者"特别种类的早期国家的一种真正原型"，就可能被安置在按依次增长的政治复杂性而排列起来的游牧人群文化整合形式的下列演化秩序中：从"无头领的分节的氏族和部落组合"，到"'次生'部族与酋邦"，再到"游牧帝国或统治地域较小的准游牧帝国"。不仅如此，游牧人政治体系的演化并不呈现某种单向或线性的轨迹，而是经常按不同方向在这三个层次之间转变它的政治组织形式①。像这样从外部关系去认识游牧政权的集权化过程，可以相当圆满地解释，为什么自斯基泰人之后，欧亚草原带上的游牧帝国总是首先产生在生态环境最险恶的东端，继而再向西面扩展。

可是它的缺陷也很明显。因为它完全忽略了草原社会对建立国家的内部需求，以及游牧帝国治理草原社会的内部功能。例如 N.克拉金的前引论文就认为，游牧帝国的"政治体制毫无疑问还不能被认为是一种真正的国家"。"它只在从外面看起来才是专制的，并像国家的样子。……而其内部结构所采取的则是合议制和部落的形

（接上页）社会与外部世界关系的产物。他说，秦王朝对北方大草原的推进，是促成匈奴从一个松散部落结构向更为统一和集中的政治结构过渡的催化剂。见前引书页 217。对所谓"如影随形"，似不宜过于机械地理解为长城南北的两类帝国必定是按严丝密缝地一一对应的前后顺序而相继出现的。即使处于分裂情形下的中原诸国，其规模与集权程度亦已远超出西域的各绿洲城郭小国。因此，根据长城南北帝国建立的精确时间表去质疑"如影随形"说，是一桩学术意义不大的工作。

① N. N. Kradin, Nomadism, evolution and world-system: Pastoral societies in theories of historical development, *Journal of World-systems Research* 8-3, 2002, pp.368-388.

式。"作者一再申明,"国家与前国家制度形式之间最主要的区别在于下述事实,即酋邦统治者只拥有[经]协商合意的权力(consensual power),其本质上只是一种[基于自愿服从的]权威,而在国家中,政府可以通过合法的暴力施行强制"。

匈奴帝国统治权的属性,显然不止于酋邦,哪怕是"超复杂酋邦"首长所握有的执行"合意"决策的权威性。《汉书·匈奴传》记其刑法曰:"其法,拔刃尺者死,坐盗者没入其家。有罪,小者轧,大者死。狱久者不满十日;一国之囚,不过数人。"其他零碎史料尽管语焉不详,但经武沐的细心释读已足以揭明:除以口约形式公布的少数规条外,还有不少刑事处置法与匈奴习俗融为一体,构成匈奴处理内部冲突、制约社会关系的一套惯行体例①。这不是马克斯·韦伯所谓由国家垄断的"合法暴力",还能是什么?

草原社会之所以发展出国家机器的内部需求,还不仅限于上述方面。无论匈奴帝国的统一是否为秦帝国推动所致,反映在"诸引弓之民并为一家",乃至"天地所生、日月所置匈奴大单于",以及"撑黎孤涂"等语词、名号之中的覆盖全部塞北草原的最高统治权观念②,至少在匈奴之后已发育为蒙古高原游牧帝国政治传统的一个内在组成部分。另外,突厥和回鹘汗国时期的突厥文碑铭中,"国家[与]法度"(*ilitörü*)一词反反复复地出现,几乎已变成一个"惯

---

① 武沐:《匈奴史研究》,页104—116。
② 诸名号俱见《史记》《汉书》之《匈奴列传》。按"撑黎(一作'犁')孤涂"一语据云译言"天子"。"撑黎"两字上古音作 khrang-[b]ril,一般认为此乃 *tengri* 之音译。从读音角度似可成立。

用型组合词"。这里的"法度",自然是指广义地贯穿于突厥汗国政治治理体制中的"传统的、习惯的未成文法。它十分紧密地与'国家'或'可汗'联系在一起,意味着倘若没有一片'王国'的地面以及治理这一地面的'治理者',它便不可能存在"①。以"札萨"著称的大蒙古国法律制度,更不容否认地凸显出游牧帝国在治理内部关系方面的国家功能。

克拉金不太赞成匈奴政体拥有国家属性,或许与他将国家和政府这两个不同概念等量齐观有某种逻辑联系。他认为,联系着草原帝国"政府"与游牧部落的机制,只是"礼物经济"制度。游牧政体因而也就缺少统治机构的必要分化及其功能的专门化。他写道,国家连同它所固有的官僚制体系,都只出现在后亚历山大的希腊和罗马帝国时代。正因为没有"行政治理的官僚制组织",游牧政体只能是被柴尔德称为"文明"的复杂社会,或者至多也只属于"超复杂酋邦"②。可见在正确地揭示出游牧帝国大多缺少完备的官僚制行政体系之同时,他误将官僚制政府的缺失和国家本身存在与否的问题混淆在一起了。但是正如有的学者早已指出过的,除了作为"'政府'的一个生拉硬扯的同义词",国家还具有它本身由以成立

---

① 见耿世民:《古代突厥文碑铭研究》,北京:中央民族大学出版社,2005年。这两个词在本书里的出现频率极高,兹不赘举。作者将 törü 汉译为"法制",似稍嫌过于接近现代概念,故以古文献中的常见用语改译之。对 törü 含义的引文,见 G. Clauson, *An Etymological Dictionary of Pre-thirteenth-century Turkish*, London: Oxford University Press, 1972, pp.531-532。

② 见 N.N.Kradin 前引论文。作者认为,"古代史领域中专家们的广泛考察表明,希腊城邦政体还不是真正的国家"。这一见解似与大多数古典西方研究者的看法相左。

的意义①。现代如此,过去也大体如此。

匈奴帝国虽未建立层级制的官僚行政组织,但无疑有一个以单于为首的统治全体游牧民的最高权力集团。据《史记》,它由单于及其直属的左右两翼"二十四长"组成。对全体草原游牧民的统治权或曰领属权,就是在单于以及他的二十四长之间被分配的。兹将三种史料《匈奴传》所载录的高层官号序列对照列表如下:

表1 《史记》《后汉书》《晋书》之《匈奴传》所载匈奴高层官

《史记》	《后汉书》	《晋书》
1. 左屠耆王(左贤王)	1. 左屠耆王以下四角	1. 左贤王
2. 右屠耆王(右贤王)	2. 左谷蠡王	2. 右贤王
3. 左谷蠡王	3. 右屠耆王	3. 左奕蠡王
4. 右谷蠡王	4. 右谷蠡王	4. 右奕蠡王
5. 左大将	5. 左日逐王以下六角	5. 左于陆王
6. 右大将	6. 右日逐王	6. 右于陆王
7. 左大都尉	7. 左温禺鞮王	
8. 右大都尉	8. 右温禺鞮王	
9. 左大当户	9. 左斩将王	7. 左渐尚王
10. 右大当户	10. 右斩将王	8. 右渐尚王
11. 左骨都侯以下异姓	11. 左骨都侯以下异姓	
12. 右骨都侯	12. 右骨都侯	
	13. 左尸逐骨都侯	
	14. 右尸逐骨都侯	

---

① E. H. Robinson, The distinction between state and government, *Geography Compass* 7-8, 2013, pp.556-566.引语出自作者转引之 J. P. Nettl, The state as a conceptual variable 一文。Robison 又引用 C.Flint 和 P.Taylor 的话说:"政府往往会把它们自己界定为国家,从而谴责其反对者们为'叛国者'。但这是一种危险的游戏。"因为"政府只能代表国家,而不能取代它。政府不是主权的本体;反对政府是发自于自由民主制核心的题中必有之义,而反对国家即成叛国"。"生拉硬扯的同义词"一语,原文直译当作"杂拌式(或一锅煮式的)同义词"(a ragbag synonym)。

续表

《史记》	《后汉书》	《晋书》
诸二十四长，亦各自置千长、百长、什长、裨小王、相封、尉、当户、且渠之属。	其余日逐、且渠、当户诸官号，各以权力优劣、部众多少，为高下次第焉。	9. 左朔方王 10. 右朔方王 11. 左独鹿王 12. 右独鹿王 13. 左显禄王 14. 右显禄王 15. 左安乐王 16. 右安乐王 17. 左日逐 18. 右日逐 19. 左沮渠 20. 右沮渠 21. 左当户 22. 右当户 23. 左都侯 24. 右都侯

《史记》虽云匈奴有二十四长，但它枚举的官号却未及二十四之数。《后汉书》没有提及其高层官号为数几何的问题，唯所记比《史记》要多出两种。现代学者中有人以为，汉代书吏并没有完整地获悉或懂得匈奴贵族及其等级制的全貌①。山田信夫则采用下面的排列法，从司马迁提供的信息中敷衍出一个实足"二十四长"的序列②：

东方左翼：左屠耆王——大将、大都尉、大当户

左谷蠡王——大将、大都尉、大当户

中央单于：左骨都侯——大将、大都尉、大当户

---

① B. K. Miller, Xiongnu "kings" and the political order of the steppe empire, *Journal of the Economic and Social History of the Orient* 57-1, 2014, pp.1-43.

② 山田信夫：《匈奴の「二十四长」》，《北アジア游牧民族史研究》，东京：东京大学出版会，1989年，页31—46。

     右骨都侯——大将、大都尉、大当户

  西方右翼：右屠耆王——大将、大都尉、大当户

     右谷蠡王——大将、大都尉、大当户

  体现在这一安排中的构思非常巧妙。但由此产生的问题是，那就始终会有五六名之多的大将、大都尉与大当户同时存在于匈奴帝国。这与我们从阅读匈奴史料所能获得的印象不太相符。王号或官号的封授随形势变化或有增损，二十四之数也可能从一开始就未必是实指。

  将近半世纪前就对三种史料中的匈奴官号系列从事对勘研究的普里查克，曾非常敏锐地发现，《史记》里的"大将""大都尉""大当户"三种王号，分别是针对《后汉书》提到的"日逐王""温禺鞮王"和"斩将王"（《晋书》异写为"渐尚王"）三者的汉语对译语①。不过普里查克对汉文史料的释读也有一些未周之处。比如他以为匈奴王号中有名为"日逐且渠"者，那完全是他的误解。更有

---

① Von Omeijan Pritsak, Die 24 Ta-ch'en: Studie zur Geschicht des Verwaltungsaufbaus der Hsiung-nu-Reiche, *Orians Extremus* 1-2, 1954, pp.178-202. 又按，唐修《晋书》，"盖裁正十八家书而成者"（清姚范语，见《援鹑堂笔记》，道光姚莹刻本，卷三，叶 6B）。唐人虽以其"才非良史，书亏实录"，而更加撰次，但其中史实资料自应根源于前书。与《后汉书》序列中的"谷蠡王""日逐王""斩将王"相当的王号，在本书中分别写作"奕蠡王""于陆王""渐尚王"。此皆应沿袭"十八家"旧文而来。核之以上古音系，"谷蠡"与"奕蠡"、"日逐"与"于陆"、"斩将"与"渐尚"，似都可视为同音异译之例。为避免文烦，此处省却推验过程。可见三种王号序列之间的不同，实不如乍看起来那么大。由此又可知，《后汉书》里的"斩将"，并不是对外来源词的汉语意译，更可能是对源词的兼顾"目治"体例之汉字写音。而"大当户"才是它的汉文意译。《晋书》所录之多于"史""汉"者，则或许是史家参考两汉记录，综合有关南迁匈奴的各种零碎讯息，力求凑满"二十四长"之数的结果。自"左日逐"以下八种名号，恐不属于"二十四长"之列，而应是"二十四长"自署的"小王将"（详后文）。利用这部分记载时尚须谨慎从事。

问题的是,他把《史记》和《汉书》提供的匈奴王号序列都分解为属于同姓王(即单于亲子弟)的"高级官号"与属于异姓王(主要由单于姻亲构成)的"下级官号"两大类。

同姓王及异姓王的地位或有高下之别,二者与单于之间的关系或有亲疏之分,这些当然都是完全可能的。但是史料从未提及,在"二十四长"诸名号内,还可以明确区别出高、下两个等级来。

尽管如此,我们仍然需要肯定,普里查克试图将匈奴帝国的政治权力掌控者们分划为两大层级的基本想法,还是非常有洞察力的。

理解这一点的关键在于,司马迁在叙述分属三翼的诸二十四长"各有份地,逐水草移徙"之同时,还简略但明确地交代了他们是如何统治各自"份地"的。他写道:二十四长"亦各自置千长、百长、什长、裨小王、相封、都尉、当户、且渠之属"。这段话点明了存在于各人份地之中的两套不同建制。其中裨小王以下诸官号,应即由二十四长在各自份地里封授的下级官号。所谓"裨小王",乃至未带"大"字的都尉、当户之类,均系区别于带有"王"号或"大"字之将、都尉、当户等二十四长之高级王号而言。史料故而以"小王将"概称之①。

---

① 前60年,匈奴右日逐王率"口万二千人、小王将十二人"降汉。胡三省释云:"小王将者,以裨小王将兵者也。一曰匈奴左右贤王、左右谷蠡王、左右大将以下凡二十四长,为大王将;其余为小王将。"胡氏把"小王将"视为身份上区别于二十四长之另一统治群体,斯诚为一卓见矣。见《汉书·郑吉传》,北京:中华书局点校本,1962年,页3005;《资治通鉴》卷26,"汉纪十八·神爵三年"胡注,北京:中华书局,1956年,页859。这样看来,《后汉书》在出于单于子弟之"四角""六角",及"异姓大臣"凡十四种高级王号外,又枚举日逐、且渠、当户诸官号,显然也是在别指"小王将"之群体。

那么，这些由二十四长"自置"的"小王将"，又都是何等人呢？面对这个问题，在充分肯定匈奴帝国对草原社会内部关系诸领域的支配具有国家权力属性的前提下，可以发现"帝国形态的部落联盟"论仍有它特别的优长之处。正如这个概念所强调的，从匈奴直到蒙古时代之前，塞北草原帝国一直是在原有部落组织的社会基础上，亦即在承认原有部落贵族对其部众支配权的权力基础上建立起来的。由二十四长各自封授之众多小王将，无疑就是各人支配下的原有部落组织之大小首领。前121年，霍去病击败匈奴右贤王，"得酋涂王……获五王，五王母，单于阏氏、王子五十九人，相国、将军、当户、都尉六十三人"①。这63人当即领属于右贤王的各部首领们。右贤王所辖还有白羊王和楼烦王，应即"小王将"行列中之"裨小王"也。

到现在为止，关于匈奴政体的内部结构，我们已经可以看得比较清楚了。它实际上分为两个层次。在上面一个层次，对草原游牧部众连同其牧地范围的统治权，像游牧家庭瓜分家产那样，在单于及其直系家属成员，乃至少数姻亲贵族之间进行分配。此种分封制特征早已被巴托尔德一言道明："在哈剌汗国家，如同在所有游牧帝国里一样，家产制的观念（the conception of patrimonial property）

---

① 《史记·霍去病传》，北京：中华书局点校本，1959年，页2931。按，文中"相国"，意为邦国之相，是以二十四长之封域为单于之邦国也。此号之原称当为"相邦"，系移用六国时执政者之称谓以译述匈奴官号。《史记·匈奴传》言及二十四长自置下级官号时，又写作"相封"。"邦""国"义同，"邦""封"音近，皆为汉代记史事者避刘邦之讳而改。见王国维：："匈奴相邦印"跋》，《王国维遗书》(3)，《观堂集林》卷18，叶16B。

从私法领域转入国家法律的领域。国家被视为汗的整个家族的财产,被划分为若干领地。大领地再依次划分为许多的小领地"①。

必须注意到,在对游牧人口实施分封时,其封授单位并不是单个的游牧家庭,而是被纳入帝国统治的大小部落或部族组织。正是在这样的背景之下,在建立分封体系的过程中,各部落原有的首领们对其部众的领属权大体被保存下来,但变成了隶属于单于及二十四长之下的一种下级领属权。这就是史料所谓"小王将"的由来。

诚如"帝国形态的部族联盟"论所揭示的,这一统治体制最薄弱的部分,就位于把"大王将"与"小王将"手中各自拥有的权力联系在一起的那个结合部。也因为如此,被"帝国形态"遮蔽起来的草原游牧社会的下层结构,在帝国瓦解的时期反而较容易被外部世界看得更清楚②。

在帝国统治上层,"其大臣皆世官"。这也表明二十四长所具有的,是可以世代沿袭的身份型权力,而不是官僚制之下的职务型权力赋予。这一权力经常被单于褫夺并改授,改授对象多半为单于直系或近亲家族成员。导致这类事件发生的原因,包括原在位者因战败而势力衰解,因获罪见废,或因其绝嗣等。单于行使其予夺之权,是要受一定的习惯法限制的。握衍朐鞮单于即位后,滥用这种权力,尽免前单于子弟近亲,而"自以其子弟代之",结果引起上层

---

① W. Barthold, *Turkestan down to the Mongol Invasion*, London: Gibb Memorial Series, 1968, p.268.

② 参见姚大力:《蒙古高原游牧国家分封制札记(上)》,《元史及北方民族史研究集刊》第11期,南京大学历史系元史研究室,1987年,页74—82。

权贵们的普遍怨忿,最终造成五单于分立和匈奴左右部的分裂①。小王将们手里的下层统治权,一般情况下显然也是在部落贵族家族内世袭的。

至于被汉人视为"匈奴天子"的"天所立匈奴大单于",史料未明确陈述其继承原则。它不太容易一言以蔽之,是因为处于惯常顺序之外的有实力的王位觊觎者,以及其他各种意外因素,给单于的继位过程带来太多的不确定性与干扰,以至于使人很难再从中辨认出它在"常态"下的面貌应当如何。

纵观直到呼韩邪单于为止的匈奴前十三代单于的即位记录,可以发现:伊稚斜(第四代单于,以下仅用括注数码表示所论为第几代单于)在已有法定继任者的情况下以武力篡位;壶衍鞮(10)靠母后与权臣相与密谋,抢在左贤王及前单于属意的继任者有所动作之前登位;握衍朐鞮(12)系由失宠阏氏及其亲信策划而夺权得手;而呼韩邪(13)则是在握衍朐鞮尚在位的情况下受左翼诸贵人拥戴,反叛得逞。再加上冒顿(1)虽先曾立为"太子",实际上靠鸣镝弑父夺位。然则十三名单于中,通过不同途径篡夺起家者,共有五人。

此外还有三名单于,分别因前单于子幼或无嗣而得以宗族成员继位。一是呴犁湖(7)因前单于乌思庐"子少",以乌思庐叔父的身份得为单于。乌思庐确有子嗣,可从握衍朐鞮单于为其"耳孙"可知,虽然对"耳孙"究竟是曾孙、玄孙或者仅云远孙而已,诸家

---

① 姚大力:《蒙古高原游牧国家分封制札记(上)》。

看法不一。二是且鞮侯（8）以弟弟身份继承其兄长呴犁湖单于之位（7）。其三则是壶衍鞮（10）兄终弟及，由虚闾权渠（11）继承单于位。从壶衍鞮即位前本是左谷蠡王，而史料称其在位时的左谷蠡王为"单于弟"，可知他在做单于之后即将原先的王位让给了他的一个弟弟。不仅如此，他在世时，已然立其弟虚闾权渠为左贤王。壶衍鞮无子嗣，由此可以足证。从壶衍鞮的情况，我们甚至有理由推断，呴犁湖单于死后王位转入其弟手中，很可能因为他也没有子嗣。事实上史料从未提示过呴犁湖有后人。

在上述十三任单于中，以武力或阴谋篡位者五，以前单于子幼或无后而兄终弟及，或传位他人者三。剩下的五例为父子相继。可以认为，后者体现的是常态下的单于继承法则。武沐写道："如果说［这时］已存在兄终弟及的话，也只是父死子继的补充。"①他的见解是符合历史实相的。

《后汉书·南匈奴传》谓：单于之下有四角、六角凡十王，"皆单于子弟，次第当为单于者也"。传文又说："自呼韩邪单于后，诸子以次立。"此种局面，乃是呼韩邪通过"从汉求助"而结束五单于（实际是八单于）争立的大混乱，因此得以将四角等匈奴国家的最高级王位全部控制在其诸子手中所造成的。在这些高级王位之中，原本只有左贤王才是法定的单于副储。但是呼韩邪诸子既然居于同一继承序列，则对单于位应具有相对同等的承袭权利。大概出于这个原因，呼韩邪才会在生前规定诸子按一定顺序，在属于四角的最

---

① 武沐：《匈奴史研究》，页72。

高级王位间轮转,依次继承左贤王和单于的王位。武沐的研究显示,"传国与弟"的祖训,"在呼韩邪的六个儿子中嬗递了七十七年"。此后,单于位的继承方式又呈现传子与传弟相混合的形态①。

若综合蒙古草原上历代游牧帝国最高统治地位的继承秩序,或可将其概括为三,即长子继承,兄终弟及、叔侄相继,以及幼子按继承父母家产的"守灶"身份继位。最后一种继承法,更多地体现为游牧社会中幼子守产的家产继承习俗对于王位承袭的干扰。在匈奴史上,尚未看见这种迹象。

关于匈奴的作战体制,司马迁提到:诸二十四长"立号曰万骑",尽管其中"小者"所部尚不足万数;而他们在各自份地内,"亦各置千长、百长、什长"。这是有关蒙古草原游牧军队采取万骑—千长—百长—什长的十进位军事编制之最早记载。如此说来,它与"诸大臣"及其所属"裨小王、相封、都尉、当户、且渠之属"的官号建制之间,又是什么样的关系呢?

十进位编制应当是匈奴在参战、围猎或从事其他训练活动时,从大小部落中征发和检点士兵、组编战斗力量的辅助性军事建制。根据每个部落人口的多少,可能会形成数目相对固定的若干支十骑、百骑乃至千骑队伍。从蒙古草原的历史来看,十进位编制从附属于氏族部落的军事组织制度转变为用于取代氏族部落的社会基本组织形式,要到蒙古帝国的时代方始发生。那已经远不在本文讨论的时间范围之内了。

---

① 武沐:《匈奴史研究》,页76、77。

《史记·匈奴传》记事终于天汉四年（前97）贰师将军李广利降匈奴。《汉书·匈奴传上》自且鞮侯单于死去（前96）起，直至《匈奴传下》的全部记事，"皆刘向、褚先生所录，班彪又撰而次之"①。根据这部相对完整的记录留给读史者的印象，匈奴于秦汉之际骤然崛起，迅速膨胀为一个势力超强的草原帝国。七八十年之后，经过汉武帝的大规模军事反攻，他们在公元前1世纪初被驱逐至漠北。从那时直到公元2世纪前期，这群人和他们的国家一直处于不断衰落之中，最终被迫离开漠北西去，只遗留下早先降汉的南匈奴，加入华北汉地的政治斗争之中。

然而近一个世纪来在漠北草原的考古发掘，以建筑规模巨大的匈奴王坟墓以及数量与质量都惊人丰富的来自外部世界的各种贵重随葬物品组合表明，在那个一向被认为是匈奴帝国处于无可挽回地走向解体的时期，草原上其实存在着很强大的游牧领袖群体。B. K. 米勒因而提出，这一"证据［冲突］的难题"（a conundrum of evidence）很可能揭示了隐含在汉文献言说中的汉文明中心论偏向②。

按照他的看法，持续三个多世纪的匈奴帝国史，应当以公元前1世纪中叶为界，划分为前后两个时期，中间插入为期十年的严重政治危机，它主要是由非单于家族与小王将出身的下级贵族势力对

---

① 《史记·匈奴传》司马贞"索隐"引张晏语，《史记》，北京：中华书局点校本，1959年，页2919。梁玉绳曾谓，太史公书"史记太初，不及天汉"，误。见《〈史记〉志疑》卷33，清广雅书局丛书本，叶30A。

② Xiongnu "kings" and the political order of the steppe empire. 这部分讨论所采纳的，主要是此文中的见解。以下不再一一具引。

单于权威的挑战而导致的。后一时期中埋葬地方性下级贵族的石圈墓,以及刻意炫耀财富和权威的埋葬单于宗族成员的大型方形土墩墓的出现,不但体现出单于宗族通过投入"竞争性表达的赌注"来强调其权威和权力的意图,而且也表明匈奴帝国内部不同层级的精英,被重新整合在一种充分肯定了各式身份之间明确分化的新政治秩序之中。

因此,米勒以为,退回漠北的匈奴并没有走上持续衰微、一蹶不振且漫长无比的退坡路,而是在危机中复建了一个经调整后重趋稳定的超地区、等级化的社会政治体制。这与陈序经在其遗稿中的论断可谓不谋而合:"自雕陶莫皋至乌珠留单于死的四十四年间,除了乌珠留末年以外,匈奴的局势更加安定,力量逐渐恢复,是它复兴的时期。"[①]这一认识自然还需要由更多的待发现的证据来予以验证。但现在看来,与过去那种把此后近两百年的匈奴史简单地看作一部毫无悬念的衰落史的见解相比,它显然更有说服力。

七、汉匈关系在"试错"式磨合中的演变

公元前 3 世纪末,在长城南北,最早建立于华北汉地的专制君主官僚制统一国家,即秦—汉王朝,与蒙古高原最早的大规模游牧政权匈奴帝国,约略同时华丽现身。两个初始相识、缺乏相互了解的文明,需要经历两百多年的双向"试错",才磨合出两方都愿意

[①] 陈序经:《匈奴史稿》,北京:中国人民大学出版社,2007 年,页 320。

接受的某种外交关系模式,从而为此后很长时期内北方草原与汉地农耕社会之间的互动奠定了基本的格局。

邻接长城南北的农业人群和游牧人群,都有与对方从事物质和精神产品交流的需求。然而常年处于流动之中的游牧经济,很难从内部发育出足够多样化的社会分工。游牧帝国因此需要源源不断地大量输入无法自行生产的"贵显专用品",用于统治层内的分配,从而强化上层向心力。为释放过载牧畜对草场的压力而必须及时实现的羊马交易,使游牧人很容易受制于季节急迫性,陷入买方市场的被动。生态环境不稳定造成的巨大的周期性自然灾难,又使他们经常遭遇粮食、家畜等基本生活物资严重短缺的危机。总之,由于游牧经济的脆弱性与非自足性,也由于它的产品难以过多囤聚,导致它更迫切地需要与南方社会互通有无,或则以战争、讹诈等其他方式获得物资补给①。

匈奴帝国的兴起,也许可以理解为是冒顿单于为突破由部落联盟最高王位的继承危机、河套地区大片游牧地的丧失等内外困境并

---

① 有关对北亚游牧社会进攻性的认识从传统中国历史编纂学的"'贪婪'论"("greedy" theory)到现代人类学"'需求'论"("needy" theory)的评论,见 N. Di Cosmo, Ancient Inner Asian nomads: Their economic basis and its significance in Chinese history, *Journal of Asian Studies* 53-4, 1994, pp.1092-1126. 本文批评"需求论"过分强调了长城以北社会对南方农产品的依赖。但从作者认为"失去了用来保障[南北]资源流通以维系部落联盟的军事强盛、政治统一与经济繁荣的各种特权,游牧统治者便无法制止其经济向不稳定状态的急剧滑落",可知他只是试图部分地修正而没有全盘否认需求论。引文见页 1118. 此处所谓"特权",是指被匈奴统治集团垄断的对外交流的特殊权益。这方面的进一步讨论,可参见 P. C. Perdue, *China Marchs West: The Qing Conquest of Central Eurasia*, Cambridge, Mass.: The Belknap Press of Harvard University Press, 2010, pp.532-536。

发的困难局势，对塞北游牧社会进行重组的结果①。与游牧帝国迅速壮大同时，长城以南的农耕社会正在经历从秦代暴政、陈胜与吴广举义及楚汉战争的兵燹重创中缓慢地恢复生业的艰难过程。从汉高祖经由惠帝、文帝、景帝，下延至武帝前期，面对匈奴强大的军事压力，西汉被迫每年以重金厚赂结其欢心，"与匈奴和亲。匈奴背约入盗，然令边备，不发兵深入"。汉高祖打算以亲生女妻单于，经吕后哭求，才改为"于外庶人之家取女，而名之为公主"，嫁往塞北②。文、景及武帝三朝也都留下了嫁女至塞北和亲的记录。武帝朝中的主和派认为，自高祖与匈奴结和亲之约，"至今为五世利"。见证过那一段历史的司马迁则这样概括武帝前期的汉匈关系："明和亲约束，厚遇，通关市饶给之。匈奴自单于以下皆亲汉，往来长城下。"③

然而上述局面之得以维系，是因为西汉蓄势尚有不足，故被迫承认"长城以北，引弓之国，受命单于；长城以南，冠带之室，朕亦制之"的现实，并不得不隐忍匈奴以战争与劫掠为威胁对它恣意索取的蛮横。待武帝觉得本朝国力已足够强盛，他自然就产生改弦易辙的念头："朕饰子女以配单于，币帛文锦，赂之甚厚。单于待命

---

① N. Di Cosmo, State formation and periodization of Inner Asian history, *Journal of World History* 10-1, Spring, 1999, pp.1-40. 按，《汉书·韩安国传》曰："蒙恬为秦侵胡，辟地数千里，以河为竟。累石为城，树榆为塞。匈奴不敢饮马于河。"见中华书局点校本，页2401。狄宇宙指出，秦王朝的拓地活动，很可能是推动匈奴在冒顿时代建立起帝国政体的一种重要的外部动力。这是一个很有启发性的见解。

② 《史记·文帝本纪》，中华书局点校本，页433；《汉书·娄敬传》，颜师古注，中华书局点校本，页2123。

③ 《史记·匈奴传》，中华书局点校本，页2904。

加嫚,侵盗无已。边竟数惊,朕甚闵之。今欲举兵攻之,何如?"他不顾韩安国等主和派的力谏,决定用王恢策,诱匈奴深入,在马邑伏击之。但计谋以失败告终,导致汉匈关系陷于破裂。"自是之后,匈奴绝和亲,攻当路塞。往往入盗于汉边,不可胜数"①。

双方关系的恶化,更促使汉廷相信,对待匈奴"可以武折,而不可以德怀"。通过用兵一举解决北部边境安全问题的最激进诉求,于是支配了武帝的思想及朝中舆论。它最典型地反映在下述观念里:"天下之大义当混为一。……犯强汉者虽远必诛。"②武帝中期对匈奴的三次大规模进攻战,就是在这样的气氛与背景下实施的。

汉文明对外部世界的态度,因此也在这时发生了重大变化。随着国力日臻鼎盛,西汉针对匈奴这样的强邻所曾抱持的分疆划界、各守其土的实用主义诉求,终被从旧日传统中渐渐复苏的"一天下"的雄心所取代。

然而汉人所感知之"天下"的地理范围,与秦时观念相比是大大地扩展了。如果说直到秦代为止,"一天下"所意味的"臣诸侯"与"抚四夷"两者,其空间大体皆可与秦的版图相重叠,或曰所谓"四夷",主要是指被纳入郡县体制的"道",以及降附后被安顿在

---

① 《汉书·韩安国传》,中华书局点校本,页2399;《史记·匈奴传》,中华书局点校本,页2905。由武帝提出的对匈和战问题引起王恢与韩安国之间的激烈廷争。此事只在班固的书中才有详细记载,似乎有点奇怪。另外,汉武帝所言"侵盗无已",未必全出于单于部署,反而在很大程度上与单于缺少制约各游牧部落的绝对权力,因而无力阻止临边匈奴部族不时以小股游骑扰袭汉境有关。但这一点偏偏又是汉武帝以其高度集权的专制君主的身份所很难体察的。

② 《盐铁论校注》卷8,"结和",王利器校注,北京:中华书局,1992年,页479;《汉书·陈汤传》,中华书局点校本,页3015。

临边地区若干"属国"中的外族部众①，那么到汉代中叶，"抚四夷"的空间指向已朝着战国七雄曾据有的疆域之外迅速膨胀。如何定位"中国"与处在它版图以外的"四夷"之间的关系，遂成为汉政府面临的一个新问题②。

创建新体制的尝试，始于吕后朝对当时还无力将之直接纳入汉土的旧秦邻边地区的处置。汉廷采取"以方寸之印、丈二之组填抚方外"的方式，先后封尉佗、卫满为王，承认他们自立于南越和朝鲜的既成事实，准许他们以"外臣"身份继续自治其地。汉"约[卫]满为外臣，保塞外蛮夷，毋使盗边"；这个朝鲜王传子至孙，未

---

① 西汉的属国、道，当系沿袭秦代属邦与道之建制。秦属邦的具体状况今不克详知。从汉文帝、景帝朝先后有"属国悍"和典属国公孙昆邪其人，可推知西汉之有属国，不当晚至武帝时。唯今所知西汉属国不满十之数，似皆置于武帝朝或其后，用以在邻近边塞之地安置降附汉朝的匈奴、小月氏、羌人等部众。属国置属国都尉、丞、司马等，是为朝廷外派官员，又有千长、且渠等，由来降的部落首领担任，依本俗管理部众。所谓道，即建立在位于要害之处，国家编户极少甚而没有编户之"蛮夷"地带的县级政区。《汉书·地理志》曰：天下郡县建置，"讫于孝平，凡郡国一百三，县邑千三百一十四，道三十二"。见中华书局点校本，页1640。王先谦补注引齐召南言，细数志中以道名者，"尚缺其三"。补注又引王鸣盛曰，《后汉书·仲长统传》注作三十四。按，在看起来已被郡国建制所覆盖的西汉领土范围内，尤其是在它的南方，存在着大片未设县之地，实际上都是西汉政权未能真正控制的地区。会稽一郡共设二十六县，位于浙南的仅两县，在整个福建地区，更是只设立了一个冶县（治今福州）。所以，西汉建立的那三十余个"县主蛮夷曰道"的政府机构，究竟在政治、军事或交通方面承担着何等的特殊功能，还需要加以细致探究。贾敬彦在《汉属国与属国都尉考》（载《史学集刊》1982年第4期，页5—13）中已揭出公孙昆邪任典属国之职的史实。唯其谓"属国悍"即为典属国徐悍，或系误信徐广之说故尔。见梁玉绳：《〈史记〉志疑》卷7，"祝兹侯军棘门"条，清广雅书局丛书本，叶25B至26A。

② 汉代儒家谓："文武受命，伐不义以安诸侯士夫，未闻以诸夏役夷狄也。"（《盐铁论》卷1，"复古"）这句话反映出当时人在如何应对"天下"扩大的形势方面所产生的策略分歧。

尝入见。尉佗则"黄屋左纛，地东西万余里，名为外臣，实一州主也"。说他是"一州主"其实仍不够准确。南越王即使在断断续续地奉贡职、入朝请之时，"其居国窃如故号"，并"以财物役属夜郎，西至桐师"；所谓"服岭以南，王自治之"，实质上更接近于处在一个有等差的国际关系体系之内阶位较低的独立国家①。

上述"外臣"制，应该视为后世册封—朝贡体系之真正滥觞。为表明与专制君主官僚制国家的首脑，即皇帝身份有所区别，时人又移用"天子"一词，指称其权威已溢出"中国"而"为天下宗"的新角色。至少自东汉始，皇帝六玺中的"皇帝行玺""皇帝之玺""皇帝信玺"三种，多用于"中国"国内政治场合，而"天子行玺""天子之玺"及"天子信玺"三种，则多用于祭祀鬼神及对外国、蕃国、四夷等事务②。可见两种角色虽集于一身之任，它们之间还是存在差别的。

武帝发动的进攻战虽"穷极其地，追奔逐北"，仍难以实现一劳久逸之预期③。两汉之际作战经验丰富的严尤在力阻王莽伐胡时

---

① 《史记·朝鲜传》，中华书局点校本，页2986；《史记·西南夷传》，中华书局点校本，页2994。《汉书·南粤传》，中华书局点校本，页3853；《汉书·严助传》，页2782。严助对南越王说："汉为天下宗，操杀生之柄，以制海内之命。"周天子之为天下宗，本指他作为诸侯国的宗主而言。汉人则要把处于郡国制下的诸侯以外、尚未"内属"的"外臣"，也纳入天下的范围。汉朝还要把匈奴收为"外臣"，更表明那时的"天下"已绝然不可再与先秦及秦代同日而语。

② 西嶋定生：《6皇帝支配の成立》，见岩波讲座《世界历史》4，"古代4·东アジア世界の形成I"，东京都：岩波书店，1970年。尤其是其中页244—255。

③ 引语见《汉书·匈奴传下》蔡邕上书，中华书局点校本，页3813。又，蔡邕书云，汉所以"忍百万之师，以摧饿虎之喙；运府库之财，填庐山之壑"，固因"不壹劳者不久佚，不暂费者不永宁"也。

说，武帝远征，"虽有克获之功，胡辄报之。兵连祸结三十余年。中国罢耗，匈奴亦创艾，而天下称武。是为下策"。他主要举出以下几点理由证成己说：（一）发三十万众、具三百日粮，势必内调于郡国。道里遥远，需时逾年。兵先至者，聚居暴露；师老械弊，势不可用。（二）计一人三百日，食用糒（干粮）十八斛。非牛力不能胜。牛又当自赍食，复加二十斛重。胡地沙卤，多乏水草。以往事揆之，军出未满百日，牛必物故且尽。余粮尚多，人不能负。（三）辎重自随，则轻锐者不得疾行。敌徐遁逃，势不能及。幸而逢之，又累辎重。如遇险阻，衔尾相随。敌邀遮前后，危殆不测。（四）胡地秋冬甚寒，春夏甚风。多赍釜鍑薪炭，重不可胜。食糒饮水，以历四时，师有疾疫之忧。是故前世伐胡，不过百日。非不欲久，势不能也。他在这里强调的是，由于汉地士兵体能、役畜耐受力，以及后勤供给的天然制约，汉地军队在蒙古高原的活动时间很难超出百日[①]。见于记载的西汉出攻塞北之战役凡十余次。检阅相关史料，足可证严说不诬（见"附录贰　西汉出攻匈奴时日考"）。

[①] 《汉书·匈奴传下》严尤谏言，中华书局点校本，页3824。他以为周、秦、汉三代应对来自北方的军事威胁，周得中策，秦为"无策"，总之"皆未有得上策者也"。前引蔡邕上书，也以汉军其他远征都"近不过旬月之役，远不离二时之势"，来凸显匈奴乃"真中国之坚敌也"。经过与塞北游牧人群的反复较量，汉地儒臣们后来似乎认识到，蒙古高原乃至中国腹地亚洲边疆的其他部分，实际上处于汉地军队所可能征服的幅员极限之外。这一观念，非常生动地表现在《北史·西域传》末尾的论赞中。文长不具录。见中华书局点校本，1974年，页3239—3240。宋人甚至认为广西、云南也属不可征进之地。故欧阳修云："唐亡于黄巢，而祸基于桂林（此指庞勋之乱）。"王应麟则引唐人韦齐修《云南行纪·序》之言而评曰："'云南所以能为唐患者，以开道越嶲耳。若自黎州之南、清溪关外，尽斥弃之，疆场可以无虞。不然忧未艾也！'及唐之亡，祸果由此。本朝弃嶲州不守，而蜀遂无边患。"见《新唐书·南蛮传》赞，中华书局点校本，1975年，页6295；《玉海》卷16"唐云南行纪"条，光绪浙江书局刊本，叶10B。

因此，以所谓"卷甲轻举，深入长驱"的追击方式，根本没有可能彻底击溃拥有更充裕的时间、经验与体力来与汉军相周旋的游牧军队。汉军在主动寻求决战时经常找不到敌方，而待他们因疲惫、疾疫或缺粮而被迫后撤时，养精蓄锐的匈奴骑兵又往往出其不意地尾追于后，乘机攻击之。

尽管付出了大体相当的代价，西汉毕竟驱迫匈奴退至漠北。此后直到王莽代汉，北部边界受匈奴主动进攻的频率，明显低于过去。单于在局促中数遣使，"好辞请和亲"。汉朝先提出"使为外臣，朝请于边"，继而稍示后退，只要求单于太子入汉为质子，均遭单于拒绝。后者反诘汉使臣曰："非故约。故约汉常遣翁主，给缯絮食物有品，以和亲，而匈奴亦不扰边。"① 汉朝北部的边患仍在双方相持的形势下延续。继续长时期地维持沿长城一线的军事防御，已成为汉朝在人力和物力方面皆无法承受的负担。公元前81年，汉昭帝召集御前会议，重新检讨对匈政策。会上的激烈争论，被记录在著名的《盐铁论》里。

把盐铁之议中争论双方的立场简单地归结为"对匈奴是妥协求和还是坚持抵抗"，是一种非历史的态度。对完全陷入非战即降的思维模式者来说，妥协求和被理所当然地视为与投降无异，因而也就成为万万不足取法的选择。贤良文学则过度强调"加德施惠，北夷必内向款塞"。此诚如王先谦所说，"斯迂阔不达事情之论也"②。

---

① 《史记·匈奴传》，中华书局点校本，页2911、2913。
② 王先谦：《〈盐铁论〉后序》，《虚受堂文集》卷5，光绪二十六年刻本，叶38B。

但儒家阵营有三点看法是非常值得肯定的。

首先,从军事上一举击溃匈奴几无可能。匈奴不守城池,不事田畴,"风合而云解,就之则亡(逃匿),击之则散,未可一世而举也"。深入大漠的汉军力求速战而不得,最易掉落到进退失据、坐以待毙的境地。此即所谓"汉数千里争利则人马罢,虏以全制其弊,势必危殆"①。

其次,既不能将匈奴击而溃之,若不缓和两强相争的形势,则朝廷将不得不沿长城全面布防。于是又回到无力偿付巨大的防守代价的老问题:"苦师劳众,以略无用之地,立郡沙石之间。民不能自守,发屯乘城,挽辇而赡之。愚窃见其亡,不睹其成。"儒臣们不敢直接指斥汉武帝,遂引亡秦故事为言曰:"秦南禽劲越,北却强胡。竭中国以役四夷。人罢极而主不恤,国内溃而上不知。是以一夫倡而天下和。兵破陈涉,地夺诸侯。……周谨小而得大,秦欲大而亡小。……'殷鉴不远,在夏后之世'矣。"②这与我们熟悉的司马迁的议论可谓毫无二致:"蒙恬将兵攻胡,辟地千里,以河为境。地固泽卤,不生五谷。然后发天下丁男以守河。暴兵露师十有余年,死者不可胜数,终不能逾河而北。……又使天下蜚刍挽粟,起于黄、腄、琅琊负海之郡,转输北河。……率三十钟而致一石。男子疾耕不足于粮饷;女子纺织不足于帷幕。百姓靡弊,孤老寡弱不能相

---

① 《盐铁论校注》卷7《备胡》,页437;《汉书·韩安国传》,中华书局点校本,页2398。

② 《盐铁论校注》卷8《结和》,页480—481。

养。道死者相望。"① 贤良文学责备桑弘羊主政十余年，兵据西域，全线备战，"匈奴不为加俀，而百姓黎民已敝矣"。他们反问道："是君之策不能弱匈奴，而反衰中国也。善为计者，固若此乎？"②

其三，攻与守，其实是同一钱币之两面。战无力克胜，守不堪重负，迫使汉廷在攻守两策之外另寻出路。是即"两主好合，内外交通，天下安宁，世世无患"的新方针③。那也就是回到汉初划长城为两国界，嫁公主出塞、开边关互市，"以岁时汉所余、彼所鲜，数问遗"，由以推动两国间的和平关系。此说虽是娄敬过去"无战以渐臣"的翻版④，但在上百年曲折的衬托下，它的价值被人们看得格外清楚了。所谓"无战"，即放弃单纯依恃非攻即堵的军事对峙策略。所谓"渐臣"，既有依然孜孜于置匈奴于"外臣"地位的旧念，但同时也试图贯穿某种新意于其中。那就是把臣服匈奴设定为一种遥远的愿景，不再在现实政治中坚持把汉匈外交关系强行纳入君臣关系的观念与制度框架，而欲以相比较而言更为对等与温和的双边关系处理之。

二十年后，由于漠北匈奴政局的变化，汉朝政府经盐铁会议酝酿而逐渐明确的转变对匈政策的意图，总算获得了施行的机会。

公元前60年代末，汉以匈奴在军事打击下稍失寇边实力，罢塞外诸城以休息百姓。单于虚闾权渠闻之喜，"称弟，遣使请求和亲。海

---

① 《史记·主父偃传》，中华书局点校本，页2954。
② 《盐铁论校注》卷8《伐攻》，页496。
③ 《盐铁论校注》卷8《结和》，页480。
④ 《史记·刘敬传》，中华书局点校本，页2719。此语《汉书·娄敬传》作"毋战以渐臣"，见中华书局点校本，页2122。

内欣然，夷狄莫不闻。未终奉约，不幸为贼所杀"①。此后不久匈奴东、西部分裂，蒙古高原出现五单于混战的局面。东部匈奴所立单于呼韩邪在混战中兵败。前51年，他决意对汉求和，"引众南近塞"②，并于翌年款降五原塞。宣帝问匈奴单于朝见天子所宜用礼仪，最后采纳萧望之的建议："单于非正朔所加，故称敌国（即对等之国）。宜待以不臣之礼，位在诸侯王上。外夷稽首称藩，中国让而不臣。此则羁縻之谊、谦亨之福也。"③汉因而"宠以殊礼，位在诸侯王上，赞谒称臣而不名"④。呼韩邪恢复生机、率部北归后，又尚汉公主王昭君。长城南北两方都乐意于接受的一种相互关系的模式，开始成型了。

建平四年（前3），匈奴欲朝见汉哀帝。当局以此举虚费财货，勿许。扬雄上书说，朝廷为都护西域"费岁以大万计者，岂为康居、乌孙能逾白龙堆而寇西边哉？乃以制匈奴也。夫百年劳之，一日失之。费十而爱一，臣窃为国不安也"。汉廷醒悟，遂追还匈奴使者，改草报单于书，许之⑤。王莽改制前，汉赐单于印"言'玺'不言'章'，又无'汉'字；诸王已下，乃有'汉'言'章'"⑥。是知西汉对单于属下诸匈奴王颁赐的印章，上书"汉某王之章"；而授予单于者，则仅书"匈奴单于之玺"。由此可见，西汉一直未以臣下之礼待单于也。

---

① 《汉书·萧望之传》，中华书局点校本，页3279。
② 《汉书·匈奴传》，中华书局点校本，页3797。
③ 《汉书·萧望之传》，中华书局点校本，页3282。
④ 《汉书·匈奴传》，中华书局点校本，页3798。
⑤ 《汉书·匈奴传》，中华书局点校本，页3816。
⑥ 《汉书·匈奴传》，中华书局点校本，页3821。

时至东汉前期，呼韩邪之孙在匈奴帝国的权力斗争中失败南走，以南部匈奴自立为南单于，袭用其祖父名号，亦称呼韩邪。公元40年代末，南单于至五原塞降附，与汉朝复修宣帝旧约，"愿永为藩蔽，扞御北虏"①。50年，南匈奴入居汉北边诸郡，助汉守边。

　　汉文记载在描述匈奴活动的地理区域时所使用的"直上谷""直上郡"或者"直云中"等字眼，很容易误导读者，让他们以为该人群的居地距离汉朝边界或不太遥远。实际上，匈奴帝国的根据地与大后方，从一开始就是在漠北草原及外贝加尔地区。近二十年来在蒙古国发现的以墓葬为主的匈奴考古遗址，恰可以与汉代史料有关匈奴帝国将其部众分为左、中、右三翼的叙述互相印证。

　　由此看来，过去将位居中翼的单于庭考订在今土拉河流域，是很正确的。其左、右两翼，则应分别位于蒙古—满洲草原生态区内的克鲁伦河流域，以及色楞格—鄂尔浑河流域的森林草原生态区。出现在两汉史料里的"安侯水"与"余吾水"，应当都是鄂尔浑之名的汉字音写，后者曾被勘同为土拉河，此说似未安②。在鄂尔浑

---

　　① 《后汉书·南匈奴传》，北京：中华书局点校本，1965年，页2942。
　　② 将单于庭定点在土拉河流域，又以土拉河为余吾水，均见谭其骧主编：《中国历史地图集》第2册（"秦·西汉·东汉时期"），北京：中国地图出版社，1982年，图39，"匈奴等部"图幅。班固所谓"逾涿邪，跨安侯，乘燕然；蹑冒顿之区落，焚老上之龙庭"（《后汉书·窦宪传》，中华书局点校本，页815），扬雄所谓"脑沙幕，髓余吾"（《汉书·扬雄传下》，中华书局点校本，页3561；颜师古注为"脑涂沙幕地，髓入余吾水"），或举安侯，或以余吾标识漠北地界，是此非大河固不可当。鄂尔浑河之名，蒙古语作 Orqon Ghool。"安侯"即对 or-qo［n］两音节之音写。"安"字以 -n 收声，用来记录以 -l 或 -r 为尾辅音的源词首音节，符合汉字译音的通则。"余吾"的上古音读为 la-nga，源词第一音节以元音起首，按汉字译写义例可以略去，故只用读音为 la- 的"余"字记录起首元音后之辅音 -r。两种音写均未记录 orqon 之名的尾辅音 -n，或因该河名在匈奴时代本无尾辅音 -n，或为转写时失落所致。

边，新近有两个经发掘的遗址，先后被发掘者判为单于祭天会盟的"茏城"。二者相距不太远，都比过去推定的龙城所在地要更往北一些①。

另一方面，自匈奴帝国创建之始，漠南草原就成为它付出最大精力来经略的地方。早期匈奴单于墓，似乎也相当地靠南，所以成为乌桓劫掠的对象。自从汉武帝将匈奴逐出内蒙古草原，更准确地说，始于南匈奴降汉之后的一千余年间，蒙古高原游牧社会往往处于南北分离的状态。漠南草原经常驻扎着在漠北权力争夺中失势后逃离主流社会、依靠为汉地中央王朝防范其同类南向侵扰而存续的各游牧势力集团。此种格局一直维持到蒙古民族共同体逐步发育成长的时代。自那以后，塞北游牧人群活动的中心舞台、塞北游牧社会的主体与重心，遂亦南移到与周边诸多农业文明交流更便捷得多的内蒙古草原。

附录壹 "反切之始"用例考

顾炎武《音学五书》卷 38《音论》卷下"反切之始"条，除引述沈括论"古语已有二声合为一字"所举四例，及郑樵四例外，又增补近三十例，证

---

① 吉林大学考古学院、内蒙古自治区文物考古研究所、蒙古国游牧文化研究国际学院等：《蒙古国后杭爱省乌贵诺尔苏木和日门塔拉城址发掘简报》，《考古》2020年第5期，页20—37；新华社乌兰巴托2020年7月18日电："蒙古国考古学者说匈奴单于庭'龙城'遗址已被找到。"见"新华网"2020年7月19日。此前龙城定点见《中国历史地图集》第2册，图40—41，"东汉时期全图"图幅，图67，"鲜卑等部"图幅。

明"反语不始于汉末"。兹逐一移录诸条于下并略予解说。上古音的拟构据郑张尚芳：《上古音系》，上海：上海教育出版社，2003年。条目编码覆以阴影者（凡十七条），表示该例与反切法相类。初稿草成后，曾经郭永秉教授审订。谨致谢意。

一、不可为叵。《说文解字·叙》："虽叵复见远流，其详可得略说也。"（据《王力古汉语字典》引）按，"叵"字未见于先秦文献。若按早期上古汉语拟音，则当作 bkhaal，至汉代演变为 bkhaj（即 bkhaal/bkhaj，本文此后即以这种方式表示从前期上古音到汉代音的变化）。"不可"音 bu'-khaal/khaj。两字急读为一声，遂作 bkhaal/bkhaj。是"叵"出于"不可"之疾读。若按反切法律之，其音当作 baal（＞bu'-khaal）或 baj（＞bu'-khaj），与"叵"字的上古读音不谐。

二、何不为盍。《国语·吴语》："王其盍亦鉴于人，无鉴于水。"（据《王力古汉语字典》引）按，"盍"古音 gaab，其字义为"合"，原指器盖相合之意；"何不"音 gaal/gaj-bu'；两字疾读合为一声，借"盍"字以表其音，是为 gaab/gajb（＜gaal/gaj-bu'）。

三、如是为尔。《孟子·告子上》："非天之降才尔殊也。"（据《王力古汉语字典》引）按，"如是"音 nja-dje；"尔"音 njel/njej。合"如是"两字急读之，其音或作 njadj，则与"尔"音收声有异。此例只能认为与后世反切法颇相近（nja-dje＞nje~njej）。

四、而已为耳。《论语·阳货》："前言戏之耳。"（据《王力古汉语字典》引）按，"而已"音 njɯ-lɯ/ʎɯ，"耳"音 njɯ。以前期上古音律之，"而已"急读为一声，其音 njɯl/njɯj。与"耳"字读音相比，此例似更类于反切。

五、之乎为诸。《论语·颜渊》："虽有粟，吾得而食诸。"（据《王力古汉语字典》引）按，"之乎"音 tjɯ-gaa，"诸"音 tjaa。是例亦与反切暗合。

六、慢声为"者焉"，急声为"旃"。按，王引之《经传释词》卷9"旃"条谓，"旃"者"之"也、"焉"也，"旃"又为"之焉"合声。《诗·唐风·采苓》"舍旃舍旃"，即"舍之焉、舍之焉"之意。"者焉""之焉"音 tjaa-gan、tjɯ-gan，疾读两字为一声可拟构为 tjaag 或 tjɯg；若以反切律之，则其音恰与"旃"字之音（tjan）同。然则以"者焉"为"旃"，亦与反切法合。

七、慢声为"者与"，急声为"诸"。按，此处"者"犹"也"，"与"亦为语助。先秦文献中似未见以"诸"为"者与"合声的用例。王引之引古文献谓"诸"者"之"也、"于"也、"乎"也，又可为"之乎"二字之急言（见第五条）。

八、慢声为"之矣"，急声为"只"。按，"只"为语已词，亦可作句中语助。先秦文献似无"之矣"与"只"互训的用例。兹从略。

九、"《诗》'墙有茨'，'传'（此指毛传，下同）：'茨，蒺藜也。''蒺藜'正切'茨'字。"按，"茨"音 zli。"蒺藜"音 zit-riil/rij。毛传之意，似应理解为将两个单声母字疾读、合成一字之音，以表复声母字"茨"的读音（zit-riil/rij＞zriil/zrij～zli）。只有在复声母已消失的中古汉语音系里，才可以说"'蒺藜'正切'茨'字"；但那已无助于证明"反语不始于汉末"了。

十、"《诗》'八月断壶'。今人谓之'胡芦'。《北史·后妃传》作'瓠芦'。'瓠芦'正切'壶'字。"按，"壶""瓠"同源，其上古音为 glaa。《北史》之谓"瓠芦"，盖因当日之"瓠"已非复声母字，乃须以两个叠韵字连读来记录一个古代复声母字的读音，即 ga-la（胡芦）～ glaa（壶、瓠）。中古之"胡芦",非用以反切"瓠"字,而与上古之"瓠""壶"可视为同名异译。故不取顾说。

十一、"《左传》'有山鞠藭乎?''鞠藭'是'芎藭'。'鞠藭'正切'芎'字。"按,"鞠"一音"起弓"切(《经典释文》),其上古音值可拟构为 $kh^w uŋ$(郑张尚芳书未收此音),与"芎"音 $kh^w uŋ$ 密合。故"鞠藭"即"芎藭",香草也。顾氏以为此处用"鞠藭"两字来反切"芎"字($kh^w uŋ/khug$-$gung > kh^w ung/khung \sim kh^w uŋ$);若就音韵而言,虽亦可讲得通,但似乎不如以"鞠藭"为"芎藭"异写更为直截了当。

十二、"[《左传》]'著于丁宁',注(此指杜注)'丁宁:钲也'。《广韵》'丄中茎切'。'丁宁'正切'钲'字。"按,此例颇与后世反切法相符。又,蒙郭永秉教授示知:"考古发现的钲器物自名为'钲鋮'(东周南方国家或称'句鑃'),跟'丁宁''令丁'类(即铃)可能都是像乐器敲击声音的自名,'丁宁'切'钲'恐非是"。录此备考。

十三、"[《左传》]'守陴者皆哭'。注:'陴:城上僻倪。''僻'音'避';'僻倪'正切'陴'字。"按,"僻倪"音 beg-ngee("僻"字按"避"的读音拟构),"陴"音 be。此例与后世反切相类。又,蒙郭永秉教授示知,"僻倪"亦作"俾倪"。"《墨子·备城门》:'俾倪广三尺,高二尺五寸。''俾''陴'显然可通,俾/僻倪很可能是在陴之后加了一个后缀或者其他成分,并非二者切出'陴'音(《玉篇》《广韵》《集韵》有"埤"字,也是城上小垣义)。僻倪也叫陴堄,见孔颖达疏,与埤堄/僻倪构词方式当类同"。录此存照,以备后考。

十四、"[《左传》]'弃甲则那'。'那何'也;后人言'奈何'。'奈何'正切'那'字。"按,顾说既谓"那"即"那何",又以"那"字为"奈何"之合音。王引之亦云:"奈何"或但谓之"奈","那"者,"奈"之转也；而"那"亦可为"奈何"之合声。"奈何"音 *naal/naj-gaal/gaj*。"那"字音亦作 *naal/naj*。所谓"直言之曰'那'，长言之曰'奈何'"，亦即将"那"视作"奈何"两字疾读为一声时的字音，似乎只有在上古音晚期才能成立（*naj-gaj*＜*najg~naj*）。若以先秦汉语音系衡之，则此例颇类后世反切。

十五、"［《左传》］'六卿三族降听政'。注：'降：和同也。''和同'正切'降'字。"按，"和同"音 *gool/goj-doong*。"降"音 *gruung/drung*。无论按疾读两字为一声或反切处理，"和同"与"降"的读音皆难以相谐。此处"和同"恐为对"降"字语意的解释；"降"可作欢悦解（《王力古汉语字典》，页1583），与"和同"意近。顾说不确。

十六、"《春秋》桓十二年：'公及宋公、燕人盟于谷丘。'《左传》作'句渎之丘'。'句渎'正切'谷'字。"按，"句渎"音 *go-l'oog*，"谷"音 *glog*。此例属于将两字疾读为一声，以"谷"字表其音。若以反切解之，则"句渎"相切得 *goog*（＜*go-l'oog*），结果就不可能是"谷"字之读音了。

十七、"《公羊传》'邾娄后名邹'。'邾娄'正切'邹'。"按，"邾娄"音 *to-ro*，两字相切，其音为 *to*；它与"邹"的上古音（*ʔsru/tsru*，ʔ是喉塞音）难以相谐。倒是在晚期上古音系（即汉代音）中，"邾娄"疾读之音稍近于"邹"（*to-ro*＞*tro~tsru*）。此例与第九条相似，其形成应不早于公元前2世纪。

十八、"《礼记·檀弓》'铭，明旌也'。'明旌'正切'铭'字。"按，"明旌"音 *mrang-ʔsleng/tsleng*；若两字互切，其音值为 *mreng*。"铭"音 *meeng*。是知此例不能用反切法解释。此处"铭"及"明旌"，均指灵柩前的"铭旌"，即书写死者姓氏的幡帜。一般认为，"明旌"即"神明之旌"。是则"明旌"系用于解释"铭"字之语义也。

十九、"［《礼记·玉藻》］'终葵，椎也'。《方言》'齐人谓"椎"为"终葵"'。'终葵'正切'椎'字。"按，"终葵"音 $tjung$-g^wil；"椎"音 dul。此例或可谓与反切相类（$tj^wil \sim dul$）。

二十、"《尔雅》'禘：大祭也'。'大祭'正切'禘'字。"按，"禘"音 $deeg$，"祭"音 $?sreed$/$tsred$。两字收声辅音不同，在语音方面似无联系。《尔雅》或仅以"大祭"释"禘"字之语义也。

二十一、"［《尔雅》］'须，蘱芜'。'蘱芜'正切'须'字。"按，"蘱芜"两字相切，其音为 sa（＜$suun$-ma）；"须"音 so。与其认为"须"出于"蘱芜"反切，不如以一物两名释之。

二十二、"［《尔雅》］不律谓之笔。'不律'正切'笔'字。"按，"笔"音 $prud$。"不律"音 bu'-rud。是以"不律"两字疾读为一字，用表"笔"字之音（bu'-rud ＞ $brud \sim prud$）。若按后世反切法，则"不律"相切，其音值当为 bud（＜bu'-rud），与"笔"字在上古音系里应为复声母字的事实不符。《说文解字》曰，"吴谓之'不律'，燕谓之'弗'，秦谓之'笔'"。这条记载或许说明，在许慎时代，南方尚保留着该字的上古音复声母，而北方方音中的复声母则已经分化。"礼失求诸野"，斯之谓也。

二十三、"《列子》：'扬朱南之沛。'《庄子》：'阳子居南之沛。'按，'子居'正切'朱'字。""子居"音 $?slɯ$/$tsʎɯ$-$kɯ$，"朱"音 tjo。按晚期上古音，若以"子居"两字相切，其音可谓接近于"朱"字（$tsɯ \sim tjo$）。

二十四、"古人谓耳为聪。《易传》'聪不明也'。《灵枢经》'少阳根于窥，阴结于窻笼'。'窻笼'耳中也。'窻笼'正切'聪'字。"按，"窻笼"音 $shroong$/$tshrong$-$roong$。"聪"音 $shloong$/$tshlong$。"窻笼"相切音 $shroong$/$tshrong$，与"聪"字音近。此例与反切相类。又，蒙郭永秉教授示知，"《太素》卷十杨上善注：'以耳为身窗舍，笼音聋，故曰窻笼也'。故以'窻笼'

表示'耳'，可能是一个比喻或象征义，跟反切'聪'音无关"。录此备考。

二十五、"《方言》𪓰𪓿，或谓之蠾蝓。'蠾蝓'正切'𪓰'字。"按，"𪓰𪓿"（今写作"蜘蛛"）音 te-to，"蠾蝓"音 tjog-lo/ʎo，两字相切音 tjo，说它与"𪓰"字音相近，可也。唯细玩《方言》本意，似以"蠾蝓"为蜘蛛之别称，原无用后两字注"𪓰"字读音之意。故不取此说。

二十六、"〔《方言》〕'谞谓之倩。'注'今俗呼女壻为卒便'。'卒便'正切'倩'字。"按，"倩"音 shleen/tshleen。"卒便"音 shuud/tsuud-ben。两字相切音 shen/tsen。以晚期上古音律之，此例似可谓与反切相类（tsen ~ tshleen）。

二十七、"《说文》'铃，令丁也'。'令丁'正切'铃'。"按，"令丁"音 reeng-rteeng/treeng；两个叠韵字互切，其声与前字同。"铃"音 reeng。此例似与反切相类。

二十八、"〔《说文》〕'鸠，鹘鸼也'。'鹘鸼'正切'鸠'字。"按，"鹘鸼"音 guud-tjiw；两字互切音 giw。"鸠"音 ku。此例似类反切。

二十九、"〔《说文》〕'瘯，一曰族累'。徐铉以为即《左传》之'瘯蠡'。'瘯蠡'正切'瘯'字。"按，"瘯蠡"音 shoog/tsoog-reel/rej。"族累"音 zoog-rol/roj。"瘯"音 zool/zooj。按后期上古音系，"族累"互切音 zol/zoj，与"瘯"字音最近。

三十、"《释名》'韠，蔽膝也，所以蔽膝前也'。'蔽膝'正切'韠'。"按，"蔽膝"两字互切音 big（＜bed-sig）。"韠"音 pid，与前者的收声辅音相异。"蔽膝"只是对"韠"字语义的解释。

三十一、"王子年《拾遗记》，晋武帝赐张华侧理纸。'侧理'正切'纸'字。"按，"侧理"纸又名"陟厘"纸。"陟厘"是一种水中苔类植物。《本草》引陶弘景云，"此即有人所用作纸者"。"陟厘"为"耳治"之译音。

因为此种纸之纹理"纵横邪侧",其名遂讹转为"侧理";是"耳治"之外,盖又兼有"目治"之意焉。"侧理"非关乎"纸"字之声韵。且这条资料出于晋代,已在顾氏所论之题旨之中。

三十二、"《水经注》晏谟、伏琛云:'潍水即扶淇之水也。''扶淇'正切'潍'字。"按,扶淇为潍水支流。"扶淇"两字相切作 $buɯ$ ($< ba$-$gɯ$)。"潍"字音 gwi,与"扶淇"切音不谐。故不取此说。

三十三、"《广韵》'狻倪,狮子'。'狻倪'正切'狮'字。"按,"狻倪"音 $sloon$-nge;东伊朗诸语中"狮子"读作 $shrɣw$ 或 $shrɣwɣ$,"狻倪"即其汉字音写(以 $sloo[n]$ 记 shr-之音;以 nge 记-$ɣwɣ/$-$ɣw$ 之音,"狻"之尾辅音-n 为"倪"之声母 ng-所并合)。"狮"字(古作"师")音 sri,则应是波斯语"狮子" $shayr$ 一词的汉字音写。汉字"狻倪"与"狮"之间无音韵关系。故不取顾说。

三十四、"《左传》襄十年,'会于柤。会吴子寿梦也'。"注:"'寿梦,吴子乘'。……'寿梦'二字,合为'乘'字。"按,"寿梦"互切音 $djung$($< dju$-$muɯng$)。"乘"音 $ɣliuɯng$。"乘"似可视为"寿梦"之切音。

三十五、以二十为"廿"。"此……以二字为一,与反切相近。"按,若据其中古音而将"廿"字的上古音拟构为 $njwb$,则其音与"二十"之切音($njub < nji$-$gjub$)甚相近。唯蒙郭永秉教授示知:"先秦、秦、西汉的'廿='三十'合文写法,皆念'二十''三十'两个音节,并无'念''飒'的读法。'念''飒'读音可能是中古以后起来的。"录此备考。

三十六、以三十为"卅","与反切相近"。按,若将"卅"的上古音拟构为 $soob$ 或 $suub$,则其与"三十"之切音($sub < suum$-$gjub$)甚相近。又,参看上条郭说。

附录贰　西汉出攻匈奴时日考

一、西汉元光六年（前129）春（《史记·匈奴列传》系之于是年秋；此据《汉书·武帝纪》及《资治通鉴》），匈奴入雁门。卫青出上谷至笼城，公孙贺出云中、公孙敖出代郡、李广出雁门。其冬，匈奴数入盗边。按，末句表明是时匈奴后方无汉军在活动；事实上汉朝这次出征应在夏季之前已结束。

二、元朔元年（前128）秋，匈奴入渔阳、雁门。卫青将三万骑出雁门，斩首虏数千人。按，《史记·匈奴传》于其下紧连"其明年，卫青复出云中"。是知秋季之役未延展至冬十月。

三、元朔二年（前127）春，匈奴入上谷渔阳，卫青复出云中以西，至陇西，走白羊、楼烦王，取河南地。《汉书·武帝纪》置此事于春正月与三月之间。《资治通鉴》系之于该年冬（是时汉历以冬十月为岁首），恐无确据。检阅《汉书·外戚恩泽侯表》，卫青因取朔方而得封"长平烈侯"，事在元朔二年春二月丙辰。唯本月内实无丙辰日；又查其部下苏建、张次公受封为"平陵侯""岸头侯"，分别在同年三月丙辰、五月己巳（见《汉书·景武昭宣元成功臣表》）。是知卫青应与苏建同日，亦即三月十三丙辰受封。按，朝廷论功行赏，必在军事行动结束之后。卫青受封于春三月中，足证战事之持续，未出公元前127年春季。

四、元朔五年（前124）春，卫青将六将军十余万人，出朔方高阙进击右贤王。汉兵出塞六七百里。夏四月，益封卫青八千七百户（见《汉书·外戚恩泽侯表》）；其秋，匈奴万骑入代郡。按，由卫青益封，可知汉军出征在夏初业已结束。

五、元朔六年（前123）春二月，卫青率公孙敖、公孙贺、赵信、苏建、李广、李沮六将出定襄数百里，击匈奴。

六、元朔六年夏四月，卫青复将六将军出定襄，绝幕。按，由四月再度出征，知二月之役此前已结束；又由上谷太守郝贤因四从大将军击匈奴之功，于同年五月壬辰获封"众利侯"（见《汉书·景武昭宣元成功臣表》），复知夏四月出定襄之军已然班师。

七、元狩二年（前121）春三月，霍去病将万骑出陇西，历五王国，过焉支山千里，击匈奴，收休屠王祭天金人。

八、元狩二年夏，霍去病复与公孙敖出陇西、北地二千里，击匈奴。过居延，攻祁连山。是年以浑邪王降众置五属国，以其地为武威、酒泉郡。按，由霍去病再度出征，可知春季战事先已结束；由赵破奴因从征有功，于是年夏五月丙戌得封"从票侯"（见《汉书·景武昭宣元成功臣表》），知夏季远征此前亦已班师。

九、元狩四年（前119）春，卫青、霍去病合领十万骑、步卒数十万，分头出定襄、代右北平，绝幕与匈奴战。卫青追单于未获，至寘颜山、赵信城而返；霍去病渡漠败左贤王兵，封狼居胥山，禅于姑衍，至瀚海。是后匈奴远遁，而幕南无王庭。按，由路博德、卫山以从征霍去病功，于本年夏六月丁卯封"邳离侯""义阳侯"（见《汉书·景武昭宣元成功臣表》），可知此役已在春夏间结束。

十、元鼎六年（前111）秋，公孙贺将万五千骑，出九原二千余里，赵破奴以万余骑出令居数千里，皆未见匈奴一人而还。乃分武威、酒泉地，置张掖、敦煌郡。按，是时汉历尚以冬十月为岁首。张掖、敦煌之设，其事在本年末，足证两军远征已于秋内还师。

十一、太初二年（前103）秋，赵破奴将二万余骑，出朔方西北二千余里，期至浚稽山，接应约降之匈奴王。事败回师，在受降城北四百里为追兵所围，没于匈奴。按，《汉书·武帝本纪》系此事于"冬十二月，御史大夫儿宽卒"之前；是役预筹的实施时间无从详知。

十二、天汉二年（前99）夏五月，遣李广利以三万骑出酒泉，与右贤王战于天山。复遣公孙敖出西河，与路博德会涿邪山。按，《汉书·武帝纪》系此役于"秋，止禁巫祠道中者"之前。是知军事行动结束于夏秋之际。

十三、天汉二年秋九月，李陵因力拒为李广利将辎重，延宕至此时方独率步兵五千出居延，北行三十日，与单于战。先胜后败，南还约经一二十日，为追兵俘获。

十四、天汉四年（前97）春，李广利将骑六万、步兵七万，出朔方，路博德将万余人与李广利会，韩说将步兵三万出五原，公孙敖将骑万、步兵三万出雁门。夏四月前皆引还。

十五、征和三年（前90）春正月，匈奴入五原、酒泉，杀两都尉。三月，李广利将七万人出五原，商丘成将二万人出西河，马通将四万骑出酒泉。李广利败降匈奴，商、马皆于夏五月前引还。

十六、元凤三年（前78）春正月，右贤王率四千骑寇张掖境。张掖太守、属国都尉发兵击，大破之。自后匈奴不敢入张掖。按，王先谦补注《汉书·匈奴传》，断元凤二年纪事后之"明年"为衍文，据此，当将该役系于元凤二年。《资治通鉴》纪事则依《汉书·匈奴传》所书系之于本年。考属国都尉郭忠因是役获封"成安侯"，《汉书·景武昭宣元成功臣表》系此事于元凤三年二月二十二日癸丑；是证郭忠反击匈奴，正在本年初未久之前。且若从王说，则传文所记汉将范明友于下年趁乌桓新败于匈奴而击杀其六千余众，其事当推前至元凤三年。唯《汉书·昭帝纪》系之于四年。又范明友因此役受封"平陵侯"，事在元凤四年七月，这与其建战功于前一年的推断亦殊不相协。《通鉴》盖据以上诸点而系是役于三年"春正月"。亟应从之。是知战事持续未及一月。

十七、本始三年（前71）春正月六日戊辰，因乌孙公主之请，大发田广明、赵充国、田顺、范明友、韩增五将军，兵十五万骑，师出长安，合乌孙五万余骑，出塞各二千余里。匈奴闻汉兵大出，老弱奔走，驱畜产远遁逃。是以五将军少所得，皆不至于期还（此处之"期"，或可从颜师古注扬雄"至质而还"之语，以"所期处"释之）。劳师塞外，固如扬雄所言，"空行空反"，"徒奋扬威武，明汉兵若雷风耳"。夏五月，军罢。按，这是现今所知汉朝对匈奴的大规模军事行动中持续时间最长的一次。扣除从长安发兵至边塞的时日，以夏五月中班师计，逗留草原最长约百一二十余日。又，含乌孙在内的六支军队，显然不是同时还师的。校尉常惠护乌孙军发兵自西域，因战功得封"长罗侯"。《功臣表》系之于本始四年四月二十日癸巳。封侯在战事结束约一年之后，无论如何是太晚了。本始三年四月十四亦为癸巳。颇疑《汉书》此处"四年"为"三年"之误。若然，则乌孙军至晚在夏四月初已回师。其他五军，出征亦或未必皆足百日。

（原载《中华文史论丛》2021年第2期）

2

论拓跋鲜卑部的早期历史
——读《魏书·序纪》

与突厥、蒙古等族的祖先传说相比，《魏书·序纪》所记载的拓跋鲜卑人对远古的记忆，显然受到当时中原文化更强烈得多的影响。今人在研读《魏书·序纪》时，往往会发现诸多颇费思酌而又未易析解之处。这便在很大程度上与上述干扰因素有关。本文即拟遵循着中原文化是如何影响了拓跋鲜卑对远古史迹的重构这样一条线索，去解读《序纪》所遗留的若干谜团。

所谓中原文化的影响，至少包含两层不同的意思。首先，《魏书》是由汉人用汉文来书写的一部纪传体断代史书，因此它当然会受到中原汉地历史编纂学传统的影响。霍尔姆格兰在分析《序纪》有关拓跋早期史的资料来源时曾写道："在这里，魏收所能拥有的，无非是走了样的口头传说和他本人的汉文化的遗产。"[①]魏收"本人的汉文化的遗产"，即指上面这一层意思而言。其次，所谓"走了样的口头传说"，则是魏收从事史学写作的素材。那中间虽然也渗入了中原文化的深刻影响，但它所反映的，基本上还应看作是北魏官方乃至拓跋鲜卑统治集团对自身根源性的解说，而不能将它视为只

---

① Jennifer Holmgren, *Early T'O-Pa History According to the First Chapter of the Wei-Shu*, Australian National University Faculty of Law, 1982, p.18.

是汉人对那段历史的阐释。以紧接着就要讨论的拓跋氏出自黄帝后裔的见解为例，它不仅以"祖黄制朔""以国家继黄帝之后，宜为土德"等言辞常挂在北魏汉人大臣的嘴边，而且也以"魏之先出于黄帝"之类的标榜出现在很可能是由皇帝自己起草的诏制之中①。

《序纪》记录的拓跋先世史，按它所给出信息的详略差异，可以分为三段。这个谱系远溯自黄帝之子昌意，谓其少子"受封北土"，其后一支世为鲜卑部"君长"；至名为"始均"者，"入仕尧世"，又受帝舜之命为"田祖"；始均之裔，"积六十七世，至成皇帝讳毛立"。这是第一段。从昌意到始均，《序纪》未明言其间世次；由始均而下，"爰历三代"，直到成皇帝毛之前，总共积六十六世②。北魏时人承认，他们对这一段历史几乎一无所知："自始均以后，至于成帝，其间世数久远，是以史弗能传"③。

第二段从毛皇帝开始，历节皇帝贷、庄皇帝观、明皇帝楼、安皇帝越，总共五帝。与之前的六十六世不同，关于毛和毛以后的这几个人，史文虽然仍没有留下多少具体事迹，但至少都举出了他们的名讳。过去曾有人提出，拓跋先祖多单名，不太符合北族习俗；尤其是此后有献帝名邻，以 r- 或 l- 作为词首辅音，更与蒙古、突厥及通古斯诸语的语音规则相左（按，这一分析也适用于明皇帝的单

---

① 《魏书》卷 108 之 1《礼志一》。《资治通鉴》卷 140，"齐纪六"，"建武三年"（496）引孝文帝诏。

② 《魏书》卷 1《序纪》。以下凡征引《序纪》，不再出注。按，《序纪》文意，始均之裔"积六十七世"，应当包括成皇帝毛的一代在内。本文把毛的世次计入下一个阶段，所以这里只有六十六世。

③ 《魏书》卷 57《高祐传》。成帝即成皇帝毛。

名楼)。因此他们认为,这个祖先谱系,很可能出于相当晚近的假托。不过正如内田吟风指出的,《通志·氏族略》将献帝的名讳写作拓跋与邻;考虑到拓跋珪原名拓跋涉珪,"与邻"应当是偶然被《通志》保留下来的献帝原名。上述诸帝的单名多为深受中原文化影响的拓跋后人所改;但是以此而推断整个系谱都属于后来人的虚拟,其根据仍然是不充分的①。

拓跋先世史的第三段,从安皇帝之后的宣帝推演,下至诘汾共九世。拓跋鲜卑部的两次重大迁徙,就发生在这期间。诘汾之后的力微,被认为是真正创建北魏"帝业"的人②。如果说《序纪》对第三段的记载依然因仍着第二阶段记载的"口述史"性质,那么从拓跋力微时期(至少是从力微的后期)开始,北魏历史便进入它的"实录"阶段了。

既然自始均至毛"世数久远""史弗能传",则所谓始均之裔积六十七世而至毛的说法,究竟是从哪里来的?

最早认真地提出并试图解答这个问题的人,似为卜弼德。他指出,既然始均与舜同时,则他的活动年代,按照"标准年代学",就应当是在纪元前大约2210年;而"成皇帝毛",在他看来是比照战国末的匈奴单于冒顿而虚构出来的,也就是说,毛的年代应当是公

---

① 内田吟风:《魏书序纪及其世系记事考》,载同氏:《北亚史研究·鲜卑柔然突厥篇》,京都:同朋舍,1975年,页97。按,相同的例证,还有《魏书》中的叔孙建,其名讳在《宋书》里被记为涉珪幡能健。见霍尔姆格兰前揭书页12—13。又按,自毛以后诸"皇帝"的谥号,为道武帝时所追尊,详下文。

② 《魏书》卷108之1《礼志一》引李彪、崔光等议。

元前 200 年。这样,在始均和毛之间就应相隔 2010 年。按三十年为一世计,正好六十七世①。

卜弼德的上述见解确实极有想象力。但它也存在两个不可谓不重要的未周之处。首先,对于舜的"标准年代学"定位究竟是如何产生的,这是魏晋之际人们的认识吗? 其次,说毛是后来的拓跋鲜卑人比拟冒顿而虚拟出来的祖先,究竟有什么根据? 想来正是为着算术的需要,卜弼德才会在他的论证里安排这两个未经坐实的预设。

因此,且让我们放弃以毛比拟冒顿的假定,而改用拓跋鲜卑史上最早的确定纪年,即力微的生年(174 年,尽管这个年代本身仍然是很可疑的,说详下)作计算下限。其次,还应当尽量采用南北朝时关于远古纪年的一般知识来确定舜的年代。当日流行的远古"标准年代学"数据,比较完整地保留到今天的至少有两组。其中之一见于西晋发掘的"汲冢"《竹书纪年》。据此,则西周共 257 年;商从灭夏算起共有岁 496 年;夏自禹至桀亡总计 471 年,三者凡 1 224 年②。至于从东周开始到力微生年之间的所历年岁,则是一个常数,是为 944 年。两项相加,遂知舜的活动年代当在力微出生之前 2 168 年。另一组数据可由《汉书·律历志》求得。自"上元"至秦亡(前 206 年)凡 143 025 年;而"上元"至武王伐纣为 142 109

---

① P. A. Boodberg,《拓跋魏的语言》, in Alvin P. Cohen ed., *Selected Works of Peter A. Boodberg*, Berkley: University of California Press, 1979, p.233. 霍尔姆格兰前揭书页 18 已引述此说。

② 参阅王国维:《古本竹书纪年辑证·今本竹书纪年疏证》,黄永年校点本,沈阳:辽宁教育出版社,1997 年。

年。两者相减，得西周至秦亡之间凡916年。这个数字，加上商（凡629年）、夏（凡432年）、舜（凡50年）的历年，再加上从秦亡后至力微出生之间的379年，总共有2406年。按古意一世为三十年计，则2168年合七十二三世次，亦即舜的时代距力微之世为七十三四世。但这与拓跋人自己对其先世的推算不太合辙，这里不去说它。而2406年则共合八十世。从力微之前的诘汾往前数，追溯到毛之后的节皇帝贷共十三世。二者相减，从舜时代的始均直到毛为止，恰好还剩下六十七世代！由此可知，北魏在追溯远古世系时所依据的，就是被记载在《汉书·律历志》中的那个"标准年代学"的版本。

应当指出，上面的演算完全不是试图建立拓跋古史的"确切"纪年，而是为了说明，北魏时候的人们在重构拓跋先世史时，为什么会把那一段"史弗能传"的蒙昧时期不多不少地说成有"六十七世"。

由此又可以产生出另外三点认识。一是上述推演过程按三十年为一世来计算从贷到诘汾之间的诸"皇帝"在位的总年数。但这样做却完全忽略了以下事实，即由贷至诘汾的十三代统治，其年限长短本来因人而异，没有固定的时间幅度；更何况拓跋前期传递部族统治权的支配原则是兄终弟及，因而按三十年一替换来计算十三代统治的时间长度，这是没有多少道理的。但为了估算一段原本无纪年依据的过去究竟历时几何，除此之外，古代拓跋人还能有别的什么可行的处理办法？

其二，这一重构带有明显的汉化色彩，因为它显示出将拓跋部的先世史"嫁接"到中原古史的言说框架内的强烈倾向。从此种视角去分析《序纪》记载的拓跋先世史,就很容易发现,它的第一段只能是在后来依托着中原古史重新构拟出来的。据《山海经·大荒西经》,"黄帝之孙曰'始均',始均生北狄"。《序记》所本即此。它的新发明,则是将始均断为昌意"少子"的后裔,由此便把黄帝与始均之间的世代距离大大拉开了。《魏书·礼志一》说,太祖时,"群臣奏以国家继黄帝之后",建议尊土德而尚黄色。惟据《资治通鉴》,拓跋自谓黄帝之后,是采纳中原名士崔宏(即崔玄伯)之议的结果①。《通鉴》的这个说法,其依据今已不可查考。但是从上文对这段叙事之来历的发掘看,我们也许只能赞叹司马光的目光如炬。

最后,从毛开始的拓跋先世史的第二段和第三段,才是被保留下来的属于拓跋文化传统的口传史。然而这部口传史一开头就从势力已壮大到"统国三十六,大姓九十九"的"成皇帝毛"讲起,似乎已经不太完整了。在毛的事迹之前,本来大概还有一段属于拓跋部自己的祖先起源的故事。但在采纳了现在为我们所知的那第一段叙事后,原先包括在口传史开头部分的起源传说,反而从拓跋人自己的记忆中消失了。

---

① 《资治通鉴》卷110,"晋纪三二·安帝隆安二年"。按《魏书》卷22《卫操传》,拓跋猗㐌死后,卫操"立碑于大邗城南,以颂功德"。此碑在孝文帝初掘出,碑文因得传世。据卫操本传,碑文以"魏轩辕之苗裔"起首,是则拓跋为黄帝后裔之说远早于崔宏即已流行。钱大昕曾指出,这块碑中"魏"的国号及"桓穆二帝"之谥号都出于后世追改,他因此怀疑开头第一字"魏"原应写作"拓跋鲜卑"。唯从碑文通篇皆以四言成文看,"轩辕之苗裔"一句也很像是经后世追改过的文字。司马光不采此碑证据,仍以拓跋氏接受黄帝之裔说是出自崔宏的建议,似乎是经过斟酌的。

早期拓跋史的另一个谜团，是决定了该部历史命运的两次重大迁徙的决策者，即先后拥有"推演"称号的宣帝和献帝邻，与檀石槐部落联盟里的西部大人推寅之间，究竟有没有关系？ 按照胡三省的看法，檀石槐联盟中的西部大人推寅，当即拓跋部的第一推演，也就是宣帝①。而依马长寿之见，檀石槐时代的推寅乃是拓跋部第二推演，即献帝邻②。黄烈认为，在拓跋两推演之中的无论哪一个，与檀石槐时的西部大人"在年代上均不相当"③。田余庆则分别在他的两处研究中，先后将拓跋部的第二和第一推演与檀石槐时期的西部推寅相勘同④。拓跋部的两个推演究竟能否与檀石槐的西部推寅相勘同，涉及我们对拓跋部是否参加了檀石槐的军事联盟，以及他们的迁徙路线和迁徙时间表等重大问题的认识，所以非常值得作进一步的讨论。

据拓跋部的口传史，拓跋部族从它所居的"石室"（即今内蒙古鄂伦春自治旗境内的嘎仙洞）所在地第一次向外迁徙，发生在以"推演"为名号的人作部落君长的时代；这个推演后来被北魏政权追尊为"宣帝"。对于拓跋部在宣帝领导下的迁徙所到达的地点，学术界的看法大体是一致的。文献与考古两方面的证据表明，史文所谓"南迁大泽，方千余里，厥土昏溟沮洳"，其所在应当是今扎赉

---

① 《资治通鉴》卷77，"魏纪九"，景元二年（261年）胡注。
② 马长寿：《乌桓与鲜卑》，上海：上海人民出版社，1962年，页185—186。
③ 黄烈：《中国古代民族史研究》，北京：人民出版社，1987年，页277—278。
④ 田余庆：《代北地区拓跋与乌桓的共生关系：〈魏书·序纪〉有关史实解析》《〈代歌〉、〈代记〉与北魏国史》，俱载同氏：《拓跋史探》，北京：生活·读书·新知三联书店，2003年，页147、219—220。

诺尔（又名呼伦池）附近的草原地区①。那么，这次迁徙应当发生在什么时候呢？

诸家对这次迁徙的发生时间多有推测；大多数人以为它应当是在公元第一世纪之内。但因为缺乏比较明确的证据，所以这个问题至今难有确论。其实，关于宣帝的年代，《魏书·官氏志》里有一则非常珍贵的讯息，值得我们细加玩味。在述及"东方宇文、慕容"两姓氏时，《官氏志》写道："即宣帝时东部。此二部最为强盛。"

按，宇文、慕容部之"强盛"于东部，绝对不会早于公元第三世纪初。慕容部的入居东部，事在曹魏之初②。关于宇文氏，史文虽有"南单于之远属，世居东部"之说③，但他们从中部往东迁的历史也不太久远。据《周书·文帝纪》，"宇文"作为国姓，始于该部祖先普回获得三纽玉玺之后。普回传国于莫那，乃"自阴山南徙，始居辽西，是曰'献侯'，为魏舅生之国。九世至俟豆归，为慕容晃所灭"。普回、莫那之后的七世，均可于《北史·宇文莫槐传》考见；不过在那里，第九代传人的姓名被写作"逸豆归"而已。莫那子即为莫槐；莫槐子普拨；普拨子丘不勤，尚力微之子拓跋绰的

---

① 宿白：《东北、内蒙古地区的鲜卑遗迹》，《文物》1977年第5期；黄烈前揭书页277—278；亦邻真等：《内蒙古历史地理》，呼和浩特：内蒙古大学出版社，1994年，页39—40。最后一种文献对古代呼伦池周围"沮洳"的地貌环境有简明的描写，尤可参阅。唯关于拓跋部迁到这个地区的年代问题，黄烈以为"约在东汉前期"，这是他轻信《序纪》关于拓跋力微生于170年代的结果。亦邻真书更将这个年代上推到"西汉时"。本文接下来就要讨论这一点。
② 《魏书》卷95《徒何慕容廆传》："曾祖莫护跋，魏初率部落入居辽西。"
③ 《魏书》卷81《宇文忠之传》。按，类似的说法不止见于这一处。

女儿，所以他应该是3世纪下半叶的人①。也就是说，普拨当与力微同时；而宇文部东迁与普拨之世仅相隔一代。所以这件事至多也只会稍早于拓跋部的第二次迁徙。

那么，上述位居东部而正处于"最为强盛"状态的宇文、慕容部，是否可能与宣帝同时呢？回答只能是否定的。因为宇文、慕容两氏之徙居东部，都开始于3世纪初；而拓跋力微的活动之连续见于记载，最晚从力微二十九年（248）也已经开始了。两者相距至多不过三十来年。如果宣帝与强盛时期的宇文、慕容同时代，哪怕是两部只在东徙之初与宣帝末期稍相衔接，从景帝至诘汾共八帝的在位时间，包括统治年限相当长的献帝邻时期在内②，也只能被压缩到总共二三十年的时间段之中。这是不合理的。

尽管《官氏志》把"宣帝时东部"指为宇文、慕容称强时的东部乃是一个错误，但它还是向我们传达了一个十分重要的消息：宣帝之统治拓跋部，实在是与鲜卑划分为东、中、西三部，也就是檀石槐联盟（约150年代—181年）的存在大略同时。胡三省对两推演的勘同虽有所未安，但隐伏在这个断制之后的他对历史过程那一种感觉，即宣帝推演应与檀石槐同时，仍然是相当地切中事理的。姚薇元认为，《官氏志》的"即宣帝时东部"之语后面应加补"中部"一词，方为完整③。他的意思是，慕容氏在檀石槐联盟中应属中部

---

① 《北史》卷98《宇文莫槐传》。
② 献帝邻因体力衰退而不克亲自指导拓跋部的第二次迁徙。由此可以推知他在位的年代一定很漫长。
③ 姚薇元：《北朝胡姓考》，北京：科学出版社，1958年，页170。

大人。可见他也把"宣帝时东部"理解为檀石槐时代的三部之一。田余庆推定宣帝率领的拓跋南迁发生在东汉桓帝时期（147—167），从时间的判断上无疑也把握了实情①。

设若宣帝的年代果真与檀石槐联盟同时，那么拓跋部的两个推演就全都与檀石槐联盟中的西部大人推寅没有关系可言了。拓跋第一推演（即宣帝）虽然与西部大人推寅同时，但前者这时远在呼伦池之地，所以还不可能被檀石槐编入西部。第二推演则在时间上与宣帝，因而也与西部大人推寅相隔颇为久远，所以也无法将他与后者相勘同。换言之，当檀石槐在弹汗山创造了震动中夏的业绩时，拓跋部很可能是在后方的草原上学习游牧。他们还来不及参加到更南面的檀石槐部落联盟中来。

以上讨论或许可以证明，拓跋鲜卑从大兴安岭迁至呼伦池，比一般接受的推测还要更晚一些，亦即发生在公元第二世纪的中叶。这样，它第二次南迁的年代自然也要向后顺延了。

拓跋部第二次南迁的路线，大概最先是由呼伦池沿大兴安岭西麓朝西南行进。田余庆概括拓跋部先后两次南迁所遵循的路径说："拓跋先人由大兴安岭地带辗转至于西辽河一带之时，前路已被阻滞，所以从那里西折，循漠南草原路线至于阴山，越阴山到达五原、云中、定襄地区。"②《周书》记贺拔胜说："其先与魏氏同出阴

---

① 田余庆：《北魏后宫子贵母死之制的形成和演变》，《拓跋史探》，页24。
② 同上书，页147。

山。"①可证拓跋部确实是南渡阴山而来到"匈奴故地"的。

诘汾率领的这次迁徙，所经地区"山谷高深，九难八阻"，历时年余。或者正如宿白推想的，他们一度从今大兴安岭的西麓东折，进入山岭之中②。陷入迷途的拓跋人因为获得一个"其形似马，其声类牛"的"神兽"引领，方能走出险境。内蒙古扎赉诺尔和吉林榆树都出土有"头带尖角，背树双翼"的鎏金飞马铜牌，学者们认为此种飞马形象就是拓跋传说中的神兽③。神兽形象发现在扎赉诺尔，表明它在第二度南迁之前的拓跋部内已为人所熟知。有人甚而主张，它的造型受到经斯基泰文化东传的鸟首兽身式"格里芬"形象的影响④。那么，拓跋部的第二次迁徙又该是什么时候的事情？

---

① 《周书》卷14《贺拔胜传》。
② 宿白前揭文。
③ 宿白：《盛乐、平城一带的拓跋鲜卑——北魏遗迹》，《文物》1977年第11期。
④ 李零：《论中国的有翼神兽》，《中国学术》2001年第1辑。该论文页127载有两幅神兽图像，可参看。唯格里芬经常被表现在袭击偶蹄类动物的母题中。因此凡带有兽身的格里芬，其身体部位多带猛兽特征。拓跋鲜卑的神兽形象却是属于偶蹄类的马。它也许仅仅是一匹飞马，而与格里芬造型没有什么联系。另按，拓跋氏后来将自己附会为黄帝之裔，据此，北魏"宜为土德"。所以，原先"其形似马"的说法，这时候按"牛土畜"的观念被改作"神兽如牛"。见《魏书》卷108之1《礼志一》。又按，关于被归属于迁徙途中之拓跋鲜卑的扎赉诺尔、巴林左旗南杨家村子等处遗址的年代，目前尚无法确切地予以判定。前者曾被推定为"东汉末"，而后面这个"遗址中唯一可以断代的器物"，乃是"东汉中晚期的五铢钱"。这些见解与本文的分析颇相契合。吉林榆树市老河深遗址也有飞马铜牌出土。该遗址被认为与扎赉诺尔遗址"有密切关系"，而遗址主人的文化及社会状况则比后者"发达一些"。发掘者将遗址的年代定为"东汉初或略晚"，在时间上或许有过早之嫌。这个远至松花江之滨的遗址究竟是否属于南迁路上的拓跋部，也很难确定。见内蒙古文物工作队：《内蒙古扎赉诺尔古墓群发掘简报》，《考古》1961年第12期；宿白：《东北、内蒙古地区的鲜卑遗址》；吉林省文物工作队等：《吉林榆树县老河深鲜卑墓群部分墓葬发掘简报》，《文物》1985年第2期。

我们知道，阴山之南的五原、云中、定襄之地，在檀石槐乃至以轲比能为首要人物的"后檀石槐时代"，向来是借以制约三部鲜卑的战略腹心地区。难以想象，拓跋部会在上述时段里成功地南越阴山，而不留下与原先就占据着该地的其他鲜卑势力做生死之搏的任何痕迹。所以结论只能是，拓跋部的第二次南迁，必定发生在后檀石槐势力在230年代被曹魏摧毁，漠南草原因而形成一时间的权力真空的时候。这时离开拓跋部最初从大兴安岭出行到今呼伦贝尔草原，大约有七八十年的时间。

但是，这样安排拓跋部南迁的时间表，会遇到另一个不容回避的困难。按《序纪》所说，"神元皇帝"力微执掌拓跋部的权力，开始于220年。如果拓跋部的第二次南迁发生在力微父亲诘汾的时代，它就应该在220年之前，而不可能晚至230年代。于是我们的问题就演变为：《序纪》关于拓跋力微的记载究竟是否完全可靠？

《序纪》所述力微事迹，至少存在两点可疑之处。一是从力微元年（220）之后，记事中断长达二十八年之久；直到力微二十九年（248）起，我们才开始读到有关此公活动的连续记载。在《序纪》以外的其他历史材料里，也找不到力微在248年之前的活动踪迹。其次，力微的寿命和他的统治年代都出奇地漫长。《序纪》告诉我们，他活了一百零四岁（174—277年），在位有五十八年之久！将以上两点联系在一起看，我们有理由相信，力微的在位年限，似乎是在后来被人为地拉长了；而一旦将他的在位时代提前，他的出生年代也就必须跟着往前推。所以就有了他在位前期那完全空白的二十八年，以及超过百岁的长寿纪录。可是问题仍然存在：为什么非要把拓跋力微的统治年代提前到220年？

就汉地社会的政治史而言，220年所发生的最重大的事件，非曹魏代汉莫属。乾嘉考据学家早已注意到"神元元年"与汉亡魏兴正好属同一年的巧合①。不过这两件事之间实在没有什么联系可言。正如内田说过的："由于全然看不出有谁故意把曹魏受命与力微部落的独立这两件事结合在一起的迹象，这不外乎完全地属于偶然的一致吧。"②

话虽如此说，在汉人看来以曹魏代汉为最显著象征的220年，对鲜卑人也可能具有另一种更重要的意义。就在这一年，曹丕封后檀石槐时期的轲比能为附义王，又封东部大人素利弥加为归义王③。对北魏时候的人而言，它完全可以被看作是自檀石槐以来鲜卑人共同体与中原王朝相互关系的一个历史转折点。

当然，早在曹操当政的年代，后檀石槐鲜卑部落已与中原王朝"通贡献"，或曰"上贡献、通市"，其部落大人中也已有人被曹操"表宠以为王"④。另外，轲比能本属"小种鲜卑"，而檀石槐的直系后人被曹魏封王，则晚在黄初二年之后。这些事实，似乎都不利

---

① 王鸣盛：《十七史商榷》卷66，"追尊二十八帝"条；钱大昕：《廿二史考异》卷28，"序纪"条。
② 内田吟风前揭书页99。
③ 《三国志》卷30《魏书・轲比能传》。附义、归义两王之封，事在"延康初"。按，曹丕于220年继丞相魏王位，因改汉"建安二十五年"为"延康元年"；延康元年冬十一月，又以受汉禅位改当年为"黄初元年"。
④ 《三国志》卷30《魏书・轲比能传》。同卷《鲜卑传》亦谓轲比能与步度根等"上贡献"。

于以220年作为鲜卑与中原王朝之间关系转折的标志性年代。

汉文记载中的"贡献",反映了中原王朝从"朝贡—回赐"关系所看到的由藩属对中原王朝履行义务的那一面。但对"上贡献"的那一方说来,它也可能只是一种贸易往来的关系。曹操执政时代受封为王的,只是鲜卑的西部大人;他们在后檀石槐鲜卑中并不占支配的地位。因此他们的受封与轲比能受封的意义也不一样。后者虽非檀石槐嫡系,其势力却在黄初末叶以后达到"控弦十余万骑……得众死力,余部大人皆敬惮之"的地步。因此,轲比能的受封,完全可能被后来的拓跋人认作后檀石槐势力的历史性倾衰,即后者已完全跌落到中原王朝附庸的地位。在此之后,应当有另一股鲜卑势力出现,继续作为据有塞北、与中原王朝相对等的一种最高政治支配力量而存在。正是拓跋部承担了这一历史使命。这个使命是在谁的手里完成的呢? 答案当然只能够是拓跋力微,因为他是领导拓跋部走出阴山的诘汾的直接继承者。

种种迹象表明,道武帝拓跋珪一朝,是北魏政权重构拓跋先世史的关键时期。天兴元年,拓跋珪定都平城,在依照汉制"营宫室,建宗庙,立社稷"的同时,"追尊成帝(按即成皇帝毛)已下及后号谥",总共有二十八帝①。力微被视为北魏"始祖",因称神元皇帝②。也是在此前后,邓渊受诏"以代歌所涉为主要资料",来修

---

① 《资治通鉴》卷110,"晋纪三二·安帝隆安二年(398年)"谓:"追赠毛以下二十七人,皆为皇帝。"不知道《通鉴》少算的,是其中哪一个人。

② 《魏书》卷2《太祖本纪》。

撰《代记》①。拓跋先世史与中原古史言说系统的"嫁接",应当就基本完成于此时②。在这时候人们的眼睛里,道武帝之前对北魏立国的直接贡献最大的先祖有两个。一是"总御幽都,控制遐国,虽践王位,未定九州"的"远祖"。此人无疑是指"始祖"力微。另一人是平文帝拓跋郁律,从他的庙号被追尊为"太祖"一事即可推知。这两个人代表了道武帝时代对北魏政治合法性的两重论证。力微被塑造成与曹魏并立对等而"总御幽都"的塞北君主。随后,在力微势力渗入中原政治的过程中,他的后人一度受西晋封授。而拓跋鲜卑由接受晋政权的封授,到把南移的东晋王朝称为"僭晋",与他们断绝关系,同时"治兵讲武,有平南夏之意",这一转变正是发生在平文帝(317年至321年在位)的末年。从这时起,拓跋鲜卑就正式以一支完全独立的政治势力,参与中原逐鹿。这样说起来,将北魏立国的最近渊源上溯到郁律,并尊之为"太祖",不是再合情合理不过了吗③?

① 田余庆前揭书页220。
② 如前所述,若依《资治通鉴》之见,此种嫁接的始作俑者当为崔宏。则邓渊所作,不过是把这一点写进籍册而已。
③ 道武帝以与东晋分庭抗礼的拓跋郁律为太祖。直到孝文帝时,北魏君臣在"考次推时",即根据正统论和五德终始说来推求本朝在"运代相承"的继统顺序中的历史定位时,依然一致认定说,尽管"皇魏建号,事接秦末",但是"晋既灭亡,天命在我"。是所谓"晋室之沦,平文始大;庙号太祖,抑亦有由"。然而另一方面,对太和时代的人来说,道武帝消灭前秦,"正位中境",故其"建业之勋,高于平文;号为烈祖,比功较德,以为未允"。因此这时又将太祖的庙号改赠给道武帝。这件事也表明孝文帝为全面推行汉化政策,需要借助于一个比拓跋郁律更加汉化的先祖来论证自己的政治合法性。关于这方面的讨论,见川本芳昭:《五胡十六国及北魏时代"正统"王朝考》,载同氏:《魏晋南北朝时代的民族问题》,东京:汲古书院,1998年。

现在再让我们回到道武帝追忆拓跋力微事迹时的情景中来。那时离开力微的时代已有一百多年。对一般拓跋人来说，力微的生年以及他就任拓跋君主的真实年代已经是相当渺远的事情了。或许就是在这样的背景下，"神元元年"在拓跋鲜卑重构自己的先世史时，被附会为具有象征意义的220年。力微的生年因此也需要推到220年之前的某个适当年代。

资料的缺乏，不允许我们深究当时人把力微的生年确定为174年的缘由。要是更大胆一点，我们不妨推测，拓跋部统治者中其实还有人记得力微的出生年份，尤其是他的属相，即他生于虎年（寅年）①。一个人如果出生于虎年，而在220年又正当成年，那么这个虎年就最应该是198年。但倘若力微出生于198年，就没有必要人为地把他的生年再往前推了。因此，他真正的生年最有可能是比198年再晚一轮的那个虎年；也就是说，力微很可能生于210年。而《序纪》载录的"神元元年"事迹，即"西部内侵，国民离散"，力微被迫依附他后来的岳丈没鹿回部落大人窦宾等事，也许离开他真正控制拓跋部落的"神元二十九年"并不十分久远。那时候力微已有三十多岁；他死时的年龄则为六十八岁。他本来已届高寿；但北魏后来的编史者需要他在220年时即已"总御幽都"，不得不将他的出生年提早。但他们未免过于粗率，一口气将他出生所系的虎年提前三轮之多，遂为后人留下发覆的线索。

---

① 关于鲜卑人以十二属相纪年的习俗，见韩师儒林：《中国西北民族纪年杂谈》，《元史及北方民族史研究集刊》第6期，南京大学历史系元史研究室，1982年，页1—6。

说力微"最有可能"生于 210 年，是因为它比较符合从另一个角度所进行的推算。我们知道，建立南凉的鲜卑秃发部，"其先与后魏同出"，在秃发匹孤时由塞北迁往河西。匹孤子寿阗；寿阗孙树机能，在西晋泰始（265—275）中率部反晋。此时正值力微后期。由树机能在 270 年前后业已成人，可知其曾祖父匹孤的出生应当是在 200 年之前。又据《元和姓纂》，匹孤为力微长兄①。这两人虽未必出自同母，其年龄差距亦不应太大。另外，尽管早期拓跋鲜卑实行"收继婚"，匹孤也不大可能是因诘汾续娶寡嫂，而由诘汾侄儿转变为他的继子②。这一事实基本上排除了力微出生于比 210 年更晚的某个虎年（即 222 年乃至 234 年）的可能性。

在道武帝时代重构的拓跋先世史中，力微的地位非同寻常。但这并不出于邓渊及其资料提供者的凭空编造。从现在可以见到的文献来判断，力微应当是拓跋部内最早拥有"可汗"称号的人。

关于拓跋部首领的称号，罗新写道："《资治通鉴》叙拓跋鲜卑先世，从可汗毛到可汗力微之间，还提到可汗推寅、可汗邻，显然以可汗为拓跋鲜卑酋首之称号……然而魏收《魏书》中，全然没有

---

① 《魏书》卷 99《秃发乌孤传》；《晋书》卷 126《秃发乌孤载记》。匹孤与力微的关系，见田余庆前揭书页 16。按，《晋书》所谓"后魏"，乃指北魏而言。

② 《魏书》将秃发鲜卑纳入类似边裔的部落来记载，曲折地反映出北魏皇室并不将匹孤后人看作自己的近亲同胞。匹孤不属于诘汾直系，也许就是导致他率部西走以及北魏皇室一向疏离秃发部的原因所在。又按，匹孤也不太可能是因诘汾收庶母为妻，遂由诘汾的异母弟而成为他的继子。因为献帝邻在 230 年代拓跋第二次西迁前还活着；而在 190 年代就为他生育匹孤的妃子，当时已将近五十岁。诘汾不大会在此之后再娶这位年老的庶母。

这方面的痕迹。这可能是因为孝文帝改革以后，北魏前期的历史资料曾被大幅度地修订过，故有关史实不得见于《魏书》，《资治通鉴》别有所本。"①《通鉴》所本的资料虽将"可汗"的称号追溯到毛的时代，这不等于说拓跋部以"可汗"作为最高君长的通称也必定始于毛的时期。在这里，胡三省对《通鉴》的一条注文可以给我们极大的启发。他在《通鉴》记乌桓王库贤对诸部大人声言"可汗恨汝曹谗杀太子"之下注曰："此时鲜卑君长已有'可汗'之称，"②所谓"此时"者，力微之时也。是则力微以前的可汗称号，或为后来的叙事资料（很可能就是《代记》或其依据的口传史）所追加。

说游牧君长以"可汗"为号始于力微，同样也不等于说，力微之前这个称号根本就不存在。在作为游牧君主的通称以前，它很可能已经被当作专属于个别君长的尊号来使用了。关于这一点虽然缺乏直接证据，但是我们至少可以举出两项类似的情况权作佐证。

一个是"汗"的称号。它与"可汗"同样，最先见于有关鲜卑部落的记载。拓跋力微的长子便号"沙漠汗"。同一称号也为后檀石槐鲜卑的西部大人所使用。我们知道，东汉末叶的厥机之子即名为"沙末汗"。此两例中的"汗"都不像是一种通称，而是构成专名的一部分。"可汗"和"汗"这两个词后来都从原蒙古语传入

---

① 罗新：《可汗号之性质》，提交给"多元视野中的中国历史：第二届中国史学国际会议"（北京：清华大学，2004年8月22日至24日）的论文。
② 《资治通鉴》卷80，"晋纪二·武帝咸宁三年（277年）"。

突厥语①。虽然亦邻真以为,"汗"在突厥语里的原意为"父主",其词义由"父主"而转指强大的部落首领正反映了"父权贵族发迹的脉络";而"可汗"则指君主②。但对二者在突厥语中的词义其实很难做出明显的区别。克劳森说,在突厥语里,无法将这两个词从构词法的角度相互联系,"但在将它们输入突厥语的那些语言中间,这两种形式或许已经可以互相置换了"③。从现在掌握的资料看,如果在它们进入突厥语之前,"汗"已经转义为能与"可汗"互换的通称,那么这也要远远晚于"可汗"一词由某种专属尊号之转变为通称。

另一个由专称转义为通称的例证,是这两个语词从突厥语里面再度作为借词传入中期蒙古语的情状。尽管"汗"大概从最初起就是作为通称传入蒙古语的,"合罕"(按,即"可汗"的异写)一词起先却是窝阔台汗的专称。它在蒙古语中被当作通称使用,或应晚至

---

① 从目前掌握的史料判断,"可汗"和"汗"的称号都最先出现在鲜卑语里。关于鲜卑语属于何种语言分支的问题,曾长期未有定论。李盖提追溯有关它的研究史说,伯希和对此没有前后一致地坚持他的见解,但他也没有否认拓跋人的词汇中有相当数量的蒙古语成分;包彼特以及随后的巴津则主张他们说的是一种突厥语或者"前突厥语";李盖提本人也赞同过这样的看法。但经过后来的详细研究,他确认拓跋人的语言具有蒙古语诸特征,而与突厥语的那些特点不相符合。亦邻真的研究也支持这样的看法。拓跋鲜卑语系属原蒙古语族,应当是没有疑问了。见李盖提(L. Ligeti):《拓跋鲜卑方言考》,载同氏主编:《蒙古研究》,阿姆斯特丹,1970年;亦邻真:《中国北方民族与蒙古族族源》,《亦邻真蒙古学文集》,呼和浩特:内蒙古人民出版社,2001年。

② 亦邻真:《成吉思汗与蒙古民族共同体的形成》《读1276年龙门禹王庙八思巴字令旨碑》,《亦邻真蒙古学文集》,页406、438。

③ 克劳森(Sir G. Clauson):《十三世纪前的突厥语辞源学字典》,牛津:克莱莲顿出版社,1972年,页611。

忽必烈朝①。"合罕"在从突厥语重返蒙古语族时所经历的由专称演变为通称的过程，也许可以对我们推想它在鲜卑语中的词义变化有一定的帮助。

为什么从力微开始，在拓跋鲜卑人中间会产生出一个用指游牧最高君主的通称？朴汉济回答说，"可汗"一称是当匈奴"单于"名号的权威在后汉末叶迅速式微之时，被创造出来替代"单于"，指称塞北游牧社会的最高君长的②。朴汉济论述该问题的时空范围都很大，并不专限于力微前后。所以他提到刘渊称帝之后又下设单于，以致"大单于的称号，已经降到根本不能与皇帝匹敌的王位的水平"。黄烈以此断言单于地位的跌落远在拓跋使用"可汗"称号之后，所以自谓对上引见解"颇觉可疑"。他并且猜测，"檀石槐可能为鲜卑可汗之始"③。只要看一看后汉末在乌桓中就同时封授三个单于，便知道朴氏有关这个名号早已严重"贬值"的判断不误。拓跋力微的自称"可汗"，就是在此种背景下发生的。力微这样做，表明他对自己"总御幽都"的崇高地位在当时就已经有所认识了。

---

① 现存属于蒙古"前四汗"时期的证据，如"移相哥碑"、贵由致教皇国书所用蒙古文印章等表明，当时对窝阔台以外的其他蒙古君王都只称"汗"；而出现在《蒙古秘史》里的"成吉思合罕"称号，"更可能应当归因于［本书］晚期的文本抄写者们"。说见伯希和（P. Pelliot）：《马可波罗注》卷1，巴黎，1973年，"成吉思汗"条，页310。

② ［韩］朴汉济：《北魏王权与胡汉体制》，［韩国］东洋史学会编：《中国史研究的成果与展望》，北京：中国社会科学出版社，1991年，页100。按，这篇文章里有专节讨论"北魏帝王的可汗意识"，可参阅。

③ 见黄烈：《对朴汉济论文的评议》，《中国史研究的成果与展望》，页110—111。

现在再将本文讨论所获致的若干结论简要复述如下。

第一，《序纪》所谓拓跋部远古"六十七世"，系据中原古史传说推算而来。《通鉴》将拓跋祖黄帝之说同"魏"的国号的发明权一起归于崔宏其人，或许是有所依据的。

第二，引入"六十七世"之说，导致拓跋部对属于其自身的那一段起源故事发生失忆现象。

第三，拓跋部没有加入过檀石槐的军事部落联盟。拓跋两推演与檀石槐联盟中名为推寅的西部大人无涉。

第四，拓跋部在第一推演（宣帝）引领下走出大鲜卑山，至于今呼伦池，其时约在第二世纪中叶。

第五，第二推演（献帝邻）带领拓跋部南越阴山至匈奴故地，应当在230年代。

第六，自力微时代起，在拓跋鲜卑人中产生出对最高游牧君长的通称，亦即"可汗"。力微不但是拓跋鲜卑，而且也是整个北族历史上第一个可汗。

第七，力微的政治活动，始于240年代后期。他不大可能如《序纪》所说寿至一百零四岁、在位长达半个多世纪。他真正的生卒年或许是210年至277年，死于六十八岁时。

第八，皇始、天兴年间对拓跋先世史的重构深受汉文化观念的影响。初入平城的道武帝居然能接受如此形态的一部远古史，证明他那时业已酿就何等坚定的统治中国北部的意志。

(原载《复旦学报》2005年第2期)

补记

自此文发表之后，关于拓跋先世史的研究又有一些非常有趣的新进展，或可用以修正本文中的若干见解。兹分四点简述之。

一、有关传说中拓跋部祖先"旧墟石室"的地理位置信息，是晚至5世纪中叶才由乌洛侯国使臣向太武帝拓跋焘提供的。正如罗新教授所揭示的，被北魏朝廷认可的这个祖先洞（即今嘎仙洞），极可能属于某种事后的附会或"发明"。不过另一方面，此种附会或"发明"又在暗中指向一个事实，即当日的拓跋鲜卑尚未完全磨灭其先祖是从大兴安岭迁出的模糊记忆。北魏官史将留居在那里的原住人群名称由鲜卑改译为"室韦"，意在割断自己与故地旧部之间的族属联系，却仍在无意中透露出，那里其实正是鲜卑人集体记忆中的起源地。

二、本文推测拓跋力微的真实生年，其逻辑上的出发点，乃是强调北魏史臣刻意要让他作为与统一中原的曹魏相对等的塞北最高统治者，在220年登上政治舞台。这一见解现在看来证据不足。拓跋氏自西晋已受封为代王；故拓跋珪即位，先称代王，后改为魏王。珪称帝时令臣下议国号，虽有主张以代为国号者，最终由道武帝自定"宜仍先号，以为魏焉"。此事距北魏追修国史为时不远，看不出当时存在视本朝为曹魏匹敌之国的政治意识。

既然如此，当日史臣又为什么要将拓跋力微的生年往前推呢？近蒙厦门大学人类学系韦兰海副教授见告，他认为力微在位岁月之所以被拉长到五十八年之多，是修史者将诘汾去世以后、力微继任之前拓跋部内因发生权力争夺而陷入混乱的年岁（即力微出奔岳丈部落期间），统统并入力微统治时期的结果。这一看法十分有见地。很可能正是由于诘汾去世的那个鼠年在拓跋部记忆之中从232年(壬子)无意中被错误地提前了一轮,力微的生年因此也必须推前,从而使他在220年(庚子)已达到能执掌部落的年龄。如果这个认识可以成立,则力微的出生很可能比本文推定的虎年还要晚一轮,即为222年(壬寅)。他在十一岁时因父亲去世、部落内乱而往投岳丈没鹿回部,至二十七岁(248年)取得没鹿回部统治权,并以此为其基本力量而夺回对拓跋部的控制。力微死时五十六岁。至于长力微二十余岁的其长兄匹孤,那就只能认为或许是诘汾早年收养的一个义子了。

三、史学界一直以为,穆斯林史料中的"桃花石"(*tobghach*),源于拓跋之名。拓跋两汉字的中古读音约当 *tok-bat*;是证其所音写之源词或即 *toghbach*,其中的辅音 *gh-b* 正好与 *tobghach* 中的 *b-gh* 次序颠倒。过去曾有人说,上述颠倒之所以会发生,是因为突厥语中没有 *k/gh-b* 这样的辅音组合,所以 *toghbach* 在进入突厥语时,即因 *gh-b* 倒置而变音为 *tobghach*。然而我们不难发现,*k/gh-b* 组合在突厥语里其实是存在的。因此拓跋与桃花石之间究竟能否相勘同,仍是一个没有解决的问题。近蒙友人刘迎胜教授见告,在同属突厥语族的不同方言中,确实存在辅音组合 *k/gh-b* 被倒置的系统音变。这一来,拓跋为桃花石之源的见解,也就可以认为完全成立了。

四、说来惭愧,晚至编集本书之时,我才读到吉本道雅《魏书序纪考证》(原文见《史林》93-3,2010年;汉译文本见《西北民族论丛》第21辑,2020年)一文。作者力图从解析《魏书·序纪》的文本构成着手,去揭示被重构过去的叙事所遮蔽的拓跋鲜卑早期的历史真相。论文认为,拓跋部在匈奴帝国瓦解后已于漠北加入自谓"鲜卑"的部落集团中,并在此后从漠北迁至内蒙古匈奴故地。文章提出,应紧扣3世纪鲜卑各部的总动向,从中去把握拓跋部的历史变迁。这是极具创意的建设性看法,足供进一步研究时认真参考之用。

此文论证拓跋部自漠北南迁之最值得注意的依据,是该部传说中首次南迁所至之处,实即位于浚稽与涿邪两山间、为拓跋部日后所熟知之"大泽"。唯自宣帝至第二次南移率领者诘汾世隔八代,拓跋部在此大泽附近盘桓如许之久,实在不近情理。故作者推定南迁只有一次,宣帝乃是诘汾"分身",是为暗示拓跋部继呼韩邪单于降汉后即已承当草原"霸者"地位而虚拟的人物。诚如张穆所说,"序纪远溯黄帝,适形其诞。若此南迁之迹,则其祖宗以来相传国史,不同架空诬捏矣"。拓跋部从故地出走,经历两次南移之举,应属其古老记忆之一部分。本文既谓宣帝是为表达一般人很难理解的上述暗喻而被杜撰出来的,又称宣帝引领第一次南移抵达"大泽"的情节系借自拓跋部穿越戈壁阿尔泰山而进入内蒙古的后世史实。这种解释非常巧妙,但若无其他旁证支持,仍难免循环论证之嫌。

实证确实是太薄弱了。作者引鲜卑秃发部"自塞北迁于河西",用以证明秃发部自漠北南移。塞北自然可包含漠北在内;但此处专用以与河西对举,是知其所指多半为漠南也。文章又暗示拓跋之名或与"胡父鲜卑母"之铁弗部相关联。拓、铁两字分别是以 -k、-t 收声的入声字,拓跋、铁弗所音写的是两个完全不同的专名。鲜卑其他部落,或有曾进入后匈奴时期的漠北、复从那里南下者;但拓跋鲜卑活动于漠北的直接证据,目下看来仍付阙如。

现有的零星证据似可表明,拓跋部二次南下之初的活动地域,相当靠近大兴安岭南麓。《序纪》述力微早年依附于没鹿回部,"请率所部北居长川"。是为一证。没鹿回这个部名,恐与乌洛侯(当源于 *oroko*,译言熊崽)有关联。后者的起首元音 *o-* 之读音稍变为 *wo-*/*vo-*,则当中古汉语音系中的轻唇声母(微母)尚未从重唇声母(明母)中分化出来之时,即不排除采用明母的"没"字来写其语音的可能性。若然,则二者固属同名异译耳。拓跋部与没鹿回/乌洛侯部的关系,应当是在南移之前或之中结成的。没鹿回部贵人窦氏后来还有受封辽东王者,或许也与封地较接近本部原居地有关。

是否可以完全摆脱大兴安岭的地理坐标去讨论拓跋部的南迁历史?到今天这依然是一个尚未有满意答案的问题。

大月氏与吐火罗的关系
——一个新假设

一、月氏一名的读音与起源

月氏之月应读若"肉"之说,见于乐史《太平寰宇记》卷184"大月氏"条。作者为北宋初人,咸平五年(1002年)已七十余岁,经真宗特许授以旧职,"与其子黄目俱直史馆,时人荣之"①。此说亦见于宋元间僧释之《金壶字考》,远远晚于乐史,也许就是引自乐史书②。在乐史时代,汉语声母"日"尚未演变为"儿化"音(r-),音值近于 nj-,与月字的声母"疑"母(ng-)发声差别不大。所以他说月氏之月音肉,可以成立。12 或 13 世纪之后,"日"母业已"儿化","日""疑"二声母在北方汉语中差异变大。此后若仍沿用乐说,谓月氏当读为肉支,那就不对了。

贝利以为,月氏之名源于伊朗语词*gara-chīk,gara 译言"山",-chīk 则是伊朗语中"构成各种族名的最常见后缀";而吐

---

① 《续资治通鉴长编》卷53,真宗咸平五年十一月壬子条。
② 《金壶字考》,《说郛三种》,上海:上海古籍出版社,1988年。四库馆臣谓释之"始末未详"。《订讹类编》卷4"敖陶孙"条引"《金壶字考》云,谓"书影云,宋季敖陶孙字器之,尝作诗讥韩侂胄,坐斥"。可见释之或为宋末元初时人。看来他是在以汉语南方方言解读乐氏音注,故赞成此说。

火罗则源于 *tu-gara，tu-译言"大"。他认为 *tu-gara 之所以会被用来指称讲吐火罗语的焉耆和库车人，是因为在后者支配该地区之前，它先已被伊朗语人群占据，而这个"出于他族"的地名又被此后到来的说吐火罗语的焉耆、库车人所沿用①。榎一雄则采纳 G. Haloun 带假设性的拟构，认为月氏源于一个发音类似 *zgudscha 的名号，并进而将月氏与斯基泰（Scythai）之名相勘同。另一方面，榎一雄又引用江上波夫的见解，以为月氏与公元 1 世纪希腊文献里的 Casia（当指昆仑山脉及昆仑山以北地域）同出一源，原义都是指于阗出产的软玉，又转而成为产地所在国家或地域的名称。榎一雄还补充说，"事实上，玉在位于古代称为 Casia 或 Gutscha 之地的今和田附近之有些地方，就叫做 gutscha，它非常接近月氏的古音，亦即 *zgudscha 或其他相类似的读音"②。

上述两位学者的看法既皆具原创性，又都有未尽然之处。贝利虽欲将月氏和吐火罗两名号的起源都追溯到东伊朗语的 gara，但事实上二者难以兼容并存。若以月氏为 *gara-chīk 之音写，那么在国名前再加一个"大"字，就应变作 *tu-gara-chīk，其音写当作"吐月氏"，或"吐火罗氏"。于是吐火罗（*tu-gara）势必成一残缺不全之称谓。而若以吐火罗当其国名，则其国民或仍可以 *tu-gara 称之，或可称 *tu-gara-chīk（"吐月氏"）。无论如何，月氏（*gara-

---

① H. W. Bailey, *Indo-Scythian Studies: Being Khotanese Texts*, Volume VII, Cambridge, UK: Cambridge University Press, 1985, 第 25 篇（GARA）, pp.110-141.

② 榎一雄：《月氏即斯基泰人：一种假说》，载同氏：《亚洲学研究：故教授榎一雄西文论著集》，东京：汲古书院，1998 年，页 22—30。

chīk）之名亦必成一断缺不全之称谓①。另外，贝利说塔里木盆地北缘在被吐火罗语人群占据之前曾住有伊朗语人群，看来也是非常靠不住的假说。榎一雄赞同月氏的读音接近 *zgudscha 的见解。但此种奇异的拟构分明有竭力使其向斯基泰之名靠拢的嫌疑，所以才会在拟音词之首凭空加上一个辅音字母 z-。从斯基泰到萨迦、塞人，再到粟特，诸词确实都以辅音 s-起首。但力倡此说者之中，却无人对汉字译音又何以会省却首辅音 z-作出令人信服的解释②。至于玉在今和田有些地方仍被称为 gutscha，榎一雄也没有提供任何实证材料，不知道它是否即突厥语 kash 的讹音。

---

① 据较新近出现的另一种将月氏之月比勘为 *Tokwar/*Togwar 之音写的见解，月字在上古早期汉语里的读音作 *nokwet，"在接近上古中期汉语的时期，声母 *n-随即无例外地经历了一个音变，成为 *d-、*t-，或者 *l-"。也就是说，*nokwet 变成了 *tokwet。而后，"至迟在接近早期中古汉语的时代，西北汉语方音中的入声收声 -t"显然地已与 -r 和 -n 相合并"。*tokwet 由此变为 *tokwer。至于月氏之氏，则被认为是匈奴语里用于王室成员名字末尾的后缀或复合成分 -ke，先被匈奴用来指称统治他们的 *Togwar-ke，在月氏统治被推翻后，遂移用于单于家族成员。此一解释里包含了太多的漏洞。如果上古汉语里的声母 n-后来都变成了 d-、t-、l-，那么中古汉语音系里的声母 n- 又是从哪里生出来的？月氏之名早已出现在上古汉语书面语里，用唐五代西北方言中的入声收声 -t 可能已读作 -l（在进入古代朝鲜语的词汇中演变为 -l，而在吐蕃和回鹘语文中演变为 -r），不能证明月字在两汉的收声辅音已变作 -l。将月氏之氏的读音与 -ke 相勘同，也没有什么说服力。参见 Christopher I. Beckwith, *Empires of the Silk Road: A History of Central Eurasia from the Bronze Age to the Present*, New Jersey, Princeton: Princeton University Press, 2009, pp.380-383。

② 此说始作俑者似乎是劳费尔。他写道，"像音值多少有些波动的'月'字之声母，便很好地表明它恰好可以用来对应中国人的听觉所不太熟悉的组合的外语音素。此说若是，则可产生两种带假定性的拟构，即月氏的读音 ng'wied-di 可用于记录源语中之 ang'wied-di 或者 sgiwied-di。两者中尤以后者的可能性为大，而且它带有斯基泰—伊朗语专名的所有特征"。见 B.劳费尔：《月氏或印度—斯基泰人的语言》，芝加哥：Donnelley & Sons 出版公司，1917，页 12。

但是贝利和榎一雄的论述里又都包含着非常值得重视和加以进一步引申的灼见。贝利对吐火罗之名的词源学解释极具权威性。伊朗语 gara 的梵文对应词为 giri/gari。不过它与保留在英语 orogeny（造山）、orography、orology 等词汇中的组合成分 oro-（<希腊语 oros，译言山）并不同源。江上波夫和榎一雄看出了月氏与 Casia 在语音上互相关联，也深具启发性。

汉文用月氏两字来音写的源词，既与 Casia 之音甚相近，应当就是 Kush。月为"疑"母字。蒲立本说，伯希和认为"在中唐以前 ng- 一般不可能用来对译 g-"①。但是这个问题或可转换为：理应用"群"（g-）/"见"（k-）等声母的汉字来音写的外来语词，能否转用"疑"母来转写，亦即"群"/"见"母与"疑"母能否相通？

疑母和见母相通，在古汉语里例证不少。如嵬（五灰切，疑母）通嵬（见母）。《荀子·非十二子》："吾语汝学者之嵬容。"朱骏声以为嵬在这里是"怪"（见母）字的假借②。髙音古合切（见

---

① 蒲立本：《上古汉语的辅音系统》，潘悟云、徐文堪译，北京：中华书局，1999年，页 43—44。据劳费尔前揭书页 11 注三引述沙畹、伯希和《摩尼教徒考》云，疑声母字之被普遍用于转写源语中的首辅音 g-，是在唐时期。但在同页注一参引的伯希和为 T. 瓦特斯《玄奘印度行迹考》所写长篇书评（载《法兰西远东学院院刊》卷 5，1905 年）里，评论者的说法又有些不一样。在那里伯希和写道，"月"这个字在唐代的发音大致应当是 ngwyet。可是现在很难知道其中的半元音 w 和 y 在该字的汉代读音里是否存在。那时"月"字的首辅音比较确定是 g-，但也不能排除它是 ng- 的可能性。因此，如果月氏两字的读音为 Get-di，那它就只可能对应于汉代读音，尽管此说带有很大的猜想成分，并且在他本人看来似乎也未必如此（见页 443—444）。顺便说，劳费尔名著《中国伊朗编》的汉译本，将劳氏所著《月氏或印度—斯基泰人的语言》误指为伯希和著作。见《中国伊朗编》，林筠因译，北京：商务印书馆，2001 年，页 74 注一。

② 见《王力古汉语字典》"嵬"字条 [备考]，北京：中华书局，2000 年，页 251。

母），而鶂音五历切（疑母）；扢音古忽切（见母），而仡则读鱼迄切（疑母）。足见外来语词里的首辅音 k-，虽然最宜于采用"见"母汉字来音写，唯若改用"疑"母字记其音，应该也是没有问题的。和田塞语用 gūke-mana 音写汉语"玉门"。此例或可看作 g/k 可与疑母汉字互相转写的一个例证。我们有理由相信，这个地名之出现在和田塞语中，也许远早于现存最早的和田塞语文书之写成时代①。

若月氏果系 Kush 之音写，则氏字为何读"支"音的问题也可以落实下来了。氏有二读，承纸切（禅母，dj-，音同市）或章移切（照三，tj-，音同支）。前一个声母是全浊音，后一个则是清音；显然在这里读清音与源词的发音更接近。所以古人说氏在此处读若支是对的。

这个被其东方邻国音译为月氏的国家，迁到西方以后又称为 Kushāna。去除名词末尾的 -a 不论，Kushāna 可视为由 Kush 加上所有格复数 -ān 所构成②。

那么月氏国北方的"原突厥语"人群又如何称呼它呢？据《喀什噶尔突厥语字词典》，突厥语 kash 有好几个同音异词，其一译言和田软玉，于阗出玉之河因此分别以 Kara Kash 和 Uröng Kash 为名，又转义为宝石、珍贵的石头等。这里有几点值得再提出来加以分疏。

---

① 见贝利：《古代伊朗语时期和田的塞人文化》，哥伦比亚大学伊朗学研究系列讲座，纽约：大篷车书局，1981 年，页 1。

② 见榎一雄上引文。

首先，和田玉是一种很特殊的产品，"不用说中国，古代巴比伦和亚述遗址发现器物所用之玉，乃至从西突厥斯坦至欧洲各地散布的器物所用之玉，也都是和田所出"①。

　　其次，突厥语里专指和田玉的词语 kash，因此很可能来自垄断这种产品输出的月氏国之国名。用月氏的国名转指从该国输出的独特物品即和田软玉，这一看法可以说是反转江上波夫和榎一雄之意而用之。按他们的见解，月氏原义指软玉而被用于转指软玉来源的国家或地域；实际情况更可能相反，不是由玉而转指玉石输出地，而是反过来以玉石输出地之名来称呼玉石；此种转移也不是发生在源于 Kush 之音写的月氏和 Casia 之名中，而是发生于 Kush 在突厥语里被转指软玉（kash＜Kush）的个案里。蒲立本在评论拉丁语对中国的名称 Seres 可能来源于中国出产的丝时说："国家以所产的丝为名虽然是可[能]的，但是如果认为'丝'的名字来自产丝的国家名，其解释更加自然。"②玉的突厥语名称来自输出玉的国名 Kush，亦同此理。余太山也以为，"突厥语 qāsch 完全可能得自'月氏'这一族名"③。

　　复次，我们知道突厥语 kash 译言玉，是根据喀什噶里字典。蒙友人告知，《弥勒会见记》的回鹘文译本里已有译言玉的突厥语 kash，此须待日后覆按；如是则 kash 的历史又可以提早一两百年。

---

　　① 江上波夫主编：《中央亚细亚史》，东京：山川出版社，1987 年，页 378。
　　② 蒲立本：《上古汉语的辅音系统》，页 147。又按，"丝"在上古汉语里读音为 slu。古希腊语称远东人群为 sēres（当指中国），其最终来源或即为 slu。又，波斯语 saraq 译言白色丝条（strips of white silks，其单数为 saraqat。见斯坦因噶斯：《波英字典全解》，伦敦：The Routledge & Kegan Paul Ltd.，1977 年第六版，页 676）。不知道它是否就是 silk 的来源。
　　③ 余太山：《塞种史研究》，北京：中国社会科学出版社，1992 年，页 64。

但是无论如何，除去遗留在汉籍里的几个原突厥词语，我们基本不清楚公元前后的"突厥语"究竟是什么样子的，尽管其存在本应毫无疑问。不过我们至少知道，突厥人用以指代和田软玉之 *kash*，乃与和田本土语言对玉的称谓无关。和田塞语称和田河为 *Ranījai ttāja*，译言"贵石之河"，其中贵石一语用的是外来的印度语词 *rana-*，而没有用和田书面语里的 *īra*（译言玉），后者也用来翻译梵文里的 *Śilā-*（译言任何种类的石头），及 *vajra-*（译言金刚石）①。《梁书》卷54《诸夷传·西北诸夷》谓于阗"有水出玉，名玉河"，即应从 *Ranījai ttāja* 翻译过来。是知突厥语里的 *kash* 并非源于和田塞语中的玉石一词，而应别有来源。

如果以上论述可以成立，则月氏、*Kash* 与 *Kushan* 系共同起源于国名 *Kush*。汉代的"姑师"或"车师"，大概也渊源于 *Kush*。那么，它与吐火罗之间又有什么样的关系呢？

二、月氏国的疆土结构

《史记·大宛传》"始月氏居敦煌、祁连间"之语，可能会引起很多误会。护雅夫曾引述和田清及榎一雄的话说，如果像南方汉人那样，把"奄有"西北蒙古并曾压制住其东南方向上匈奴的大月氏之驻留于河西的势力看作就是大月氏本体，那就无法理解它又怎么能越过这么多的国家，而在中亚的阿姆河上游建立起另一个庞大政

---

① 贝利：《古代伊朗语时期和田的塞人文化》，页1。

治体。换句话说，甘肃西部只是月氏最后从东方退却之处，而远不是它的全部地盘①。月氏的影响力曾远达蒙古高原西北，这可能是一个事实。更重要的是，塔里木盆地自应当也在它的势力范围之内。因此它才能垄断和田玉的出口，作为其财富的一项重要来源。"敦煌、祁连间"的地盘，对月氏来说确实是太局促了，尤其是当我们将文中的"祁连"解读为今祁连山的话。正是在这个关节点上，贝利关于吐火罗之名源于 *Tu-gara* (the Great Mountain) 的论断，其意义就变得非常重大。这座"大山脉"究竟为何？它当然不可能是今日祁连山，而只能是分隔南、北疆的天山。

汉代有两祁连。《汉书·西域传》叙言写道，塔里木盆地"南北有大山，中央有河。……其南山东出金城（今兰州），与汉南山属焉"，而"北山在车师之北，即《唐志》所谓西州交河县北柳谷、金沙岭等山是也"②。北山又名白山。南北山在汉代都可以叫祁连山。全祖望《祁连山考》云，元朔六年霍去病过居延攻祁连山，"斯正甘州之祁连山（即今祁连山）"；而天汉二年贰师击右贤王于祁连山，"斯正伊州（今哈密）之祁连山（即今天山东端）"③。

据颜师古注，祁连为匈奴语，译言天④。据后人注，它在汉代

---

① 护雅夫主编：《汉与罗马》，"东西文明之交流"卷1，东京：平凡社，1979年，页185—186。
② "北山"一句见《资治通鉴》卷20，"汉纪"十二，元鼎二年胡注。
③ 《鲒埼亭集外编》卷40。
④ 祁连何以训天，今已不明其详。唯两字的上古音可拟为 *gril-ren*，与天字在上古汉语中的读音 *qhl'iin*（另亦可读 *t-hiin*）略相近。未知这是否汉人之所以将外族语中之祁连释为天的原因。诸字上古音的拟构，见郑张尚芳：《上古音系》，页465、401、479。

的读音可以是"上夷反""止夷反""子夷反",也有读"巨夷反"如今音的。前三种读法的声母分别为禅母(dj-)、照三(tj-)、精母(zj-),无论哪一个,似都与唐代尚保存着的该山脉的另一个名称"折罗漫"/"折罗汉"(按,折的声母为照三,该名称可拟构为 $tjet$-la-wan,其音与"折连/祁连"颇相接近)很像是同音异译。 是为天山别名,在"[伊]州北一百二十里"①。无论"折罗漫"是否祁连之异译,祁连作为山名,在两汉后似已专指南祁连,而"伊州之祁连"则仍保有白山之称。上引"祁"字的最后一种读法,或许就是汉代之祁连已成一文献中之历史地名以后专用于今祁连山的读法;祁字既读若今音,即与"折罗漫/折罗汉"之名相脱钩。

现在的问题是:"始月氏居敦煌、祁连间"之语里的祁连,究竟是指的哪一座山脉? 几乎可以肯定地说,它不会是南山祁连,而只能是北山祁连,也就是今天山②。月氏作为一个游牧大部落,如果局限于敦煌和南祁连之间草滩有限的那片地域,确实有点不可思议。如果以天山当此祁连,上述迷惑便可迎刃而解。

这座天山就被月氏人叫作吐火罗,即大山之谓也。月氏游牧于大山之北,其部落或当沿东端天山的北坡一直分布到今博格达山与北山之间的山坳地区。北山两侧即今吐鲁番与敦煌之所在。这两个

---

① 《元和郡县志》卷40。值得注意的是,该书在提到今祁连山时,则云"在[张掖]县西南二百里",而未将它与折罗漫山、白山相联系。看来唐人已经将天山/折罗漫山/白山与祁连山明白分判为两个地名了。

② 月氏所居之祁连实为天山,亦见于 J. P. Mallory & V. T. Mair, *The Tarim Mummies: Ancient China and the Mystery of the Earliest Peoples from the West*, London & NewYork: Thames & Hudson, 2000, p.58。

地名很可能起源于同一个东伊朗语词 druva-pāna，译言"安全的堡塞"①，是为月氏扼守从天山北路或者塔里木盆地向东进入汉地社会的两个军事据点。故知所谓"敦煌、祁连间"，并非月氏游牧地全部，而仅为其最东界也。至于天山以南的东部塔里木盆地，则本非月氏本部，只是它的属国或属地。吐火罗之名于是也就转义为月氏对其南方属地以及分布在那里的各人群的集体称谓。它是一个伊朗语系的语词，这表明月氏的语言属伊朗语，而且很可能与斯基泰人一样是讲东伊朗语的。是则吐火罗在当时是一个地域名称，指月氏在天山以南的殖民地，主要由今库车、焉耆、吐鲁番、楼兰等塔里木盆地东半部诸绿洲所构成。那里的人们说的是与凯尔特、希腊等"西部"印欧语十分接近的语言，后来被历史语言学家称为"吐火罗语"。吐火罗语与印欧语系分布在最西面的诸语言差不多同时从原始印欧语里分离出来（见图1），因而从其"母体"中带走了很多相近的语言成分或特点②。这可以解释为什么它与"西部印

---

① 《和田塞语文书》卷7，第23节（Ttūlisa），页100。
② 按，据图1所反映的见解，原始印欧语起源于西部欧亚草原，其形成年代可以追溯到前五千纪中叶。考古学家伦福儒则认为，印欧语系是随着近东原始农业的扩张，从小亚传播到旧大陆其他地区的。他的看法受到2012年一项对印欧语系的比较历史语言学研究的支持。该研究采用贝叶斯数据处理方法，从103种古代及当代印欧系语言的词汇资料中推算出，印欧语系是在前7500年至前6000年间从其起源地小亚向外传播的。见 Remco Bouckaert, Quentin D. Atkinson 等：《印欧语系起源与扩张的时空定位》，《科学》卷337（2012）；并可参看几乎同一批研究者在此之前一年用语言年代学方法构拟的印欧诸语言的系统发育树，见 R. D. Gray 等：《语言演化与人类历史：语言分化的断代研究》，《哲学的交叉研究：生物科学》卷366（2011）。但是分子遗传学对欧亚草原上古基因的较新研究，又肯定了草原牧民对欧洲印欧语系人群的遗传贡献。据此，前6000年至前5000年间进入今德国、匈牙利和西班牙等地的近（转下页）

欧语"具有某些共同特征,却反而与在地理上更靠近它的印度—伊朗语族诸语言显得不一样①。

和田、喀什等地说东伊朗语的各人群,似乎没有被月氏人包括在"吐火罗"地区内。这可以用玄奘在由西向东经过和田、尼雅、

(接上页)东农人与当地狩猎—采集人的混合人群,在距今 4 500 年前由于源自南俄—乌克兰草原的雅姆纳亚狩猎—采集文化的大规模人口迁徙而受到巨大冲击。中欧人群的祖先有大约 75% 被草原移民所取代。他们的基因普遍存在于今日欧洲人口中。这次人口事件,被专家们推断为印欧语人群得以在欧洲(至少是欧洲部分地区)广泛分布的直接原因。见 Wolfgang Haak、David Reich 等:《印欧系诸语言在欧州的分布源于来自草原的大规模人群迁徙》,《自然》卷 522(7555),2015—6;作者原稿载 Nature,Author Manuscript, available in PMC 2016 October 4. 雅姆纳亚人群不但往西迁徙,并向东进入南西伯利亚萨彦岭地区。他们最可能是此后南下进入塔里木盆地的吐火罗人先辈。接着,在前二千纪,与雅姆纳亚人群有遗传关系的 Shintashita 人群又向东扩张,一般认为他们就是安德罗诺沃文化的传播者。有关印欧语系终极起源地的未定之论,似乎并不影响我们对它在东部欧亚草原扩张过程的认识。据前引《语言演化与人类历史》所制定的印欧诸语系统发育树,印度—伊朗语系统中的两大支早在前三千纪上半叶就已经分化。然则向东发展的安德罗诺沃人,其语言应当就是东伊朗语的前身。见 Michael Balter, Ann Gibbons:《印欧诸语言与牧人的关系:由东向西的人群迁徙形塑了欧洲人的基因与语言》,《科学》新编卷 347(2015);Peter Der Barros, Damgaard Nina Marchi 等:《跨越欧亚草原的 137 个古人基因》,《自然》卷 557(2018)。

① 最近发表的对天山南北上古人群古基因的研究,肯定了塔里木盆地东部的吐火罗人与天山北路游牧人群的遗传结构明显不同。前者或属于创造了阿凡那美沃文化的印欧语系人群后裔;后者被认为属于月氏人遗存,而古基因检测则表明活动在这里的人们似来源于蒙古高原中西部。见韦兰海、李辉、徐文堪:《论吐火罗人与月氏人的不同起源:考古与遗传学研究的新进展》,载于 Malzhn Menanie, Peyrot Michael, Fellner Hannes 与 Illes Theresa-Susanna 等主编:《吐火罗文书与其时代背景》,"吐火罗写本与丝路文化国际讨论会文集",不莱梅:Hempen 出版社,2015,页 277 至 299。不过我怀疑由于研究材料的限制,对天山北路游牧人群的古基因取样还严重不足。加之月氏与后来欧亚草原上的诸多游牧人群同样,本身就是未经文化整合、更未经遗传结构上均质化的混合人群。因而现有检测结果尚无从反映月氏人尤其是月氏统治部落的真实遗传结构或其父系奠基者类型。在月氏人中占支配性的语言是东伊朗语,目前似还没有任何证据可以动摇我们的这一认识。

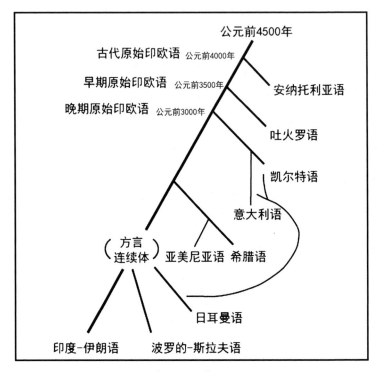

图 1　印欧语系诸语言的谱系

资料来源：根据 David W.Anthony：《马、车轮与语言：欧亚草原的骑士们如何型塑现代世界》，(新泽西州，普林斯顿：普林斯顿大学出版社，2007 年) 页 57 图表 3.2 改制。

"大流沙"之后，才说他"至覩货逻故国"的珍贵记录来加以证明。他说的这个吐火罗故地起始点，据斯坦因考订为今安得悦 (Endere)①。安得悦确实位于塞语和"吐火罗语"分布区的交界之

---

① 季羡林等：《大唐西域记校注》，北京：中华书局，1985 年，页 1031—1032。

处。但从出土的古代文书看,在那里活动的应当还是说塞语的人群。也许玄奘所指之处,并不是这个安得悦,而还要在它以东,或者该地居民后来已从吐火罗语改说塞语,也可能是玄奘把进入"覩货逻故国"的地点定得略微偏西了。如果注意到位于今新疆的吐火罗这个出于月氏人的他指地名,其产生距离玄奘时代已有八九百年之久,那么我们就不会再对玄奘有过分期望,以为他还能十分清楚地了解该地名的始末与变迁,而只能感激他作为迄今所知传世文献的唯一作者,为我们保留了东部南疆曾被称为吐火罗斯坦的久远历史讯息。

和田虽然不在月氏统治的势力范围之内,但在汉文载籍里却一直说"玉起于禺氏之边山",或曰"禺氏之旁山"[①]。可见月氏垄断和田软玉的对外贸易,在汉以前即已有很长久的历史。可惜此期间的详情,因史料不足,已不克详知。

三、"五翕侯"的地理位置

西迁后的大月氏在大夏故土的分布,要分两个问题来讨论,一是大月氏的王庭所在,二是五翕侯的地理位置。本节拟先述后者。

关于五翕侯的分布,最主要的史料有三种,可以将它们对勘排比如下:

---

① 禺氏应即月氏异写。见《管子·轻重乙》等篇,"帝数"篇又写作"牛氏"。此书并谓所谓"边山""旁山"在"昆仑之虚"。《穆天子传》写作"禺知"。

《汉书·西域传》	休密	双靡	贵霜	肸顿	高附	
《后汉书·西域传》	休密	双靡	贵霜	肸顿		都密
《北史·西域传》	伽倍/休密	折薛莫孙/双靡	钳敦/贵霜	弗敌沙/肸顿	阎浮谒/高附	

互勘的结果，五翖侯变成了六翖侯。我以为不必要斤斤于从中去剔除任何一项。也许"五"的数字从一开始就带有某种象征意义，也许其中有一个翖侯是后来增加的。文献未详，无从深究。

这些翖侯，已经在余太山的《塞种史研究》里做过相对集中的考订。其中有几个翖侯的地理位置似乎比较容易决定。

双靡应即《大唐西域记》里的商弥，位于今巴基斯坦与塔吉克斯坦、阿富汗交界处，即兴都库什山最高峰蒂里奇米尔山以南的奇特拉尔（Chitral）山区①。

肸顿翖侯，据《北史》即弗敌沙。古无轻唇音，弗的声母作 p-，敌字带收声 $-t$。弗敌沙正是 Badakhshān 之音写（源词的尾辅音 $-n$ 缺落）。其地大致与除了瓦罕河谷之外的今阿富汗巴达赫尚省相当。

高附通常是指喀布尔地区。但是在大月氏前期，它的势力似乎还未能到达这里。《后汉书》谓该地"所属无常。天竺、罽宾、安息三国强则得之，弱则失之，而未属月氏"，"及月氏破安息，始得高附"。因此它又说："《汉书》以为五翖侯数，非其实也。"但是《北史》将这里的高附与阎浮谒相比勘，后者即《大唐西域记》的淫薄

---

① 余太山：《塞种史研究》，页31；季羡林等：《大唐西域记校注》，页980。顺便说及，1985年版的《大唐西域记校注》书末"玄奘西行路线图（一）"把商弥标在瓦罕河谷东北，疑误。不知道后来的版本纠正没有。

健，其地位于喷赤河大河套开口西南一侧的 Kokcha 河流域①。

都密，此即《大唐西域记》之呾蜜，中心地在苏尔汉河南流注入阿姆河处的 Tirmidh。呾是带-t 收声的入声字，用来转写以-r 为尾辅音的音节，正合译例。都字不带收声辅音；即便有人主张鱼韵在上古有尾辅音，那也是-g。所以用都字来转写外语里的音节 tir-，严格说来是不够严密的。但对这项勘同，似乎没有学者提出怀疑。

可能有点令人出乎意料的是，贵霜的地理定位有些问题。《北史》说它即钳敦国，又说其都城名护澡。余太山分别将上述两个名称与《大唐西域记》所载达摩悉铁帝的都城"昏驮多"，以及贵霜之名号本身相比勘。钳字以-m 收声。昏驮多即瓦罕河谷西部的 Khandūd，其遗址至今尚存。往年考察帕米尔地区时，在疾驰于塔吉克斯坦边境一侧贴近喷赤河北岸山腰公路上的越野车里，我曾有机会非常清楚地俯瞰它。除了波斯文的《世界境域志》把这个地名写作 Khamdādh 外，它的第一个音节都是以-n 收尾的。因此钳字不像是用来记录音节 khan-的。敦字以-n 收声，说它是被用来记录一个-d/-dh 收声的音节，也与译例不符。所以把钳敦比定为昏驮多，十分令人怀疑②。事实上，护澡已被蒲立本勘定为瓦赫希河（Wakhshab）之名，此即《大唐西域记》之镬沙国③。在撒马尔罕

---

① 季羡林等：《大唐西域记校注》，页 972。
② 榎一雄也忽略了护澡，而把钳敦比定为昏驮多。见《谢、副王或月氏之王》，《亚洲学研究：故教授榎一雄西文论著集》，页 39—52。
③ 余太山：《塞种史研究》，页 31；蒲立本：《上古汉语的辅音系统》，页 137；季羡林等：《大唐西域记校注》，页 110。

之南，乌兹别克斯坦国的喀什卡河省与苏尔汉河省二者以东北—西南走向的博依孙山（Gary Boysun Taq）为界。在该山以东、向南流注阿姆河的大河有四条，自西向东依次是苏尔汉河、卡非尔耐干河（Kāfernegān）、瓦赫希河和克孜尔苏河（Qizilsu，译言红水）。都密翕侯与贵霜翕侯就应当分别位于苏尔汉河及瓦赫希河流域，二者之间以卡非尔耐干河为界。

最后一个是休密。余太山谓此即护蜜，又名达摩悉铁帝，是。但他把护蜜位置于瓦罕故地最东端的 Sarik-Chaupan，也就是 Sarhad/Sarhadd（伊朗语，译言边境、边境要塞）及其邻近地区，除了想把瓦罕河谷最为富饶的西部留给贵霜翕侯以外，似乎没有什么道理。《新唐书》卷 221《西域传下》："护蜜者，或曰达摩悉铁帝……亦吐火罗故地……王居塞迦审城，北临乌浒河。"所谓塞迦审城，在喷赤河由向西转向北流的湾头，今名 Ishkashim。该地名起首元音 i- 在汉字音写时被略去，并采用以 -m 收声的"审"字来记录源词的末音节-shim，均完全与汉字音写的译例相符。它是夹喷赤河依岸而建的双子城。我到过塔吉克斯坦国一方的 Ishkashim，它对岸的城今名 Sultan Ishkashim，在阿富汗一方，此即所谓"北临乌浒河"者。

蒲立本在界定护澡的地理位置后写道："这五个翕侯好像在吐火罗斯坦的北面形成一个弧形地带。"①此话真是一点也没有说错（见图 2）。

---

① 蒲立本：《上古汉语的辅音系统》，页 137。

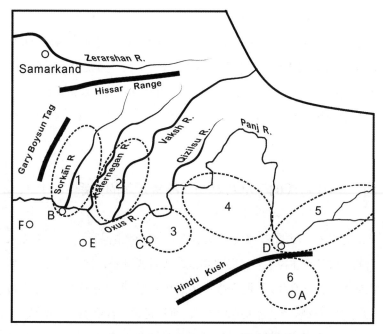

图 2　吐火罗北部的六个翕侯国示意图①

A 奇特拉尔	B 都密	C 遏换	D 塞迦审
E 忽懔	F 薄提	1 都密	2 贵霜
3 高附	4 肸顿	5 休密	6 双靡

上述六翕侯中，除双靡翕侯已位于兴都库什山脉之南以外，其余五个都在玄奘所说"覩货逻故国"的北部地域范围之内。不过他们的据地，似乎并没有覆盖月氏国在阿姆河南的全部属地。被考古发掘判定为月氏/贵霜时期遗址中之最著名者的 Khalchayan 遗址，位于今 Denow 附近，或在都密翕侯治内；Ai-Khanoum 遗址

---

① 本示意图未包含属于今中国版图的任何部分。

（巴克特利亚故城，或即见灭于月氏）当在高附翕侯治内。但是包含记录着贵霜王朝世系的著名Rabatak碑铭发现地在内的Surkh Kotal遗址，乃至巴克特利亚王国原都城等，就不可能位于所有这些已知翕侯的地盘之中①。史阙有间，尚待进一步的发现来弥补。

于是我们要问：有资格允任翕侯之名位者，又是一些什么样的人？

四、西迁月氏的王庭及其与"靚货逻"的关系

《汉书·西域传》叙述大月氏西迁之地的情况云："大夏本无大君长，城邑往往置小长。民弱畏战，故月氏徙来，皆臣畜之。共禀汉使者。有五翕侯。"榎一雄引述这段话后说："在这里，'皆臣畜之'，并不意味着'皆大月氏人'，而只是说'皆臣属于大月氏'。从上下文可以看得很清楚，所谓五翕侯系出于诸'小长'中的某些人，而被安置在这里或那里的城池之中。"②余太山也说："大月氏虽然征服了大夏。但并未完全消灭当地的土著政权，而所谓'五翕侯'是大夏国城邑小长的可能性亦不能排除。这些翕侯都有一定的自主权，大月氏人不过征其赋税而已。"③

---

① 参见《伊朗学百科全书》在线版（2014），Khalchayan条（Lolita Nihru撰文，2006年8月发布），Ay Kanom条（Paul Bernard撰文，1987年11月发布，2011年8月更新），Baglān条，（A. D. H. Bivar, D. Balland, X. de Planhol撰文，1988年11月发布，2011年8月更新），Kushan Dynasty ii. Inscriptions of Kushans条（N. Sims-Williams, H. Falk撰文，2014年8月发布）。

② 榎一雄：《谢、副王或月氏之王》。

③ 余太山：《塞种史研究》，页61。

诚如二位所断定，月氏的统治并没有颠覆诸"小长"领治下围绕各个城市建立起来的诸多地域社会及其原有秩序与结构。但是无论根据希腊殖民国家或波斯帝国，或是根据当日已相当发达的游牧帝国的制度传统，超越"小长"统治层级之上的"总督""省长"(satrap) 或者匈奴的"二十四长"，都不大可能来自被统治的地域社会中人，包括其统治阶层。在这里，月氏是一个游牧国家的事实，尤其让我们意识到，需要在游牧国家统治体制的背景下去理解"覩货逻斯坦"诸翕侯的身份与地位问题。

欧亚草原历史上的几乎全部游牧帝国，都没有产生出类似农耕王朝所依赖的那种强大的官僚制管控体系。它采用游牧分封制，像瓜分家产一样地把游牧部众和城郭农业区在最高统治家族的近亲成员，即儿子、兄弟乃至叔伯（有时也包括一些与最高统治家族联姻的高级贵族）之间从事分配；此种分配是在保持被统治人群或地区的原有社会单元及其统治机制和统治者的前提下进行的。因此游牧帝国的统治权力实际上总是分为上、下两个层级。其上级领属权分别归属于最高统治者的各家族成员，下级领属权则归当地社会的原有首领，也可以说就是所谓"小长"们所有。因此，就像巴菲尔德在他那篇极富原创性的论文里已经指出过的，游牧帝国结构中最薄弱的环节，即在上级领属权与下级领属权的咬合或曰衔接之处①。

月氏国家在文献记录里留下的两个官号，非常值得注意。一个是《后汉书·班超传》里提到的月氏"副王谢"，还有一个就是翕侯。"谢"字是以-k 收声的入声字，在这里无疑是伊朗语 shāh（译

---

① T. 巴菲尔德：《匈奴的帝国式部落联盟：组织与对外政策》，《亚洲研究杂志》卷 61·1（1981）。

言国王）的汉字转写。《汉书》提到大宛、康居，也说它们都有"副王"。榎一雄认为这个名号应与西域很多国家如斯基泰、塞琉古、帕提亚、塞人、可萨、喀拉汗等政权实行的双王制（dvairājya）有关。它后来进入突厥语，汉语转写为"设""杀""察"等，都是 shad（＜shāh）的音写。而"翕侯"则是被大部分专家视为源于伊朗语的词汇①，这个官号却似乎只是流行于草原游牧国家的体制中。它后来也被借入突厥语，就是著名的突厥官号"叶护"（＜yabghu＞翕侯）。

关于突厥语的叶护，克劳森写道："在突厥时代它像'设'一样，是由可汗颁授给他的近亲们的名号，并在名义上负有治理可汗统治下的部分地区的职责。虽然叶护时而排在设之前而被提及，它很可能在等级上低于设。"在关于"设"的释文里，他又说："'设'源于伊朗语，粟特语作 'γshyδ，波斯语作 shāh。在突厥时代它的等级可能仅次于可汗，被可汗赐予他的某个近亲，经常是弟弟或儿子，并且经常带有统治可汗控制下的部分地面的职责。因此 viceroy（译言副王或总督）可能是与其意思最接近的英语等义词，

---

① Sims-Williams 曾建议该名号源出于汉语。但从他后来与 E'Tienne De La Vaissiere（魏义天）合撰的《伊朗学百科全书》"JABGUYA"条释文来看，Williams 已放弃了原先的看法。他指出：Richard Fyer 虽然引述了关于该词起源于阿尔泰语的见解，但 Fyer 本人却更倾向于认为这本是一个伊朗语词；贝利提出了有关它源于伊朗语的两种不同的词源学解释，但它们都还不够精确；蒲立本、Bosworth 等人则认为它是一个吐火罗语词，"但这一想法需要依赖于下述十分令人可疑的假定，即诸如乌孙、月氏等的人群，就其族属而言乃是讲一种我们现在称为吐火罗语的语言的人们"。见在线版《伊朗学百科全书》专条。

尽管还不能够说是它的确切对译语。"①

克劳森在说及被授予叶护和设之名号的可汗近亲时，分别使用了复数和单数的形式。这表明在他看来，叶护可以有不止一个，而设则只能有一个。这可能有点符合月氏时代的叶护和设的情况。因为我们知道当日至少同时存在"五翕侯"，而设倒是只有一个，如果它真的是"双王制"下的"副王谢"的话。不过突厥时代的情况可能并不如克劳森所言。据汉文史籍，其时"别部领兵者谓之设"。护雅夫指出，在突厥王国任设者基本上只有阿史那可汗家族的成员，是以可汗氏族成员的身份领有游牧部众和游牧地的"诸侯"。汉人了解这个官号，绝大多数是在看见他们率领所部作战的情况下，所以才把他们解释为"别部领兵者"②。护雅夫既以"诸侯"称之，可见他认为设的名位不止授予一人而已。故突厥时代的设，是被授予一部分人口或地域的最高统治家族的近亲成员。而叶护一定兼有设的身份，因此他既拥有属于自己的部众和营盘，同时还负担着在相邻若干个设的封地之间从事协调行动的职责；它在突厥时代的地位可能要略高于诸设，这就是"叶护时而排在设之前而被提及"的原因所在。

排除种种无法确定的认识，我们能有点把握的认识是：月氏时代的翕侯，应当属于月氏王家族内的近亲成员，带领着本来就属于他们的游牧部众而被分封到各自的绿洲城郭地区；在他们掌握的上级领属权之下，还有很多出于当地的"小长"；后者拥有的权力，则

---

① 克劳森：《十三世纪前的突厥语辞源字典》，牛津：克莱莲顿出版社，1972年，页873、866。

② 护雅夫：《东突厥官号考》，《史学杂志》第70编（1961）。此据王庆宪汉译文本。

具有下级领属权的属性。对所谓"五翕侯",应在这样的制度体系下去理解。五翕侯中,唯贵霜的名号派生于月氏国号。这可能意味着该翕侯属于月氏王室世系的主支,所以后来由这一支继掌月氏国最高统治权力。对贵霜的"统一",其实际程度究竟如何,恐怕亦不宜高估。从月氏到贵霜,其实算不上是改朝换代。《后汉书》继续以月氏称贵霜,似乎不是没有道理的。

现在让我们回到西迁前月氏国的疆土结构问题。游牧的月氏人及其王庭,应分布在天山东段的北麓,而归服于它的那些绿洲人群,位于天山之南,被月氏人命名为"吐火罗"。西迁之后,月氏人还是以同样的格局来理解本国的疆域结构,所以才会把吐火罗的名称搬到阿姆河南北①。是知西迁后的月氏王庭,必应位于吐火罗北界某座大山脉的北麓。

我们知道,按玄奘的记载,阿姆河上游的"覩货逻"始于"铁门"之南②。这个著名的铁门,即位于上面已提及过的博依孙山所

---

① 《史记·大宛列传》谓当日中亚云:"及大月氏西迁,攻败之,皆臣畜大夏。"按大夏两字的上古音读为 daad-graa;故上文之"大夏",当与玄奘笔下的"覩货逻"同为 Tu-gara 的汉语音译。它只可能是由月氏人带往中亚的地域冠名,所以不应将它不受时间限制地上溯为对希腊殖民王国巴克特利亚之称呼。此论若可成立,则当张骞逗留该地时(前120年代中叶),巴克特利亚似已臣服于月氏,因而构成了西迁月氏之"覩货逻"属地。在这个意义上,执意求证为月氏所"臣畜"的大夏,究竟是希腊—巴克特里亚王国,还是先于月氏人不久已然"攻败"巴克特里亚的另一拨塞人,所得或止于无果之花而已。

② "出铁门至覩货逻国故地"。见《大唐西域记校注》,页98—103。据出访跛子帖木儿途中曾亲历该地的西班牙使臣克拉维约说,这个山口"看上去就像是人工开凿出来的,山壁在峡道两边高高耸起,隧道顺畅而幽深"。它是位于自撒马尔罕南行翻越赫萨尔山脉的几乎唯一山口。见 G. Le Strange:《东部哈里发诸地区:自穆斯林征服至帖木儿时期的美索不达米亚、波斯与中亚》,纽约:Barnes & Norble 图书公司,1905,页441至443。值得注意的是,9—10世纪之后,在记述它的人们概念中,吐火罗地区的北界已经退缩至阿姆河一线,而且也不再包括巴达克山地区在内。见上引页页426及以后。

发源之赫萨尔山脉（Hissar Range）里。这条山岭属于阿赖岭向西延伸的末梢，在由东向西从塔吉克斯坦进入乌兹别克斯坦后折向西南，把与塔吉克斯坦相邻的乌兹别克斯坦最东南的苏尔汉河省与乌兹别克斯坦的其他省区隔开。这样看来，月氏西迁后的王庭应该到赫萨尔山岭以北去寻找①。

近几年，中国西北大学与乌兹别克斯坦科学院考古研究所在位于撒马尔罕西南二十公里的萨扎干村古代游牧人聚落遗址所从事的联合考古中，发掘出一个大型墓葬，其直径达40米，土方超过500立方米。联合考古队曾推测，这里就是西迁后的月氏王庭所在②。从此前已经发表的有关这项考古工作的"调查简报"，还不克详知发掘者判定该遗址就是月氏王庭的依据究竟坚实到何等程度③。据悉从事此项发掘的考古学家们现在又倾向于否定自己最初的想法。

---

① 余太山曾假设：大月氏征服大夏之初，或者设王庭于都密，故此处先未置翕侯；后来月氏移都于阿姆河之南，乃于该处另置翕侯，是即都密翕侯之由来。见《塞种史研究》页32。但如果月氏王庭从一开始就在临近阿姆河之地，那么月氏本部与受它统辖的"觊货逻"在地域上就根本区分不开了。另外，在阿姆河支流苏尔汉河上游距Denow不远的Dal'verzin Tepe，有一个以希腊—巴克特里亚王国的边堡为基础扩建而成的城池遗址，即上文已提及的Khalchayan宫廷遗迹所在地，被1960年前后负责指导该处发掘的G. A. Pugachenkova断定为月氏"最原初的王城"。见《伊朗学百科全书》在线版，G. A. Pugachenkova撰Dal'verzin Tepe条（2011年11月修订）。唯若将月氏王庭定在这里，同样会模糊了月氏移植"觊货逻"之名于其新居地的本义，而且在安置都密翕侯领地的地望方面也会遭遇困难。

② 《联合考古，寻觅尘封千年的历史遗迹》，《人民日报》2016年7月4日。

③ 西北大学边疆考古与中国文化认同协同创新中心、乌兹别克斯坦共和国科学院考古研究所：《2014年乌兹别克斯坦撒马尔罕盆地南缘考古调查简报》，西北大学文化遗产研究与保护技术教育部重点实验室等主编：《西部考古》第8辑，北京：科学出版社，2015年，页1至页32。

本杰明在他出版于 2007 年的研究月氏的专著里，很详细地介绍过苏联和中亚各国的考古学家最近几十年来在河中及其邻近地区的考古发掘工作。那里确实有许多游牧聚落遗址。但由于中亚是各色各样的游牧人群东西往返的停驻地，在判定这些遗迹究竟属于何种游牧人群的问题上，至今进展不大。他写道："关于月氏在粟特和费尔干纳的考古学证据，充其量也只是一些很难确言的推论。"①即便如此，为了揭开从月氏西迁到贵霜王朝的成立之间那段令人充满迷惑的历史，坚持在泽拉夫善河流域或其南的卡尔希河流域去寻找西迁初期的月氏王庭，或许仍然是值得尝试的努力。

　　《史记·大宛列传》说月氏"西击大夏而臣之，遂都妫水北，为王庭"。把这段话与《汉书》有关五翕侯的叙述放在一起释读时，很容易使人产生误解，以为月氏王庭与五翕侯镇守的诸城以阿姆河为界而北南相判，因此忽略了月氏作为游牧"行国"的本部与其城邦属国之间以大山为界隔的疆土结构之特征。所以过去很难想得到月氏王庭竟会北至撒马尔罕附近。

　　虽然西迁月氏最初建王庭于赫萨尔山之北，但在贵霜王朝鼎盛时期建夏都于迦毕试（遗址在今喀布尔以北的 Begrām）、建冬都于白沙瓦（Peshawar＜Puruṣapura）之前，月氏以及初期贵霜国的王都似乎早已南移到阿姆河以南。唯月氏王城究竟南迁于阿姆河南之何处，史料说法不一。

---

　　① C. G. R. 本杰明：《月氏人：起源、迁徙及其对北部大夏的征服》，Brepols："丝绸之路研究丛书"第 14 种，2007，页 164。

《汉书·西域传》在追述月氏先曾"都妫水北，为王庭"的同时，又说："大月氏国王治监氏城。"这个城池，《后汉书》称之"蓝市"，并明确交代说，它位于被分置为五部来统领的"大夏"之地。上古汉语有复声母。蓝、监两字之声母同为 kl-，又俱以-m 收声；故蓝、监同为 Khulm 之音写，此即玄奘行记之"忽懔"①，地在阿姆河南。《北史·西域传》则云："吐火罗治薄提城。"是吐火罗应指月氏而言，而所谓"薄提"，就是巴克特利亚王国原来的都城 Bactra（今巴尔赫）。1978 年，原苏联与阿富汗联合考古队在巴尔赫之西距 Shibirghān 不远的 Tillya 山口，发掘了一处公元 1 世纪下半叶的古代王侯墓葬，埋有五女一男。出土于兹的二万二千件金器及其他珍宝，如今以"巴克特里亚藏金"（the Bactrian gold）闻名于世。这个发现似乎有利于月氏晚期或早期贵霜帝国的王城位于巴克特利亚故都的推测。又《旧唐书·地理志》记唐在西域的羁縻府州，有"月氏都督府，于吐火罗国所治遏换城置，以其王叶护领之。于其部内分置二十四州，都督统之"。该城名《新唐书》作"阿缓"，《太平寰宇记》亦作"拨换"，玄奘音译为"活国"，都是 Warwālīz 的同名异译，地在今昆都士（Qunduz）附近②。唐时该国的"王叶护"已是突厥人。唯所立羁縻府既以月氏名之，盖因唐人以为此地乃月氏故都也。

史料中提到的这三个城市相距不甚远。何者方为月氏南迁后真正的王城，今已难于察知。当月氏王庭从阿姆河的北岸南迁至"监

---

① 遗址在今阿富汗境内 Tāsh-qurghān 北郊，见《大唐西域记校注》，页 114。
② 《大唐西域记校注》，页 963—964。

货逻"之日，它旧有的疆土结构也就不复存在了。吐火罗从此亦不再具有与王庭所在的月氏国本部相对举的意义。这两个专名之间的区别随其时代之远去而逐渐湮灭，终至于使不少现代学者将两者视为几近等义。

五、结语

月氏之"月"不应读为肉，当读如本音；而古人谓此处"氏"字音"支"，则可从。

月氏与"吐火罗"所指殊异。月氏为总括之名，包含游牧的月氏本部及被它征服的塔里木东部诸绿洲属国在内。吐火罗则单指月氏所统各属国。两者之间为东部天山所隔。吐火罗之名源于东伊朗语 *tu-gara*，意谓大山，被月氏人转用为其山南殖民地区的专名。

汉代有两祁连。月氏本部游牧于北祁连，即今东部天山之北麓。河西走廊西端的敦煌等地，则只是月氏游牧区的最偏东之处。近十年以来发现于巴里坤地区的大型游牧聚落遗址，也许就属于月氏人群，甚至就是月氏王庭所在地[1]。

---

[1] 参见王建新、张凤、任萌、亚合甫·江、于建军:《新疆巴里坤县东黑沟遗址2006~2007年发掘报告》，《考古》2009年第1期；王建新:《新疆巴里坤东黑沟（石人子沟）遗址考古工作的主要收获》，《西北大学学报》2008年第5期；王建新、马健、席通源、赵汗青、韩博、叶青、赵景龙、陈爱东、王天佑、张坤、陈小军、任萌、亚合甫·江、蒋晓亮:《2009年新疆巴里坤石人子沟遗址F2发掘报告》，《考古与文物》2014年第5期。

因此，月氏人与被他们征服的东部塔里木绿洲原居民属于两个不同的人群。前者说一种东伊朗语，与后者的语言差异非常大。月氏人既将后者所在地域称为吐火罗，则当日流行于该地域的语言被现代学术命名为吐火罗语，那就是完全正确的。

在向中亚西迁时，月氏人也把对自己国家疆土格局的理解移用到新居地。从镇守其新征服的殖民城邦地区的五翕侯之分布始于赫萨尔山岭以南可以推知，西迁后的月氏王庭应位于此山脉以北某地。赫萨尔大山以南之为吐火罗，其理正与东部天山以南之为吐火罗同。

西迁月氏的王庭，以及前期贵霜王朝的都城，后来应该是迁到了阿姆河以南某地。月氏国家的传统疆土结构至此亦完全改变。"觊货逻"最终包纳了过去曾经从它之外制约着它的月氏国家本部。而从月氏到贵霜的变迁所反映的，与其说是两个王朝国家之间的政权更迭，还不如说是进入绿洲定居区的游牧征服者如何随时间推移而受涵化于被征服社会的文化之中的那段历史进程。

月氏西迁，乃是使我们得以将分别出现在新疆以及巴克特利亚故地的两种相隔万里之遥的"觊货逻"联系在一起的最适宜事件。正如徐文堪所说，"三者之间有一定的共同性，这在吐火罗问题的各种猜测中，是一个经过反复论证和驳难而终于无法推翻的假设，应该作为今后研究的出发点"[①]。本文在试图由此种"一定的共同性"出发去从事进一步思考的同时也发现，上述认识并不意味着现在可

[①] 徐文堪：《吐火罗人的起源研究》，北京：昆仑出版社，2005年，页36。

以毫无踌躇地相信,月氏人、新疆吐火罗人和巴克特利亚旧土的吐火罗人或为冠名不同、或为分处异地的同一人群了。

(原载《复旦学报》2019年第2期,收入本书时略有修改)

"吐蕃"一名的读音与来源

关于"吐蕃"一名的读音，向来存在不同的主张。最流行的见解，是将"蕃"字当作"播"的同音字来读。韩师儒林一直反对这样的读法。他认为，"蕃"的音应当读为 *fan*。这与在他之前的伯希和所见相类①。

读"蕃"为"播"的主要理由，是将"蕃"字看作对藏人的自我称谓 *bod* 的汉字音译。此一见解中包含着两个重大的缺陷。一是藏语 *bod* 有一个尾辅音-*d*。按隋唐时人用汉语音写非汉语词汇的一般体例，他们应该选择一个带-*t* 收声的入声汉字来记录 *bod* 的发音。而"播"是元音收声的阴声字，用它来记录藏语 *bod* 的读音，与当时音写体例殊不相符。第二个缺陷更严重：即使将"蕃"字理解为是 *bod* 的音写，那么它前面的"吐"字又是从哪里来的？事实上，在藏语里我们找不到一个可以在发音上与 *tu-bod* 相近的合适语词。韩师因此坚持以"读如字"的方式来处理"吐蕃"一名里的"蕃"字。兹请更申其说。

现在看来，把"蕃"与 *bod* 相比勘，刘昫、欧阳修即早已提

---

① 伯希和：《汉译吐蕃名称》(1915)，冯承钧译：《西域南海史地考证译丛二编》，北京：商务印书馆，1962 年，页 54—56。

出。《旧唐书》解释"吐蕃"之名的来源说:"以秃发为国号,语讹,谓之吐蕃。"①欧阳修在《新唐书·吐蕃传》里写道:

> 吐蕃本西羌属,盖百有五十种,散处河、湟、江、岷间。有发羌、唐旄等,然未始与中国通,居析支水西。祖曰鹘提勃悉野,健武多智,稍并诸羌,据其地。蕃、发声近,故其子孙曰吐蕃而姓勃悉野。或曰南凉秃发利鹿孤之后。二子曰樊尼、曰傉檀。……樊尼率兵西济河、逾积石,遂抚有群羌云。②

所谓"发羌"之"发",当时汉语读作 piwɐt;说它是对于诸羌之中部分藏族先人之族称 bod 的音写,或许有一定可能。但对于为什么要把"发"改写为"蕃",以及它前面的"吐"字又从何而来等问题,依旧无人能给出令人满意的回答。所以即使"发羌"果然是自称为 bod 的藏人一支,仍然难以将"吐蕃"之"蕃"的起源追溯到 bod。至于"秃发"一名,中古汉语读音作 t'uǝk-piwɐt,如果"发"是 bod 的音写,那么我们又碰到了那个避不开的老问题:"秃"字应当如何解释? 毋宁认为,"秃发"是"拓跋"的异写;它表明"拓跋"这个曾拥有巨大政治权威的鲜卑部落名号,尚在陇右长期维持其残余影响力。

---

① 《旧唐书》卷 196 上《吐蕃传上》。
② 这段话基本上被胡三省照抄到《资治通鉴》首次提及吐蕃之处。见《通鉴》卷 194,"唐纪十"贞观八年(634 年)十一月甲申条胡注。胡注并引刘昫云:"刘昫曰,吐蕃秃发氏之后,语讹曰吐蕃。"传说里的吐蕃王室创建者之名,《旧唐书》作"窣勃野",《新唐书》作"鹘提勃悉野",是乃"鹘提悉勃野"的倒错,即藏文文献里的 'O-lde Spu-rgyal 赞普。明陈士元《诸史夷语解义》卷上释"鹘提勃悉野"之语,大体依据该节引文,唯将"蕃、发声近"之语妄改为"羌语'鹘提'转为'吐蕃',声相近"。故不可从。

汉文历史编纂学的传统呈现出一种很强烈的认知倾向。它总是力图在靠近汉地社会周边的部落—人群里去追寻活动在更遥远地域内各种邻人集团的历史来源。从司马迁、王国维直到有些当代学者致力于在"华夏边缘"的农牧混合带探求匈奴这样的北亚游牧人群起源的不懈尝试，就是一个显著例证。以吐蕃为发羌之后的见解背后，或许也有这一取向的深层精神影响。对此，我们不能不细予察辨。

值得注意的是，无论欧阳修或胡三省，尽管倾向于认为"蕃"字源于"发羌"之"发"，但他们都没有明确地说过，"吐蕃"两字的读音应作"吐播"。胡三省对"吐"字注音谓："'吐'从'暾'，入声。"①他对"蕃"字未加注音②，说明他也认为应"读如字"。宋人史炤则明白地宣称，"蕃"字当读"方烦切"③。"蕃"在中古汉语里本有两读，一作附袁切，属"帮（非）"声母（p-），一作甫烦切，属"并（敷）"声母（b-），可分别拟构为 pǐwɐn 和 bǐwɐn。唯在史炤注音之日，声母"非""敷"的音值都已演变为 f-。"方"字亦

---

① 《资治通鉴》卷195，"唐纪十一"贞观十二年（638）七月乙亥条胡注。关于这个读音的讨论，见下文。

② 郑张尚芳谓："元代胡三省《通鉴音注》注吐蕃：'……蕃，甫袁切。唐音读大为土，吐蕃意为大蕃。'"其实在《通鉴》胡注中是找不到这段话的。他也赞同"蕃"字当读 fán。见郑张尚芳：《古译名勘原辨讹五例》，《中国语文》2006年第6期。又，吕叔湘、丁声树主编《现代汉语词典》1996年版将"吐蕃"的读音标注为 túfān。见杨军：《"吐蕃"的读音问题》，中国音韵学研究会编：《中国音韵学：中国音韵学研究会南京研讨会论文集》，南京：南京大学出版社，2008年，页497。

③ 史炤：《资治通鉴释文》卷21，"唐纪十一·通鉴卷一百九十五"。又见卷22，"唐纪二十一·通鉴卷二百零五""唐纪二十七·通鉴卷二百一十一"。

属"非"声母,是"方烦切"的音值可以大略读为 fán;与《中原音韵》著录的"蕃"字本音读若阴平声(fān)相比,音同而声调稍异①。

"蕃"之音读如字,可从诗歌押韵方面寻得坚实证据。贾岛《寄沧州李尚书》诗云:

> 沧溟深绝阔,西岸郭东门[魂韵文部]。弋者罗夷鸟,桴人思峤猿[元韵元部]。威稜高腊冽,煦育极春温[魂韵文部]。陂淀封疆内,蒹葭壁垒根[痕韵文部]。摇鞭边地脉,愁箭虎狼魂[魂韵文部]。水县卖纱市,盐田煮海村[魂韵文部]。枝条分御叶,家世食唐恩[痕韵真部]。武可纵横讲,功从战伐论[慁韵文部]。天涯生月片,屿顶涌泉源[元韵元部]。非是泥池物,方因雷雨尊[魂韵文部]。沉谋藏未露,邻境帖无喧[元韵元部]。青塚骄回鹘,萧关陷吐蕃[元韵元部]。何时霖岁旱,早晚雪邦冤[元韵元部]。迢递瞻旌纛,浮阳寄咏言[元韵元部]。②

此诗中凡与"吐蕃"之"蕃"押韵的字,都属于后来所谓"真""文""元"三部。尽管"元"韵字的实际读音可能早已并入"山"摄,但若依据《广韵》音系,它仍应与"真""文""魂""痕"等韵一同划归在"臻"摄内。元明清人做诗所依据的"平水韵",也还是将"魂""痕"韵的字包括在"元"韵里。所以它们都算是互相

---

① 见杨耐思:《中原音韵研究》,北京:中国社会科学出版社,1981年,页126。
② 贾岛:《长江集》卷5。方括弧内的句末用字所属韵部为引者加入。按,王启在2003年2月23日发表于 http://www.eastling.org/discuz/showtopic-456.aspx 上的《吐蕃唐音》(3)一文内,已举此诗用韵,作为"蕃"字不应读"播"的证据之一。

押韵的。"蕃"如不读若本字,那就与其他所有韵脚都不相谐叶了!

再举元人耶律楚材诗一首:

当年职都水,曾不入其门[魂韵文部]。德重文章杰,年高道义尊[魂韵文部]。虽闻传国士,恨不识王孙[魂韵文部]。韵语如苏武,离骚类屈原[元韵元部]。烟霞供好句,江海入雄吞[痕韵文部]。意气轻三杰,才名冠八元[元韵元部]。著书归至颐,议论探深源[元韵元部]。籍籍名虽重,区区席不温[魂韵文部]。家贫谒鲁肃,国难避王敦[魂韵文部]。北鄙来云内,西边退吐蕃[元韵元部]。勉将严韵继,不得细文论[恩韵文部]。远害虽君智,全身亦圣恩[痕韵真部]。大才宜应诏,豪气傲司阍[魂韵文部]。学识光先哲,风流遗后昆[魂韵文部]。莫寻三岛客,好谒万松轩[元韵元部]。六度真光发,三魔妄影奔[魂韵文部]。素丝忘染习,古镜去尘昏[魂韵文部]。炉上飞寒雪,胸中洗热烦[元韵元部]。到家浑不识,得象固忘言[元韵元部]。心月孤圆处,澄澄泯六根[痕韵文部]。①

清代的诗作证明,"蕃"字在那时仍被人们认为读如本字。单隆周七律《秋怀十四》云:

沐国当年闻外尊[魂韵文部],煌煌带砺誓书存[魂韵文部]。波摧万骑传榆水,桴卧千城压吐蕃[元韵元部]。蒟酱红藤通贡献,金沙玉笋照乾坤[魂韵文部]。攀髯涕泣祥云散,何处堪招楚

---

① 《德新先生惠然见寄佳制二十韵,和而谢之》,《湛然居士集》卷14.

客魂[魂韵文部]。①

从目前的检索来看，吐蕃之"蕃"在古诗中被用来与"歌"部阴声韵诸字互押的例证，一个也没有找到。

"吐蕃"的读音也反映在成书于元代的藏文《红史》里。该书提到它有关"唐—蕃史事"的叙述源于《唐书·吐蕃传》。藏文依汉字读音译写为 thang zhu thu hyen[＜hwen] 'chang。以 hyen 来音写"蕃"字，是其音不作"播"甚明②。藏语之无轻唇辅音 f- 与蒙古语同。故《红史》此处以 hy-译写汉语"蕃"字的声母 f-。这与《蒙古字韵》用八思巴字母 hu̠-来译写很多首辅音为 f- 的汉字，可谓异曲同工③。

由是可见，读"蕃"为"播"，实乃起于晚近之说。

起于晚近，当然不等于就能成为此说不可据的理由。所以还需要将"吐蕃"的读音与该词的起源问题放在一起加以探讨。实际上，早在很久以前，当 H. W. 贝利把突厥、蒙古、阿拉伯、波斯、格鲁吉亚诸语对藏族的称呼追溯到它们的共同起源，即出现于用粟特文书写的 9 世纪前叶回鹘汗国喀拉巴剌哈孙碑铭里的专名 twp'wt 时，他其实已经连带把"吐蕃"一名的来源问题妥善地解决了。贝

---

① 《雪园诗赋》初集卷 12。类似的证据，尚见于明欧大任：《送胡宪使伯贤赴滇中六首》之四，《旅燕集》卷 4；清沈德符：《令公来》，《归愚诗钞余集》卷 9；彭而述：《囊碑曲》，《读史亭诗文集》诗集卷 2；金蛙：《祭素山一百四十韵》，《静廉斋诗集》卷 23。兹不赘引。

② 任小波：《西藏史学中有关唐蕃边界的叙事传统》，《历史地理》第 30 辑，上海：上海人民出版社，2014 年。

③ 见罗常培、蔡美彪：《八思巴字与元代汉语》增订本，北京：中国社会科学出版社，2004 年，页 195、220 等处。

利是在试图解决"吐火罗"一名中"吐"字的来源时提到"吐蕃"的"吐"字的。他写道:

尽管十分困难,通过识读出粟特文之"西藏"名称中所包含的伊兰语的 tu-,译言"大—""伟大—"(great),我们或许可以为这个迄今未能解决的问题觅得一个答案。粟特文"西藏"一词写作 twp'wt,就像 9 世纪早期的喀拉巴刺哈孙碑铭里所写的那样。该词可以音读为 tuput 或 topot。它是西藏[原名]与[它的]西方[诸名称]之间的中介。其形式包括:鄂尔浑突厥文里的 twpwt(其中的 w 可读作 ü 或 ö)、喀什噶里字典里的 tubut,钵罗婆文祆教文献里的 twpyt,阿拉伯文的 tubbat、tubbit、tabbut,格鲁吉亚语的 t'obit、t'umbut,从突厥语再往东,则有蒙古语的 twypwt、*töböd,由此又产生马可·波罗的 Tebet。

藏语并不使用任何可以发音为 *to-bod 的词汇,它有一个更古老的 bon 以及稍晚近的 bod,如敦煌文书 1638 号里即有 bon-gi btsan-po 以及 bod-gi btsan-po(见拉露:《古藏文里的 Bod 与 Bon》,载 *JA*,1953,pp.275-276)。这个 Bod 字,也出现在用和田塞语字母拼写的藏语书信中,作 pātta kī skatta,即 bod-kyi skad,译言"藏人的语言"(KT 3.62.75,见 BSOAS 36:225)。①

据森安孝夫和 Ochir Ayudai 带领下的考察队所写的勘探报告,在至今仍存留于回鹘汗国旧都城址之内的喀拉巴刺哈孙碑身断片

---

① H. W. Bailey,*Indo-Scythian Studies*:*Being Khotanese Texts*,Volume VII,Cambridge,UK:Cambridge University Press,1985,第 25 篇 (GARA),p.120。按,贝利引用的敦煌文书编号有误。查对 M. Lalou 的原文,这件文书编号为 (? P.) 1038。

上，如今已看不清那个粟特文的西藏名称了。吉田丰将该碑粟特文部分的第十六至十九行英译为：

> He himself accepted the kingdom. Again, the people of the Three Qarluqs ... from the evil[Tibetan people] ...①

此处文字所言，显然和回鹘与吐蕃双方争夺对三姓葛逻禄控制权的形势有关。吉田在方括弧里保留着"藏人"一词，似表明他肯定汉森（Hensen）等学者过去对碑文和碑文拓片上 twpwt 一词的读法。这个词亦以 twp'yyt 的形式出现在拉达克的 Kurzen 粟特文碑铭里，该碑树立时代为 825 年或 826 年②。

那个长期使学者们烦恼不已的 to-/"吐"的问题，于是就在粟特文的西藏名称中获得了很有说服力的解释。吐蕃本名 Bod，并像与它结盟的唐朝自称"大唐"一样，自号为"大蕃"，此即《唐蕃会盟碑》藏文中的 Bod Chen-po。把它译为粟特文时，它变成由意译"大"/great 字的粟特语词 tu- 与对 bod 的音译部分即 put 这两者并联而成的一个复合名词 tuput。该词向东传入突厥语，又经过突厥语进入蒙古语，它向西则传入东部穆斯林世界及格鲁吉亚等地。印欧语中的 Tibet，它的最终来源也是这个粟特语词。书面文献的书写和保存都带有很大的或然性。把记录着该专名的现存粟特语文献与曾提到它的现存卢尼字突厥语文献相比，前者要晚出将近一百

---

① 森安孝夫、Ochir Ayudai：《蒙古国现存遗址、碑文调查研究报告》，中亚学研究会，1993 年 3 月，打印本页 216。

② András Ròna-Tas，*Wiener Vorlesungen zur Sprach- und Kulturgeschichte Tibets*，Vienna：Universität Wien，1985，pp.45-46。

年。不过这一点无妨于上述词源学解释的成立。

但是汉文史料里的"吐蕃"并不是对粟特文 *tuput* 的音写。正如贝利引用过的拉露早已揭示的，藏文里的 *bod* 常常也被写成 *bon*。因此吐蕃赞普才可以有 *Bod-gi bTsan-po*（*Bod* 的赞普）和 *Bon-gi bTsan-po*（*Bon* 的赞普）这样两种写法。拉露认为，*Bod* 与 *Bon* 很可能来源于同一个带双辅音尾音的字，是即 *bond*。他另外列举出 1136 号文书为证。在该文书所讲述的传说中一个英雄的复合人名里，*bond*、*bod* 和 *bon* 这样三种拼写形式都出现了。他强调，以上证据并不表明，*Bod*（译言西藏）和 *Bon*（译言西藏的非佛教之宗教，即苯教）二者的意义已获得澄清。但它提供了一种解释，可能说明其中的一个形式何以会相当于另一个形式①。

就像有"*Bod* 的赞普"和"*Bon* 的赞普"这样两种写法一样，"大蕃"的尊号也完全可能存在两种书写形式，即 *Bod Chen-po* 与 *Bon Chen-po，尽管在留存下来的文献材料里我们找不到后一种写法。如果粟特文把 *Bod Chen-po* 翻译为 *Tuput*，那么它又会如何翻译 *Bon Chen-po 这个语词呢？当然就是 *Tupun。而后者正应当是汉文里"吐蕃"一语的来源！

在粟特字 *Tupun* 之前加上星号，是为了表明它并未真正出现在已知的粟特文献里。但在少林寺"蒙哥汗回鹘式蒙文圣旨碑"里，被用于对译汉文"西番"的蒙古语词汇即作 *töbön*。道布和照纳斯

---

① M. Lalou, Tibètain Ancien Bod/Bon, *Journal Asiatique*, 1953, pp.275-276.

图认为其中的 -n 为 -d 之误,是 d 之下少刻一短牙所致①。但是我们是否也可以把它看作就是对源于粟特文的另一个吐蕃名称,亦即 *Tupun 的音译呢?

所以,"吐蕃"一名与以 Tuput 的各种变体流行于突厥、蒙古乃至穆斯林世界的西藏的名称,虽然都源于粟特语,但它们实来源于两个不同的粟特语同义名词。汉地社会要直到蒙元时代,才从蒙古人的嘴里听说吐蕃又名 töböd。于是方有王恽"[古]吐蕃、[今]土波"之说②。但是"吐蕃"一词,看来仍读原音,未曾因此被改读为"土波"。

最后,还要交代一下胡三省对"吐"字的音注。所谓"从'暾',入声",意即语音同"暾",而声调须读作入声。"暾"音他昆切,魂韵文部,可拟为 t'uən。若其读音发生阴入对转,则变为 t'uət。中古音韵体系演化到宋元之际,入声的收声辅音大体已经脱落了,但在江浙方言里仍保留了入声的声调。胡三省之所以要强调用入声读"吐"字,大概是因为它所音写的那个音节在源词中是一个弱读音节。入声短促,因此用它来记录弱读音节而将其收声辅音忽略,这是用汉字音写非汉语词汇时早已有之的体例。如用"逻些"音写拉萨(Lhasa)、用"独乐"音写土剌河名(Toghla),此两

---

① 道布、照纳斯图:《河南登封少林寺出土的回鹘式蒙古文和八思巴字圣旨碑考释(续)》,《民族语文》1993 年第 6 期,页 62。
② 王恽:《玉堂嘉话》卷 3,《秋涧集》卷 95。按这段材料以枚举今古或古今同义词为书写格式。为使读者易于了解此意,特按原文的言说语境在引文中加入方括弧内的"古""今"两字。

例中后一汉字的收声辅音-t、-k 都被忽略了。职此之故，无论那时"从'暾'，入声"的音值是否还保留有收声-t，就"吐"字在此例中的音写功能而言，它都是不起作用的。

设若以上讨论可以成立，那么伯希和发现的以"特蕃"对译 *bod* 的那则资料也可作如是解。即"特"字的收尾辅音-t 在此亦可予以忽略：是"特蕃"与"秃发"乃至 *bod* 的读音俱无直接关系，它不过是除"吐蕃"之外用以音译粟特语词* *tupun* 的一种异写耳。

（原载《元史及民族与边疆研究集刊》第 26 辑，
上海：上海古籍出版社，2013 年）

附说

本文写完后，又获读巴赞和哈密尔顿发表于 1991 年的《论西藏名称的起源》一文。该文反对用相当晚近的 *stod Bod* 或 *mtho Bod*（二者均可译言"高地西藏"）来解释 *töpüt* 一名的起源。按这种解释，*töpüt* 一词里的前一个音节 *tö*- 即从 *stod*- 或 *mtho*- 演变而来。这一说法自然不太可信。可是巴赞和哈密尔顿要否定的不只是这一点；他们实际上认为，将 *töpüt* 一词的后一个音节 -*püt* 与藏人的自我称谓 *Bod* 相比拟，也是不可靠的。他们提出，突厥语的 *töpüt* 与汉语"吐蕃"（"蕃"音"烦"）都来自某个突厥或突厥—蒙古语词 *töpe*，译言"顶部""高处"。*Töpe* 的多数形式为 *töpet*，而它作为一个单数形式的集合名词，则变成 *töpen*。*Töpe* 来自吐谷浑人对西藏的称呼，意思即"世界屋顶"。从大约 4 世纪直到 7 世纪末，吐谷浑长期占据着西藏本部以北和东北,即围绕青海湖,穿越柴达木盆地诸多沼泽而直到罗布泊的大片土地。他们在北方与东北—东方分别与突厥和汉地社会相对峙。正是经由这些吐谷浑人,*töpen* 的名称传入汉地,这就是"吐蕃"之名的来源。突厥语里很少使用集合名词形式,所以突厥人接受的是 *töpet* 一名,是即突厥语中 *töpüt* 的来源(Louis Bazin et James Hamilton, L'origine du nom Tibet, in Ernst Steinkellner, *Tibetan History and Language*: *Studies Dedicated to Uray Géza on His Seventieth Birthday*, Vienna: Universität Wien, 1991, pp.9-28)。

但这两位学者的见解似乎仍难成立。吐谷浑语或相关诸语言的文献里存在把西藏称为 *töpe* 的假定,缺乏任何直接或间接的文献学证据。至于采用"屋顶"的复数形式来称呼某个地方,也未免过于离奇。如果说 *töpe* 是先由一个普通名词变成特指专名,并从藏地转指藏人,然后在介入其他语言的过程里才变成复数或集合名词的形式,那么汉人又怎么会在 *töpe* 的词干之后再加上一个纯属"突厥—蒙古语"式的集合名词后缀?吐谷浑紧邻吐蕃,如果他们实际上未曾替藏人另创一个名称,那么最有可能的做法就是移用藏人自己的称呼来指称他们,就像吐蕃的另一个近邻和阗人所做的那样。

所以,到粟特语里去追溯"吐蕃"名称的来源,看来还是目前最能被接受的一种解释。

"大中国"的诞生
——元王朝在中国历史上的定位

谢谢新雅书院，谢谢甘阳教授和侯旭东教授的邀请，也谢谢主持人对我名不副实的夸奖。我的题目是："大中国"的诞生。中国有一个从小到大的变化，它不是从一开始就这么大的。也许可以这样来概括："华夏"孕育了"中国"，又被"中国"所超越。中国文明的发展大概就是这样一个线索。现有资料里最早出现"中国"这个词的，是西周初的"何尊"铭文"余其宅兹中国"，意思是我且安顿在这个称为中国的地方。这时候的"中国"指很小一块地方，即洛阳及其附近。中国就是从洛阳及其附近慢慢长大的，"中国"一词也随之慢慢变成了对中原地区的指称，大体相当于今山东、山西、河南、河北之地。然后它进一步长大，加上了陕西，基本上包括了华北的两大核心区域，再往后就有了秦朝的版图。秦统一时，中国南部的人口基本上不属于华夏人群，所以秦在当时就是多民族的统一国家。从秦到清，作为多民族统一国家的中国，其幅员又扩大了许多。不只如此，在这样逐渐长大的过程里，"中国"还获得了另外一层意思，即指汉族和汉文明的地区。自从清末大量汉族农业人口闯关东之后，东北三省也被括入汉文明意义上"中国"的一部分。

"中国"的后两层含义至少一直保存到清末：一是指汉族和汉文明地区，二是指中央王朝统治下的全部版图。现在我们已不再正式使用"中国"的前一种含义，但英文的 Chinese 还保留着那两层含义，它既表示汉语的，也表示中国的。中国的这两个含义之间有一个不重叠的地区，实际上那就是中国的边疆。今日中国的边疆概念是从清人那里承袭过来的，它不是指边界线，也不是指边境地区，指的正是中国疆域之内汉族和汉文明传统地域以外的那些地方。我们今天要讲的，就是中国如何拥有汉族和汉文明地区以外的那片地域，从而形成"大中国"的过程，以及元朝在这个过程中起到了什么作用。

陈寅恪先生对元的评价，可能会让读到这段话的大部分人感到诧异。他说：

> 宋元之学问、文艺均大盛，而以朱子集其大成。朱子之在中国，犹西洋中世之 Thomas Aquinas，其功至不可没。而今人以宋元为衰世，学术文章，卑劣不足道者，则实大误也。欧洲之中世，名为黑暗时代 Dark Ages，实未尽然。吾国之中世，亦不同。甚可研究而发明之也。

陈先生在这里称赞的主要是宋。两宋在我们的历史教科书里一向是不太被看好的王朝，可是陈先生却认为两宋是中国文化发展的一座巅峰，甚至直到上世纪前叶，中国文化仍未能超越它在宋时所曾到达的高峰！ 同时他两处以宋元并称，可见元在陈寅恪先生的心目中也不像我们今天很多人想象的那样糟糕和不堪。

今天我想讲以下几点内容：第一，从蒙古帝国到元王朝，我们要把蒙古帝国和元朝分开看；第二，元统一中国的历史意义，教科书对这个问题的强调还远远没有到位；第三，空前繁荣的跨文明交流，也就是在这个多元文化交相辉映的时代，不仅外国的很多东西传入中国，中国境内不同民族的文化之间也获得了前所未有的广泛交流；第四，教科书对元代东西文化交流的强调容易使大家产生某种误解，认为汉文化在元代必定蒙受了重创，所以我要讲讲汉文化在元代的状况；第五，文天祥与传统中国的国家观念，即通过文天祥对元朝的态度，去揭示为什么今人对元代的评估往往与当日人们的认识有那么大的差异。

一、从蒙古帝国到元王朝

13 世纪，蒙古势力的版图不断扩大。1206 年，其势力基本上在今蒙古高原；1227 年成吉思汗去世，此前蒙古的疆域已在他手中向外扩大了很多；1280 年，蒙古统治的范围是亚历山大帝国的四倍、罗马帝国的两倍，但此时蒙古帝国已经解体。蒙古帝国和元的区分很重要，元不是蒙古帝国，而是在蒙古帝国瓦解过程中蜕变出来的若干个继承国家之一。蒙古的每一次西征，实际上都与向南的军事扩张同时推进，西征和南征总是同时的。第一次西征的作战范围主要还在亚洲；第二次西征一直打到欧洲，西北方向最远抵达里格尼茨；第三次西征最重要的目标，一是剿灭盘踞在里海南岸险峻山岭中的"山老"暗杀集团，二是攻打位于美索不达米亚的阿拉伯帝国本部领土，三是进一步向西直逼小亚，扫清通向地中海的道路。

蒙古势力向外扩张，是非常残酷的征服战争的直接结果。通过残酷的征服战争，蒙古帝国造就了它辽阔的版图。那么它到底怎样统治这么大的版图呢？

蒙古初期采用的是间接统治方式。汉文史料里有一句话最简明生动地揭示出蒙古帝国初期统治被征服地区的全部秘密："北人能以州县下者，即以为守令。"谁带着一片土地来投降，这片土地就交给谁来统治。当然不是白白交给他，他要跟蒙古政权达成一些约定。比如说各地的统治者要上报户口数，根据户口规模确定每年上贡的份额；要把儿子送去当人质，这些人质可能会在成吉思汗身边担任他的贴身侍卫，观察甚而参与国家大事的治理，跟现在恐怖主义的人质是完全不一样的概念；要入觐，每过一两年到蒙古高原去参拜大汗；要从征，有军事活动的时候要亲自从征或派遣军队参战。到蒙古的制度比较完善的时候，还有普遍的置监，就是在各地设置达鲁花赤。

在蒙古势力所及的巨大范围内，到处都有带着土地来投诚的人，这些人的地位是可以世袭的，所以汉文材料称他们为世侯。西方材料则称他们为 malik（"蔑里"），malik 最初的意思是国王，后来地位下降，所指相当于地方上的实际统治者。获得世侯或者说 malik 职位的投诚者们，又是什么样的一些人呢？蒙古征服时期各地社会内上下等级间的对流非常强烈。原来的地方官员和当地富豪多与刚被推翻的政权有千丝万缕的旧联系，又觉得和蒙古人语言不通，即使投降也后果难卜，所以大都选择出逃保命。在大兵压境、形势险恶之时，敢于出头露面去与蒙古人交涉的，往往是身份地位原本不高又见过一些世面而不甘安分守己之徒。想不到他们从蒙古军营里返回时，已经摇身一变，成了这个地方的统治者。汉文史料只用四个字就把这批人的共同形象勾勒出来了,叫"由鼠而虎"。波斯文很讲究修辞,它要用一大段话来讲这件事——"个个披罪恶衣袍的市井闲汉都成了异密,个个佣工成了廷臣,个个无赖成了丞相,个个倒霉鬼成了书记,……个个败家子成了御史,个个歹徒成了世库官,个个乡巴佬成了国之辅宰,个个马夫成了尊贵显赫的侯王,……"所以那时在蒙古人治下,东方和西方都一样,到处可以看见下等人骤然翻身变成上等人的事情。

蒙古征服的极盛之时,亦即蒙古帝国瓦解之始。那么它为什么会这么快就走向衰亡呢? 一般历史书都把它归咎于最高统治集团内部的权力斗争、权力妥协和权力分配。下面这个故事出于著名的中古蒙古文史诗《蒙古秘史》:

> 其后太祖征回回。……临行时,也遂夫人说:"皇帝涉历山川,远去征战。若一日倘有不讳,四子内命谁为主? 可令众人先知。"太祖说:"也遂说的是。这等言语,兄弟儿子,并博斡尔等皆不曾提说,我也忘了。"于是问拙赤:"我儿子内你是最长的,说甚么?"拙赤未对,察阿歹说:"父亲问拙赤,莫不是要委付他? 他是篾儿乞种带来的,俺如何教他管?"才说罢,拙赤起身,将察阿歹衣领揪住说:"父亲不曾分拣,你敢如此说? 你除刚硬,再有何技能? 我与你赛射远,你若胜我时,便将我大指剁去;我与你赛相搏,你若胜我时,倒了处再不起。"说了,兄弟各将衣领揪着。博斡尔、木合里二人解劝,太祖默坐间,有阔阔搠思说:"察阿歹你为甚忙? 皇帝见指望你。当您未生时,天下扰攘,互相攻劫,人不安生。所以你贤明的母,不幸被掳。若你如此说,岂不伤着你母亲的心?"

第一次西征前夜，在成吉思汗的御前会议上，他很宠爱的一个太太也遂夫人提出：万一他在远征中有三长两短，该由谁继承汗位？成吉思汗闻言大悟，嗔怪诸子及心腹们未能及早提出这个问题。他问大儿子拙赤（即术赤）怎么想。术赤没有马上开口，他大概有点犹豫。因为他虽然身为父亲正妻的长子，但母亲是在被一个敌对部落抓去时怀上他的。所以拙赤的血统问题一直是最高统治集团内部的隐痛。这时第二子察阿歹（即察合台）抢在前面说：父亲先问他，莫不是要传位给他？他不是你的亲骨肉，我们如何能服他管？被激怒的术赤起身扭住察合台。若不是成吉思汗的心腹阔阔搠思的劝阻，两人难免就要大打出手了。这个阔阔搠思是一名能与天沟通的萨满，正是他在蒙古建国前后代天立言，宣称成吉思汗是被上天选中，派来统治蒙古人的。史诗中的"您"，原文用的是第二人称复数，指成吉思汗诸子们；汉文缺少复数形式，元代的汉译者在"你"字下面加一个心表示"你"的复数（读音由当时的 ním 演变为后来的 nín），或者也写作"你每"，这就是后来汉语中"们"字的起源。这次吵架的结果是术赤和察合台都失去了继承帝国大汗的机会，所以后来由成吉思汗第三子窝阔台继任大汗。

最高统治集团内部的权力争夺此后还一直在继续，它当然是蒙古帝国走向瓦解的重要原因。但从更深的根源上说，蒙古帝国的衰亡，是因为它的疆域实在是太大了。最初那种间接统治会导致很多矛盾的发生。比如驻扎在地方上的蒙古军队与当地世侯之间、势力范围互相邻近的各世侯之间、世侯与其部下以及底层民众之间等，都会发生各种各样的矛盾冲突。所有这些问题都会反映到蒙古最高当局那里。如果当局不加干预，它的统治秩序很快就会变得不可收拾；如欲加以干预，那就亟须改革那种间接统治的形式，才能把最高当局的统治意志落实到地方性的治理上。这时按各地原有的社会文化传统在那里建立更规范的层级式统治体制，便成为不可避免的趋势。但是蒙古帝国太大了，各大征服地区内的统治体系朝着不相同的地域化方向加速发展，致使帝国体制内部日益增长的差异与裂隙，最终将脆弱的统一帝国撕裂开来。

同样性质的问题也发生在经济层面。蒙古帝国的庞大，使得它的通讯、运输以及军事、政治运作的成本变得过大。这与古语"千里不贩粮"的道理相似。一个美国学者从这段历史的实际情况反推，认为当时维持国家正常运行的距离极限，大体不超过九百英里。因此蒙古帝国至少需要三到四个统治中心：以和林为中心可以建立起从华北到别失八里（今新疆吉木萨尔）的统治；以阿力麻里（在今新疆霍城西北）为中心可以建立起对于西至中亚撒马尔罕之地的统治；而伏尔加河上游需要另外一个中心，用来维持从花剌子模（在咸海西南）一直到莫斯科的统治；攻灭阿拉伯帝国以后，自然又需要有一个新的中心来统治阿姆河以西地区。

无论如何，蒙古帝国的统治在第二代大汗的时候就已经分成了四块：中央兀鲁思（兼领藏区）、中州（华北）行政区、西域行政区，还有位于南俄草原的术赤兀鲁思。术赤在第一次西征以后就没有东返蒙古高原，因为他知道东面的帝国大位已与自己无缘。第三任大汗在位时间很短，到第四任大汗时帝国版图进一步分化为五块，这与帝国后来分裂为东亚的元王朝以及西部四大汗国的地理分割线十分贴近。从这个角度来看，蒙古帝国的瓦解是深埋在帝国内部的某种隐性的结构性危机必然爆发的产物。所以讲元史虽然要从蒙古帝国讲起，但二者又是完全不一样的两件事情。蒙古帝国史与元史并不是同一部历史的上下两半部分。蒙古帝国是一个世界帝国，而元王朝则属于中国历史上的一系列王朝之一。

元朝的政治、经济、文化重心，都在今天的中国境内。而创立这个王朝的民族，它的人口中的大多数今天也仍然生活在中国境内。由汉族建立的历代王朝，往往把自己的统治扩展到周边少数民族地区。对此我们觉得再正常不过。既然如此，为什么当中国的皇帝宝座上坐着一个出身蒙古族的天子时，元王朝就不能被当作一个中国王朝来看待呢？ 当然元朝的版图还包括了今蒙古国疆域，以及今俄罗斯的西伯利亚一些地区在内。但这既不是中国征服了今蒙古国和西伯利亚各地区，也不是蒙古国征服了中国的结果。那属于蒙古帝国留下来的遗产。在这个意义上，把蒙古帝国史简单地等同于今蒙古国的历史也不对，恰如意大利人不会把罗马帝国史当作今日意大利一国的历史。所以蒙古帝国的历史，不是今天任何一个现代国家的历史所能包容的，但是元朝的历史毫无疑问属于中国历史的一部分。

二、元统一中国的历史意义

唐后期中国藩镇割据，中央政府逐渐失去控制全国的能力。接着是黄巢起义。此后中国又经历了五代十国和宋辽金，在今天中国的版图上长期有七八个国家割据并存。中国经历近五百年的分裂而重新完成统一，正是在元朝。我们的历史教科书往往给人留下这样的印象：汉唐两代在承继秦制的基础上确立和巩固的外儒内法的专制君主官僚制，为此后近两千年内传统中国的国家建构奠定了一个基本模式；而在最近一千年里，国家建构的这同一个汉唐模式又在被历朝继承的同时，经过进一步扩充和调整，最后就有了我们今天的中国。同样地，根源于上述见解，元朝所以能统一中国，被归因于它实行汉化，而它所以失败是因为它汉化得还不够。我在这里要提出的问题恰恰是，如果元朝真的只有汉化这一点值得我们加以肯定，今天中国的版图还能有这么大吗？

与当代中国的疆土相比，秦的版图虽然有限，但在当时它已经是一个多民族的统一国家。那时淮河、秦岭以南大部分土著都不是讲汉语的。汉朝在未控制西域之前，基本上就是在秦代版图的基础上再稍微向外扩张那么一点。从两汉开始，历朝设置郡县（或后来的府县）建制的地域范围，在近两千年里变化不大。唐幅员最大时的范围四至让人印象深刻。但在河西走廊以西，真正有中央政府派出官员驻守的，总共不过二十处。唐朝控制蒙古高原前后不过四十年，控制新疆和新疆以西的时间长一点，也没有超过一百四十年。唐在这些地区施行的都是"羁縻"统治，即用"册封"方式向各地统治者颁赐可以世袭的官号，以"朝贡—回赐"制度维持后者与朝廷之间的从属关系，同时从政治经济核心地区拨发巨额财富，来支持一支弹压其地的两三万人规模的常驻部队，并设立极少州县来管辖为驻军提供后援服务的小群汉族移民。各羁縻地区与朝廷之间的这种从属关系，实际上介乎中央与地方政府之间的关系，以及处在一个有差等的国际体系之中的国与国之间不完全平等的外交关系这二者之间。而唐代疆域内划分出府县制地域和羁縻地域的分隔线，其走向与著名的"黑河—腾冲线"十分接近。

在中国地理学意义上，黑河—腾冲线将中国版图分隔为面积大略相等，但人口密度相差十五六倍之多的两部分。不过这条线所蕴含的意义还远不止如此。它实际上还是有条件从事雨养农业（以及对降水需求更高的稻作农业）与基本上只能从事牧业的中国东西部的分隔线，同时也大体上划分出汉族与非汉族的历史活动区域。与黑河—腾冲线的提出约略同时，拉铁摩尔揭示出另外一条与之颇多暗合之处的界线。他把这条线以西、以北的地区称为中国的腹地亚洲边疆。两条线最大的不一致在于对东北地区的处理。黑河—腾冲线把它划在人口密集的中国东部，而拉铁摩尔则将它划入中国的腹地亚洲边疆。从历史上看，东北地区有大批汉族从事农业开发始于清末，所以就讨论历史问题而言，拉铁摩尔这条线画得更准确一些。包括采纳汉唐建国模式的宋朝和明朝在内，依赖汉文明建立起来的王朝国家所能巩固的疆域，基本都位于拉铁摩尔这条线的东侧。

从公元 1000 年以后直到清亡的将近千年里，只有元和清两个王朝才真正把位于腹地亚洲的中国各边疆地区完整地纳入中国版图。上述两个王朝分别由蒙古族和满族建立，这绝非出于偶然。我们看到，汉唐式国家对其版图的巩固，需要由汉族移民充当拓展国家治理体制覆盖面的先行队和后续支撑，持续不断地移入被国家新纳入统治范围的那些地区。直到唐朝为止在中国南部仍显得相当稀疏薄弱的府县制网络之所以能在此后变得密实起来，与北方汉族农业人口的大规模南迁有着密不可分的关系。可是在黑河—腾冲线以西那些无法维持农业生计的地方，传统时代的汉族移民就难以持久立足。因此中央政府对那里的行政管控与军事镇遏设施就始终无从培植起本土化的经济支持和文化响应。中央政府对那里实施的耗费巨大的远距离"输血"一旦中断，那里就重新回到"化外"状态。如果现代中国继承的是宋朝或者明朝的版图，试想今天的中国能有多大？很明显，正因为继承了元和清的"遗产"，中国才会有今天这样广袤的版图。

当然，汉唐国家模式也不是完全不具备将一部分边远的羁縻地区"驯化"为国家疆土的功能。唐代控御边疆的羁縻体制为后来历朝（包括元与清）所继承。被羁縻地区的地位归属会分别遵循两种不同的方向逐渐演化。一是从土官、土司建制，经由土流并置、改土归流而实现内地化，最后变成府县建置地区，稳定地被纳入国家版图。另一方面，长期滞留于册封和朝贡关系中、未能向土司建制进一步演化的那些地域，则会随着东亚进入近代国际关系的过程，从羁縻政权向着与中国相分离的对等国家转化，最后形成中国周边的"外国"。

那么，羁縻地区沿着上述两个不同方向分道扬镳，表现在地域空间内又会是怎样一种状态呢？如果以已经发生的历史事实作为经验判断的依据，我们就有理由把直到民国初年尚未改土归流，因而依然存在土司设置的地域，认定为传统中国有能力推行土司建制的最边缘区位。如果以上说法可以成立，那么可能被汉唐型国家建构模式推展到最远的中国与"外国"之间的边界，就应当位于清代乃至民国初土司建置地区的外缘。这条外缘线虽然向西超越了黑河—腾冲线，但依然离开后者并不太远。换句话说，中国西部的大部分地区仍被排除在由上述外缘线所限定的地域之外。

这就是说，如果直到清末为止，历史中国只是遵循汉唐式国家建构的单一模式持续演进和扩大，那么当代中国就不可能拥有今天这样辽阔的疆域。当今中国境内位于腹地亚洲的那一大部分领土，因此很可能无缘被划进中国的边界线之内。所以，传统中国在它跨入近代前后，一定早已拥有除汉唐体制之外的另外一种国家建构模式。多亏了另外这种模式的推动，才使中国有潜力把历史上的西域稳固地括入版图之内。

上述"另外一种"模式，就是从汉唐等帝国边疆发展起来的北亚边疆帝国模式。它萌芽于辽，发育于金，定型于元，成熟、发达于清。这个秘密最早是被雍正皇帝一语道破的。他说："中国之一统始于秦。塞外之一统始于元，而极盛于本朝。"他所说的"中国"是"小中国"，而我们今天继承的中国，则包括了由秦最先统一的小中国，再加上由元代统一而为清朝所巩固的中国塞外部分（也就是拉铁摩尔所说中国的腹地亚洲边疆）。那是一个名副其实的大中国。英语中的Chinese既指"汉语的""汉族的"，又指"中国的"，正反映了直到近代为止汉语"中国"一词所曾具有的那两层迥然不同的含义。

清朝的版图结构不仅包含着内地十八省以及从汉唐体制继承而来的土司建制地区，还有一大片地方，包括内蒙古、外札萨克蒙古

(也就是今天的蒙古国)、青海、西藏、金川土司，还有南疆回部，均由最初参办外藩（指内、外札萨克蒙古）各部事务的理藩院一并负责署理其地政务。根据"天下一统"的传统观念，其版图结构中还包含所谓"外属"，所指为已从"羁縻"体制下独立出去的那些国家。因此"外属"又与"外国"一起被归类为"域外朝贡诸国"。理藩院要管理的事很多，包括旗界、封爵、设官、户口、耕牧、赋税、兵刑、交通、会盟、朝贡、贸易、宗教。把它们合在一起，体现的正是一个国家在它的疆域内所履行的主权职能。汉唐宋明等朝从未在其羁縻地区履行过这些体现其主权的职能。所以对外藩等部的治理不是来源于汉唐型专制君主官僚制国家建构模式，而是出自一个北亚边疆帝国的架构。

清朝编写过一部以皇帝名义颁布的《钦定历代职官表》，力图表明本朝所有的各项制度皆渊源有自，都有传统的法度或成例可依，以此来论证自己统治的合法性。但它为理藩院追溯其前代来源的努力却难以遂愿。理藩院在明朝和两宋都毫无印迹可寻。不过本书还是从元代宣政院看到了理藩院的前世身影。这当然是对的。因为元宣政院除主管全国佛教外，还负责署理吐蕃地区的诸多政教事务，正与理藩院之掌管外藩等部的职能相同。再往前追溯到唐，这本书随便把唐代鸿胪寺当成了理藩院的源头。其实由鸿胪寺所承担的与羁縻各部的交涉事务，在性质上更接近于外交部礼宾司的职责范围。宣政院与理藩院在汉唐型国家模式里没有可与之相比拟的机构，就因为它们别有来源。

两种国家建构模式的理想治理目标也完全不一样。汉唐模式的理想治理目标是:"车同轨,书同文,行同伦。各要其所归,而不见其为异。此先王疆理天下之大要也。"这句话里前九个字出自《礼记》,是自两汉以来汉文明所长期追求的国家治理的理想目标。后面的话是对开头九个字的发挥。这个目标不容易马上达到,所以会有很多权宜的措置。但是不管如何权宜,理想目标都是要用以汉语、汉文、儒家伦理为构成要件的汉文明对全部国家版图实行全覆盖。清朝和元朝完全没有这样的目标,清朝承认满文、蒙文、汉文、藏文、维吾尔文等五种使用人口最多的文字都是官方文字,有一部书就叫《五体清文鉴》。民国时讲的满蒙回汉藏五族共和,那"五族"概念的起源就是《五体清文鉴》。这样的气派是在汉族的王朝所看不见的。清朝治理的就是一个多元化帝国,所以它的国家建构模式跟汉唐完全不一样。它对汉族地区的治理主要继承了汉唐模式,那是一个小中国,它被包容在一个大中国之内。在这个意义上,我们再回过头去看元朝的统一,会发现它并不只是把一个久已尊用不衰的国家建构框架搭建到一个更大的版图上而已,它实际是创造了一个新的、后来又在清朝充分发展起来的国家建构模式。

三、空前繁荣的跨地域文化交流

到13世纪后半叶,蒙古帝国已经瓦解,分离成很多个国家,这些国家之间时而也有矛盾、冲突乃至战争。但是无论如何,在由蒙古势力统治的那片广大领土上,最高统治者都是成吉思汗的直系子孙,而且与成吉思汗相隔还没有几代。欧亚大陆从来没有经历过这样的时代，人们在如此辽阔的地理范围内可以相对自由地往返移动。已经过去的战争当然很残酷。"王钺一挥，伏尸万里。"这话看来雄壮，却是用不知多少生命、鲜血和眼泪换来的。当这样一大片土地上的人们从失去自己亲人和家园的痛苦中幸存下来，重新开始在各领域从事创造性活动的时候，蒙古帝国的统一版图提供给人们的舞台就和过去的时代大不一样了。

中国很早就建立了驿传制度。杨贵妃吃的荔枝就是利用驿传来急递的。但是过去没有"驿站"这个词，查阅《广韵》，"站"字还只有久立的意思。它在现代汉语里还有一个意思是 station，那是始于元代的后起之义。蒙古人把很宽的路叫作 jam，该词在元代又用于指称包括驿道在内的整个驿传系统，汉语以"驿站"对译之。其中"驿"是 jam 的意译，而"站"则是它的音译。这是因为"站"字在元代还保留着闭唇尾声母 -m，读音与 jam 很相近。"站"作为 jam 的汉语音译语词，既与驿传等义，也在汉语中转而兼指驿传系统中可供停驻的设施。因而它又变得可与"铺"字相通，于是获得 station 的新义。元代一部学做刀笔吏的教科书里说："站驿，安也。舡马车轿之所曰站；使客传舍曰驿。"可见在公文专用语里"站"字的意思很窄，但在日常用语里它也可以泛指利用驿传的过客留宿歇息的"次舍"或"传舍"。你们看，不同语言或文化之间的交流过程，细究起来竟会曲折得如此有趣。驿站的设施本来是供官方使用的，不过也有人假公济私。使用驿站的凭据是驿牌，有了驿牌就能使用驿站的设施。晚上可以住在那儿，并且根据你的身份等级供给相应的酒饭，第二天早上骑着体力充沛的替换马匹再出发。这样的驿道设施从北京开始，沿着欧亚内陆一直到达伏尔加河的萨莱城，那里是金帐汗国的首都。如果往西南走，可以从云南一直走到今天的巴格达。从巴格达再往北不远，直抵大不里士，也就是当时伊利汗国的首都。元朝的汉人说："行万里如履庭户。"出行万里，就好像在自己家的院子里散步。从西欧向东直到东亚，过去需要打通好几个相对封闭的贸易圈、经过无数关卡才能联通的交流网络，在元代变得空前地畅通便捷。

因此有人把蒙古人统治的一百年（1250—1350）称作欧亚旧大陆的世界体系时代。世界体系的出现，一般认为是一种近代现象，但是在近代之前欧亚大陆已经有过一个世界体系。元代时中国各种各样的外来文化就是在这样一个近代之前的欧亚旧大陆世界体系背景下传入的。泉州有很多阿拉伯文字的伊斯兰教元代文物，而留在北京牛街的伊斯兰教文物却多是用波斯文书写的。因为阿拉伯人可以从波斯湾通过海路直接到达中国南方，而经过陆地到达中国北方的中亚侨民大部分来自波斯语社会或以波斯语为宗教用语的突厥语社会。波斯文于是也就变成了11世纪之后伊斯兰教向中国北方传播的一种重要媒介。伊斯兰教传入中国虽然很早，然而"元时回回遍天下"，才为回族在后来发展成一个全国性民族奠定了最基本的局面。基督教东方教会亦以其旧称聂斯脱里教派在元代重回中国。它过去曾因为在一些重大的神学问题上和东罗马教廷的正统看法不同，而被东罗马教廷判为基督教异端，赶出东罗马，遂向东在欧亚草原及伊朗寻求发展，并沿着草原和绿洲一路东传。聂斯脱里教派在唐代传到过长安，当时以"景教"知名，至唐德宗时被禁。在元代,它随着蒙古统治再次从中国周边地区传入汉地社会。

图 1　　　　　　　　图 2

图 1 是元后期泉州一位聂斯托里教徒的墓碑。碑面下方中间镌刻的四个字符组合,按直书右行的款式解读,所拼写的大概是汉文"叶氏墓记"四个字。这就是所谓"八思巴字"。八思巴是藏传佛教的一个高僧,受命于忽必烈,创制出来的一套脱胎于梵文、藏文字母的书写体系,用以拼写元朝境内的各种语言。墓主人应是汉族妇女,大概嫁入信仰聂斯托里教的家庭,故死后按基督教仪式埋葬,在墓碑上留下的则是用八思巴字母拼写的汉语姓氏。元朝并不要求所有人都讲蒙古语,而是设计一种字母,让各种语言都能够用它拼写各自的书面语。可惜这套字母体系被设计得太复杂烦难,使用起来很不方便。所以一旦失去官方强制推行的压力,便即刻无疾而终。图 2 是基督教圣方济各会修士安德鲁的拉丁文墓碑。碑主人生

前来中国传教，死于晚元，安葬在泉州。

当时的文化交流并不限于"中外"之间，也发生在元代中国境内不同的民族与文化区域之间。元代后期在位于燕山支脉一段狭长山谷间的居庸南口，翻建了一座上有三个白塔的过街塔楼。建塔时在塔基券门的壁面上镌刻了很多题记，包括用梵文、八思巴字蒙文、回鹘文、藏文、西夏文和汉文形式书写的陀罗尼经咒语，以及用后五种书面语书写的造塔功德记。尤其值得一提的是出现在这里的西夏文题记。1227 年西夏被灭国，以后党项人四处流散。事实证明，到了元末党项人还在这个地方活动，捐钱造塔并用西夏文将功德记刻在券门壁面上。梵文的陀罗尼经咒文一直保留在佛经里，成为一种仅供口诵的书面语片段而已。

图 3　杭州吴山宝成寺大黑天神造像

杭州有很多元代留下的藏传佛教造像。图3为"大黑天神"（Māha Kāla）造像。大黑天神是藏传佛教中著名的护法神，但汉人对他的印象是负面的。有诗云："北方九眼大黑杀，幻影梵名麻纥刺。头戴骷髅踏魔女，用人以祭惑中华。"杭州灵隐山旁的飞来峰，有元代镌刻的梵文咒语、绿度母造像和宝藏神造像等。绿度母是西藏佛教特有的崇拜对象。飞来峰上还有杨琏真迦师徒的造像，南宋灭亡以后忽必烈派了一个西夏出身的藏密高僧到南方从事文化镇压，就是杨琏真迦。他主持盗掘了绍兴的南宋皇陵。

讲到元代的中外文化交流，最有名的当然是马可·波罗。马可·波罗其人的存在没有问题，现在还保留有他的遗嘱，但是他究竟来过中国吗？从20世纪70年代以来，这逐渐变成了一个受到质疑的问题。这里没办法详细展开，只介绍几本相关著作。

英国学者吴芳思曾经是北大的工农兵学员，回国后做过很多年的大英图书馆汉文部主任，是对中国非常友好的一个学者。她写了一本书，书名就是《马可·波罗到过中国吗》。虽然她本人是怀疑马可·波罗真的来过中国的，但本书还是力求客观地反映在这个问题上的各种不同看法及其依据。

南开大学的杨志玖先生随后出了一本《马可·波罗在中国》，在书名里就直截了当地表达出与吴芳思相反的看法。杨先生早在20世纪40年代就从《永乐大典》里发现过一条重要旁证，表明马可·波罗到过中国。据他的游记所言，马可·波罗是顺道陪同一位出嫁波斯的蒙古公主，一同由海路离开中国的。书中还举出了随行返国的三名蒙古使臣的名字。杨先生在《永乐大典》里找到一则给远赴波斯的三使臣发放出差补贴的档案文书。文件签发于1290年，其中涉及的三人名字竟与《马可·波罗游记》所载完全一致：

兀鲁觔　　阿必失呵　　火者　　(《永乐大典》)
Oulatai　　Abishihe　　Coia　　(《马可·波罗游记》)

尽管该文件没有提到马可·波罗和那位出嫁的公主，但它记载的三个人名与马可·波罗的陈述密合无隙，已足可视为马可·波罗所言不虚的有力佐证。

2013年，德国有位学者Hans Ulrich Vogel又出版了一本讨论这个问题的了不起的书。作者写道：仔细研究游记的内容，可以发现其中"更多的说法能证明这个威尼斯人确实到过大汗的帝国，而不是相反。根据我多年考察所获得的对本书的总体评判，我最终决定将这部专题著作取名为'马可波罗亲历中国考'"。本书开列"引用书目"的附录部分达到92页之多。可以说它是学者手边不可或缺的一部世界性的马可·波罗研究指南。

我们知道，信息若是经由多重承转环节的长距离传递，必定要发生严重的扭曲和走样。因此，《马可·波罗游记》有关元代中国的大量感性、具体、翔实而又十分准确的细节描述，只能是由某些曾长期生活于中国的人们直接带到西欧去的。即使马可·波罗没有来中国，那么也必定有某个或某些名为约翰·波罗或马可·斯特劳思的人们，曾在元代中国的大地上漫游过。就这个意义而言，马可·波罗是否来过中国，甚至可以说已经变成了一个伪问题。

四、汉文明在元时期

见识过多元文化在元代交相辉映的图景，或许还不能驱除顽固地占据在人们意识深层的一个相关问题——元代汉文化的命运又到底如何？它是不是像很多人想象的那样被蒙古人摧残得一塌糊涂？我们的历史教科书从来没有讲过"厓山之后无中国"，但从这些课本里获得中国历史基本知识的很多人却有这样的看法。教科书也没有说过汉文明在元朝统治下一蹶不振，可是有这样认识的人却很多。所以我觉得我们的历史教育是有问题的，因为它还没有把有些应当充分加以阐扬的基本观念强调到位。历史教科书像陈寅恪那样地肯定了"宋元之学问、文艺"及思想了吗？当然没有。所以我还要在下面讲讲汉文明在元代的生存发展状况。

汉文明在元代有三座高峰：文人画、杂剧与元青花。

顾安、张绅和倪瓒的《岁寒竹石图》，可以当作在最极端的意义上颠覆两宋"院画"（即官方画院里专业画师的作品）之正统格调的典型来阅读。一个人写字，另一个人画竹子，倪瓒更是把原来的纸张接长，再在旁边补画一块大石头。整幅画就像是用想到哪里就涂到哪里的方式拼凑而成，看起来毫无章法布局可寻。文人画的特征，与两宋院画一比较就很容易看出来。首先，如果说院画多以工笔勾勒然后填色其中，那么文人画不取勾勒设色的画法，而是以书法的运笔方式渗入画中，甚至连书法本身也以长篇题款的方式变成整幅作品的有机构成部分。例如倪瓒的《渔庄秋霁图》，画上本来没有字，流传在外多年之后又为倪瓒所遇，他于是补了一长段题款在上面。一幅构思严谨的画怎么能有地方容得下事后再加上去的那么多字？它的完整性和布局平衡不是全部被破坏了吗？但是画家就这样做了。其次，院画总体上讲究细致"逼真"的刻画，会把屋顶上的瓦片、禽鸟身上的羽毛、植物的花瓣叶茎都条分缕析地描摹出来,而文人画重"写"不重"描",注重发扬"逸笔草草"(倪瓒语)、"取其意气所到"(苏轼)、"树石不取细"(米芾)的风格。复次,院画喜以珍禽异兽、牡丹红梅等题材,以浓墨重彩的"青绿"着色来炫耀富贵气象,而元代文人画则强调用水墨来表现画家寄托在梅兰竹石、云烟山水之中的优雅淡泊的情操。宋元之际的郑思肖画过一幅有名的《墨兰图》。为了表示不忘宋朝,他画的兰花像是无处生根的。画上自题"所南翁",意为屋门朝南开,因为南宋在"北朝"(指宋元对峙时期的元政权)之南。

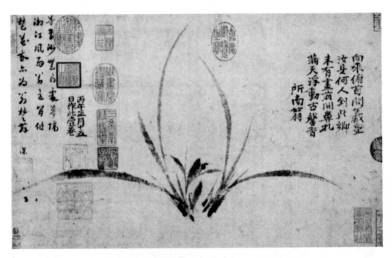

图4 郑思肖《墨兰图》

此外,元代文人的山水画还有一个表现在基本布局中的显著特征。美国学者高居翰把它概括为 hills beyond a river,汉译为"隔江山色"。他有一本讲元文人画的书，即以此为书名。中国学者徐书城则用"一河两岸，前后三段"表达出类似的意思。画面中的近景是江的这一面，远景是江的对岸，中间是江流，其中或许还有几片沙洲。元文人画描写重峦叠嶂的山景时，把前人偶一为之的一种夸张方法大大加强了。它把构图的视点提高，使大地似平面向观者一方前倾，因而能由近及远地呈现层层山脊和蜿蜒幽深的谷涧。"隔江山色"以及对山体纵深向度的凸显，体现着元代文人的山水画创作仍坚持在描摹景物的自然形态和"意似便已"的"信笔"写意之间追求平衡的不懈努力。这与明中叶起"宛如层层摆置的屏风"般"突兀地冒起"的群山图像（徐小虎语），乃至晚明文人画以极度狂放的变形将"笔墨的抽象美"推到"唯我独尊的地位"（徐书城语）都迥然不同。

接着来看杂剧。汉地社会中戏剧的起源，一般被追溯到唐代的"踏摇娘"，是一种带点说唱的舞蹈表演。戏剧与说唱不一样，董解元的《西厢记》诸宫调是说唱，表演者用第三人称给听众讲故事，所以属于"他言体"。戏剧则是"自言体"，由演员分别担任剧中的各种角色，在舞台上各自都以"我"的身份说话和行动。我们现在可以确切地加以了解的最早的戏剧形式就是元杂剧。从说唱和舞蹈过渡到戏剧，就是从他言体的表演到自言体表演的过渡。但是在中国戏剧史上似乎找不到这样一种过渡发生的迹象。直到金末和元代，山西出现了戏台，这一地区出土的墓里面也发现了反映戏曲表演的壁画、棺椁画和石刻浮雕。

戏剧表演会不会是从外部世界传入汉文化的？我找到了一点

点可能的线索，但还远远不到能做出什么结论的地步。元杂剧中的一段戏称为"一折"。这个名称从哪里来的呢？ 梵文里的 aṅka 有三个意思：钩子、弯曲，还有一部完整戏剧中的一场。元杂剧里的"折"，或许不是从汉语"折"字的原有词义中派生出来的，它很可能就是 aṅka 的汉语对译词。翻译者选择其"钩子"或"弯曲"之义，意译为"折"，而指的却是戏里的一个段落。"折"之所以被选用来对译梵文 aṅka，恰因为二者在"弯曲"这一层字面意思上可以相通。于是"折"字就在作为梵文的汉译语汇这一特定语境中，与它在汉语里本有的字面意思脱离开来，而可以移指一部戏剧中的一场。 元杂剧从北方传播到南方，"折"作为一个专用术语，被南方汉人改为"齣"字。在南方的汉语方音里这两个字发音相近，只有吐气或不吐气的区别。再往后，又因为"齣"字太难写，遂以笔画较少的同音字"出"来代替它。"折"作为元杂剧术语的遗迹，只被保留在"折子戏"这一用语中。

"折"在南方被改为"齣"，表明南方汉人并不认为它与汉语中"折"字的本义，即将某物"折"成一段一段的意思有什么联系。若元杂剧的"折"字真出于梵文，戏剧这种表演形式是否有可能是从外部传入汉语世界的？ 我们知道回鹘（今译维吾尔）有《弥勒会见记》，就是一部佛教戏剧。尽管在回鹘语的《弥勒会见记》里表示"一场"的词没有采用梵文的 aṅka，可是还不能断然排除山西的戏剧源于回鹘佛教戏剧的可能性。所以还需要耐心等待新发现的证据。敦煌变文没有发现前，我们始终很难解释中国的话本小说是从哪里来的。文学史家找不到话本的来源，只好说它从唐代传奇演变而来，尽管唐宋传奇跟话本的差别非常大。敦煌变文一发现，话本小说的来源问题立即就顺理成章地解决了。变文原是僧人讲佛经故事的稿本，后来也用这种形式讲世俗故事，成为话本小说的前身。

随着元朝把统治中心建立在北京，杂剧的中心也转移到北京。元灭宋后，杂剧进入杭州。它很快向本土化的方向演变，部分改用南方汉语方言念和唱，与南方的一些音乐表演元素结合在一起。于是就有了明清的传奇戏，其中以昆剧最为著称。所以传统中国的戏剧史上有两次戏剧高峰期，一是元杂剧，二是明清传奇。二者中最知名的作品分别是《窦娥冤》《牡丹亭》。不过元杂剧中所含忠君报国之类的道德说教，有许多其实是在明代才加到原先的演出本里去的。元杂剧注重的是故事情节的奇险曲折，较少道德灌输。有人甚至公然在散曲里扬言："宁可少活十年，不可一日无权。"那是一个政治及正统文化的约束都较少的时代。

再简单讲讲元青花。元青花用的钴涂料是从西亚进口的，所以明人称它"苏麻尼青"（清人又写为"苏麻离青"）或"苏渤泥青"，均源于波斯语词 $lājavard$-i $sulaymānī$，译言"苏莱曼青色"。它来自伊朗西北叫苏莱曼的地方。该词未见于现存元代文献，但它曾流行于元朝应该没有问题。"苏麻离"或"苏渤泥"分别是 $su[$-$lay]$-ma-li（最后音节 n-、l-相混）或 $su[$-$lay]$-ba-ni（第三音节 m-、b-相混）的汉字音写。中国本土钴料中锰、铁成分的比例与进口钴不同，用它做不出元青花的效果。元青花是进口钴料、江西高岭土，再加上中国的瓷器技术相结合的产物。它从一开始就是一种外销产品。伊朗博物馆收藏的元青花盘直径 45.5 厘米，汉人用不了这么大的盘子，那是专门为中西亚生产的餐具。景德镇垄断了这种进口钴料，可能是它的一个商业秘密，所以只有它能造青花瓷。景德镇红卫电影院地下出土的一件青花瓷碎片上写着非常漂亮的波斯文句子，说明景德镇工匠里甚至有从西方来的技术人员。不然上面的文字不会书写得那么神采飞扬。

图 5　大维瓶

图 5 这对瓶子叫大维瓶，原本是元代江西一对夫妻出钱烧制后，作为功德贡献给道观的。我们确凿地知道元代能烧元青花，实际上始于这对青花瓶在 20 世纪 20 年代的重新发现。因为瓶颈部位的题款明确交代了它们的烧制年代。明前期采买苏麻尼青的信息和途径，必定传承自元代。在明代，这种钴涂料的官方库存，一直使用到宣德年间，所以成化前的青花瓷质量很好，之后只好用国产钴

料替代进口产品。成化青花不及前代，成窑只能以"五彩"和"画意"取胜。大约在正德、嘉靖年间，有购得过西洋青料。此后景德镇所需钴蓝原料，主要出于浙江绍兴、金华两地。清代论陶者以为，"康熙青花皆浓抹。……乾隆以后青料甚劣。青瓷器品大抵阴沉如鬼脸，故粤人有鬼面蓝之称"。

我们现在看得到的元青花，大多烧制于元代后期的三四十年间。数年前曾有一种传闻，谓有大尺寸青花盘从元代河北军阀张弘略的墓里出土。此人死于1296年，是灭宋的元水军总帅张弘范之弟。若然，则元青花的生产年代又提前了几十年。不过后来发现，此盘或非真出于张弘略墓葬。

到元末，东南海岸线战乱频仍，进出口贸易受到严重影响。青花生产被迫将销售市场从海外转向国内。为了适应国内消费者的审美口味，描画在青花瓷上的图像多转而表现绣像小说或者戏曲里的人物和故事场景，如萧何追韩信、三顾茅庐、鬼谷子下山等。这些图像中有不少是从刻本读物里的插画直接描摹而来的。

上述三项突出表现，至少有两项即元杂剧和元青花，未必可用来衡量一个时代文化主流的面貌如何。因此还应留心一下汉文明各主干领域在元代的状况。不过这需要对传统四部之学有通贯精深的学识，才能把元代的表现放在其中加以比较。那不是我能做得到的。因此我将主要借用清代四库馆臣对元代各门学问的评说，作为此处叙说的参证。

《四库全书总目》的"经部总叙"，用"学凡六变"来概括从两汉直至清前期经学的流变。它对经学各阶段的评述，大体兼及其优长与褊狭两个方面。清儒称赞汉代经学"笃实谨严",弊端在拘于成说而乏创意。对魏晋到唐末宋初的经学,他们未予表彰,仅以"各自论说,不相统摄,及其弊也杂"一笔带过。可见在他们眼里这是一个经学衰落的时期。程朱理学的长处是"务别是非",弊端则一出于"悍"(主观偏执)。所以不但一概排斥汉唐"经师旧说",而且"学脉旁分,攀缘日众,去除异己,务定一尊"。元代经学则被置于"自宋末以逮明初"的阶段里,其长处、其弊端都与宋时相仿佛。是说盖为陈寅恪论儒学史以宋元并称之渊源所自。明代经学的特征是"各抒心得,及其弊也肆";放肆到"空谈臆断"的境地,亦即梁启超所谓"束书不观,游谈无根"。所以才有清初兴起的实事求是之学以纠正之。很明显,在这样的认识框架里,传统经学的低潮分别在魏晋隋唐和明,而不在元。

　　清儒对元代经学的评价并不低,与他们很欣赏元代科举考试除"经义"外还要考"经疑"的制度设计有关。他们以为,考"经疑"能促使应试者对经典文本下苦工夫,"非经义之循题衍说,可以影响揣摩者比。故有元一代,士犹笃志于研经"。元代用朱熹所作《四书章句集注》取士,"阐明理道之书,遂渐为弋取功名之路。然其时经义、经疑并用,故学者犹有研究古义之功……至明永乐中,'大全'出而捷径开,八比(即八股文)盛而俗学炽。科举之文,名为发挥经义,实则发挥注意,不问经义如何也。且所谓注意者,又不甚究其理,而惟揣测其虚字语气,以备临文之摹拟,并不问注意如何也。盖自高头讲章一行,非惟孔曾思孟之本旨亡,并朱子之四书亦亡矣!"这里提到的"大全",即明前期颁布的《四书大全》《五经大全》,也就是古代的高考参考资料。有了参考资料可资依赖,再没有人孜孜留意于经文本身了。所以在清人看来,儒学再次走向低坡,是在明永乐之后。两部考试"大全"、一种以八股著称的固定文章程式,束缚起士人的眼界和思想,对儒学的损害实在要远甚于元代。

元代的史学成就也很不寻常。元修"三史"中,《金史》"卓然有良史之风"。《宋史》虽因"取办仓卒"而受到很多批评,以至于屡有后人试图改写者,然而"考两宋之事,终以原书为据,迄今竟不可废焉"。潘昂霄《河源记》据亲历黄河源头的笃实之弟口述写成,故其所记皆"为古所未睹",是"前志传闻,率皆瞽说"所不可比拟的。汪大渊《岛夷志略》也一样,对南海诸国皆"亲历而手记之",比所辑信息多得自口耳的南宋《诸番志》优胜不少。元修《至大金陵新志》,"荟萃损益,本末灿然。无后来地志家附会丛杂之病"。清人不大看得起史论,认为它比不得考据,可以信口横决,不着边际。但对胡一桂的《十七史纂古今通要》,他们却不吝好评:"宋以来论史家汗牛充栋,率多庞杂可议。……此书议论颇精允,绝非宋儒隅见者可比。一览令人于古今兴亡,了然胸次。"乾嘉考据派祖述其学术渊源,近推顾炎武,远溯胡三省、王应麟。后两人的学术活动入元后都持续数十年。其史学成就究竟属宋属元?这又使我们回到不能把宋元截然切开,更不能将它们视若冰炭、作黑白两极看待的问题。

元诗和宋诗相比亦不差。四库馆臣谓宋金元明四朝诗"各有其盛衰,其作者亦互有长短"。宋诗极盛于欧阳修、梅尧臣、苏轼、黄庭坚的时代,但"黄太史必于奇,苏学士必于新,荆国丞相必于工。此宋诗之所以不能及唐也"。金诗学苏黄，故难有超越；而元人则以诗骚而下"古祖汉、近宗唐"高自标置，并因而自诩"能得乎风雅之声，以一扫宋人之积弊"。迨至明代论诗仍流行"举世宗唐尚元"的风气，以至于有愤愤不平者要选编一部宋诗集来替两宋打抱不平。经学、史学、诗学都是汉文明最主要的构成部分，它们在元代哪有丝毫陷于没顶的迹象？

最后看一张元代世界地图，上面竟画出了非洲好望角的海陆轮廓线。原图已失传，现在存留于日本的几种临摹本，其底本都源于从朝鲜半岛东传的一幅朝鲜王朝重绘本，制作于 1402 年，取名《混一疆理历代国都之图》（以下简称《混一疆理图》）。据《混一疆理图》题跋，它主要依据元末苏州人李泽民的《声教广被图》，参以天台僧人清浚《混一疆理图》所载"历代帝王国都沿革"的相关资料画成，而图中的朝鲜部分，已经重绘者"增广"。所以从《混一疆理图》，我们可以推知《声教广被图》所反映的元代江南社会的世界地理知识。

仔细观察这张图可以发现，图幅左上部看似居中有两个大岛的湖泊，其实就是地中海和它以北的黑海。此图有一个摹本将尼罗河发源处的山脉标注为"者不鲁哈麻"。日本学者指出，它是阿拉伯语 *Jabal al-qamar* 的汉字音译，意思是"月亮山"。它显然就是古典西欧的托勒密地理学对尼罗河上源山脉的命名。这个例子有力地证明，该图有关欧亚西部的地理知识源于穆斯林地理学，包括被穆斯林地理学所吸收继承的希腊罗马古典地理学知识在内。

波斯湾在本图上被表现为一组通向大海的河流，可能是辗转描摹者在对已走形图像的意义难以辨认的情形下依样画葫芦的结果。但只需依原有线条稍加重新勾勒，就可以复原出一个很接近实际形状的波斯湾。它与托勒密传统中几近长方形的波斯湾很不一样。这表明穆斯林地理学家用本土知识替代了不够精确的古典世界地理知识。本图对非洲南端的处理也是这样。不仅如此，就是在穆斯林地理学范围里，比鲁尼作于11世纪、卡兹维尼作于13世纪，甚至穆斯涛非作于15世纪的世界地图中的非洲，都不如这张图接近非洲南端的实际情况。

《混一疆理图》上关于中国以外的地理知识是从穆斯林世界来的，而有关中国的地理知识当然源于本土学统，宋代《禹贡图》就是证明。那么这两部分知识拼接起来，是否就足够形成一幅能覆盖整个旧大陆的"世界"地图呢？还不够。所以图中有一块留出大片空白的地方，只写着"陕西汉中道按治土蕃地"和"古土蕃地"等三条注记。前者是指今天四川和青海的藏区，后者指今西藏自治区辖地。对西藏以西，直到印度次大陆东半部，还有中南半岛，元代汉人也缺乏现实中的最新地理信息，只好根据《大唐西域记》《蛮书》之类唐宋历史资料，把一大堆历史地名，比如诸葛亮城、骠国、勃律、广荡城等，凭臆测标注在各处。在一幅当代世界地图上，就这样被嵌入了一块位置错乱的"历史地理区域"。

五、 文天祥与传统中国的民族及国家观念

厓山当初是广州湾里的一个岛，现在已与从前隔岸相望的大陆连成一片。1279年3月19日，元朝海军发动最后的攻击，以厓山岛为基地的南宋流亡朝廷。小朝廷内文臣第一人陆秀夫拿剑逼着妻子

跳海后，登上幼帝的舟船。他对小皇帝说，在杭州被俘的宋帝已受尽屈辱，陛下你不该再受这个罪。他于是把小皇帝绑在自己身上，一起投海。朝中武将第一人张世杰战败后突围出去，遇到台风全军覆灭。宋朝就这样彻底灭亡了。

文天祥当时已经被元军俘获，在元海军的战舰上亲眼见证了故国的灭亡。这个时候他就已经下定了死的决心，"虽刀锯在前，应含笑入地耳"。

其实在这之前，他就曾经求死。宋朝的官员当时都随身带着毒药。最后一次兵败后，他吞下了带在身边的全部"脑子"，就是冰片，又喝了很多水。可是大约因为喝下去的水不干净，导致严重腹泻，意外地把毒都排出去了。元人把他从广州由陆路押解到北京。他写信给江西父老，准备沿途绝食到江西，好在那里与故旧诀别后赴死。但他路过江西而毫不知情，又一次求死不得。在北京他坚定地拒绝轮番劝降，绝不肯在元朝政府里任职，最后英勇就义。文天祥已经做到了当时的道德标准要求他做到的一切，足以置身于中国最伟大的道德英雄之列。连蒙古人都说："赵家三百年天下，只有这一个官人。"

文天祥被处死，是在他到达北京几年之后。当时曾出现流言，"或疑公留燕，所以久不死者"。事实上这种针对他的猜疑早就已经开始了。在他从广州被押解北上时，有人写了"生祭文丞相"的揭贴，像传单一样沿途散发，希望能被文天祥本人读到。人还没死，就当着你的面诵读为你写的祭文，这是什么意思呢？"大意在速文丞相死国"，即巴望他尽早殉国。文天祥在北京等了好几年，他自己说："当仓皇时，仰药不济，身落人手，生死竟不自由。及至朔庭，抗词决命。乃留连幽囚,旷阅年岁。孟子曰:'夭寿不贰,修身以俟之'。如此而已。"这就是说,他一面以必死之心恪守亡国之臣的道义,一面修身等待元朝对他的最后处置。他并不拒绝按可以接受的方式活下去。所以他说:"傥缘宽假,得以黄冠归故乡,他日以方外备顾问,可也。"如蒙元朝从宽释放,让他以一个道士身份归田故乡,那么以后国家若有大事要他提供咨询,完全是可以的。文天祥一再强调"黄冠""方外",是在表白他此生再不能入仕于元,即进入政府做官。但是元朝没有给他活着而不须入新朝为官的机会。

他所持守的,本是两国相争、各为其主的立场。在"北国"业已完全征服"南国"之后,他不必否认"北国"君临天下的合法性。只是原先各为其主的立场,现在就随即转变为遗民立场。所谓遗民是指在被灭亡的那个王朝得过一官半职的人们。他们对已灭之国负有一种道义上的责任,即尽管可以做新王朝的顺民,但不可再在新朝做官。遗民的身份不世袭。文天祥有一个儿子,后来接受了元朝的官职,不幸死在上任的途中。他没有在宋朝入仕,因此他完全可以这样做。

所以文天祥之死,不是因为他视元政权为"用夷变夏",因而拒绝接受一个蒙古族出身的皇帝及其统治,而是因为元朝只给了他要么入仕、要么赴死这样两种选择。就此意义而言,文天祥并不如很多人想象的那样,必与元朝不能共存。这一点从他对待投降元朝后还接受了元朝官职的二弟的态度上,可以看得更清楚。知道二弟降元后,他写信给幼弟说:"我以忠死,仲(指二弟)以孝仕(为尽孝供养老母亲,故须入仕元朝),季(指幼弟)也其隐。……使千载之下，以是称吾三人。"他以为千载之后的人们会为弟兄三个人的不同选择而同样称赞他们。他纸面上写的是"三人"，心里想的却是"三仁"，即商朝末年微子流亡、箕子装疯、比干直谏而死，被孔子称赞为"殷有三仁焉"。此说的证据，就是当他听说二弟到京城面觐元帝时所写的诗。

闻季万至

去年别我旋出岭，今年汝来亦至燕。
弟兄一囚一乘马，同父同母不同天。
可怜骨肉相聚散，人间不满五十年。
三仁生死各有意，悠悠白日横苍烟。

同父同母之人，头顶所戴终为不同之天。这不是在谴责二弟，只是在慨叹个人脆弱的命运面对势易时变的无奈。"三仁生死各有意"，他这里用的是"三仁"，意思与前引"使千载之下，以是称吾三人"全同。他的说法反映了内在于忠与孝、忠与恕之间的紧张。他的选择和道德考量，与所谓"夷夏之辨"毫不相关。

宋亡之后出现的遗民很多。文天祥对元的观念与态度，代表着这个群体的共同选择。现在举他的同科进士谢枋得为例。此人与文天祥一样，以文弱书生带一帮乌合之众抵抗过元军。兵败后躲进武夷山，靠开方卖药和卜卦算命谋生。元平定江南后，朝廷派程钜夫到江南寻访"好秀才"，即可以出任要职、治理国家的优秀人才。程雪楼遍历南方各地，最后开出一张三十人上下的名单，据说其中第一名就是谢枋得。他曾拜访过谢枋得，以朝廷的意图相告，谢枋得写了一封信答复他，信里说："大元制世，民物一新。宋室孤臣，只欠一死。"元朝治下,一片新气象。不过我是宋朝旧臣,苟全性命足矣,万不可出来做官。他躲来躲去好几年,还是被地方官寻着,送到北京。于是他只好在那里绝食而死。那时离宋朝厓山之败,已近十年。

元亡后,也涌现出许多忠于元朝的遗民,见于记录者甚至比宋遗民还多。新建立的王朝,面对这么大一片江山,都会缺少管理的人手。所以明朝也到处寻找在地方上有号召力的人,而且朱元璋真的是要以"不为君用"之罪杀人的。但还是有人冒死不肯从命。下面这首诗,是一个叫王翰的人为此自杀前写的。

绝命诗

昔在潮阳我欲死,宗嗣如丝我无子。

彼时我死作忠臣,覆氏绝宗良可耻。

今年辟书亲到门,丁男屋下三人存。

寸刃在手顾不惜,一死了却君亲恩。

他自述说:当年明军攻占潮阳时就曾想死。但那时膝下无子,无人能延续宗脉,只好活下来。元亡十年,明朝廷的委任书送到家里,这时候他已有三个儿子,两个已经长大。于是他把最小的孩子委托给一个朋友,然后以一死报答元朝君主之恩。明朝推翻蒙古人统治,在钱穆看来是"中华重光"。但当时人认为不过是寻常的改朝换代而已。朱元璋造反时声称"驱除鞑虏",成功后却说:"元虽夷狄,然君主中国且将百年。朕与卿等父母皆赖其生养。元之兴亡,自是气运。与朕何预?"他连元朝被他推翻的事实都不想承认,只说元是亡于群雄,他再从"群雄"或"群盗"手里夺得天下。可见他并不否认元朝统治的合法性。

现代不少人对文天祥的误读,与他们对元代及清代历史地位的合法性总是心存芥蒂一样,都是把近代才产生与流行的民族主义观念错用来看待传统中国历史的结果。尤其需要加以强调的是,从 20 世纪 80 年代以来,把单一民族国家看作现代国家典型形态的民族主义旧观念,早已在全球范围的政治实践中得到纠正。对于用已经过时的民族主义眼光去解读尚不存在民族主义的传统时期中国史的非历史主义态度,我们需要保持警惕。

元史研究是现代中国历史学最早与域外学术在交流中并长争先的领域。时至今日,对元史的理解依然需要有超越平庸的、开放的眼光和气概。今天就讲这些。我将会感到十分鼓舞,如果因为听过这个讲座,你们中有人对从前有关元朝的看法有所动摇或疑惑的话。谢谢各位!

(原载甘阳、侯旭东主编:《新雅中国史八讲》,北京:生活·读书·新知三联书店,2021 年)

元乡试如何确定上贡人选及其次第

——读《三场文选》札记

一、问题的提出

元朝的科举考试每三年举行一次,分为乡试、会试和殿试三级。会试和殿试都于乡试次年在大都举行;乡试科场则分布在全国十七处,于同日开考。各地试卷的命题也由相关地方各自择员办理。针对"汉人"和"南人"的乡试由三个科目组成。第一场明经科,试一日,内容含两部分,即"经疑"二问(四书内出题)及经义一道;至正时改四书疑一道为本经疑。第二场试一日,古赋、诏诰、章表内科一道;至正时改为古赋外诏诰、章表内又科一道。第三场策一道,仍于一日内缴卷。

乡试的应试诸生虽然需要答三科、四至五种类型的试题,可是从留下来的记录看,他们中间的入选者实际上又往往是因为某一门成绩特别突出而获得取录的。这样的例子绝非个别。如贾鲁,"延祐、至治间两以明经领乡贡"①。吴泰连之子吴裕"以明经中甲申(1344)一榜,再中丁亥(1347)一榜"②。王宗显,"和州人,以明经中乡

---

① 《元史》卷187《贾鲁传》。《新元史》本传谓其于"泰定间"得乡贡,恐误。
② 李存:《吴泰连行述》,《俟庵集》卷23。

举,避元乱侨居严州。越国公胡大海克严州,得宗显"①。董立,"以明经中,经元会试,以疾还。遂隐教授,不求闻达三十余年"②。

不止如此,"明经"科中的经义,分易、诗、书、春秋、礼五经命题,考生只按事前确认的一经答题。所以史料中留下不少以某经入选乡贡的记述。如欧阳铭,"至正丙申(1356)以《诗经》中江西第十名"③;刘云章,"以《易经》中江西丙申乡贡进士"④。至若以书或春秋得举者则更多。如赵俶,"元氏乙亥科(1335)书经进士"⑤;吴存,"卒以《尚书》中选,年五十有九矣,试礼部不利"⑥。以《春

---

① 过庭训:《本朝分省人物考》卷42,"王宗显"。又见胡翰:《胡仲子集》卷3,"纪交"。

② 何景明:《雍大记》卷28,"志献"。又见《关中金石记》卷8,"重修宣圣庙记并阴"。

③ 王直:《欧阳铭传》,《抑庵集》卷11。按,以《诗经》中乡贡的其他例证,包括陆居仁(1326年),见顾嗣立编:《元诗选》三集卷16,小传;萧彝翁,见夏霖:《萧彝翁祠记》,康熙《江西通志》卷76;陈振,见民国《杭州府志》卷141,"人物七·义行一"引《湖州府志》;桂德称,见乌思道:《春草斋集》卷7,"桂德称传"。

④ 余学夔:《余昌龄行状》,《北轩集》卷7。他如傅道,见梁潜:《曾春龄墓碑铭》,《泊庵集》卷11;沈梦麟,见崇祯《吴兴备志》卷18。

⑤ 朱ான理:《珊瑚木难》卷1。按,文内"乙亥科"指元统三年(年末改为至元元年)乡试而言。是年八月的乡试尚得按时举行,有苏伯衡《孔旸墓志铭》为证。苏文谓孔旸"取元统乙亥乡荐。温之士以《春秋》贡者,自公始。方上春官而科举废,南归"。六年后恢复科举取士,遂于至正元年(1341年)重新乡试,以决定次年会试的人选资格。重开乡试,有陈旅所撰《至正元年大都乡试策题》为证。参见《苏平仲文集》卷13、《安雅堂集》卷13。又按,关于赵俶仅为乡贡进士,桂栖鹏已从赵氏未于后来诸科会试中第的角度做过考辨。参见桂栖鹏:《元代进士研究》,兰州:兰州大学出版社,2001年,页209—210。

⑥ 危素:《吴存墓表》,《危学士集》卷12。又如张唯,"流寓河南,以《尚书》中乡试第"。见康熙《江西通志》卷76,"人物"。

秋》入选之例，则有吴莱、汪泽民、陈祖仁等人①。

以文学中选的例证远不如以经义上贡那么多，但也不是无例可寻。如陈泰"甲寅（1314）以《天马赋》领荐，下第"②。"钱惟善字思复，钱塘人，长于毛氏诗学。至正辛巳（1341）乡选，出'罗刹江赋'。锁院三千人，皆不知罗刹江为曲江，即钱塘江也。惟善引枚乘《七发》为据，谓'发源太末'，大为有司所称。由是得名号'曲江居士'。"③又如冯翼翁，"举进士试，《科斗赋》有名"④。他以该赋得中乡试的过程还有一点曲折。他的明经科考得并不尽如人意。"考官以义与胡氏小异，将斥之。圭斋欧阳公得所赋科斗文字，以蟾兔问答，大惊赏曰：'太华峰尖忽见秋隼，未足以喻奇俊。'以示麟州龙公。公时主试，亦叹曰：'空中起五凤楼，若天造神设。奇哉！'急擢之。由是名动远近。试礼部，又以不专胡传斥。"⑤还有人说，欧阳玄也以古赋得中乡举。《元史》欧阳玄本传据危素撰《欧阳玄行状》，谓其"以《尚书》与贡"。但危氏接着又写道："庐陵龙公仁夫为考试官。梦神马见于云霄，书公（按，此指欧阳玄）姓名于大旗上。果以《天马赋》中第一。"⑥后一说法不一定准确，说详下。

于是便产生了一个问题：元代乡试在判卷时，是否仅据考生在

---

① 《元史》卷181《吴莱传》、卷185《汪泽民传》、卷186《陈祖仁传》。
② 刘诜：《天马歌赠炎陵陈所安》小引，《桂隐诗集》2。
③ 邵远平：《元史类编》卷36，"文翰传"二。
④ 同上。关于此赋的讨论详下文。
⑤ 王礼：《冯翼翁哀辞》，《麟原文集》前集卷12。
⑥ 《元史》卷182《欧阳玄传》；危素：《欧阳玄行状》，《圭斋集》卷16，"附录"；《至正直记》卷1亦记此传说，大概即源于危素。

他最擅长的那一门考试中的表现决其高下？或者更准确地说，乡试官们面对同一考生在各场考试中所发挥出来的不完全相同的水平，如何加以综合与平衡？针对不同考生在三场考试中所表现出来的高下优劣更为参差不齐、错综复杂的局面，又怎样来选择入围人选并评定他们的名次？

据《元史·选举志》，由礼部主持的会试内三场考试结束后，考生原书答卷均经朱书誊录，送达阅卷官处。"知贡举居中，试官相对向坐，公同考校。分作三等，逐等又分上中下，用墨笔批点。考校既定，收掌试卷官于号簿内标写分数。知贡举官、同试官、监察御史、弥封官公同取上原卷，对号开拆。知贡举于试卷家状上亲书'省试第几名'。拆号既毕，应有试卷并付礼部架阁。贡举诸官出院。"[1]清人姚范在抄录这段文字后慨叹道，史家虽然都批评元代"吏道杂而多端，然元世待士实厚。'九儒十丐'，当属延祐以前语耳"[2]。

元志所述，是校阅会试答卷的有关规程。实际操作情况是否如此，姑且不论。南方三个乡试地点的考生总额，每省少则千人，多则两三千。其中被遴选充贡的南人，仅分别为22人（江西）、18人（湖广）和28人（江浙）而已。我们颇有理由怀疑，为确定如此少数的人选者，是否有必要也像会试规则所说的那样，将全部试卷列为九等？若果真不沿用将全部考卷"分作三等"的方法，乡试考官

---

[1] 《元史》卷81《选举志一》。
[2] 姚范：《援鹑堂笔记》卷48，"杂识"四。

们又如何在全部考生中几乎是名副其实地"百里挑一",评选出那二三十名入围者? 此外,无论如何,乡试仍必须在包含经疑、经义、古赋与诏诰章表以及策论等四五个部分的中选试卷中评定出高下。那么,阅卷官们的具体做法,究竟是先分别给出各卷内不同单项的评阅等第,然后再由同一考生所获得的四五个可能不尽相同的等第中综合出他们各自的"总成绩",抑或阅卷官们是在综合评判与衡量同一名考生的各部分答卷之后,给予他一个整体性的评定及等第? 如果后者更接近真实情况,则问题亦即转化为:所谓综合评判,到底是怎样进行的?

自当年选择元朝科举制度作为硕士学位论文的课题以来,这个疑问存积在我心里已多历年所。近十年前,我有机会到庆应大学做为期一年的访问学者,因得在著名的静嘉堂文库检阅刘贞(字仁初)《新刊类编历举三场文选》一书凡五阅日。此书本是坊间为供士人准备科举考试之用,将当朝历次乡、会试获胜者的应试文章,连同考官批语略作选编后印行的一部程文集。细绎保留在考卷上的诸多阅卷官批语,我发现,上面提出来的那个问题,也许是可以回答的。

二、初考、覆考与分房

乡试阅卷分"初考"与"覆考"之例,最明显地反映在《三场文选》有关江浙乡试的记录文献里。这里所谓"考"字,是考校、评选的意思。兹将延祐四年(1317)江浙乡试考官对兴化路人林冈孙（乡试第四名）所答《尚书》义的批语照录如下①：

　　初考龚教授批：书义甚有发明。诸卷多即"五典"为"五礼"，或以秩为礼，或于"纯、庸"欠分别。此卷独能引出"舜典"五礼蔡氏所注与古注异。考证详明，终篇可观。

　　覆考唐州判批：书义能引出"舜典"五礼，以证本题。胜于他作多矣！宜在前列。

　　考官杨志行批：明经以释疑，据经以述义。特出于千五百卷书义之表。真经（按，"经"字疑为"绝"字之讹）而仅有者。[001]

再录同科嘉兴路崇德州人俞镇（第一名）对策的批文为例：

　　初考许教授应祈批云：以道为纲，以十事为目。答问节节畅达，要是有学有识之士。

　　覆考张县丞士元批云：道说自正，诸卷固有之。此卷明整详赡，胜诸作多矣。宜在前列。

　　考官杨照磨志行批曰：不简不泛，整整可观。[002]

江西乡试阅卷也有"初考""覆考"之制。兹请引延祐七年（1320）科李涧（第一名）《易》义卷考官批语为证：

　　初考甘县尹批：对待、流行、体用之说，已包括尽题意。矧文简而意尽，显微阐幽，非深于易者不能。文场中得此，不觉距离三百。

　　覆考官张教授批：此卷立意正大，深明易理。且文字整齐官

---

　　① 当日笔记未录下卷数、页码，现在无由增补，只好付阙。另外，一面使用机器阅读缩微胶卷文本，一面抄录有关内容，必定会有不少夺漏错舛，现在也无从对引用文字作出必要的校核。这些缺憾，只能待将来有机会时再行弥补。下文引用本书之处颇多，类似情形恕不重复说明。为方便检阅，凡从本书中摘出的比较完整的文字，依次在引文末方括弧内加注编号。

样,堪以为式。宜置高选。

覆考龙提举批:对待、流行说虽同,而明润缜密,莹然无瑕,无如此作。一魁何忝![003]

湖广乡试考校之有初、覆考,从彭士奇与揭傒斯对泰定三年(1326)湖广乡试第十八名江有礼《礼记》义答卷的批语里,可以看得很清楚:

初考彭县丞批:《礼记》仅十二卷,而可取者二卷。与他卷动以一二百计者,罕能及也。此篇一破,已见大意;终篇皆得其旨。二疑亦整,□更发越。屈置榜末,以备各经分。而自榜首三名之外,初不以先后定优劣也。譬之观宝,后出愈奇。

考官揭应奉批:初考所评甚当。[004]

又彭士奇覆考同科第六名易天冀《尚书》义卷批曰:"初考取以为书经之冠,诚得之矣。"足见湖广乡试判语,考官名姓之前虽多未尽明确标写"初考""覆考"字样,但从一卷经由两至三人判阅的情况来看,无疑也实行着相同的规程。至治三年(1323)乡试第九名王廷扬古赋(《登瀛州赋》)判语:

考官夏州判批:以议论为文章,一扫荒唐不经之语,复有引君当道之忠。非碌碌者。

考官刘教授批:尽扫满场尘俗之气,直以史评传赞写为讽咏之词。飘飘不群,异乎诸子之撰。

考官龙提举批①:贬题本非赋体。此篇学识超然,读者正当

---

① 这个"龙提举",显然就是上一科在江西做主考官的龙仁夫。是年他被湖广延聘为考试官,故尔。

□之□□牝杜之□至篇末尤使人竦敬。他时腾踔,幸甚无忘斯言！[005]

是前两人的判文,无疑即初、覆考之批语也。至于对第三人的批语应作如何解,说详下。

就现在可以见到的材料而言,覆考者对初考的评阅意见,一般似乎都不会提出不一样的看法。最简单的覆考评语只有三个字:"同初考。"见于"覆考祝县尹君泽"对至顺二年（1331年）江浙乡试生宋梦鼎的经疑卷批文中。前引揭傒斯仅以"初考所评甚当"充覆考之文；他的另一首覆考批语亦仅云"本经卓然,初考甚当"（见1326年湖广第八名易中石《春秋》义判文）。又如同科湖广乡试第七名刘畊孙《尚书》义卷批语:

彭县丞批:说主蔡传而兼用古注疏。既无差,文亦可取。篇首数行,卓见大义；终篇多发明。甚善。

揭应奉批:经义旨意正大。庐陵伏经之渊薮,吾彭先生既得之矣。仆尚何辞！[006]

也有的覆考批语远多于初考。但仍以推广初考意见、再稍加发挥者为多。如元统三年（1335）江浙乡试生陈中的《尚书》义卷:

考官项县尹仲升批:经明理顺,于文特详。可见学力有余也。

考官柳提举贯批:书义卷最多。皆以忧民阜民为说。而承接讲衍,或详或略,未能深惬人意。独此卷能用众人之所已用点拨转换过,便觉精神焕发。至讲□反复乎恤功成功之论,不独归之三后,而又归重于舜,□引毕公"三后协心"者为证。于穆王训刑之意尤切。非老成文学之士,未易到此。[007]

本书所采引之延祐四年江浙乡试的评阅记录尤为详瞻。据此可知,每名考试官都既参与初考,又参与覆考。把他们先后评阅过的试卷分为初考、覆考两列排出来,就不难发现,考试官们实际上可以分别为A、B两组(见表1)。

表1 对阅卷官分组情况的推测

表列一			表列二		
应试人	初考官	覆考官	应试人	初考官	覆考官
程□	王去疾*	龚璛	俞镇	龚璛	张士元
钱以道	唐州判	许应祈	林冈孙	龚璛	唐州判
施霖	顾文琛	许应祈	周用章	盛象翁	顾文琛
钱以道	唐州判	许应祈	祝蕃	顾文琛*	朱焕文
陆文圭	彭庭玉	盛象翁	邵宪祖	王去疾	彭庭玉
施霖	朱焕文	龚璛	林冈孙	顾文琛*	唐州判
汪延凤	王去疾*	萧甲叟	吴性宜	顾文琛*	唐州判
汪泽民	张士元	王去疾	李㮣	许应祈	唐州判
陆文圭	顾文琛	张士元*	刘泳	王去疾	彭庭玉
张师曾	张士元	王去疾	俞镇	许应祈	彭庭玉
	(A组)	(B组)	章士尧	许应祈	顾文琛
			俞镇	许应祈	张士元
			沈云起	萧甲叟	彭庭玉
				(B组)	(A组)

对以上列表加以简化,可知A、B两个考官小组的成员分别是:

A组:彭庭玉、张士元、唐州判、朱焕文、顾文琛

B组:龚璛、许应祈、萧甲叟、盛象翁、王去疾

表1内有六个标注星号的人次,其组别归属与分组假设不相符。对其中四例不符之处,容稍后予以说明。由这样的分组,可以

进一步发现以下两个有关阅卷流程的细节。

其一,全部试卷很可能被一分为二,先由两组各自负责、分头从事初考,而后再在这两个阅卷组之间对调试卷,分别针对由另一组初评的试卷进行覆考。经每位考试官检阅的覆考试卷,其初考官多则三人,少至一人(见表2)。

表 2 覆考与初考的相互交替

覆考官	对覆考试卷进行初考的官员
彭庭玉[A组]	王去疾、许应祈、萧甲叟[B组]
张十元[A组]	龚璛、许应祈[B组]、顾文琛*
唐州判[A组]	龚璛、许应祈[B组]、顾文琛*
朱焕文[A组]	顾文琛*
顾文琛[A组]	盛象翁、许应祈[B组]
龚 璛[B组]	朱焕文[A组]、王去疾*
许应祈[B组]	唐州判、顾文琛[A组]
王去疾[B组]	张士元[A组]
萧甲叟[B组]	王去疾*
盛象翁[B组]	彭庭玉[A组]

其二,同一小组的考官还可能再一分为二,分别负责判阅初考试卷中的明经部分(含经疑和经问)与其他部分(含词章与对策)。兹在 B 组中举两份试卷为例:

表 3 初考中判阅明经与词章对策两部分的分工

考 生	明经初考官	词章对策初考官
俞 镇	龚 璛	许应祈
林冈孙	龚 璛	顾文琛*

按上文推断,表 3 中的顾文琛本属于 A 组阅卷官。在 A 组试卷

中，他初判过施霖卷中的诗义，其覆考官为B组的许应祈；经他覆考的周用章卷的书义，则由B组的盛象翁担任初考。这两例都与他作为A组考官的身份相符。那他为什么又会变成被分配在B组内的林冈孙试卷的初考官呢？ 事实上，在表1里列出的经顾文琛初考而理应属于B组的试卷，还有祝蕃、吴性宜的那两份。在以上三份试卷中，由他初考的分别为拟诏两篇、古赋一篇，即全都属于词章对策部分。他也判阅过陆文圭的拟诰卷。陆卷的明经部分由A组考官彭庭玉和B组考官盛象翁初、覆考；也就是说，陆卷原是被分配在A组的。顾文琛批阅的词章对策部分兼及A、B两组的事实最可能表明，按A、B分组各自初考的做法，只在判阅试卷的明经部分时实行。对词章对策的考校，很可能是委付专人进行的，故时而会发生跨组兼判的现象。表1内由B组王去疾初考的汪延凤试卷，也是它的拟诏部分，亦应当属于他越组初校的A组卷，所以后来由与王氏同属B组的萧甲叟来覆考。王去疾初考的邵宪祖、刘泳试卷，同样都是它们的古赋、拟诏部分，两篇都由A组考官彭庭玉复审，大约属于B组卷。看来顾文琛与王去疾曾分别在A、B两组专门负责校阅试卷的词章对策部分，并都在判卷时跨越过组别的限制。这样，表1里的六例不符，除王去疾、张士元各一例详情不明外，大多可以获得解释。

考试官们阅卷时，似乎分别被安置于各自的房间中。从彭士奇对泰定三年（1326）湖广第十三名聂炳《诗经》义的判文中，可以最明显地看出这一点。彭氏的判语经常很长。这段文字也是如此。但因为能读到它的人很少，所以还是不吝篇幅，全文照录于下；是

年诗义的题目是"颙颙卬卬,如圭如璋,令闻令望,岂弟君子,四方为纲":

> 考官县丞彭士奇批:余以诗学两诣礼部。所见荆楚同经之士,裒然贡且第者数人。此来本房,得卷近百,书卷四十,诗且半之。意可快睹杰作。其间指此题为"文王以圣德、圣化、圣天子"作起语者凡数卷,以"颙卬"三句属人才者又数卷。其"为纲"也,或云为天下之维持,或云为天下之取法,或云下民之纲常,或云统领乎众庶,或终篇以为康公告诫而略略挽入题字。间有能举朱传"四方以为纲"一语,则又嵴然卤莽。乃从它房徧阅,大率类此。忽甲房得此卷。同经考者殊不满意。余见其组织题意已密,亟以史(使?)拔擢,以备一经之选。习诗者之于《卷阿》,习书者之于《洪范》,宜必在所熟讲。而诗题于"纲"字一义、书题于"时"字一义,求其合于朱传、蔡传者甚少。此卷虽不尽合,盖铁中之铮铮者矣。[008]

这位批阅者自己刚刚以诗学得中前科会试第二十一名,故被指派专阅诗义卷。他怀着"快睹杰作"的心情,从"本房"寻到"它房",最后总算在"甲房"找到一张差强人意、能用"备一经之选"的答卷。尽管"同经考者殊不满意",彭氏仍力主予以拔擢。此段批文很难得地透露出考试官之间由于见解不同而曾经产生过的交流、协商,甚至可以说是争论。这类协商或争论大概多发生在他们达成共同见解、继而动笔书写评语之前。因此一般不易从评语中取获类似性质的信息。

彭士奇还在此科第二名周锃的策问卷覆考评语中提到过"乙

房":"彭县丞批云:性理之题,难以驰骋笔力。独此篇与乙房一篇以太极为纲,而以孟周之言为目者,迥然高出众作。观此二篇,则他卷之掇辑成言、敷衍问目者,皆出下风矣。"[009]此外,他的覆考判语亦见于周锴的经疑卷上。是彭氏的本房,显非周锴试卷所在之"乙房"。既然他说"从它房遍阅",则除"甲房"及他的本房外,其所至最少还另有一房甚或两房。由此想来,湖广本科阅卷用房不当少于四五间。在此科之前及相隔两科之后的1323年和1335年湖广乡试中,负责阅卷的考试官人数分别是五人和六人①。若1326年科的考官人数亦大体如之,那么我们便可以推知,湖广乡试的考试官们,基本上每人有一个工作用房。他省乡试判卷,大概也都如此。

考试官们分别被安置在各自房间内阅卷,还可由以下数条判语获知。县尹王博覆考同科俞贞(第五名)《礼记》义谓:"本房之冠。"虞槃判同科第一名李瑾《易经》义曰:"本房易卷最多","本房诸卷,此为第一"。至顺三年(1332)江西乡试,"余县丞贞"初考王充耘(第二名)《尚书》义云:"本房初、覆□(考?),书卷毋虑四百有余。未有出其右者。"据此,则放置在各房之内的试卷是相对固定、不予移动的。考试官们大概先在各自房间内从事初考,待完成之后把卷子留在原来的房间内,进入"它房",继续对留在

---

① "癸亥(1323年)乡试,建议礼聘名士五人为明有司。是年,湖广得士称最。"见刘岳申:《聂以道墓志铭》,《申斋集》卷8。"元统三年(1335)宾兴之岁,博采誉望,遣使奉币,招致能文之士六人。余忝居一焉。"见刘岳申:《元统乙亥湖广乡试提名记》,《申斋集》卷6。

那里、业已经过初考的试卷进行覆考。也许因为江浙乡试的考生与考试官都远多于江西、湖广，所以还需要将考试官一分为二，形成两个阅卷组，以期更便利于阅卷人力的调配。完成本房初考的考试官须流动到另一组考试官们所在的各房，对那里的试卷进行覆考。甚至在初考的过程中，考官们也还需要在属于同一组内的他房之间流动，为的是按分工专门从事于初考卷中的明经部分或其另一半程文的判阅。

最让人奇怪的是上引最后一例。初考官余贞凭什么能在覆考之前即对"本房初、覆考"的四百余份书义试卷下一总断语？本卷初考后还留有覆考按语；也就是说，余贞写下此条判语，只能是在覆考之前。因此我们甚至也无法假定，余贞的这条评语是在他了解到全部书义卷的初、覆考结果之后，再补书到试卷上去的。现在似乎还无法真正读懂他的这段评语。

本小节需要讨论的最后一个问题是，不少试卷上为什么会出现三位考官的判语？对此现在也给不出十分确定的回答。我倾向于把它看作是在初、覆考都结束后对两次判语的复检。复检者有可能是地位较低的文书官，如前引1317年江浙乡试中的照磨官杨志行（见[001]、[002]），以及参与同一次乡试的另外一名照磨官杨刚中等（见[013]）。他们的批语可能带有对初、覆考的两则评语进行核对、综合的性质。复检者也可能是在乡试中担任主考官角色的人，如前引1320年江西乡试（见[003]）、1323年湖广乡试中的儒学提举龙仁夫（见[005]）。在后一种情形下，第三道批语或许也可以看作是在前两考基础上对该卷的定评。

三、怎样综合评定三场优劣

元人自道:"其取士之法,经疑、经义以观其学之底蕴,古赋、诏诰、章表以观其文章之华藻,复策之以经史、事务,以考其用世之才。亦既严且详矣!"①从观念上讲,考生的优劣应该从他的经学、文采水准及其对国家治理的主张与眼光这样三个方面来加以衡量评定。但事实上这个标准是非常难以明确界定的。就同一考生而言,他在上述三方面的才能就未必是绝对平衡的。如何对他个人在三个方面的表现作出一个综合评价? 若在现代,通行的办法之一,可能是先就各单项分别计分,再通过"加权"折合成一个"总分"。但元代乡试并没有采取类似的计分法。元志在叙述会试考校时隐约提到的"三等""逐等又分上中下"等情节,在有关乡试的现存记录中均一无所见。既然不采用加权总分制,那对于同一个人在三场考试中高下不同的表现,怎样才能作出一种恰当的综合评估呢?

当我们把问题转向在不同考生之间所进行的评比和选择时,情况只会变得更加复杂。这尤其是因为经义卷分为诗义、书义、春秋义、易义、礼记义五种,每个考生都根据本人所占专经对答其中一种。要对这部分连考试题目都不一样的答卷评出等第,究竟应该如何行事?

相对而言最容易挑选的对象,应属于为数不多的满场俱佳者。

---

① 郑玉:《送唐仲实赴乡试序》,《师山集》卷3。

如果我们相信《三场文选》对科举程文的选录确实反映了当日普遍认可的优秀水准，那么同一考生的三场程文几近全部入选，就应当认为是该生表现已属场场俱优的证据。1314年江浙乡试的第三名黄溍即是如此。他的经疑二问被选入。考官对第一问的判语有曰："今日答疑文之式，独此卷备之。"第二问判语："……正欲其对以此尔！它卷授（？）博学于文者有之，不如此卷之精，当逊一头也。"［010］此外，他的诗义、古赋和对策也都被该书选入。他显然可以列名三场俱佳的少数人之列。在后世追忆中，黄溍多被说成是以他的《太极赋》充贡的。他的行状写道："时古赋以太极命题。场中作者往往不脱陈言。独先生词致渊永，绰然有古风。特置前列。"他的十世孙、清人黄之琦更夸张地说，乃祖"生平道德事功，皆本于太极一赋"①。但从《三场文选》看，这种说法其实并不确切。

欧阳玄在同科的湖广乡试中以第一名入选，也被人们误传为是因为他的古赋写得好的缘故。此说亦属有待纠正者。他的经疑二道皆入选《三场文选》；经义、古赋、对策亦然。其书义卷的判语为："此篇精神，全在'翕受敷施'四字。作者纲举而目自张矣。诸作深不可人意，此作亦未甚精透。说'九德'却通畅，又诸卷所无。文字无掇辑态、有深厚风。二疑既佳，后场又绝出。似无出其右者。"［011］所谓"后场"，此指三场中的末场，也就是对策。考官批阅他的对策卷云："策场□观通济之士。诸作腐者掇拾故纸，俗者不堪□

---

① 宋濂：《黄溍行状》，《黄文献公集》卷12；黄之琦：《旧跋》，载《黄文献公集》卷末。

目。□设科本意乎？将尽，得此篇，无遗憾！虽诵冀北□□□□贡之春官，可以对扬。"该科的古赋题为"天马赋"。看来欧阳玄古赋卷的批阅，是在他的前后场考卷都判出来以后。所以考试官龙仁夫写道："此题正欲窥诸君抱负。此作风骨磊魄，笔意苍然。间有语疵，当以九方皋之眼相之。况前、后场俱优。魁卷舍此何适？"[012]欧阳玄获得乡试第一，与其说是因为他那篇"间有语疵"的古赋，还不如说是因为其"前后场"的表现更为优异；说他诸场皆佳，应该也是没有问题的。

如果以其答卷被《三场文选》采纳作为按当日标准可视为优秀的依据，那么几乎每一科乡试的最前几名获贡者，似乎都有可能属于满场皆佳者。如考官对1317年江浙乡试第一名俞镇的经疑评语为：

初考龚教授璘批：二疑文理条畅。

考官杨照磨刚中批：答初疑自是未易；次篇亦不可得。本经尤精切不差、深永有味。信乎非诸作所能及也！① [013]
他的《尚书》义卷批语为：

初考龚教授批：此篇专主程氏"几妙于一心、义形于万事"，一语冠场。以下尤能发明。未有终篇满人意如此者。一魁无疑！

覆考张县丞批：易卷固多。好者往往只是发明知行。至于"与己存义"，少曾说及。此卷文理俱到，诸作所无。两疑尤为明畅。襃

---

① 按，杨刚中这条批语，似乎更像是对初、覆考评语的综合归纳。此处很可能是将覆考官的判语遗漏了。

> 然举首,夫且不宜?[014]

该生的拟诰卷判文为:"初考许教授应祈批:'诰简古,尤见笔力有余。'覆考彭县丞庭玉批:'诰尤健。'"[015]他的策论批文则已见前引(见[002])。考官对1323年江浙乡试第一名林仲节的经疑批语曰:"发明透彻,词精义明。"其经义、古赋(《四灵赋》)、对策卷的判语,一谓"更参后场,庶几可以上之春官者",两谓"可置上列"。可见也是一位全场俱优的考生。1317年湖广第一名何克明的答卷,被收采的有经疑二问、《春秋》义、古赋(《云梦赋》)和策论共五篇。其经义、赋、对策卷的批语分别作:

> 考官批云:湖广《春秋》,马之冀北。以冠五经。

> 考官批云:赋赡而雅。足以称第一之选!

> 考官批云:此策随问而答,文明理顺。可备前列。[016]

"以冠五经"之语在本书里很少出现。该生果然被擢拔为乡试第一。

1326年湖广乡试第二名周镗的程文,被收入《三场文选》的有经疑二问、古赋及对策。虽其经义未见收录,唯依揭傒斯判其对策以"三场之中,色色俱足,可谓作者"之言,仍可知经义一场亦必大可人意。同科江浙乡试第一名为黄清老,《三场文选》仅收其经问、经义而已。然由考试官对他所答《春秋》义批曰"后场更优,充贡无忝",亦仍可知他的后场也考得极佳。由此两例,颇使人有理由推定,此前一科湖广乡试第一名蒲绍简,必定也三场"色色俱足"。尽管因为他的对策一篇未被该书采用,所以我们不知道考试官对蒲绍简的策论究竟如何评价。该生的经疑、经义及古赋判语分别为:

> 考官刘教授批:二疑授[掇?]据的切、剖析详明。而文字简

洁、发越痛快,直无遗憾。殆能融会经传以为文者。可以答经问之秖式。得士如此,有司可以自庆矣!

考官龙提举批:二疑所答,皆的切明白,真不可及。当为满场之冠。[017](以上为经疑批语)

考官刘教授批:一破尽括题字、尽发题意,而略不费力。[破?]题以后,发越甚明,生意粹然无瑕,伟然可观。宜冠一场。

考官龙提举批:此题说变通易、讲神化难。圣人神化如天之晦明、寒暑,不知所以然,而皆理之自然。此作虽未入室,而已升堂。首尾一笔,浩乎沛然。佳士也

考官夏州判批:叙述详悉,调度律熟。其登瀛也,可以领袖群仙矣。

考官龙提举批:……黄钟大吕之音也。[019](以上为古赋批语)

1329年江浙乡试考官程端学对第一名冯勉的经疑、经义、古赋及策论的评价分别为"允为佳作""宜冠诸作""非苟作者",以及"文辞典实、建明有方,必若(?)作也"。《易》义卷覆考官云:"众指以冠者作,岂为虚!"对策卷覆考官云:"宜置之举首无忝也。"看来在阅卷过程中,考官们随时会就他们遇到的拟置前列人选互相交换看法、展开讨论,并对属于少数的这几个人选形成初步的共识。反观前引彭庭玉所谓"自榜首三名之外,初不以先后定优劣也"之语(见[004]),其意若曰,对最靠前几名上贡生,往往能较早就在众考官之间达成一致看法。由此更可知,考官虽然坐在各自房中校艺,但遇到特别出色的试卷,仍在相互间保持着随时商

讨的密切交流。

从以上讨论或能进一步推知,乡试各科中的"榜首三名",大率都应达到或十分接近三场俱优的水准。但这样的成绩总是不可能很多的。在不克求全的情况下,三场中最被重视的,乃是明经一场的经疑和经义答卷。当时人说:"今科目聿兴,悉更旧弊。题不断章,文不绮靡,一是皆以明经为本。"①这已经成为讨论元代科举文化史时的一项常识性话题。尽管如此,《三场文选》在这方面仍然能为我们提供不少具体有趣的细节和某些过去很少知道的新鲜知识。兹再分三项略述之。

首先,明经一场的表现,在决定个人科举考试的成败方面当然具有决定性的意义,但另外两场考得如何并不是无关紧要的。湖广首科第七名李焘《春秋》义批文曰:"本经卷中首得此篇,知是通经之士。恨篇首牵于旧场屋体,殊欠明莹。题下节节可观,讲理行文通透,至篇终笔力不衰。后二场皆可观。宜亚本经。"[020]可见后二场能否考得"可观",亦即是否与明经一场的表现大约相称,在决定入围人选时也是一个重要的考虑因素。

类似的例证,还有1326年湖广第十三名聂炳。彭士奇对其诗义卷的批文已见上节引述(见[008]),其意若曰,虽谈不上出类拔萃,唯尚可勉强备选。但他的古赋写得极好。初考揭傒斯判其古赋卷(《大别山赋》):"炼意琢句,音节锵然。"评价已然不低。覆考官彭士奇则明确表达出即以本赋亦可入选的意见:"锻炼精密。经虽

---

① 陈栎:《跋朱草庭程文》,《定宇集》卷3。

未尽善,即此赋亦可以一得矣!"([021])此例甚至可以证明,在第二、三场中表现特别优异者,即使明经一场未能达到出类拔萃的水平,但只要尚可人意,仍有入选的机会。同科榜末(第十八名)的江存礼,显然也是以古赋特优而入选的。彭士奇、揭傒斯的初、覆考批语分别为:

> 是山(按指大别山)屹立于江汉之间,而江汉合流于是山之下。此实景也,赋者皆能言之。而发越动荡,未有如此篇者。盖腰鼓百面以破蟋蟀之鸣、苍蝇之声也。
>
> 一赋雄拔奇崛,事无不备,意无不周。佳作也。[022]

1317年江浙榜末的第二十八名邵宪祖,看来更主要是因为古赋(《明堂赋》)优异才被选中的。初考王去疾批:"有终篇奇崛之语,无半点窘束之态。寸晷之下,夫且易得。可为诸卷之冠,老笔也!"覆考彭庭玉批:"典雅雄浑,可与灵光景福相颉颃矣。"考官杨照磨志行批:"格调高古,辞语铿锵。子云、文老之流亚欤。骥骐出而马群空矣!"[023]江浙取士总共二十八名。同科第十二名祝蕃的古赋也被评为"赋中之杰出者""佳作也",也同样被《三场文选》采录为供人学习的范文。但两者相较,前一篇古赋既然被许为"诸卷之冠",为什么最后评定的名次反而殿最?个中原因,显然是祝蕃的其他两场考试还略优于邵宪祖故耳。1323年江浙第二十二名林同生古赋(《四灵赋》)卷的批语为:"赋极高。"1317年江西第十七名罗振文的古赋(《禹鼎赋》)批语为:"学邃而词骚,气逸而谊正。驰骋乎屈宋、班扬间。赋中高手也。"[024]1323年江西第十七名(又是第十七名!)曾翰的古赋批语则作:"赋温润缜密,深得赋体。本房之冠。"[025]以上诸人获得乡举,文学才能肯定是重要原因。不过毕竟比不得考官们对明经的看重,所以主要因赋作优秀而入选者们的名次,一般都相当靠后。

1317年江浙第十八名李粲,似可视为因拟诰特优而入选之例。此文批语为:

> 初考许教授应祈批:措辞简古,颇得诰体。
>
> 覆考唐州判泳涯批:命辞胜于他作。
>
> 考官杨照磨志行批:不论初场,只此篇亦在可取。[026]

江西首科中的洪震老恐怕亦以拟诰"颇醇正"而被考官断为"可取"。他的名次在书中讹为第三十三名。唯江西贡额凡二十二人。故"三十三"应为"二十二"之误。

以策论特别优异、他场相称而获选者,则可举1317年江浙乡试第二十五名沈云起为证。这篇对策判语为:

> 初考萧主簿甲叟批云:陈义切宜,措辞雄赡。必关□识事之士也。三叹敬服!
>
> 覆考彭县丞庭玉批云:深识时务,非苟作者。
>
> 考官杨照磨志行批:纲举目张,为说甚善。当是熟于世故者。场中如此策者,政不多得也![027]

他的名次很靠后,应与他最突出的表现不在明经一场有关。

其次,现在我们已经可以比较具体地了解,除榜首几名人选较早在阅卷过程中已由考试官们协议确定外,其他名额在三场考试的各单项成绩特别突出者中,究竟是如何分配的。明经一场中的经义分为五种考卷。在选择成绩优异的入选者时,考试官们对于在五经答卷中如何保持入选平衡问题无疑具有充分的意识。

元代五经之学，习《礼记》者最少。因此考官们对《礼记》义的选拔尤为关切。1323年江浙第九名史馴孙《礼记》义卷评语曰："本经发明透彻，文思春容。盖一明经之士。近年诸路《礼记》绝少。似此佳作，宜表异之。示存'礼'以勉学者。"[028] 1329年江西第十五名涂鹤龄《礼记》义卷批语谓："本房阅卷近千本，惟《礼记》义独少。近阅数卷，往往醇疵相牟，令人慨叹！最后得此卷，非惟义理详明、文字纯粹，于注疏中无一字悖戾，盖礼学中之□然特立者也。置之前列，谁曰不宜？"[029] 江西乡试共取士22人。第十五名不能算在"前列"。此生的他场答卷恐怕不会十分优异。考官显然也是从"示存'礼'以勉学者"出发，才赋予他乡贡资格的。1326年江浙第九名翁传心的礼义卷，同样是在"《礼记》卷少"的情况下，以"佞胜诸卷"而被"姑存之"，"以备一经之阙"，并竟而获得相当靠前的名次。对习《礼记》者不得不放宽要求，看来在各地都是如此。1317年湖广乡试第十名李明孙的《礼记》义卷批语作："……立意不差，短中之长。不犯旧意，文亦有佳处。的可中选。"[030] 正因为如此，《礼记》义中的好卷子，就更容易获得考试官赏识，并因而被选入前列。1326年江西乡试考生吴浩的《礼记》义批语云：

　　初考甘批：经义纯粹。造理之文。三复敬叹。必江西治《礼记》之□作者！

　　覆考黄批："经义盖熟于'礼'者。以之充贡，夫何疑！"[031] 他的经疑、古赋也获得"他卷所不及""深得赋体"之评，因此名列乡试第三。1335年江西第三名祝椿的礼义卷被考官称赞为"丛林之孤罴也",遂以本经之冠而获高第。

另一方面,对研习者下力较多的《春秋》经义,要在竞争中获胜就困难得多。彭士奇批阅1326年湖广第十五名易汉懋《春秋》义卷时感慨道:"通场《春秋》百余卷,佳作不下十卷。特以贡额有限,而经习当分,故不免遗珠之叹。"[032]

在《三场文选》全书里,彭士奇的批语写得最长。但恰因为他喜欢感叹,也得以意外地在他看似有些过于冗长的文字里,将许多宝贵的讯息留存下来。所谓"贡额有限,而经习当分",即无意中透露了判卷时的一条重要规制。有了这一则讯息,我们才能读懂隐藏于不断地出现在考试官们笔下的"宜冠本经""宜冠本场""本经夺标之手"(见初考官俞焯对1335年江浙第三名赵俶《诗经》义的批语),以及出现得远不如"可冠本经"那么频繁的"宜亚本经""本经第二"等语中间的一个秘密①:除拟置榜首的两三人外,在通常情况下,至少会从每一种经义答卷中再挑出前两名甚至前三名,作为拟议入围的人选。

关于本经义一般要备取两份以上入选答卷的问题,我们有一个很生动的例子。1326年湖广乡试第五名俞贞的《礼记》义,被彭士奇判为"本房之冠"。但在全场《礼记》义"仅十二卷",而"与他

---

① "本经第二"语见1329年湖广第六名杨立本《春秋》义考官批云:"王臣在会而与八国同盟,诸侯在而及大夫再盟,则断之曰'渎大分而结人以信'。萧鱼不盟而会,则断之曰'舍小信而感人以诚'。百五十卷中,无此断制分晓者。又曰'悼公之霸失于五会之始,得于三驾之终'。收拾更无遗漏。此固当放出一头地。文字又有发越,本经之卓然者。不用文公践土瞿泉,错综得失尤不苟。但破题'渎大分'三字,头面上不为甚安。故以本经第二处之。"[033]

卷动以一二百计者，罕能及也"的情形下，他还是坚持选择了江有礼的本经卷"以备各经分"（见[004]）。这不是说明经义卷的考校确有每经至少要取两名中选人的成例吗？

兹举1314年江西乡试优胜者在五经义中的分布状况为例，个人姓名后的数字表示在乡试中获得的名次（见表4）。

表4 经疑及五经义的选额分配举例

经疑	易义	书义	诗义	礼记义	春秋义
徐汝士4	李丙奎2 杨景行9 牛炳文13	杨晋孙1 陈租义8	饶忭7 萧立夫12	钟光国6 叶缋14	夏镇3

是明经一场中之最优者，已占据前十名中之八人、江西二十二名贡士总额之十一人之多。由于材料不完整，其中恐怕还没有包括以明经胜出的全部人选在内。若再加上因诏诰、章表、古赋、策论诸单项之特别优异而入选者，湖广、江西两地的乡试贡额各在二十名上下，几乎也就被填满了。江浙乡试考生最多，因此中选名额略多，为二十八人。但若考试官确实分为两组，则定然只能先由各组分别评选出"宜冠""宜亚"等人选，而后再合并进行斟酌、比较与筛选。因此，江浙乡试官拟定的拟选名单，其人数实际上可能远远超出江西与湖广。尽管贡额略多，亦无助于缓减最后一轮沙汰之严酷也。

明经而外，后两场之一考得特别突出，而他场亦略约相称者，大概也都各有不止一名的入围名额。1335年江浙第五名赵森的古赋（《龙马图赋》）批语曰：

> 初考项县尹仲升批：通场佳赋已四五件。晚得此篇，音奏铿锵，词彩艳丽。中有深远感慨之思。亦可喜也。

同考俞录事焯批：思致幽远，音节浏亮，文藻澜发，开合若神。掷地有金声者也。[034]

本科采录的古赋程文，除赵森外，尚有第一名鲍恂、第二名陈中和第二十五名李翼的作品。鲍、陈、赵三氏当因三场俱优或明经特优、他场称之而入选。在"佳赋四五件"中，或许李翼那一篇，恰对他赢得与贡起到了最重要的作用。考官批语称赞此作曰："使人一倡三叹。登之会闱，端无负此学矣！"他因古赋获选，故在名次上落到末后，似也与以上讨论相符。

　　第三，《三场文选》的弥足珍贵之处还在于，被它收入一科之内的各场范文，有不少出于同一考生之手。也就是说，有为数不少的考生在同一科乡试或会试中所对经疑、经义、古赋、策论等不同科目的答卷，在本书中被接二连三地当作范文予以采纳。采纳最多者，如湖广乡试首科考生欧阳玄，有经疑二道、《尚书》义、古赋、对策等答卷凡四种；江浙第二科乡试考生俞镇，有经疑二道、《易经》义、诰、对策四种；1332年江西第一名陈植有经疑二道、《春秋》义、古赋、对策四种。至于同一作者有两份或三份答卷被收录在书里的情况就更普遍了。按本书体例，每篇被收入的程文，在其作者名姓前必先书"第×名"等字。于是我们就很容易发现，对同一名考生在三场考试的各份卷子上评出的名次，是完全一样的①。显然这不是对各卷分别进行独立判阅的结果，而只能是在对同一考

---

① 关于中选者名次的记录，偶然也有错舛之处。如江西首科乡试记有两个第六名。其中第六名钟国光出现两次，分别在《礼记》义和拟诰文选中。第六名吴存则以章表类程文入选，对他的名次记录定有误。至若本科第二十二名讹作第三十三名之例，已见于前述。

生的所有答卷作出综合衡量与评审基础上形成的全面反映他三场考试水平的统一等第。这种"通场考校"大约与宋相类，而与明清乡、会试对同一考生的每场答卷都分别评出单项名次，最后再给出一个总的排位序次的流行做法很不一样。

所谓综合衡量，可以分两层而言。第一层是针对初场内经疑和经义答卷的综合评估。关于这一点，1326年湖广第十六名汤原的书义卷批语尤其说明问题：

> 彭县丞批：满场书义一百余卷，而"时"之一义鲜不误者。此卷既得蔡传之旨，而"形和气和"一语，亦足以包括题意。加以提掇组织，足为佳作。二疑虽弱，是义不可黜也！

> 虞州判批：书卷虽多，佳者绝火（？少）。此篇明蔡传之不差，发己意而甚畅。委有可取。[035]

汤原的经疑二问答得不好，终因经义实"不可黜"而以倒数第三名被选，显然是一个非常特殊的个例。所以彭士奇要在初考批文里特别予以说明。但它依然可以反映出，明经一场内，经义卷的重要性似更大于经疑卷。在我们能够了解的范围内，虽经疑优异，但经义未可人意而依然获选的例证，一个也没有找到。1317年江西第四名彭士奇的经疑卷判语谓："阅卷数日，不差舛则雷同，令人闷闷。忽得此篇，再三读之，心开目明，实为不易得也！"考官再批："答问极佳，可置上列。"[036]前引1323年湖广第一名蒲绍简经疑卷判语为："二疑所答，皆的切明白，真不可及。当为满场之冠。"（见[016]）1332年江浙第一名雷杭经疑卷批语为：

> 初考陈县尹润祖批：文理不悖。

  覆考萧州判安国批：可采。

  考官龙提举仁夫批：二疑可取。[037]

然而以上数人的入选名次都排在很前面，很可能都属于三场俱佳的选手之列。所以还不能以之证明，经疑考得优秀，可以成为入选的主要因素。

  对明经一场的考察，须就经疑卷与经义卷二者折中观之，例子是非常丰富的。1320年江西第一名李涧经疑卷批文曰：

  初考甘县尹批：一问说正大，而析理不差；二问读之，知为学者。

  覆考张教授批：疑、义精到，非强掇辑者！

  覆考龙提举批：二疑析理不差。笔意亦若与本经相称。宜置前选。[038]

初考一开始是从经疑部分看起的，所以还只能仅就二问论高下。覆考判此经疑，已将经疑与经义的答题放在一起加以评估了。又，1317年江浙第六名陆文圭《春秋》义批语谓：

  初考彭县丞庭玉批：二疑可见理学甚熟，识高文健。斟酌事宜，融会胡氏传，如自胸中流出。必老于麟经者！

  覆考盛提领象翁批：浩然之气，苍然之色，读之使人起敬。山林拔出一淹滞矣！

  考官杨志行批：二疑既通，经特佳绝。①[039]

---

① 陆文圭的经义试卷应该是在A组，所以由彭庭玉（A组考官）初阅、盛象翁（B组考官）覆阅。但他的拟语试卷却先后由同属于A组的考官顾文琛和张士元负责进行初、覆考。在这里，以前面讨论过的顾文琛曾兼判A组和B组试卷中词章对策部分的理由，仍无法说明对试卷之这一部分的覆考，为什么依旧由A组考官张士元来进行。但无论如何，我以为这个未解之谜亦仍不足以颠覆本文的有关推论。

类似例证已见前引者，如 1317 年江浙乡试第一名俞镇经疑评语："答初疑自是未易，次篇亦不可得；本经尤精切不差、深永有味。"（见[013]）而该生经义批语又兼及"两疑尤为明畅"之语（见[014]）。他例尚多，不赘举。

综合衡量的第二层含义，是指对三场表现进行综合考察而言。从前文列举的"况前、后场俱优"（见[012]）、"后二场皆可观"（见[020]）、"更参后场"、"后二场俱可采"①等语，已可知其大略。这里需要强调的是，讨论到现在，我们对前面已引述过的彭士奇所说"自榜首三名之外，初不以先后定优劣也"（见[004]），大概又能多一层理解。很可能除最优异的两三人作为通场"前列"在考官们之间稍早获得比较一致的看法外，看来挑选其他入选者的基本方式应当是：先按五经、古赋、章表、诏诰、策论等八九个类目，分别挑选出在各类目试卷中表现最为突出，而他场的发挥亦大致相当的考生；在确定全部入围者之后，再在他们中间斟酌排定其名次高下。可见入选考生名次的排定发生在全部阅卷程序之末，在对他们的各部分答卷分别写出批语时，考官可能会参看同一考生在前后场的表现，但并不给出每个类目的独立评定等第。

我们所了解的极少数例证似乎可以表明，在特殊情况下，综合衡量的结果，甚至还可能改变阅卷官对试卷的某些部分业已形成的

---

① 末一语见湖广首科第三名孙以忠《春秋》义批语："'三城'之旨，胡传甚明。诸卷佟有佳作，往往牵于旧场屋体，玉石半之。此篇见理端的，遣文明莹。只篇首二语，知为明经之士，非他作所及。后二场俱可采。拟冠本经。"[040] 按，此处所谓"牵于场屋"云云，似针对他所遇见的本经义卷内第一份略中其意的答卷而言，见[020]。

评估及判语。如前文已说及欧阳玄对1320年江西第十五名冯翼翁《科斗赋》的评价极高。《三场文选》记录该条批语曰：

> 考官批云：……太华峰尖忽见秋隼，未足以喻奇俊也！赋场此为最优。

> 又批云：场中此作，绝无而仅有者也。[041]

冯翼翁的《春秋》义批语则曰：

> 初考张教授批：本用胡传之说，微以己意参之。议论亦正，文意可称。老于是经者也！

> 再批云：场中《春秋》义，可取者不少。此卷本胡传义，用谷梁之说。议论正当，文义廓然。

> 考官龙提举批：……愦□中得此，令心眼明。的可与贡。[042]

我们已经知道，冯翼翁的《春秋》义因为未能遵守官方规定，依据程颐私淑胡安国所作传（即所谓"胡传"）来展开阐释，所以他大概原已被经义阅卷官黜落。经欧阳玄向龙仁夫力争，才在一榜颇靠后的名次中替他争得一席，唯该生会试仍"以不专胡氏"失利①。但这一点在他的乡试经义卷批语里却几乎未见反映。冯翼翁经义卷的批语，是否可能是在考官们经协商同意将他纳入选中之后再补写或改写的？

四、与前、后代乡试的比较

三场

元代科举，乡试和会试都考三场，故"三场"一语几成科举考

---

① 据《三场文选》，冯翼翁以第十三名中下科江西乡试，并得中会试第十五名。

试的代名词。五代时人王定保说,唐进士科最初所试仅答策而已,高宗后期"加试帖经与杂文。文之高者,放入策。寻以则天革命,事复因循。至神龙元年(705年,中宗朝),方行三场试"①。进士科三场试当始于兹。宋初考试制度,并非前接唐制,实"承五代之制也"②。据《文献通考》,北宋进士科"试诗、赋、杂文各一道,策五道,帖《论语》十帖,对《春秋》或《礼记》墨义各十条"③。史文未明言该科考试究竟由几场组成。按,诸科中的"开元三礼、三史各试三百条",据下文所述,系"每场墨义十道",即总共须考三十场。后来改为"只试墨义十五场,余十五场,抽卷令面读"。明法科旧试六场,后改为试七场。其"第一、第二场试律,第三场试令,第四、第五场试小经,第六场试令,第七场试律。仍于试律日杂问'疏义'六、经注四"④。文中以"第×场试律"与"试律日"互称,可证以一日之试为一场也。那么进士科要考几天呢? 富弼在庆历年间所上建言,称赞省试有"三长",其一为"引试三日,诗赋所以见才艺,策论所以观才识"。而其所谓殿试"三短"之中,又包括"一日试诗、赋、论三篇,不能尽人之才"⑤。可见省试时的诗、赋、杂文(亦即论)不是一日考毕,而是诗、赋考一日,论考一日。所剩一日当然就是考策,总共试三场。如果还算上《通考》所列括

---

① 《唐摭言》卷1。此处"杂文",所指当即诗赋论三体。
② 邓嗣禹:《中国考试制度史》,长春:吉林出版集团有限责任公司,2011年,页103。
③ 《文献通考》卷30,"选举考三"。
④ 《宋史》卷115《选举志》一。
⑤ 李焘:《续资治通鉴长编》卷135,庆历二年三月。

帖与墨义一场，则北宋进士科当考四场。

括帖墨义之为宋初进士试内容之一，应当是没有问题的。《宋史·选举志》载，太平兴国八年（983）"进士免帖经"①，明年又规定"进士复帖经"。范仲淹柄政时，亦曾"罢帖经墨义"。这些都是不容置疑的明证。奇怪的是，富弼提及宋初进士试，却完全没有说到帖括、墨义一场。这样的说法，似乎还不是个别的。刘挚《论取士并乞复贤良科疏》谓："臣伏见国朝以来，取士设科循用唐制。进士所试，诗、赋、论、策。行之百余岁，号为得人。"②马端临本人似也认为宋初进士仅试三场。他写道："又按，祖宗以来，试进士皆以诗、赋、论各一首。除制科外未尝试策。天圣间，晏元献公请依唐明经试策而不从。宝元中，李淑请并诗、赋、策、论四场通考。诏有司施行。不知试策实始于何年，当考"③。他所谓"诗、赋、论各一首"，举出的只是两场考试的内容。所谓"李淑请并……四场通考"，依其前引李氏奏议节文，是即"先策、次论、次赋及诗、次帖经墨义"。除去马氏以为"不知实始于何年"之对策，则当日进士试仍为三场；不过不是富弼、刘挚等人所枚举的诗赋、论、策，而是

---

① 据该年十二月二十三日诏，免帖经，但仍旧试墨义二十条。见《宋会要辑稿》册108"选举三"引《贡举杂录》："太平兴国八年十二月二十三日诏曰：朝廷比较，设贡举以待贤材。如闻缁褐之流，多弃释老之业，反袭襃博，来窃科名。目今贡举人内有曾为僧道者，并须禁断。其进士、举人，只务雕刻之工，罕通细素之学。不晓经义，何以官人？自今宜令礼部贡院特免帖经，只试墨义二十道。较其能否，以定黜陟。其诸科举人于业外别试法书墨义十道。著为定制。"

② 刘挚：《忠肃集》，卷4，"奏议"。《续资治通鉴长编》已引此疏，文略简。

③ 按，根据《宋史·选举志》，天圣间晏殊建言终场加策试者，是就诸科而言，不能作为此前进士科不试策的证据。

诗赋、论、帖经墨义。魏泰记录的有关王曾的一则轶闻云："王沂公曾青州发解及南省程试皆为首冠。中山刘子仪为翰林学士，戏语之曰：'状元试三场，一生吃著（按，著即著衣之意）不尽。'沂公正色答曰：'曾生平之志，不在温饱。'"①南宋人李心传揭出，王曾于咸平五年（1002）第进士，后十八年刘子仪始为学士，此时王曾"执政久矣"，若曰刘氏位于学士之日，不可能旧事重提，对近二十年前王曾中第之事再发那样的议论②。此事真伪固当辨。但只要这段文字果真出于元祐前后的魏泰笔下，则当时人曾以"三场"作为进士试的代称，仍属可信。综上所述，真实情况大概是，北宋进士科先曾考诗赋、论、帖经墨义三场，后来增加了策三道一场。四场之制虽为常制，但人们偶尔仍沿用"三场"旧称来指代进士试。不过"三场"之称的真正流行，恐怕还不是在北宋，而要在它之后。

我们能明确地知悉北宋用三场考试进士的，最早是在范仲淹参知政事时的那场短命的"新政"时。当日制度改为"先策、次论、次诗赋"；唯"通经术，愿对大义者"，仍许答十道大义，用以取代诗赋③。此制实行仅一年，以范氏去执政，即恢复试四场之旧制。王安石变法，考试法大变，但仍维持四场，即"初大经；次兼经（按，指《论语》《孟子》）大义，凡十道（按，后改语、孟各三道）；次论一首；次策三道"。元祐四年（1089）制度又变，但仍试

---

① 魏泰：《东轩笔录》卷14。
② 李心传：《旧闻证误》卷1。
③ 《宋史》卷115《选举志一》。本段以下文字凡引用《宋史·选举志》，不再出注。

四场。进士试分诗赋、经义两科进行。诗赋科初试本经义二道,在《易》《诗》《尚书》《周礼》《礼记》《春秋》《左传》内听选一经,《论语》《孟子》义各一道;次诗赋及律诗各一道;次论一首;末试子史、时务策二道。经义进士初试本经义三道、《论语》义一道;次试本经义三道、《孟子》义一道;第三、第四场同诗赋科。并以四场通定高下,解额中分之。因为两科都要考本经,所以又分别称为"专经"及"兼诗赋"。后来因为兼诗赋科考生远多于专经,遂改中分解额为"通定去留,经义毋过通额三分之一"。绍圣初(1094)罢进士诗赋科,使专习经义①。自此进十四场之试,迄于北宋末未改。

  从以上的叙述可知,北宋一朝,进士试以四场为常制。直到宋室南渡,四场试方始改为三场。建炎二年(1128)定以诗赋、经义两科取士。第一场诗、赋各一首,或本经义三道、语孟义各一道;第二场论一道;第三场策三道。绍兴十三年(1143)用高闶言兼科取士。第一场试本经义三道、语孟义各一道;第二场试诗赋;第三场子史论、时务策各一道。此后,绍兴二十七年(1157)又实行过一次兼科取士。"举人既兼经义、诗赋、策、论,因号四科。"但先后两次兼科取进士的规定,"惟绍兴十四年、二十九年两行之而止",亦即都以"行之一举,随即分科"而告寝②。分诗赋、经义两科三场取进士,遂可

---

① 新出版的《中国考试制度史》关于此事写道:"乃于绍圣元年(1094)五月,罢进士试诗赋,专习经义;廷对仍试策。"见页110。按,原文被标点为"罢进士、试诗赋";中间多加一个顿号,遂致语意不通。这个标点,想必为新版编者所误植。邓先生泉下有知,能不太息!

② 《宋史》卷156《选举志二》。《宋会要辑稿》册108,"选举"四,页27、页18;"选举"一,页22—23。

谓南宋一代常制。故时人说及南宋科举事，多有"两项士人""两项科举""别项考校"等语。元代科举中的乡试和会试都考三场，其所继承的，就是南宋的制度。

经义与经疑

"经义"一语之成为科举制度中的专用名词，一般认为始于宋神宗朝。时人谓，"宋朝神宗始以经义取士"①。丘濬在《大学义衍补》里述及王安石废诗赋、帖经墨义，颁"大义"式以为答经义卷的标准一事时评论说："此后世经义之始。……王安石为人固无足取。及其自作三经（按，此指王氏"三经新义"），专用己说，欲以此一天下士子，使之遵己，固无是理。然其所制经义之式，至今用之以取士，有百世不可改者。是固不可以人废言也！"②清人说："自熙宁四年（1071），始以经义取士"③。大概也在此前后，经学中的"大义"一语就被赋予了一层新的含义，即指与过去的"墨义"乃至"口义"完全不相同的考试经义的程式。

所谓"墨义""口义"，本来是唐代明经考试中的一道程式。唐初"明经取通两经。先帖文，乃按章疏试墨策十道"。开元二十四年（736）后，"明经停墨策，试口试，并时务策三道"④。元和二年（807），"罢口义，依前试墨义"。七年十二月，"停墨义，依旧格问口义"。元和十四年，又"以墨义代口义"⑤。太和七年（833），口

---

① 高承：《事物纪原》卷3。
② 丘濬：《大学衍义补》卷9。
③ 梁章钜：《制义丛话》卷1。
④ 封演：《封氏闻见记》卷3。
⑤ 《册府元龟》卷641，"贡举部"。

义之试并推行到进士科:"进士举人先试帖经,并略问大义。取经义精通者,次试议论各一首。文理高者,便与及第。……所问大义,便于习大经内,准格明经例,问十条。仍对众口义。"①此后直到后周初,我们才看到再度将口义改为墨义的记载。北宋进士试墨义之制,似即渊源于此。

"墨义"与"口义"为互相对待之语,即笔试与口试之意也。从考试内容而言,它们与帖经一样,考的是对经文或其权威注疏文本的记诵②。用朱熹的话说,即在考试时抽若干经文段落,"每段举一句,令写上下义。以通、不通为去取。应者多是齐鲁、河朔间人。只务熟读,和注文也记。故当时有董五经、黄二传之称。但未必晓文义。正如和尚转经相似"。他还把"教小学生诵书,旬日一试"譬喻为"如答墨义"③。马端临曾举吕夷简应乡举时的墨义答卷为例④:

有云:"'作者七人矣',请以七人之名对。"对云:"七人某某也。谨对。"有云:"'见有礼于其君者,如孝子之养父母也'。请以下文对。"则对云:"下文曰:'见无礼于其君者,如鹰鹯之逐鸟雀也。'谨对。"有云:"请以注疏对者"。则对云:"注疏曰:'云云。'谨对。"有不能记忆者,则只云:"对:未审。"……其上则具考官批

---

① 王溥:《唐会要》卷76。
② 清人概括唐明经科的帖括之试曰:"乃是以所习经书掩其两端,中间惟开一行。截纸为帖,凡帖三字。随时增损,可否不一。令应试者或举全文,或举注疏。或得四,或得五,或得六为通。至有帖孤章绝言、疑似参互者以惑之。"见汪师韩:《韩门缀学》卷2。
③ 《朱子语类》卷62;朱熹:《答常郑卿》,《晦庵集》卷62。
④ 《文献通考》卷30,"选举考三"。

凿。如所对善,则批一"通"字;所对误及未审者,则批一"不"字。大概如儿童挑诵之状。故自唐以来贱其科。

王栐也记录了一则"吕申公试卷"①:

> 问:子谓:"子产有君子之道四焉。"所谓四者何也?答曰:
> 对:"其行己也恭,其事上也敬,其养民也惠,其使民也义。谨对。"

这样的"对义",实际上只是"钞节注疏,记诵字数。至有一字旁写形声类者三两字。如有一中,亦是通义"。宋人对此批评说:"字犹不识,经旨何从而知?"②在亲身经历过帖经墨义的人看来,帖括问对之际,"但互相传写一本尔。科场之内,有同儿戏"③。司马光因此抨击帖经墨义之弊曰:"专取记诵,不恤理义。其弊至于离经析注,务隐争难,多方以误之。是致举人自幼至老,以夜继昼,腐唇烂舌,虚废勤劳,以求应格。诘之以圣人之道,懵若面墙。或不知句读,或音字乖讹。乃有司之失,非举人之罪也。"④

帖括墨义之实相既明,便不难了解王安石以经义取而代之,乃是一项何等重大的改革:"盖宋人之有帖书墨义也,离其前后之文以验其记诵。其事至陋,才士耻为之。至一变而为经义,则剖析义理,不徒记诵矣。故当时名之曰'大义'。"⑤按,"大义"一词,唐

---

① 王栐:《燕翼诒谋录》卷2。
② 蔡襄:《论改科场条制》,《端明集》卷15。
③ 徐积:《代慎秀才上陆学士书》,《节孝集》卷30。
④ 司马光:《请起科场札子》,《传家集》卷54。
⑤ 黄淳耀:《科举论》上,《陶菴全集》卷3。按,皮锡瑞《经学历史》将王安石时依三经新义考试经义视同"墨义",而谓元代的经义程式"又本于吕惠卿、王雱之墨义"。这似乎是他为批判"经义为经之蠹""实为荒经蔑古之最"而极言之,并非是在具体地讨论从唐宋墨义至宋元经义之演变也。

代已见使用（见前此第三段内引）。当时进士试除增问大义外，还要先试帖经。看来问大义之试，至少是部分地参照明经科的有关条例来实行的。此种"大义"与墨义究竟是否有区别，现在难以悉晓。无论如何，"大义"一词被普遍当作与墨义相对待之词，如所谓"不用帖墨而考大义"①，并可以之与"经义"这种新的考试程式互相解释，是在王安石之后。因此后世才会有熙宁新法"变声律为议论，变墨义为大义，是曰'经义'"之类的说法②。南宋的经义进士，须试各自所占本经义，以及《论语》《孟子》（是所谓"兼经"）义。元科举中的经义之试，即承袭宋制而来。

与经义一目系沿用宋制相比，元代第一场并试"经疑"，则完全出于当日创制。"五经疑问"一类的用语当然早已存在。南宋甚至已有人将"经疑"纳入应答策问的"十二纲"，并概言之曰："经疑之问不过两说。有援引六经自相抵牾为问，有即诸儒注疏异同为问。"③但科举将"经疑"作为考试的一个类目，就四书中的疑难之

---

① 《玉海》卷116，"科举"三，"熙宁议贡举学校制·绍兴两科取士"条引苏轼上言。
② 《韩门缀学》卷2。"变声律为议论"指王安石取消以诗赋取士而言。
③ 《答策秘诀》。《四库全书总目提要》卷197，"集部五十"，"诗文评类存目"载该书提要云："旧本首题建安刘锦文叔简辑。末有跋语，题'至正己丑建安日新堂志'。跋中又称：'不知作于何人。相传以为贡士曾坚子白之作云。'则又非锦文所辑矣。凡为纲十二。曰治道、曰圣学、曰制度、曰性学、曰取材、曰人才、曰文学、曰形势、曰灾异、曰谏议、曰经疑、曰历象。其系以六十六子目。皆预拟对策活法。……盖犹南宋人书也。"按，魏希德的《科举试目之争：南宋朝关于科举标准的争议》（Hilde De Weerdt, *Competition over Content：Negotiating Standards for the Civil Service Examinations in Imperial China*，1127—1279，Cambridge, Mass.：Harvard University Asia Center, Distributed by Harvard University Press, 2007）一书页347 已揭出"经疑之问不过两说"一语。关于该书的讨论，见本文末节。

处设为问题,令考生解答,则元之前无闻其事。元人说,"四书有疑,朱门师友辩之详矣"①。但疑难的产生,实非经文自身乖驳未惬。宋元人多以为,"大凡读书不能无疑","思之深则必有疑"②。唯读者此时的思考虽已具一定深度,而仍不能精,所以不免惑于经文言表的相异之处。因此所谓经疑者,即"取经中异同而辨之也"③。至于辨异同之要法,其一在于折中,即能针对经文异同之处"互参比较""辨别疑似","通贯经文、条举众说","或阐理义,或用考证",以求"旁通而尽得之"。其二,既以"旁通"祛除疑义,乃可"以己意贯之"④,去探求"圣贤立言之微意"。其三尤其重要,即所得微意皆应"本乎朱说"。

因经疑的特征,亦可知其与经义之区别有二。首先,"经疑之法,或摘诸经之疑者汇之,或摘本经之疑者汇之,或二条,或三条,或四五条以至十余条不等。……经疑有拟题,经义则无所谓拟也"⑤。考试总要有题目。"有拟题"或"无所谓拟也"之间的区别,并不在于有没有题目,而是题目里有没有命题者所自拟的设问之语。经疑题多带拟题者的设问之语。顾炎武说,明洪武三年初行科举,"以《大学》'古之明明德于天下者'二节,与《孟子》'道在迩

---

① 萧镃:《新编四书待问序》,陆心源:《丽宋楼藏书志》卷10引。
② 赵孟頫:《叶氏经疑序》,《松雪斋集》卷6。
③ 卢文弨:《经籍考》,"皇元大科五经疑题二册"提要。
④ 陆心源:《丽宋楼藏书志》卷10,萧镃《新编四书待问》条引张金吾语;《日知录》卷16,"拟题"引朱子语;萧镃:《新编四书待问序》;《丽宋楼藏书志》卷10,萧镃《新编四书待问》条录李存序。
⑤ 茹敦和:《周易小义自序》,《竹香斋古文》卷上。

而求诸远'一节合为一题,问二书所言平天下大指同异"。论者以为,是"盖沿元代经疑旧制"①。欧阳玄自拟并自答过一道极简明的经疑题曰:"问:夫子以'小器'称管仲,而又以'如其仁也'许之。何也?"②再举刘敏中拟的一首《论语》疑为例:"子曰:'君子和而不同,小人同而不和。'夫既和宜同,而乃不同;既同宜和,而乃不和。何耶?"③日本内阁文库收藏的周弸辑《皇元大科三场文选》所录至正年间经疑题也都如此。兹选文字较短的一则书疑题为证:"《洪范》八政,食、货、祀、宾、师指事而言;而言三卿,举官而言。何欤?"然而经义的题目都径抄经文,并不另缀以问语。这里也引内阁文库藏《皇元大科三场文选》收录的湖广乡试中一则较短的经义拟题,以便浏览:"天地以顺动,故日月不过而四时不忒。圣人以顺动,则刑罚清而民服。"这节文字全抄自易象,此外没有附加任何设问之语。据梁章钜言,"乾隆四十四年(1779)顺天乡试,首题为'子曰毋'"④。完整的句子其实是:"子曰:'毋以与尔邻里乡党乎?'"是为《论语·雍也》卷3"子华使于齐,冉子为其母请粟"一节的末句。如果梁氏所引确是当日经义题目的原貌,而不是出于他本人笔下的省文,那么它就应该是历代科试中最短的一道经义试题了⑤。

---

① 《日知录》卷16,"经义论策";陆心源:《皕宋楼藏书志》卷10,萧镃《新编四书待问》条。
② 欧阳玄:《经疑》,《圭斋集》卷12。
③ 刘敏中:《论语六问》,《中庵集》卷16。
④ 《制义丛话》卷2。
⑤ 按,元人陈栎《定宇集》卷13"历试卷·经疑"目下,有"人心惟危,道心惟微,惟精惟一,允执其中""大学之道全章""天命之谓三句"等文,实应另立"经义"目收录方妥。

其次，经疑尤须附以己意，而经义则易流于"循题衍说"而已①。经疑与经义之间的差异，或可以前者与"经概"的差异为譬喻。清桐城老儒钱特编《易概》等诸经概凡三百卷，"盖编辑诸儒先之说，择善而从，以示折中，而不参论辩者也。其间出己见、稍有异同，则别出之，曰'经疑'，凡七卷"②。亦因为这一区别，经疑、经义的流弊也各自不同。元人曾设问："经疑何以免穿凿之弊，经义何以免套括之弊端？"③这句话传达出一种非常精准的感觉：因强牵经文以附益己意，故穿凿生矣；因漫引义疏以敷衍定说，故套括中焉。

如上面已引述过的那样，在四库馆臣看来，经疑的程试之式似优于经义。这是因为，应试者较易在辨别疑似之间，做到"颇有发明，非经义之循题衍说，可以影响揣摩者比。故有元一代，士犹笃志于研经"④。《四库全书总目提要》卷36"经部三十六·四书类二"卷末跋文几乎重复着同样的意思说：朱熹积平生之力作四书章句集注，"凡以明圣学也。至元延祐中，用以取士。而阐明理道之书，遂渐为弋取功名之路。然其时经义、经疑并用，故学者犹有研究古义之功。……至明永乐中，'大全'出而捷径开，八比盛而俗学炽。科举之文，名为发挥经义，实则发挥注意，不问经义如何也。

---

① 《四库全书总目提要》卷36，《四书经疑贯通》提要。
② 姚莹：《钱白渠〈七经概〉叙》，《东溟集》卷2。
③ 陆文圭：《课试》，《墙东类稿》卷3。
④ 《四库全书总目提要》卷36，《四书经疑贯通》提要。

且所谓注意者,又不甚究其理,而惟揣测其虚字语气,以备临文之摹拟,并不问注意如何也。盖自高头讲章一行,非惟孔曾思孟之本旨亡,并朱子之四书亦亡矣!"按,明开国初仍用经疑试士之制。所以杨士奇说,"元场屋有四书疑问,国初三科犹然。洪武甲子(1384),始改为四书义"①。经疑要从经典文本的"异"处出题发问。后世既然以官方颁定的注文来理解经典,当然也就不再需要像经疑那样直接从经文去追寻其原义的讨论方式了。

分经考校

分经阅卷之制,始于南宋理宗绍定二年(1229)的省试。"臣僚言:'考官之弊,词赋命题不明,致士子上请烦乱;经义不分房别考,致士子多悖经旨。'遂饬考官明示词赋题意,各房分经考校。"②这似乎是说,因为检阅经义的考官杂判五经卷,而不是按专经分工,以便各考官据其素习专意于其中一两种经义答卷,以致校阅欠精,误将某些悖于经旨的答卷遴选入围③。是宋末五经试卷已分别类聚,在考官们之间按专经分工判阅。在此之前,省试中的经义、诗赋似乎已由专擅于经义或诗赋的考官分头校阅。"开禧三年(1207),侍御史刘矩言:'国家以经义、诗赋取人。习诗赋者或疏

---

① 杨士奇:《东里续集》卷17,"跋·四书待问"。
② 《宋史》卷156《选举志二》。
③ 在此前十余年的嘉定六年(1213),我们读到一个叫石宗万的言官说道:"盖终场诸经多寡不齐,而考官治经亦不同。是知去取全系分房。使俗吏为监试,必不能以经、赋斟量多寡。今考官各占所长分考,不过令胥辈照旧例耳!此利害最甚者。"从这段话看,当时尚无据考官所擅分经阅卷之制,所以难免出现因考官不熟悉经义卷所涉本经而判读失误之事。见《宋会要辑稿》册109,"选举六"。

于经义，颛治经者多不闲声律。士大夫（按，此指考校试卷的官员）往往不肯自谓非素习，彊加去取。被黜之士，不无遗恨。今后省解等试分房考校之际，令监试择试官之元习诗赋者颛考诗赋，治经义者颛考经义。或诗赋卷多、经义卷少，以论策卷补之。论策通考，固不拘也……'从之。"①分经考评，也许可以看做是将诗赋、经义分工判阅之制进一步精细化的结果。

宋代是否已将分经考卷之制推行到了在府州层级的科试考校之中？至今还没有直接的材料可供引证。但后代学者多以为，"盖各房分经，始于宋理宗绍定二年。明沿其制"②。明代科举，无论乡、会试的校阅，都已采取分经判卷之制。会试分经考校，似始于洪武乙卯年（1375）③。有明一代，校阅会试考卷之事，可直以"礼闱分经"或"分经礼闱"指称之④。提举会试的两总考，亦"分经阅卷，是科场一大关键"⑤。顾炎武说，明后期会试分房，在十七房至二十房之间变化，"今人概称为十八房云"。兹据明分经房之数的演变制

---

① 《宋会要辑稿》册109，"选举六"。
② 夏荃：《退庵笔记》卷2。
③ 宋濂说，"自壬子（1372）至甲寅（1374）三岁连贡，岁擢三百人。逮于乙卯，始复旧制。……遂议分经而考，互相参定，使无所憾"。见《会试纪录题辞》，《宋学士集》卷6，《銮坡集》卷6。
④ 语见冯琦（代人作）：《会试录序》，《宗伯集》卷8；何三畏：《林景旸传》，《云间志略》卷19。
⑤ 王锡爵：《焦漪园修撰》，《王文肃公全集》卷28。如万历十六年（1588）一科，两主考分别为黄洪宪和盛讷，其中前者负责复阅《尚书》《诗经》诸卷，后者则负责《易经》《春秋》与《礼记》的考卷。见黄洪宪：《辨科场第二疏》，《碧山集》卷8。

成下表，用备检览①。

表5 明会试考校时分房之数的演变

年份	诗	易	书	春秋	礼记	小计
永乐乙未（1415）*	2	2	2	1	1	8
成化辛丑（1481）*	4	4	4	1	1	14
嘉靖癸未（1523）*	5	5	3	1	1	15
嘉靖丁未（1547）*	5	5	3	1	1	15
嘉靖末	5	4	4	2	2	17
万历庚辰（1580）	5	5	3	2	2	17
万历丙戌（1586）	5	5	4	2	2	18
万历戊戌（1598）*	6	6	4	1	1	18
万历丙辰（1616）	6	6	4	2	2	20
天启壬戌（1622）*	6	6	4	2	2	20
天启乙丑（1625）	5	5	3	1	1	15
崇祯戊辰（1628）	6	6	4	2	2	20
崇祯辛未（1631）	5	5	4	2	2	18
崇祯癸未（1643）	6	6	4	2	2	20

---

① 参见《日知录》卷16，"十八房"条；艾尔曼：《晚期中华帝国科举考试的文化史》（Benjamin A. Elman, *A Cultural History of Civil Examination in Late Imperial China*, Berkeley: University of California Press, 2000），页685，"明会试考校分经之房数量表"，同页并载清分房表，可参。表中内容凡引自艾尔曼书者，以星号标出。又按，据张朝瑞辑《皇明贡举考》卷1，"会试考试官·同考试官附"条，洪武四年（1371）会试考官凡四员（另有"会试主文官"，即主考官两员。明主考官的职责是"分经总裁，必各房取中，而后乃得寓目焉"。见前注引黄洪宪文。故表内著录的，是参与分经阅卷的同考试官人数），十七年（1384）颁行科举成式，会试同考官增为八员；表内永乐时会试考官八员即源于是。景泰五年（1454），"会试同考官增两员"；天顺四年（1460）又增两员；成化十七年（1481），"会试同考试官书、诗经各增一员"。这就是表内成化辛丑分经试官共十四名之数的由来。

从考生对五经的选择来看，元代似以书卷最多，礼卷则绝少。明前半叶有人提到当日会试，尚有"书最多，诗次之，易、礼、春秋又递次之"之说①。从明后期一直延续到整个清代，易卷和诗卷遂相当稳定地变得多于书卷②。由于本经各有专人判阅，故试同一部经的中选诸人，竟因此成为"同门"。"凡进士同年相善，而同门尤加善焉。同门者，主司分经考校，同为一人之所取者。既与主司有师生之分谊，视他同年，会聚尤数。"③

至于明代乡试的分经考校，史料记载也十分明确。洪武十七年颁行的"科举成式"规定，乡试聘主文考试二员，同考试官四员；"在内应天府请，在外各布政司请"。至景泰元年（1450），始"令在京、在外乡试同考试官，五经许用五员，专经考试"。此后乡试考官人数仍迭有添设④。时人语及应天乡试，则曰"合生较阅、分经入彀"⑤；言江浙乡试，则曰"御史某暨藩臬某率某九人入院，合浙士三试之，分经聚卷，各竭乃心"⑥。看来，"乡之试，分经校艺，定额

---

① 陈循：《送萧教谕赴长洲序》，《芳洲集》卷3。
② 考生大多选择《易》《诗》《书》三经的一个重要原因，是它们与《礼记》《春秋》（兼含三传）相比，篇幅都相对短少，故易于记诵。宫崎市定曾统计过诸经字数如下：《易经》凡2.4万字，《诗经》3.9万字，《尚书》2.6万字，《春秋》左氏传19.7万字、公羊传4.4万字、谷梁传4.2万字，《礼记》9.9万字。因此当时颇有人担心，长此以往，将没有人再愿意传习后面两部较长的经典。见艾尔曼上引书页267、280—285。
③ 归有光：《送同年李观甫之任江浦序》，《震川集》卷10。
④ 《皇明贡举考》卷1，"乡试考试官·同考试官附"条。
⑤ 吴节：《应天乡试录序》，《竹坡集》卷2。
⑥ 刘瑞：《浙江乡试录后序》，《五清集》卷15。

录名"①，早被明人视为一定不易的规制。故而乡试考官也被称为"乡闱分经者"②。

现在的问题是，明代科试中的分经考校之制，真如清人夏荃等所言，是跳过元代，直接从宋末的制度继承过来的吗？其实这样的可能性似乎不太大。从前引宋濂写在《会试纪录题辞》里的话来看，明初的科试，连带分经考校在内，主要是一项"始复旧制"的举动。这里所谓"旧制"，当然不是宋制，而只能是指元制而言。元代的会试，应该也实行了分经考校制度的。有关乡试的元代官方文献则明确提到过乡试时有考试官、同考试官各一名，本经分考若干。唯明代乡试分经校阅之制的成立，远远晚于会试分经判卷的制度化。这样看来，它与元代旧制虽也有某些联系，但更可能与明会试分经判卷的做法直接关联。

《三场文选》的有关记载，隐约地暗示出元乡试的分经校阅之制。1236年的江西乡试，五经义的诸位初考官中，祝初考判易义，柳提举贯判书义，黄初考判诗义，甘县尹楚林判礼记义，李州判晔考校春秋义。五人似乎还互为覆考。这则材料或许可证明，该科江西乡试采取的是五房分经阅卷的规制。

书中保留的1326年湖广乡试的资料最为全面。据此可知，当年考官共有五人，是为应奉揭傒斯、州判虞槃、县丞彭士奇、县丞祝

---

① 李东阳：《顺天府乡试录序》，《怀麓堂集》卷27。
② 何三畏记杨道东事迹谓："为文亦奥衍宏博。乡闱分经者业已弃去，而尹宗伯时负高世，鉴得其卷，拔置前茅。一时士大夫多推毂之。"见《杨道东传》，《云间志略》卷15。

彬、县丞俞某。本科"通场书卷最多""满场书义一百卷"(见彭士奇覆考第六名易天冀、第十六名汤原尚书义卷判语);礼卷凡12卷,"与他卷动以一二百计者,罕能及也"(见[004]);春秋义则有"百余卷"(见[032])。从彭士奇一房"得卷近百"可知(见[008]),五房所判试卷总数大约不会超过五六百。是除礼记义仅12卷、书义100卷、春秋义百余卷外,易义、诗义大概都不出百卷。五房考卷分布的实际情况如下。

表6 1326年湖广乡试五房阅卷分工

五房	考卷内容	文献来源
揭傒斯房	春秋义 古赋、对策	见揭傒斯初考第三名黎叔颜春秋义卷判语 见揭傒斯初考第二名周铠古赋、对策判语
虞槃房	易义("本房易卷最多")	见虞槃初考第一名李槿易义卷判语
祝彬房	书义	见祝彬初考易天冀书义卷判语
俞县丞房	书义	见俞县丞初考易汉懋书义卷判语
彭士奇房	书义(40卷) 诗义(20卷) 礼义(12卷) 古赋	见[008] 见[008] 见[004],及彭士奇初考余贞礼义卷判语 见[022]

通场试卷中的词章对策部分,也许是专由揭傒斯和彭士奇两人负责评阅的。这两位考官所看的明经卷因此就可能会少一点。五经义中礼义卷特别少,归彭士奇一人判阅;易义和春秋义大部分应在揭傒斯和虞槃两房内。祝彬与俞县丞两房的书义卷,共总不过60份上下而已,为什么不把它们集中在一房里,现在已不克知晓。也可

能这两房的经义卷，其实分别以书义和诗义为主，此外或许还配搭了春秋义或易义的部分余卷。也许乡试的五经义试卷数量多寡不均，故往往难以做到让每房考官各判一种专经。

五、小结和余论

由以上讨论，我们对元代乡试如何遴选出参加会试的人选并决定他们的等第名次的问题，可以获得以下几项结论。

其一，将全场考卷按参与阅卷的官员人数分为若干份，分别放置在供每个考官专用的阅卷房内，并直到阅卷结束不再移动。与会试主考官不具体参加分房考校的程序不同，乡试主考官本身似乎也与其他考官一样，在自己的专用房内判卷。

其二，乡试第一场中的五经义部分，原则上采取分经判阅方法，即据考官平素所习，分别由专人考校其中一两部专经的答卷。

其三，第二、三场的词章对策卷，也由一两个专人负责初判。

其四，词章对策试卷既由专人分工判阅，则考官阅卷的范围，必不能限于本房之内，还需要进入他房考评其中试卷的相关部分。不仅如此，尽管试卷分房时会考虑到尽可能将同一部专经的经义试卷集中于一房或两房之内，但因考生所占五经的数量多寡不齐，仍难以避免出现有两种甚或三种经义卷被置于一房的情况。所以分经考官也常常需要到他房看卷。

其五，上面所说是对试卷进行初考的情形。初考结束后，考官们互相对调阅卷房，也就是离开本房，进入他房，对经过初考的试卷从事覆考。这时不再实行初考时分经和由专人判阅二、三场答卷的办法。只要保证试卷各部分的初、覆考均非出于同一考官之手即可。

其六，从现在保留下来的资料看，大概由于江浙乡试的考卷和考试官都特别多，所以阅卷时曾将考试官分为两组从事考校；并在两组之间对五经义的初考答卷实行跨组覆考。至少1317年的江浙乡试似乎是这样做的。

其七，对乡试中考到"前列"的成绩特别优异的那三四个人，在终场覆考进行的过程中，就经过不断发生在考官们之间的相互商讨和切磋甚至争论，而大体被决定了。其中，主考官对各种见解的调停和最终决断的达成，可能起到了十分权威的作用。

其八，乡试解额中大部分人选的确定，似乎是遵循着"通场考校"，即兼顾三场成绩的原则进行的。除因三场俱优而被置于前列的少数人之外，所选择的就应是其中有某场特别优异，而另外两场的表现也大致相称的考生。因此，由负责专判五经义和专判包括古赋、拟诏、拟诰、章表、对策等在内的词章政论试卷的考官们，各按每个义项举荐两三份初选卷子，并经过覆考的程序对它们加以确认或做为例不多的调整，包括在覆考中把业已被初考官不太合理地淘汰的"落卷"再行纳入拟选的"荐卷"范围里。这样产生出来的拟选人，不但已足以填满为数总共不过二三十人的乡试解额，而且往往还可能超额。最终的取录名单自然就形成于对这些通过覆考的卷子做进一步筛选的结果。主考官的权威，在最终遴选并对入选者排出三场综合名次过程中的决定性作用，应当也是相当突出和重要的。

作为余论，在本节中要谈的最后一个话题是，若从一个较长时段内的制度史、制度文化史的角度看问题，对于出现在元代乡、会试制度中的新元素，应该如何进行历史定位？

毫无疑问，元代在中国历史上最先将程朱理学的见解、主张全面地纳入科举考试的制度设计及考试内容；元代科举制度的历史形态，相比于唐宋时期，也因此发生了很大的演变。那么，这次演变究竟是否有资格被看作是决定了明清两朝科举制度的基本格局，抑或明清科举基本形态的奠定还要在这之后？换言之，如果我们认为中国科举制度在宋—元—明时期曾经有过一次突破性的变迁，那么它究竟发生在什么时候？

目前有关这一问题的较新见解，集中体现在出版于 2000 年的 B. A. 艾尔曼的专著《晚期中华帝国科举制度的文化史》，以及他刊发于同年的一篇长达 40 余页的论文里。

艾尔曼的著作集中探讨的是明清科举考试制度本身的社会历史过程，以及展现在本时期内的激烈科场竞争和以江南为其核心区域的中国精英文化之间的历史互动。他尖锐地指出，直到他写作之日为止，与针对分散而零碎的宋代科举制度的史料所进行的细密考察相比，有关明清科举史的研究，在对保存得相当系统和完整的原始资料从事全面检阅与利用方面，还远没有真正做到位。在查阅明清两朝殿试登科录、会试录、乡试录、清会试题名录、清代岁科考、清代翻译考卷等为数众多的原始史料与档案，并对其中所包含的大量数据信息进行归类统计的基础上，艾尔曼用他近乎百科全书式的叙事风格，揭示出明清时期科举史上的很多非常值得注意的现象。

例如他认为，后人多将顾炎武对明代科举只重"初场所中之卷，而不深求二、三场"的批评变成一种刻板而绝对化的偏见，因而完全忽略了反映在明科举中的二、三场答卷，尤其是对策中的重要的社会史内容。艾尔曼写道，尽管对策在考试中的重要性自1475年后逐渐下降，但它在有明一代仍一直是受阅卷官们认真对待的。明朝对策试题中所可能包含的属于自然科学的内容，迫使每年有5万至7.5万名乡试考生必须为此研习天文、历数等属于自然科学范畴的知识。从接近1500年的时候起，"考证"一语开始在阅卷官的判语中逐渐变得越来越常见。但明科举考试对"考证"的强调仍然从属于或者说还根本及不上对程朱学说的强调，并且它还未曾明确地指向小学和文献考订之学；而在清代科举文献里，考证学与有关治国之术的讨论结合为一体，甚至在某种程度上具有了挑战程朱理学的色彩。另一方面，自明清之际始，第一场中四书义的成绩如何，在评定最终中选等级方面也显得越来越重要。从明清科举试题及答卷内容之演变，可以辨认出科举考试重心渐由经学向历史知识转移的缓慢趋势。而这些变化之反映在会试内容里，比它们出现在乡试之中更要慢一两个节拍。它见证了由长江下游的都市文化所启动的思想变迁，及其与被政治权力中心控制和利用的统治学说之间的互动关系①。艾尔曼此书的创获之处颇多，以上列举的，只是它留给我印

---

① 艾尔曼：《晚期中华帝国科举考试的文化史》，页619，"前言"页xxi、页627至页645（本书"附录一"及"附录"二）、"前言"页xxxiii至页xxxiv、页447、页458、页467、页457至页458、页487、页513。艾尔曼提及的顾炎武之语，见《日知录》卷16，"三场"条。

象较深的诸多见解之一小部分。

艾尔曼的书所力图质疑的一个重要观点是,"明清两朝的晚期帝制科举考试在内容方面全应归功于元时期的道德哲学和政治言说"①。他的看法大致可以概括为如下几点:(一)在整个南宋时期,尽管道学呈现为一种不断传播扩散的运动,并最终渗透到比较不那么重要的考试科目即论和对策部分中,但它从未在科举考试体系内获得过全国范围的正统性。(二)道学作为帝制国家正统学说的思想文化生产,以及考试科目的核心部分,都始于元代。但在1313年决定恢复科举制度时,元政府选择道学作为科举考试的核心内容是不完全的,因为它仍然要考古赋、拟制诏诰等文学技能。(三)以宋、元成例为基础,造就一种"一心一意"的(single-minded)、单一的道学正统性,这主要是明代的创制,明初诸帝在这方面起了非常重要的政治作用。(四)在宋—元—明转变中,文人的考试生活和古典考试科目的"最基本变化",或曰"划时代变化"之发生,是从科举考试的科目里完全废弃词赋之试。这一变化始自明初(1370年)。因此,艾尔曼的结论是,与纯粹文学性质的考试及其对诗歌杂文写作技巧之"划时代的断然分离"(the epochal break with purely literary examinations and their stress on poetry and belles lettres),乃发生在明代。(五)从科举取士的数量来看,两宋的取录数为平均每年124人。这个数字在元代跌落到平均每年13人。在

---

① 见艾尔曼:《1250年至1400年科试科目的转变与元代在经学研究史中的地位》,载杨晋龙主编:《元代经学国际研讨会论文集》,台北:"中研院"中国文史研究所,2000年。

1450年之前的明前期，通过科举制度的年均取士人数亦仅达44人。只是从1465年起，年平均取士人数才过百。自1451年至明末，年均为109人，略高于整个清代科举取士的年平均人数（100人）。也就是说，自南宋亡国到明中叶的1465年之间，中国专制君主制之下的官僚群体，主要不是通过科举制度来复制的。在将近两百年的统治意识形态转变期间，程朱学说虽已获得思想上的正统地位，但它依然不是取得官员身份的必要条件。只是在1450年之后，政府内的官职和地域社会的特权才都被有功名者所垄断①。

有三个重要的时间节点出现于以上叙事里：1450年（或者更准确地说，是1460年），科举和程朱理学成为专制皇权下官僚群体再生产的意识形态基础和主要管道；1370年，科举制度与它过去的形态相比发生了"最基本变化"或"划时代变化"；1313年，科举制度不完全地采纳程朱理学作为它的核心。在这三个时间节点之中，1450年的变化所刻画的，是科举制度影响到政治文化和社会文化领域之规模及程度的空前扩大。这是一项非常精彩的分辨，大概没有人会对此提出疑义。就1313年和1370年这两个时间界标而言，艾尔曼认为更具有重要意义的，显然应是后者。

但是我以为，如果纯粹从科举制度史本身的角度去看待它在元中叶和明初所先后发生的变化，那么二者相比，更重要的恐怕还是1313年那一次。

---

① 艾尔曼：《晚期中华帝国科举考试的文化史》，"前言"页XXV、页26、"前言"页XXIV、"前言"页XXV、页37、页33、页41、页58、页241；《1250年至1400年科试科目的转变与元代在经学研究史中的地位》，页27。

这里的关键在于，以元代科举还保留着考试古赋及章表文告等实用写作科目的证据，并不足以颠覆当时人对它"一是皆以明经为本"（已见前引）、"非程朱不试于有司"之基本性格的认定①。艾尔曼似乎有点过分重视本已不甚重要的词赋在明初科举试目里被"完全废止"的历史意义。因此，他才会仅据考一门古赋为理由，而不论在最令人瞩目的初场考试中"五经皆本建安书……师友授受，宗于一门、会于一郡"的更重大得多的事实②，遽然断定在"从对于'文'的文学性关注转向聚焦于'道'的形而上学"的过程里，元科举标准只能算实现了某种"先驱性"的突破，它本身还未能具有"划时代"的意义③。

另外，可以说同样重要的是，为元代科举制度所扭转的前朝趋势，还不只是在"文学与经学"对峙之中偏重词赋的取向而已。北宋前期，科举曾多以诗赋优劣为取舍标准；自中叶以来，此风渐弱。南宋定制以词赋、经义两科取士之初，"于是学者竞学词赋，经学浸微"；朝廷担心"数年之后，经学遂废"，故规定经义进士可占用诗赋进士的取额，但"不得超过三分"④。所谓"诗赋不得侵取经义，若经义文理优长，合格人有余，许将诗赋人材不足之数，听通

---

① 欧阳玄：《赵鼎祠堂记》，《圭斋集》卷5。
② 袁桷：《送朱君美序》，《清容居士集》卷2。又，元人刘将孙曾说："有科举来六七百年于此，时问亦屡变。经义最后与词赋争高，而辞理过之，至近年而极。"这也是当时人对经义的重要性在元科举中压倒词赋的生动感受之好例。见刘将孙：《礼记义帙序》，《养吾斋集》卷8。
③ 艾尔曼：《1250年至1400年科试科目的转变与元代在经学研究史中的地位》，页58—59；艾尔曼：《晚期中华帝国科举考试的文化史》，页35。
④ 李心传：《建炎以来系年要录》甲集卷13，"四科"。

融优取,仍以十分为率,不得过三分"的规定之长期实行①,很可能对南宋后期对经义的重视起了推动作用。洪迈(1123—1206)说:"今之议者多以经义、诗赋为言。以为诗赋浮华无根底,不能致实学。其说常右经而左赋。"②这样的普遍倾向,似已直接影响到对词赋进士的取录。嘉泰五年(1205)臣僚言"省闱利害"曰:"近岁有司沮抑词赋太甚。取人分数已暗侵削,其所取多置后。"开禧三年(1207),又有人抱怨:"近年主司多谓词病易于指摘,恐人得以议己,以故试者虽多,其最优者仅置三五名之外。深失国家通尚词赋之本意。"③可见经义进士科的优势于南宋一朝已在逐渐形成之中。元代科举考试虽沿用宋制中的经义科目,但它的突破性也同时表现在由于将理学引入经义及经疑试题而带来的截然不同于南宋"时文"的问题意识与写作模式。对这一点,元人自己的感知应该最有权威性。他们说,"……当时之经义者,分裂牵掇,气日以卑。而南渡之末,遂经学、文艺,判为专门。士风颓弊于科举之业"④。

从这样一种"后见之明"的立场来看问题,则我们需要注意的,不仅是朱熹在《贡举学校私议》里对南宋以诗赋取士的那段著名批评⑤,他同时也批评当日经义之弊说:"专务裁剪经文,巧为阗钉,以求合乎主司之意。其为经学贼中之贼、文字妖中之妖。"二者

---

① 《宋会要辑稿》册108,"选举四"引绍兴三十一年(1161)指挥。
② 洪迈:《容斋随笔》卷16,"一世人材"条。
③ 《宋会要辑稿》册109,"选举五""选举六"。
④ 戴良:《夷白斋稿序》,《九灵山房集》卷12。
⑤ "所以必罢诗赋者,空言本非所以教人,不足以得士。而诗赋又空言之尤者。其无益于设教取士,章章明矣!"见《贡举学校私议》,《晦庵集》卷60。

相比较而言，朱熹甚至认为，"今时文赋却无害理。经义大不便。分明是侮圣人之言"①。他又说："今为经义者，又不若为词赋。词赋不过工于对偶，不敢如治经者之乱说也！"他还说："今人为经义者，全不顾经文，务自立说。心粗胆大，敢为新奇诡异之论。方试官命此题，已欲其立奇说矣。又出题目，都不肯依经文成片段，都是断章牵合，是什么义理？ 三十年前人，犹不敢如此。只因一番省试，出'上天之载，无声无臭，仪刑文王'三句，后遂成例。当时人甚骇之，今遂以为常矣。"②看来元人对南宋经义科的认识，以及他们对宋、元时代明经之间的差异，反映出一个明显的事实，即朱熹对他那个时代经义试的不满，以及他对改革经义试的主张，实际上是在元代的经疑、经义试中最先以国家立法的形式获得相当程度的体现。尽管后来时代的八股文的某些因素能追溯到南宋时文，也尽

---

① 《朱子语类》卷189。
② 《朱子语类》卷109。自然，朱熹也说过："今之诗赋实为无用，经义则未离于说经，但变其虚浮之格。"他认为科举当罢词赋之试；经义则不是要不要考的问题，而是须要"变其虚浮之格"。他强调，经义要"就文义上说""理会他本义着实"。所以他指责当时"最是《春秋》（按，此指《春秋》义）不成说话，多是去求言外之义，说得不成模样"。正是在这个意义上，他没有完全否定王安石行科举改革时用经义试士的举措。他说："王介甫经义固非圣人意，然犹使学者知所统一。不过专念本经及看注解，而以其本注之说为文辞。……岂若今之违经背义，恣为奇说而无所底止哉！介甫造三经义，意思本好。只是介甫之学不正，不足以发明圣意为可惜耳。"总之，从对人心有无害处的角度而言，朱熹对他那个时代考试经义之危害的痛恨，甚至超过考试词赋之制。他说，经义之试"务出暗僻难晓底题目，以乘人之所不知。如何教他不杜撰、不胡说得？……上之人分明以盗贼遇士；士亦分明以盗贼自处"。引文俱见《朱子语类》卷109。其实，最能体现出朱熹对经义考试法之基本主张的，似乎还是元代的经疑试的方式。事实上，经疑式的讨论恰恰就是宋代理学家在教学活动中早已采用的。见《科举试目之争：南宋朝关于科举标准的争议》，页371。

管八股化经义后来弊端丛生，它们仍不能掩蔽1313年科举改革在从两宋到元明科试形态转变中的区界性意义。

制度的变迁往往会和它与从前形态之间所保持的某些连续性相共存。不仅对于被元代科试所保留的古赋考试可作如是观，即使理学在元代科试中获得核心教义地位的突破性进展，也并不具有纯粹地呈现与宋代制度断裂的性质。在这方面，近来有一项新研究成果，即魏希德的著作《科举试目之争：南宋朝关于科举标准的争议》，很值得重视。

这本书揭示出，科举在南宋，不像它在北宋一朝，尤其是在11世纪晚期、12世纪初那样，受政府的积极干预所支配。在太学以外，南宋政府没有为功名争夺者们规定准备科举考试的必修书目或科目。这就为社会影响越来越大的非官方理学家重新界定科举的意义提供了某种适得其时的空间。不过这并不意味着，科举制度在此期间的演变，就是积极推动其改变的地方精英们利益与兴趣的直接反映。在这个相对自主的领域内，科举考试中应有的公认标准之形成，实际上是理学先生、代表政府立场的官员乃至从12世纪起就占领了各种科举程文集和备考手册出版市场的私人印书商之间不断博弈和协议的结果。从1210年代到1230年代，南宋政府对于将理学纳入国家意识形态的要求采取了一系列温和的让步行动。而1241年宋理宗把周敦颐、张载、二程和朱熹列入孔庙从祀，以及"制道统十三赞"，也就是正式将朱熹追溯的道学系谱变成国家言说，则极大地巩固了理学在科举考试中的影响。作者根据对保留在《论学绳尺》等南宋科举考试教材里的程文内容的分析指出，在1220年代试卷的论和对策部分里，已出现少数依据理学的观念与解释来答卷的例证。在1230年代和1240年代，从保留下来的试卷来看，已有一半以上的论、策采纳理学见解；这个比例在1260年代上升到四分之三。作者认为，正是宋政府在1241年对理学道统的承认，推动了道学和朱熹思想的遗产在影响科试领域方面的突破性进展。他进而断言，到南宋末年，"不必再等到对他们著作的下一次的官方承认，道学经典，尤其是朱熹的著作，已经成为科试成功的先决要求"①。

魏希德所说不必等待的下一次官方承认，显然是指1313年元朝关于科举考试制度的新规定而言。他可能过分轻视了元在科举考试最重要的明经部分几近全面地树立程朱理学正统地位的历史意义，因而在这一点上与元人自身对当日科试之大不同于宋制的感知很不相契合。但是为魏希德的详细分析所清楚显示出来的理学向南宋后期科举考试内容，尤其是它的论与对策部分的大面积渗透，让我们充分认识到，甚至就在接纳理学这一集中体现出宋元间科试制度之突破性的同一内容层面上，制度变迁中的连续性也依然存在。

本文"余论"部分的主题，并非完全聚焦于元代乡试。但因为乡、会试的考试形式与内容范围都是相同的，所以还有必要把它放在最后加以讨论。

写这篇文章时所引用的《三场文选》文字，全部来自我在日本阅读本书时抄录下来的笔记。当时看到的是缩微胶卷，匆忙之中，

---

① 见《科举试目之争：南宋朝关于科举标准的争议》第7章，"科试标准向道学的转型"，以及全书末的"结论"，页322至页387。

对有些字的辨识很可能有误。现在既不能覆按原书，更无从在写作中重新检核这部重要史料，以便对本文形成的还不成熟的新认识进行完全必要的复查与修正。这些尚未完成的工作，只有等将来有机会时再补做了。

(原载《清华元史》第 2 辑，北京：商务印书馆，2013 年)

《混一疆理历代国都之图》中的岛屿状南亚

一

著名的《混一疆理历代国都之图》(以下简称《混一疆理图》),在马来半岛之外的南海上画有一个奇怪的大岛。岛上共标识出十五处注记,大体循海岸周沿排列成内、外两圈。细察这些注记可以发现,它们都是应当位于印度半岛上的地名(见图1)①。

现在先按顺时针方向,由外圈及于内圈,对这十五处被该图"移陆就海"的地点逐一释读如下②。

---

① 此岛在原图上的位置,与该图所呈现的东亚—东南亚陆地的西南角颇相靠近。在它之南还有南北排列、互相贴近的两个岛屿,位于整个图幅底端的左侧。北岛上共标识"阿里""西穴""奴发"等三个地名,南岛上的四条注记分别为"麻龙沙""奴咭""麻合哈叔"和"哈八牙"。原图幅可见于"混一疆理历代国都之图(龙谷大学图书馆藏)",网址为 new.shuge.org/meet/topic/13805。

② 何启龙在《〈疆理图〉错乱了的东南亚、印度、阿拉伯与非洲地理》(载刘迎胜等主编:《〈大明混一图〉与〈混一疆理图研究〉:中古时代后期东亚的寰宇图与世界地理知识》,南京:凤凰出版社,2010年)里已指出,岛上有六个属于印度大陆的地名,即马八儿、乌爹、干支不南、加益、俱南和沙里骨的。惟其谓"沙里骨的"为"沙里不丹"之讹,未揭出"不"何以讹为"骨"的理由;其余五个虽明显属于印度地名,但据此即断定印度已被移至该岛之上,证据似仍欠充分。故本文拟在现有认识基础上对这些地名作进一步讨论。

图 1　岛状南亚局部图

"马八儿"：半岛东南部沿岸地区。该名源于阿拉伯语 *Ma'abar*，译言码头或渡口。玉尔谓，它在马德拉斯语汇中指从 Madurai 跨越 Palk 海峡抵达今斯里兰卡的出发海岸。称这里为"马八儿"，究竟是最早就出于阿拉伯商人的命名，还是一个对当地原有地名的阿拉伯语等义译名，现在已无从考知①。

"加益"：元时亦作"加一""伽一"，明清有关南海地理的文献中多写作"加异勒"，即今印度南部东岸土提科林区（the Tuticorin district）内之 Kayalpatnam/Kayalpattinam②。泰米尔语 *patnam/pat*

---

①　H. Yule & A. C. Burnell，Hbson-Jobson，*The Anglo-Indian Dictionary*，Wordsworth Editions Lad，1996（First published 1886），p.526.附记，陈佳荣、谢方、陆峻岭编《古代南海地名汇释》（北京：中华书局，1986 年）"马八儿"条，谓之为"马剌八儿"一名的"简称"，想系偶误。见该书页 166。

②　见《古代南海地名汇释》，页 305、922。

tinam 译言市镇（town）。"益""一"两字在中古汉语里都是带-t 收声的入声字。元代的北方汉语语音系统里虽然已无入声韵，但若按继承了南宋航海知识与经验的闽广等地水手及其记录者的口音，则入声的声调及尾辅音都还存在。用带-t 收声的入声汉字来译写带-l 收尾的非汉语词汇，更是为当日所常用的音译法则。因此用"加一"或"加益"来记录 kayal 的语音，与后来采用"加异勒"的译法，殊无二致。至元十八年，元朝使臣杨庭璧等欲从马八儿"假陆路以达俱蓝国"之时，分别统治马八儿各地的"算弹（sultan，今译苏丹）兄弟五人，皆聚加一之地，议与俱蓝交兵"。可见该城已靠近马八儿与"足以纲领诸国"之另一方即俱蓝的势力分野地段①。南亚半岛上还有很多以 koil 来命名的地方，如 Kattumanarkoil、Sankarankoil、Singaperumalkoil、Nagercoil 等。泰米尔语 koil 译言庙宇，它与"加一""加益"的读音虽亦相近似，但两者之间并无关联。

"俱南"：亦写作"俱蓝"，多见于汉语南海文献。二者在当日分别读为 kəu-nəm 和 kəu-lam，恰可用来音写位于马拉八儿沿岸的著名古代商港 Kollam/Quilon（今译奎隆）。汉语的很多方言对"来"（l-）、"泥"（n-）两声母往往不加区分。故以"南"字译写源词里的音节-lam，是很可以理解的。印度官方地图将恒河边的著名圣城 Vārānasi（《大唐西域记》译作"婆罗疟斯"）标注为 Benares，原词第二音节（-rā-）的首辅音 r-和第三音节（-na）首辅音 n-正好被互相倒置。可见类似的现象也会发生在汉语以外的其他

---

① 《元史》卷 210《马八儿等国传》。

语言中。

"阿留"：或即柯枝（Cochin，今译柯钦，在奎隆之北的海岸线上）附近的 Alwaye（亦名 Aluva）。该地名的起源和含义都不太清楚。但这反而有助于说明，它所来有自，而不只存在于较晚近的时代。或者它也可能是比 Alwaye 再稍南的 Alleppey。《岛夷志略》《星槎胜揽》两书中的"下里"，应与此处之"阿留"为同一地。苏继庼校释《岛夷志略》，谓两"下里"各有所指，似有失于过求之嫌①。印度各地有多处地名为 Alūr，其语音与"阿留"亦可谓相近。唯从地望的角度考虑，仍以将"阿留"定位于奎隆和古里佛（即今 Calicut）之间的 Alwaye 或 Alleppey 为最恰当。

"马剌里"：即半岛西岸的 Mangalore，今译班加罗尔。据云其名起源于当地供奉 Mangala-devi 女神的神庙。源词第一音节的尾辅音 -ng 脱落，其理颇与 Mongghol 音变为 Moghol 相类。它在《郑和航海图》上写作"莽葛奴儿"。

"美那它"：即《大唐西域记》中的"摩诃剌侘国"，其地为印度中部靠西岸的今马哈拉施特拉邦。这个地名的梵文作 Mahārāṣṭra，即"摩诃剌侘"及今马哈拉施特拉之所从出；其俗语则读为 Mahratta 或 Maratha，是即"美那它"之来源②。汉语译音用"泥"声母（n-）的"那"字拟写源词中的音节 -ra-，仍与"来""泥"不分，并以"来"母兼写 l- 与 r- 之音有关（r- > l- > n-）。13—14 世纪

---

① 苏继庼：《岛夷志略校释》，北京：中华书局，1981年，页268—269。
② 季羡林等：《大唐西域记校注》，页892。

的"美那它"是否处于一个统一政权之下,若是则又以何城为其统治中心,这些都尚待考证。

"那乞里":此名最易使人想起构成诸多印度地名后半部分的-nagara,意谓某聚居点、某市镇或某城,可能源于达罗毗荼语。唯此一-nagara 实为普通名词,并不属于特指一地的专名。今德里东北有地名曰 Nagina,可惜其建城时间太晚,所以仍无法以之与"那乞里"相勘同。又按,莫克兰(Mekran,在今巴基斯坦俾路支斯坦省的南部)东部旧名 Lakūra 之地有一大古城遗址,被认为是玄奘所记录的"狼揭罗国"都城所在①。就审音言,与"那乞里"似亦可通。但该地已在印度最西处,与图上标注的"那乞里"位置亦颇不相谐。故最与此名相契合者,只能是位于今阿富汗贾拉拉巴德西南不远的 Nagarahāra,《大唐西域记》汉译为那揭罗曷国,法显、《洛阳伽蓝记》分别作那竭、那伽罗诃,托勒密则记为 Nagara②。该地又名 Udyānapura③。

"干支不南":已有学者揭出,此即汉代文献里的"黄支"国,其地在今 Kanchipuram。该名源于梵文 Kāñcīpura,pura 意谓城。地在马德拉斯西南四十三英里处④。

"沙里骨的":印度中央邦 Mahānadī 河中游北岸之 Raigadh 以

---

① 《大唐西域记校注》,页 937—938。
② 同上书,页 220—221。
③ Bimala Churn Law, *Historical Geography of Ancient India*, Published by Société Asiatique de Paris, 1954, pp.112-113.
④ Ibid., p.162.

南三十二英里处有Sārangadh①，或可视为"沙里骨的"之源词。然据苏继庼云，罗洪先《广舆图》卷2《西南海夷总图》的相应注记将它写作"沙里普的"②。覆按原书，似非如此。但他所提示的"骨"或为"普"之误写，殊为不易之论。故可视此处之"沙里骨的"为"沙里普的""沙里八丹"之讹。是即宋代"注辇国"（Chola）的都城；注辇之名在泰米尔语里读为 Sora，则沙里八丹系 Sora-pattin[am]的音译，意谓注辇之城。其地位于今泰米尔纳德邦 Tiruchchrāppalli（一名 Trichinopoli）旧城③。又《混一疆理图》在印度河东南方向的大陆尽头标有"竹奴"一名，是对"注辇"的异译。虽然由于资料拼接的错误，它被标注在与包括"沙里普的"在内的印度半岛其他诸多地名隔海相望的地方，但从它与图中印度河的相对位置，以及它濒临海岸的地望特征，仍可辨认出其所指何为。此外值得注意的是，Chola 之名的存在，似要远早于"马八儿"之名的出现。在半岛东南，马八儿、注辇和干支不南三地应由南向北依次排列。

"尼伽南"：该地难以考出。唯在 Sārangadh 正西稍偏南方向，在马哈拉施特拉邦有一地曰 Nagpūr，意谓蛇城。Nagpūr 即 naga-pura。以 naga-pura 之音与"尼伽南"两相比照，盖后者缺漏一个"不"字。考罗洪先《广舆图》卷2《西南海夷总图》，标示着诸多

---

① *Historical Geography of Ancient India*，p.329.
② 苏继庼：《岛夷志略校释》，页273。
③ *Historical Geography of Ancient India*，Published by Société Asiatique de Paris，1954，p.148.并参何启龙上引文，《古代南海地名汇释》，页457。

印度地名的同样的那个岛上有"真垓厄加""袜南"两注记（详下文），应可与本图上"直坛"和"尼伽[不]南"两地名互校。如果可以认为"尼伽南"实为"尼伽[不]南"之名内夺去"不"字所致，那么它正好可以与今 Nagpūr 互勘。此地正处于整个印度半岛的中心。反观《混一疆理图》中的"尼伽南"，亦大体被画在该岛的中心位置上。这大概不完全是偶然的巧合。

"丹饶尉"：当即果阿之西、Hubli（亦作 Hubballi）西北的 Dharwad 镇。从 12 世纪开始，该城似已存在。

"光歹"：应即著名的古印度十六大国之一犍陀罗（Gandhāra）的异译。它位于印度河上游两岸，包括今白沙瓦和拉瓦尔品第、旁遮普等地区在内。

"乌爹"：从这个地名很容易联想到《大唐西域记》里的"乌仗那"（Udyāna）国①。它位于那揭罗河之东、"没特不"（详下）之西，也符合《混一疆理图》所标识的三者之间的相对位置。但从另一个角度看问题，这个"乌爹"距离它东南（在图上表现为以东，说详下）的"干支不南"实在太近，又使人不得不试图在印度半岛的东岸去寻找一个更合适的地点，来对它进行定位。按，玄奘在东印度经行诸地中，有名"乌荼国"者，在今奥里萨邦（Orissa/Odisha）境内。Orissa 的梵文名作 Oḍḍiyāna，是为印度密教里最重要的一个地名；它在当地的方音中读若 Odia。"乌爹"者，即 Odia 译音也。该国都城位于今奥里沙邦首府 Bhubaneshwar 市。附近的

---

① 《大唐西域记校注》，页 271。

Udayagiri 山和 khandagiri 山中，有半天然、半人工的著名古代石窟艺术遗址。giri-译言"山"，前一座山名 Udaya，或与"乌爹"同源。此地就是《岛夷志略》所谓"大乌爹"①。

"没特不"：今名 madāwar，德里东北 Bijnor 附近的一个大市镇。学者从《大唐西域记》所记地名"秣底补罗"推出它的梵文名称应是 Matipura②。该镇的今名应即从这个梵文旧名演变而来。唯"没特不"的源词，似乎更接近于 Madāwar 的形式。当日闽广口音仍保留入声字的声调及其收音。"不"字音 but，用来记录源词里的音节-war（>-mar/-bar），是完全符合体例的。

"直坛"：应据罗洪先图校正为"真坛"。此即 Chandrapur，今译"钱德拉布尔"；-pur 为 pura 之压缩形式，译言"城"。城在德干高原中部 Wardha 河与 Wainganga 河两峡谷的交汇处。

以上的考订不一定完全正确，可是标记在这个大岛上的地名都来自印度次大陆，恐怕是没有疑问了。在总共十五个地名里，有十二个位于讷尔墨达河以南的德干高原，也就是构成次大陆南部那个呈倒三角形的地区，并且多靠近海岸。还剩下的只有另外三个地名，靠近次大陆的西北一侧。南北地名数目多寡之比差异悬殊。把它们画到现代地图上，即如图 2 中"岛屿状印度注记"各地点所示③。

---

① 《大唐西域记校注》，页 812—813；《岛夷志略校释》，页 340—341；又参见 *Historical Geography of Ancient India*，pp.331-332。
② 《大唐西域记校注》，页 396—398。
③ 本图未包含今属中国疆域的任何部分。

《混一疆理历代国都之图》中的岛屿状南亚

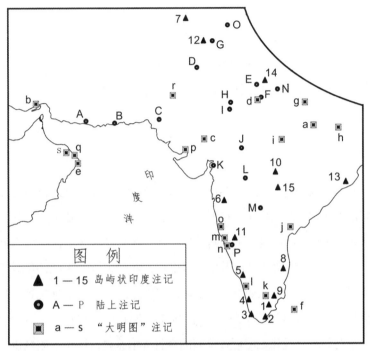

图2 古图上有关地名之现代位置示意图①

岛屿状印度注记：1 马八儿 2 加益 3 俱南 4 阿留 5 马剌里 6 美那它 7 那乞里 8 干支不南 9 沙里普的 10 尼伽南 11 丹饶尉 12 光歹 13 乌爹 14 没特不 15 真坛

陆上印度注记：A 卖楬儿（Makran） B 泊思那（Pasni） C 达没那（Daybul） D 麻里滩（Multan） E 滴里（Delhi） F 麻的剌（Mathura） G 撒里海达（Sarghodha） H 马胡剌（Makrana） I 阿速木儿（Ajmer） J 沃听恩（Ujjain） K 法剌乞（Bharuch） L 灭里乞（Malka-pur） M 得八疑剌（Devagiri） N 八剌那俺（Badāūn） O 怯失（Keshmir） P 撒答（SindāBur，即今果阿）

"大明图"注记：a 高思 b 加失 c 马哈撒里马那耶 d 马的你耶 e 没只里 f 北阿拉 g Na-mah Ma-keiJu-ba-la j Te-na-la k Wai-ja-la l Ma-ga-da-la m A-giya-se-wei n Cun-du-ma o Ma-lu-wa p Ku-shi q Ka-ni-cyi r Su-gu s Ma-su-ko t A-dan（未见于本图幅）

---

① 本示意图未包含今属中国陆疆与海疆的任何部分。图中另两类注记详下文。

可见若将原图上的大岛再按顺时针方向扭转 90 度，图像就与印度半岛的真实情况更加接近了。

由此便自然生出来一个问题：《混一疆理图》为什么会把印度半岛上的这一系列地点，移位到南海之中的一个岛内？

二

对上述问题最直截了当的回答可能是：《混一疆理图》根本就没有把南亚次大陆画出来。在图上的非洲和东亚—东南亚地块之间，只有一个树干状半岛，那是阿拉伯半岛。在它以东并不存在另一个半岛。不过，地图制作者不知道印巴次大陆的位置与形状，并不意味着他对那片大陆上的城市、地区，它们之间的相对地理位置，乃至其他一些地理要素（如山脉、江河等）亦皆一无所知。

对随时有现代地图可资检阅的今日人们来说，认识一座城市、山脉，一个湖泊、一条河流或高速公路，往往意味着同时了解它们在一个更大的相关区域乃至于在"大地轮廓"中的相对位置。可是在古代商人、水手或者马帮的地理认知体系里，有关地点和线路的各种极其具体丰富的知识，却很难被妥当地配置在一个"大地轮廓"的宏观背景里。从著名的《郑和航海图》，我们丝毫看不出中南半岛、南亚半岛，以及它们与南中国海、印度洋之间海陆轮廓线的形状，就是很好的证明。把巨大的地域范围内不同种类的地理要素及其相互关系综合地呈现到一幅图上去，这是"地理学家"要做的工作。通过这一工作，来源庞杂的各种具有"小传统"属性的地理知识，包括源于专门化行业（水手、商人）、本土非汉语边缘人群、外来人群（如侨民、外商、传教士）等的地理知识，才得以被纳入该主体社会内的公共知识体系。

然而，《混一疆理图》的编绘者面临着一个困难，即在对所欲描绘的那个区域的海陆轮廓线形状还缺乏准确认识的情况下，他所积累的来源不一的各种地理知识，自然就无法妥帖地被一一定位于它们本当所在的位置上。不仅如此，编图者所拥有的信息，似还不足以填满地图所拟覆盖的那样巨大的地域范围。也就是说，绘图者对他所力图描摹的那个连续而不间断的地理空间，还存在某些显著的知识空缺。至少在宋代，士人们已能相当准确地勾勒出自己所在的东亚地区的海陆轮廓线。可是位于汉地社会以西的中国西藏、中南半岛、南亚与西亚各大区域，对他们来说仍然是太遥远了。所以必须经过一些特殊的拼接处理，才能把这些地方绘制到图上去。

第一种情况，体现在《混一疆理图》的作者对其所知甚少的吐蕃地区的处理中。地图上有东西排列的"陕西汉中道按治土蕃地"（指元代的吐蕃等处宣慰使司都元帅府下辖地），以及"古土蕃地"（指元吐蕃等路宣慰司使都元帅府，以及乌斯·藏·纳里速古鲁孙等三路宣威使司都元帅府辖地）两条注记，其间还有一条"古石山"（或即巴颜喀拉山）注记将两者相隔。三个地名所覆盖的空间不算小，但中间基本是一片空白，并且把它画成南北长、东西窄的一条弯带，其形状与实际情况完全不相符。

另一种情况是，标注在今云南以西、西藏西部及其西南广大地域，亦即印度半岛东北部和今缅甸境内的几乎所有地名，都不属于本图制作的那个时代,而是在它之前的唐宋文献所使用的地名(见图3)。内中包括"大小羊同""诸葛亮城""孛津(律)山""达里罗水""骠国""东火(天)竺国""阿耨婆池""龙池""大雪山""迦个都河""婆个国"等①。这就是说,《混一疆理图》里存在一个只记录其历史地理信息,而不反映同时代地理现状的"历史上曾存在的区域"。

图3 "今图"中的"历史地理区域"

为什么在这里会出现一个"历史区域"?很显然,《混一疆理图》的制作者心里十分明白,在吐蕃和云南之外,还存在着很大一片过去称为"骠国"和"天竺"等国的地域。但是他缺乏有关这个地域的当代知识,也因而更加对这片地域的实际幅员与形状缺乏清楚的了解,于是只能把他所了解的那些零碎不全的历史地理信息,按其南北东西的大体位置稍带任意地编排在图面上。《混一疆理图》西半幅的形状与大小都严重失实,与制图者对藏缅地区尤其是印度半岛缺乏足够认识有密切关系。

上述这片"历史区域"的东端,可以说开始于吐蕃。它的西

---

① 详见姚大力:《"混一图"与元代域外地理知识》,载同氏:《蒙元制度与政治文化》,北京:北京大学出版社,2011年。

面,则几乎一直伸展到印度河流域的以东地区。只要将《混一疆理图》画在印度半岛西北部的可辨识地名移置于现代地理背景中,就不难发现,本图所反映的有关中亚的地理知识,它的东南边界基本上中断于印度河流域的以东地区(见图4)[①]。这又是为什么呢?

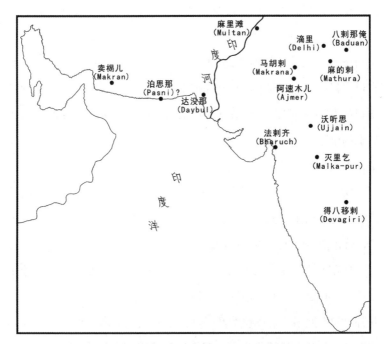

图4 古图印度半岛西北部诸地名之现代位置示意图

《混一疆理图》所记录的这部分域外地理知识,主要来源于当

---

① 对图4上古地名之今地的考释,所采纳的大部分是杉山正明的见解。详见《"混一图"与元代域外地理知识》中的有关讨论。本示意图未包含属于中国领土的任何部分。

日穆斯林世界的地理学,包括产生于波斯—阿拉伯本土的地理学知识,以及经由穆斯林地理学转手东传的希腊罗马古典地理学知识。当时的阿拉伯—波斯地理学家们,对于从中亚朝兴都库什山脉以南方向伸延的陆上地域的地理认识止于印度河流域稍东,这是完全可以理解的。也许正是由于此一原因,《混一疆理图》的东方制作者不得不采用出于另外资源的本土已有知识,用一大堆唐宋历史地名来补全伊斯兰地理学对相关区域的知识空缺。这是我在过去讨论《混一疆理图》是如何对来源于东亚和中亚的不同地理知识从事"拼接"时已经表达过的看法。但是从本文研究的被移入岛上的十五个印度半岛上的地名看,"印度半岛地理知识空缺"论其实还不太准确,亟有必要加以修正。

实际上,这正可以看作是制图者从事"特殊的拼接处理"的第三种情况。如果从这样的认识出发,对前文考释过的那十五个地名,就还值得做进一步的讨论。

如前所述,在十五个地名中,有十二个位于印度半岛南部德干高原,尤其是它的滨海地区。它们与反映在图4上的信息正好可以互补。如果说图4所反映的乃是从西部的陆上方向认识印度次大陆所能到达的最东边缘之所在,那么岛屿状印度所反映的,则主要属于来源于环印度洋航海经验的水上知识系统的信息。

将这十五个注记与对《混一疆理图》上东南亚若干注记的复原放在一起加以考察,问题似乎会变得更加容易说明(见图5①)。

---

① 本示意图未包含今属中国版图内的任何陆疆与海疆。

《混一疆理历代国都之图》中的岛屿状南亚　　　　　　　　　　　　　　273

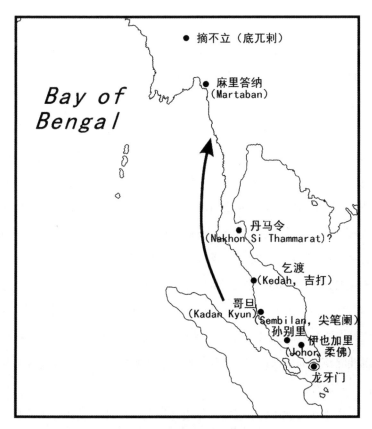

图 5　古图东南亚沿海若干地名之现代位置示意图

　　该图对中南半岛和马来半岛的海陆轮廓线，基本上按前代的《华夷图》依葫芦画瓢，显得模糊而不准确。但由东面绕过今新加坡而进入马六甲海峡后，沿岸的地理信息似即变得清晰起来。自"龙牙门"西北行，该图标识的注记有"伊也加里"（即柔佛）、"孙别理"（即森美兰）、"哥旦"（即缅甸南部海岸的 Kadan 岛）、"乞渡"(即吉打)、"麻里答纳"(即缅甸 Martaban 海湾)、"摘不立"("摘"读作"他历切",音"剔";故摘不立亦即缅甸境内锡唐河中游的"底兀拉")等地,极清楚地显示出穿越马六甲海峡后沿马来半岛和缅甸西海岸直行至孟加拉湾的航海线路。另一方面,自今克拉地峡往西横渡印度洋,可以经由安达曼群岛直抵印度半岛的南端。《混一疆理图》在变形的马来半岛之西大海中画有"鸟答蛮"岛,其中的"鸟"字为"乌"之讹,"乌答蛮"即安达曼。制图者将"印度岛"位置于"乌答蛮"岛之西,这当然真实地反映出从克拉地峡向西直航印度半岛的航海经验,不过是把这段航程画得太短了些而已①。就马来半岛—安达曼群岛—印度半岛南端这三处地点之间的相对位置而言,《混一疆理图》的呈现无疑具有相当现实的成分。

那么,关于这条航海路线的知识,究竟是来源于中国南部,抑或是中亚的航海技术人员呢? 在此图制作的元代后期,以上两种可能性应该说都是存在的。唯其如此,下面所揭示的这个事实就尤其值得我们注意。

出现在岛状印度的德干高原沿海地名与西北印度的若干地名,是作为同一组地理信息被画在这个大岛之上的。由此可以推知,相隔遥远的那两处地名应来源于同一知识系统,所以它们才会被地图制作者编绘在同一个地理单元里。重要的是,像"那乞里""光歹""没特不"等地名,不但其转写风格与唐宋汉语文献所用译名完全不同,而且这些地方也都不在航海者可以直接抵达的远洋路线之上。

---

① 参见何启龙上引文。

这就排除了关于"岛上印度"的知识来源于中国南部水手或唐宋资料的可能，因而它带有强烈的舶来属性。向东方人传达此项知识的人，应该知道南部诸海港与印度西北那些著名地点之间的相对位置关系，于是便把它们以"打包"的方式传达给其东方的邻人们。而东方的制图者则已经完全无法明了，所谓"那乞里""光歹""没特不"，正是古代文献里声名卓著的"那揭罗曷""犍陀罗"和"秣底补罗"等地。

由此我们可以更进一步推知，尽管绘制《混一疆理图》域外部分所用的知识来自穆斯林世界，但这些知识却是经过中国人的"拼接"或整合才形成为一幅完整的世界地图的。从事这一拼接或整合工作的人已经不甚清楚，他所画的那个大岛实际上就是往日"天竺"的所在地域，所以不仅在无意间将大半个印度移入海岛之上，而且还力图用一个"历史上曾存在的区域"去充填被认为是缺乏同时代信息的印藏及印缅结合部的地理空间。

三

《混一疆理图》的海陆轮廓线没有表现半岛状的南亚次大陆。这是否由于它在摹写某幅更为"准确"的世界地图时发生重大遗漏或变形所致？这并不是一个出于杜撰，而是已经被学术界认真地提出来，因而无法再加以忽略的问题。

《混一疆理图》原出于李氏朝鲜。据图上权近跋文，兹乃由朝鲜士人描摹于明建文四年（1402）。图中的朝鲜部分，业已经过描摹者的"增广";中国部分及其以西至于非洲和欧洲的内容,据云主要依据晚元吴门李泽民《声教广被图》,并参以天台僧人清浚《混一疆理图》所载"历代帝王国都沿革"的相关资料画成。此图后为日人取去。原图虽已佚失,幸而尚存六种摹本分藏于龙谷大学、岛原市本光寺等处,并经日本学者发掘介绍而广为学术界所知。此图最引人注意之处,在于它远早于西人发现和绕行好望角,也早于郑和大规模的航海活动,而最先准确地描绘出非洲南端呈倒三角形的海陆轮廓线形状。

按权近之说,《混一疆理图》中国之西的地理信息,主要来自李泽民的《声教广被图》。这幅图的存在,虽有元人乌斯道言及的"李汝霖《声教被化图》"可作旁证①,只可惜原图未能保存下来。清浚的《混一疆理图》,当即乌斯道说到的《广轮图》,明叶盛《水东日记》记其全称为《广轮疆理图》,七年前经陈佳荣悉心搜寻与阐扬,现在已经很容易被研究者利用了。作为《混一疆理图》现存的唯一底图,《广轮图》引起陈佳荣极大的学术热情和研讨兴趣,他将清浚地图摹本上的地名与《元史·地理志》《大元混一方舆胜览》详加比对后指出,除北京、开平、南京等二十来个路府州名称外,全图六百多个地名与《元志》及《方舆胜览》所记地名相同。"可见目前所见到的清浚《广轮疆里图》,基本上可以当成有元一代的舆图成果来加以研究"②。

陈佳荣对《广轮疆理图》的讨论主要集中在两个关注点上。一

---

① 关于乌斯道的文字,详下引。"汝霖"为李泽民之字,应无可疑。
② 陈佳荣:《清浚〈广轮疆里图〉略析》,《海交史研究》2009 年第 2 期。

是他把它看作是"一幅重要的元代全国舆地总图",这样的定位当然是完全正确的。他的另一个关注点聚焦于该图与朝鲜《混一疆理图》,以及明初制作、画有几乎全同于朝鲜《混一疆理图》上之非洲的世界地图《大明混一图》(详下述)之间的渊源关系问题。他敏锐地发现:"仅靠《广轮疆理图》恐难成就《大明混一图》《混一疆理历代国都之图》的偌大规模,更遑论绘出印度、南非那些特有的三角形了。"但是这一原本正确的认识却把他误导向一个很难令人接受的结论,即清浚先曾在元末画出全国舆图《广轮图》,入明后接受官方的委差,主持制作出涵括亚、欧、非三洲范围的皇家舆图,初名《混一疆理图》,在今日存世的图幅上则已更名为《大明混一图》。而绘制于朝鲜的《混一疆理历代国都之图》,其"最主要的参考资料即清浚所主持编绘的《大明混一图》(亦即《混一疆理图》)。换言之,那独一无二的南非'金三角',朝鲜图是抄自《大明混一图》的。至于朝鲜图未画出印度,那是传抄者的问题,不能反过来怀疑《大明混一图》的正确布局及其可能性"[1]。这不啻是说,朝鲜《混一疆理图》上之所以没有印度半岛,实乃由于此图绘制者在临摹《大明混一图》时将它遗落的结果。

正如本文讨论已经揭示的,朝鲜《混一图》上没有像表现阿拉伯半岛那样地画出印度半岛,并不是描摹时因脱漏而产生的变形。那幅图上既有一个由编绘者有意插入的作为"历史区域"的印度,

---

[1] 陈佳荣:《清浚"疆图"今安在》,2007年9月,刊于"南溟网"(http://www.world10k.com)。

又有被编绘者悉心表现为岛屿状的印度,是乃何复脱漏之有?

这里的关键在于,对权近在《混一疆理图》跋文内称该图以李泽民《声教广被图》为主要依据,"而历代帝王国都沿革,则天台僧清浚《混一疆理图》备载焉",我们究竟是否可以采信?

权近所言不见得都很准确。汪前进经检阅现存各种清浚图的摹绘本后指出,这是一幅"中国现实地图"(按,此一见解与陈佳荣同),而不是历史地图,其中"一个中国古都城也没有"①。尽管如此,对权氏关于《混一疆理图》底图为李泽民《声教广被图》的交代,似乎还没有什么坚实的理由予以怀疑否认。相反,从乌斯道有关当日几幅地图的一段比较评论看,权近所言应该是可信的:

> 地理有图尚矣。本朝李汝霖《声教被化图》最晚出。自谓"考订诸家,惟《广轮图》近理。惜乎山不指处、水不究源;玉门、阳关之西,婆娑、鸭绿之东,传记之古迹,道途之险隘,漫之不载"。及考李图,增加虽广而繁碎,疆界不分而混淆。今依李图格眼,重加参考。如江、河、淮、济,本各异流;其后河水湮于青、兖而并于淮,济水起于王屋,以与河流为一,而微存故迹。兹图水依《禹贡》所导次第,而审其流塞,山从一行南北两界,而别其断续。定州郡所属之远近,指帝王所居之故都。详之于各省,略之于遐荒。广求远索,获成此图。庶可知王化之所及,考职方之所载,究道里之险夷,亦儒者之急务也。所虑谬戾尚多,俟博雅君子正焉!②

---

① 汪前进:《〈混一疆理历代国都之图〉绘制与李朝太宗迁都和地方政区制度改革》,未刊稿,蒙作者赐阅。

② 乌斯道:《刻〈舆地图〉序》,《春草斋集》,"文集"卷3。

这篇序言对我们理解元明之际那几幅地图的具体情状及其相互之间的关系实在太重要了，所以不吝篇幅，全文引述在这里。其中总共提到三幅地图。编成最早的是清浚的《广轮疆理图》。从李汝霖，也就是李泽民对它的评价可知，其覆盖范围不出"玉门、阳关之西，婆娑、鸭绿之东"。所以它基本上是一幅中国地图。明人严节在修订翻刻该图的跋文里有"若海岛沙漠，道里辽绝、莫可稽考者，略叙其概焉"等语①，颇令人觉得清浚图里原有的"海岛沙漠"等部分是被严节删削的。所以陈佳荣据此推测清浚原图里有被后人"删略的海外部分"。但是细读李泽民留下的评语可知，严节在翻刻此图时其实没有对它的覆盖范围加以删缩。所谓"略叙其概"云云，因此也只能理解为是严节对原图书写在四周边界处的说明文字所作的概括性描述②。

上述第二幅，即指李泽民的《声教广被图》，唯图名与权近所言微异耳。乌斯道说李图与清浚图相比，"增加虽广而繁碎"；"繁碎"属于他的个人见解，所描述的空间范围大有增加则是一项事实。它足以与乌斯道引录李泽民深为不满于《广轮图》对玉门以西的古迹、道途"漫之不载"的话互为印证。这条证据，既从侧面反映出《广被图》与《广轮图》的一个重大区别正在前者的描绘对象要远大于后者，也可以让我们相信，权近所言《混一疆理图》覆盖

---

① 语见叶盛：《释清浚〈广轮疆里图〉》，《水东日记》卷17。
② 例如本图在西北边界处写有一段文字曰："自西宁西北五十余里至金山。其西二百里即阴山也。其间皆崇峻岭、深绝洞。又西北数千里至铁门。"其东南边界处则记曰："自泉州风帆，六十日至爪哇。百二十八日至马八儿。二百余日至忽鲁没思。"余不赘举。严节所谓"略叙其概焉"，盖即指此而言。

空间"颇为详备"系得益于李图，绝非妄托之虚言。

还有第三幅图，是为乌斯道为之写序的那幅《舆地图》。此图之存在，似尚未引起注意。上有"帝王所居之故都"，但"略之于遐荒"，即没有幅员广袤的海外部分。这是不是就是权近所称"备载""历代帝王故都沿革"并且被他与清浚《广轮图》混为一谈的那幅地图呢？

因此，我们应当可以相信权近关于《混一疆理图》底图的说明，即它就是元人李泽民绘制的《声教广被图》。

现在还需要讨论一下朝鲜《混一疆理图》及其底图，也就是李泽民图与《大明混一图》的关系问题。

《大明混一图》收藏于国家第一历史档案馆。1990年代以来，随着它的缩印图版经由《中国古代地图集》刊布，遂开始被越来越多的人所了解。该图随明清更替而由明廷藏品变成清宫档案，图上的汉文注记也被用逐条粘贴的满文标签覆盖。由缩印图版仅能观察到地图的总貌与规模，至于图上的注记则根本无法看清楚。除日本京都大学曾从原藏机构获得一份复印件外，中国学术界要接触到本图可以说是万分困难。位于上海的国家航海博物馆虽然展出了一件同样的复制品，但似乎是出于故意，它被悬挂在一具只配置了昏暗光照的玻璃立柜里，想要辨认图上的注记文字，仍然是一件完全做不到的事情。我们应当有这样的自信，一幅六百多年前的地图，是不可能有损于现实的或潜在的国家利益的。

就图上的海陆轮廓线而言，《大明混一图》与《混一疆理历代国都之图》两者尽管非常相像，但还是有一个重要的区别。这就是前者在中亚以南画有两个半岛，是为阿拉伯半岛和印巴次大陆半岛；

后者则只有一个阿拉伯半岛,而未画出印度半岛。但是此种差别显然并不只是存在于这两幅制作于明初的图上。按上面的讨论,《混一疆理图》的底图为元人李泽民的《声教广被图》。《大明混一图》对域外地理的描绘,必定也使用了起源于元代的资料;从两图海陆轮廓线的相像之处,甚至完全有理由认为,《大明混一图》在很大程度上参照过与朝鲜《混一疆理图》相同的底图。于是我们的问题也就转变为:如果两者果真参照过同一幅底图,质言之,如果它们确实都以李图作为底图,那么在《声教广被图》上到底是只画了一个,还是画上了两个树干状的半岛?

由于李图已经失落,要直接回答这个问题是不可能了。但是我们还拥有一件可以据以间接地回答这个问题的证据。这就是明人罗洪先刊刻的增纂《广舆图》里的《西南海夷总图》。罗洪先本人明言,他曾看见过"李泽民'广舆图'",并取之以为"书图"之参考①。

《西南海夷总图》上也有一个岛状印度,上面共有十六个地名注记。其中十三条注记与朝鲜《混一疆理图》相同或仅有小异,如"马八儿"误写作"马人儿","加益"讹为"加盆","干支不南"写成"千支不南","那乞里"作"那里乞"之类;另有两条出入较大,朝鲜《混一疆理图》上的"直坛"与"尼伽南"在《海夷总图》里分别写作"真垓厄加"和"袜南";有一条未见于朝鲜《混一疆理图》,即"痴入兰州"(此详下说)。最有意思的是,尽管由于此幅地

---

① 罗洪先:《跋〈九边图〉》,《罗念庵文集》卷10。《西南海夷总图》只见于《广舆图》的较晚刊本中,对它的来源,现在还莫知究竟。但我还是相信,它系依据《混一疆理图》祖本《广被图》绘制而成的一幅局部图,未必与《大明混一图》有直接关联。

图的主题是位于非洲南部和东亚—东南亚大陆之间的"西南"海域,所以在本图幅之内既未呈现出阿拉伯半岛,也没有印度半岛,但二者的缺位原因却大不相同。图 6 呈现的是将三图内相关海陆轮廓线重叠后的效果(见图 6)。

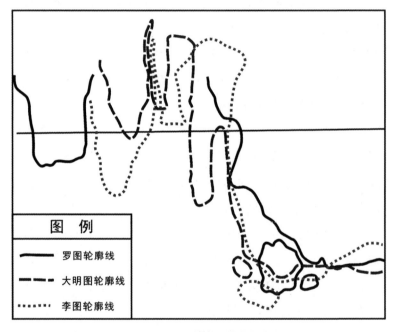

图 6　三图轮廓线的叠加

由上图可知,其中没有阿拉伯半岛,是因为根据本图主题来截取的图幅内,本不可能包括其最南端亦未能进入截取图幅范围的阿拉伯半岛。但是《大明混一图》上的印度半岛就不一样了。如果罗洪先的截图是取自一幅类似《大明混一图》那样画有印度半岛的底图，那么在他的这幅赫然呈现非洲南端的截图上，必定也要画上被原图表现得远比非洲更向南伸延的印度半岛南部海陆轮廓线。可是它事实上并没有出现。这就十分有力地证明，《西南海夷总图》所依据的底图，在印度洋内只可能画有一个树干状的阿拉伯半岛，而没有半岛状的印度。也就是说，从同以《声教广被图》为底图的朝鲜《混一疆理图》与罗洪先《西南海夷总图》足以推知，在李图上确实不存在一个半岛状的印度。

所以本文的结论是，朝鲜《混一疆理图》与差不多同时绘制的《大明混一图》共享了同一个底本，是即元末李泽民的《声教广被图》。但稍前编绘的《大明混一图》却还利用过同属于元代或明初官方档册里的其他域外地理资料，故得以对李图进行某种校订修正[1]。其中最为重大的一处修正就是在图中增加了一个树干状的印度半岛，因而也就在南亚方向上的海陆轮廓线方面比李图、朝鲜《混一疆理图》，以及罗洪先《西南海夷总图》都画得更为准确一些。

当然，由这样的结论又会产生出若干新问题。首先，是什么原因使李泽民会在他的地图里把印度半岛变成了南海中的一个岛屿？其次，在已经新增了印度半岛的《大明混一图》里，朝鲜《混一疆

---

[1] 事实上，《大明混一图》所从事的修订，还远不止于印度半岛一处。据日本学者将日本所藏六件《混一图》摹本（包括天理大学藏《大明国图》，它也没有印度半岛，因而属于朝鲜《混一疆理图》系统，而不同于《大明混一图》）与《大明混一图》的各种细节进行比较的结论，北京一档馆藏《大明混一图》与其他六种地图之间的差别最大。见金田章裕、杉山正明、藤井让治：《大地の肖像》，京都：京都大学学术出版会，2007年，页448—445。

理图》用以承载印度地名的那个大岛依然存在着。不仅如此,从宫纪子出版于2007年的专著所刊布的《大明混一图》截图里,我们还可以勉强辨认出该大岛最东面的第一个满文注记,它正是"马八儿"①。那么除该地名外,该岛上的其他注记与朝鲜"混一图"相应位置上的注记究竟是否相同或相似? 如果二者不同,明图的相应注记到底写了一些什么? 如果明图这个大岛上的诸地名竟然真的与朝鲜《混一疆理图》相一致,由此又需要回答以下问题:既然有了印度半岛,为什么原来被移植到南海大岛上的诸地名依然如故地存在于明图之上? 倘若印度果然还在那个海中大岛上,那么在新增的印度半岛上出现的三十多条地名注记,其所指又都是哪些地方?

四

出于很偶然的机会,得见从海外辗转传来的《大明混一图》图像片段,内中恰好包括岛状印度及印度半岛。这就为我们回答前述困惑提供了某种可能。

先说岛状印度。贴在汉字地名上面的满文注记,与《混一疆理图》的汉名可以说几乎完全一致。现在把《混一疆理图》与《大明混一图》上岛状印度的汉文地名、满文注记及源词转写对照排列如下;明图上有个别地名的满文贴签脱落,仍按原汉字标出。

---

① 宫纪子:《地図は語るモンゴル帝国が生んだ世界図》,日本经济新闻出版社,2007年,页228—289。

《混一疆理图》	《大明混一图》	源 词
马八儿	Ma-ba-el	Ma'abar
加益	Giya-el	Kayal
俱南	Gio-nan	Kollam
阿留	阿溜	Alwaye
马剌里	Ma-la-li	Mangalore（今名）
美那它	Mai-na-ta	Mahratta
那乞里	Na-ki-li	Nagarahāra
干支不南	Chiyan-ci-bu-nan	Kāñcipura
沙里骨［普］的	Sa-li-gu-di	Solipatam
尼伽［不］南	Ni-giya-nan	Nagpuram
丹饶尉	Tan-rau-io	Darwad（今名）
光歹	Kuang-dai	Gandāra
乌爹	U-diye	Odia
没特不	Mu-te-bu	Mudawār
直［真］坛	Jan-nan	Chandrapur（今名）

从上面的对照不难看出，满文注记实际上是对原有汉字注记的读音转写。其中只有两项微误。一是"干支不南"的"干"被转写为"千"（chiyan），想必这是所据汉字注记已误"干"为"千"的缘故。这一错误同样发生在前述罗洪先的《西南海夷总图》里。另外，地名表的最后一项里的汉字"坛"，满文转写为 nan。对此目前尚找不到比较合理的解释。

非常有意思的是，在《大明混一图》岛状印度的最西边，还多出了一个地名，满文写作 Jy-ba-la-do。勘阅今图，它显然是对印度半岛隔阿曼湾相望的阿拉伯半岛东南角上 Al-Jibal Al-Akhdar (the Mountain of Akhdar，译言绿山) 山脉的译音。该地名读为 Al-jibal *at-aqdar*，若省略定冠词成分 *al-*/*-at*，读音变成 *jibal-aqdar*，与满文记音最近。多亏此条满文注记，我们才弄明白罗洪先《西南海夷总图》中岛状印度的"痴入兰州"到底是怎么回事：它很可能是从"痴八兰丹"一名中至少抄错了两个字的结果。"痴八兰丹"音近 *ji-ba-la*[*n*]-*da*[*n*]，表明《海夷总图》所依据的李泽民《声教广被图》，在岛状印度确实有十六条而不止十五条地名注记①。朝鲜《混一疆理图》或许在转绘过程中放弃了其中那条看似荒诞不经的注记。

《大明混一图》既已完整地保留了朝鲜《混一疆理图》里的岛屿状印度，那它在新增加的树桩形印度半岛上所标注的，又是一些什么样的地名呢？

在总共三十七处陆上地名里，留有满文注记者共二十一处。另有十六处满文贴签已脱落；但在露出的汉字注记中，能完整辨识的似只剩下七处地名。其中较有勘定把握的不过两条。一曰高思。该地被标示在次大陆最北端，当即瞻部十六大洲之一的迦尸国（Kāśi）旧地，都城在婆罗疪斯，今名瓦腊纳西（Benaras）②。其二为南部岛端之"加失"，此系 Kishm 的译音，波斯湾内的最大岛屿。今名卡伊斯岛，系出于葡萄牙人对该名的读法（*Keshm* > *Queixome*）；宋元音译为"记施""怯失"③。

---

① 清代的满文转写者所见汉文注记，后两个汉字都未带鼻音 -*n*，所以它们不会就是罗图里的"兰丹"二字。可见他们所据李泽民图，与罗洪先看见的版本还有些不一样。

② 《古代南海地名汇释》，页 970。

③ Hobson-Jobson, p.485；《古代南海地名汇释》，页 970。

其他还有几条，其比定多带不太严格的猜想性质，故不一定可靠（见图7）。

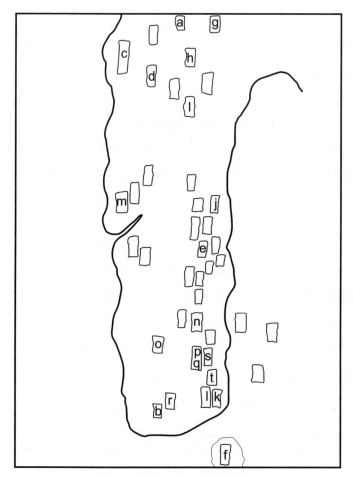

图7 《大明混一图》上的南亚半岛

说明：带小写字母的方框内的地名已经考订，今地见图2"'大明图'注记"标注相应字母的所在地；不含字母之方框内的地名尚无可考。

"马哈撒里马那耶",不知是否古代古吉拉特的首府Śrīmāla-paṭṭana,或称Śrīmāla,亦以Bhinmal知名,距Abu山之西五十英里①。

"马的你耶",将"你"字的声母置换为l-,则该地名的读音颇与Madhurā相近。城在今北方邦Mathura西南五英里处的Maholi,唐译"秣菟罗"②。若然,则它就是《混一疆理图》原已画在印度洋以北大陆上的"麻的剌"。因信息来源不同,汉语译音也不一样,可能出现个别重复标注的情况亦不难理解③。

"没只里",或即唐宋时的"没巽"或"没巡",是为波斯语对阿曼的称呼Al-Mazūn之音译,一说亦可指阿曼湾北岸的Suḥār港(今名Sūr)④。按汉语方音多-l、-n相混的义例,ma-zu-n恰可音译为"没只里"。

此外,在印度半岛以南的大岛上,在满文贴签脱落处可以勉强辨认的汉字,或为"北阿拉"(末字"拉"尤其模糊)。若然,它应当就是Piagalla之译音。是为古代斯里兰卡北部的一个重要通商港,《岛夷志略》译为"明家罗"⑤。

满文注记的地名中,目前大致可予勘同者,约有十二三条:

---

① *Historical Geography of Ancient India*,p.330.

② Ibid., p.107.

③ 《大明混一图》在《混一疆理图》标注"麻的剌"的相应位置上,是否也有相同的注记?这个问题需要查看该图的这一部位才有可能知道。目前因不具备此种条件,只好存而不论。

④ F. Steingass, *A Comprehensive Persian-English Dictionary*, London: Goutledge & Kegan Paul, 1977, p.1224;《古代南海地名汇释》,页999。

⑤ 《古代南海地名汇释》,页1020。

Na-ma：即 Rāmpur，唐译"蓝摩"，在今北方邦巴斯提县①。

Ma-ke：汉译"摩揭"，即"摩揭陀"（Magadha）。按，"揭"字的南部方音仍保留着中古时的入声尾辅音-t，故不必另用"陀"字来音写源词的末音节-dha 亦可。该古国的位置大体在今比哈尔邦的巴特那（Patna）和加雅（Gayā）地方②。

Ju-ba-la：即今 Jibalpur，译言山城。其地在中央邦。

Te-na-la：今代纳利（Tenāli），即唐时之驮那羯磔迦，其国都在今 Dhāranikotta③。此名后一半-kotta，泰米尔语译言山地、地带。是则 Tenāli 与 Dhārani，仅为-n- 与-l-/-r- 倒错之同名也。

Wai-ja-la：似在印度半岛东南隅，Madurai 以东海岸上的 Vēdālai④。它与马八儿所指，几为同地。不过马八儿是一个地区，而 Wai-ja-la 则为该地区内一个居民点。

Ma-ga-da-la：疑即科罗曼德尔海岸之西的马痕德拉（Mahendra）山脉。

A-giya-se-wei：颇疑此名为 A-giya-de-wei 之误写，殆因汉字转写将"迭"误写为"失"字所致。是则其地即印度西岸果阿的 Anjidiv 岛，明译"阿者刁"⑤。div 即 diva/dipa，梵文原意为半岛，后亦用指近海岛屿，明代多音写为"迭微"。深入大洋之中的岛礁，

---

① 《大唐西域记校注》，页 526—527。
② 同上书，页 620。
③ 同上书，页 840。
④ Beadala, in Hobson-Jobson, pp. 76-77. 这个 Vēdālai，与 Madurai 似为同源地名。
⑤ 《古代南海地名汇释》，页 472。

则称为"溜"。

Cun-du-ma：即 Chandapur，明译"缠打兀儿"，在今果阿地区。

Ma-lu-wa：即今马尔文（Mālvan）；《郑和航海图》译为"麻楼"。与这个地名的对音密合者，另有 Malava 之地，唐译"摩腊婆"，其地在坎贝海湾东北①。唯据《郑和航海图》，麻楼在坎贝海湾（图上写作"坎八叶"）之南。故此处之 Ma-lu-wa，以马尔文当之更为适宜。

Ku-shi-ga-ni-cyi：我以为该词实际上含有两个地名，分别是 Ku-shi 与 Ga-ni-cyi。Ku-shi 即古吉拉特邦的 Kutch 海湾，又作 Kachchh 湾，《郑和航海图》写作"客实"。而 Ga-ni-cyi 则是与之隔阿拉伯海相望的 Kalhāt，位于阿曼东部海岸线上，在历史上曾取代位于其南面不远的 Suḥār，成为该地区最重要的商港。它在 17 世纪中叶完全衰落。取而代之的则是比它更靠北的 Muscat（详下）。该地的汉译古名称作"加剌哈"或"伽力吉"。后者与这个地名的满文转写形式最为接近②。

Su-gu：应为今巴基斯坦境内印度河畔的 Sukkur。

Ma-su-ko：Maskaṭ 的音译，今名 Muscat，地在阿曼东岸。

A-dan：即今也门首都亚丁，明译"阿丹"。

以上这些大体可以比定的地名，似乎已足以让我们放心地认

---

① 《大唐西域记校注》，页 900—901。
② 《古代南海地名汇释》，页 307、431；Wilkison，Ḳalhāt，*Encyclopaedia of Islam*，Vol.4，Leiden：Brill，1997，pp.500-501。

定,《大明混一图》编绘者的心里,确实是把那一长条树干状的陆地当作南亚次大陆来看待的。

不过,画在半岛上的地名中有些已越出该地域范围,向西延伸到波斯湾（卡伊斯岛）、阿曼（Kalhāt、Muscat）,甚至更远至红海南口的亚丁港。它表明这批地理信息来自往返于印度洋,特别是阿拉伯海域的航海家。把它们以"打包"方式一股脑接收下来的地图编绘者,缺乏能力对它们进行精细的再分辨,将其中不属于印度半岛的地点剔除出去。

不仅有些不该画在半岛上的地点被误置于其中,即使应当画在岛内的那些地点,也有很多与其实际地望全不相符合。已能辨认的那些地点,大部分应位于（或超出）半岛西岸,但从地图呈现的面目来看,注记占多数的地方是在半岛东岸。西岸地点被误置于东部者,可能不少。尤其突出的是,自缠打兀儿直到加失为止,在位于半岛最南端的十个地名注记里,有八个应当移置到西岸甚或更西。由此可见,尽管《大明混一图》编绘者所拥有的关于南亚半岛的地理信息已相当翔实,他甚至对半岛的形状也已有所了解,并在这一点上明显优长于画出《声教广被图》的李泽民以及《混一疆理图》编绘者,但是他对半岛上各种地理要素之间在"大地轮廓"中的种种相对位置,仍然缺少比较准确的综合认识与整体把握。

那么,《大明混一图》的编制者,到底知道《声教广被图》上的那个大岛实际上就是他自己已在《大明混一图》上另行呈现的印度半岛吗？从他将这个大岛原原本本地描摹到《大明混一图》上的事实来看,他似乎不知道这一点。不然的话,他怎么会在《大明混一图》里一笔画出"两个印度"呢？

然而事情并不那么简单。制图者中间只要有人对当日南海稍有所知，一见到李泽民图所绘大岛中的若干地名，诸如"干支不南""马八儿""俱蓝""伽益"之类，就不会不想到它们与印度之间的某种关联。不仅如此，南海航线上最著名的这些港口或地方，都未曾出现在《大明混一图》新增的印度半岛上。与其以或然性缺失视之，不如认为它是出于故意的安排。新增半岛上现在可以确知其所指为何的那些地名，与岛状印度上的地名完全不相重复。这似乎暗示出，地图编绘者在图中半岛上有意识地规避了已被标注于岛状印度的所有地理要素。也就是说，他们对《大明混一图》里或许出现"两个印度"的可能性，至少有一种含混不清的感觉。

既然如此，明图编绘者又为何不把李图写入岛屿状印度范围内的那些地名，统统搬到明图新增出来的半岛上去呢？它最可能是由下述局限性所致。

东传到当日中国的那些伊斯兰的世界地图本身就带有某种不足。前现代穆斯林世界的数学和天文学所达到的高度发达的水准，与完全可能在此基础上充分发展起来的地理及星球制图的实际状况相比，存在很大的反差。这可能与穆斯林地理学家不太注重用图绘方式来呈现复杂的地理信息有密切关系。文献记载中著名的《玛蒙世界大地图》或许属于特例，现存的伊斯兰古地图都是随附在大篇幅文字中的插图。而其中的世界地图则比各种分区地图显得更加简略。"就那些从叙述文本中发现的地图制品而言，似乎可以说它们起到的只是附属于文本叙述的发蒙或图解的功能"①。因此大量复杂详尽的已知地理信息,并没有被反映在这些简略的世界地图上。曾经有学者以为,"穆斯林天文学家和地理学家遵循着不同的传统绘制世界地图、区域地图,以及航海图(sea-carts),直到他们的中世纪制图技术在现代被替代为止"②。但对于作者提到的印度洋穆斯林航海者制作海图的"地方性技术",实际上缺乏能使人认可的坚实证据。因而也有学者主张,中世纪航行印度洋的穆斯林水手并不使用真正意义上的海图③。

因此完全可以想见,在传入中国的世界地图上,并没有详细地标有印度半岛沿岸各地的主要地名。《大明混一图》的描摹者虽然据此稍可了解这一地段的海陆轮廓线,但他还必须把来源于印度洋航海经验的许多地理信息自行整合到半岛空间之中。由于制图者对印度洋还只有很不充分的知识,他或许无法确定,李泽民《广被图》上的岛屿状印度是否绝对画错了位置。所以他没有贸然将岛上地名

① J. B. Harley, & D. Woodward edit., *The History of Cartography*, V.2, book 1, Cartography in the Traditional Islamic and South Asian Societies, Chicago: The University of Chicago Press, 1992, pp.4-7.引文见页5。

② S. Maqbul Ahmad, Kharīta, *Encyclopedia of Islam*, V.4, Leiden: Brill, 1997, pp.1077-1083.

③ *The History of Cartography*, V.2, book 1, Cartography in the Traditional Islamic and South Asian Societies, p.259.东部穆斯林世界的南海航行,已普遍使用类似《郑和航海图》那样帮助记忆航线所经之地的示意图或文字本航海手册;不过它们都还不是能真正用于导航的海图。出于葡萄牙人之手的 Alberto Cantino 地图(1502年)对印度洋的绘制,显然采纳了源于各种阿拉伯航海示意图或航海手册上的诸多地方性地理信息,但从中仍看不出东部穆斯林世界存在海图的迹象。见 *The History of Cartography*, V.2, book 1, pp.260-262.此处分析似乎颇值得我们在综合考察穆斯林世界有关印度洋及印度洋航海的知识对《郑和航海图》的影响时用为参照。

归并到新增的半岛上去,而宁可保留着李图上那个岛屿状印度,只是设法避免两处地名发生重复而已。

那么,李泽民《广被图》与朝鲜《混一疆理图》上只有一个树干状半岛的印度洋海陆轮廓线,又是否源于穆斯林地理学的世界地图呢?

继承托勒密学说的穆斯林地理学传统,确实在世界地图上的印度洋里只画有一个阿拉伯半岛。正如我们在"伊德里西(al-Idrīsī)地图"上所看见的,在阿拉伯半岛以东,海岸线基本平直,只是在被画得特别大的"细兰"(即今斯里兰卡)岛对岸,才有一个很小的倒三角状突起。然而托勒密系统的世界地图把非洲南部画得极大。那片"未知之地"(Terra incognita)从红海口向东伸展,一直抵达亚洲东端之南,把印度洋变成一个内海或极深的海湾。李图上的非洲形状表明,它绝不是比照托勒密系统的世界图画出来的。

另一方面,从比鲁尼(al-Bīrīnī,973—1048)开始,基于本土研究的穆斯林地理学已经移除了非洲南部那片"未知之地",使大西洋与印度洋在非洲南端汇通,并且在印度洋的海域中明确画出了阿拉伯和南亚两大半岛①。属于这个系统的中世纪后期穆斯林世界地图中,甚至在托勒密学说影响下属于"巴里希学派"的所谓"Hawqal 第三组"里的世界地图②,阿拉伯半岛与印度半岛都已同时出现。换言之,传到东亚的未画非洲南部"未知之地"的世界地

---

① 比鲁尼世界地图见 The History of Cartography, V.2, book 1, p.140。并可参见卡兹维尼、巴尔·赫卜勒斯、穆斯涛非的世界地图,分别见于上引书页 145、148、150。
② 见上引书页 140。

图，不可能只有阿拉伯半岛而没有南亚半岛，更不可能在"细兰"岛外还有一个"印度岛"。

因此我们的结论只能是，如果《广被图》上的岛状印度是李泽民所加，那么该地图西半部分所据底图，必定是一张残缺不全的穆斯林世界地图。李泽民本人甚至已经不自觉地发现，原图上缺少一块足以容纳属于印度地区有关地名的空间。当然，如果他看见的底图上本身就已存在岛状印度，那么将它补画到缺损了印度半岛的那幅世界地图之上的，也许就是更早于他的另一名东方绘制者。总之，在描摹一张画有岛状印度的世界地图时漏描了图上的古代印度半岛，这种可能性可以说是绝对不存在的。《广被图》和《大明混一图》都不是对一幅舶来世界地图的简单描摹而已，它们在某种程度上也体现着东方制图者对如何在一张图上整合这些世界地理知识所获致的思考成果。

（本文系由以下三篇文章组合而成：《"混一图"与元代域外地理知识》，《蒙元制度与政治文化》，北京：北京大学出版社，2011年；《"混一疆理图"中的印度半岛》，《史林挥麈：纪念方诗铭先生学术论文集》，上海：上海古籍出版社，2015年；《〈大明混一图〉上的两个印度》，《复旦学报》2020年第1期）

腹地亚洲边疆与中国历史

——读《中国的亚洲内陆边疆》札记

一、引言

本书作者拉铁摩尔是一个被涂上太多样的强烈色彩的奇人。他是从未获得过高等教育学位的美国和英国大学的常任教授。他平生最感自豪的，是能在不带翻译的情况下做到广泛地游历中国北方三大边区，即满洲、内蒙古和新疆，"每到之处，都需要用不止一种语言从事交流"。他曾被冷战中的双方分别指控为共产主义间谍、导致美国"丢失"中国的罪魁祸首，以及"反动学者和美帝国主义的特务"。他又是最早受聘为蒙古国科学院外籍院士、最早接受蒙古国政府颁授给外国人的最高勋章"北极勋章"的西方人。作为20世纪50年代麦卡锡主义的罹害者，他至今被人批评为"至少在道德上、智识上和政治上是错误的"。但也有人以为，拉铁摩尔事实上"比他本人所知更多地受操控于国民党人蒋介石，以及共产党人冀朝鼎和陈翰笙"。还有人断言，如果可以说他终生有过两个被他所深爱的对象，那么二者最有可能首先是腹地亚洲，然后是他的妻子埃莉诺。拉铁摩尔确实具有某种与针对他的所有这些臧否相关联的性格特征，那应当就是他对于弱势人群的天生同情心，和过于简单因而也使他特别容易受蒙骗的理想主义眼光。

　　就研究中国北方和西北边疆，及其与东半部发达中国之间的历史关系而言，1940年出版的《中国的亚洲内陆边疆》（以下简称为《中国边疆》），在拉铁摩尔所写的近二十部著作里，可能是最有经典性和生命力、最难读懂并且也远没有过时的一种。在今天，为理解本书"采用互相交缠在一起的大量工作假设、理论原点和概括性陈述而展开的对东北、蒙古、新疆、西藏，以及东部中国历史、地理、经济与族群的跨领域讨论"，有两种很值得参考的资料应予介绍。一篇是詹姆斯·考顿《亚洲边疆的民族主义：欧文·拉铁摩尔与美国的政策辩论》（1989）一书的第三章（"内亚各边疆地区"）。狄宇宙认为，它可以被当作再版《中国边疆》时最合适的导论。另一种则是罗威廉在2007年发表在《亚洲研究杂志》上的长篇评论《欧文·拉铁摩尔、亚洲与比较历史》。该文从西方思想史的角度，揭示出拉铁摩尔藉以思考和分析位于中国的腹地亚洲边疆历史与现实局面的那些理论、观念和方法的背景和来源——他经常会放弃一度采用过的某些见解，并转而对曾被自己当作学术资源来汲取发挥的那些观点进行甚至是有点严厉的批评。但是我以为，《中国边疆》还有一个十分鲜明的性格，基本上还没有被先前已有的评述充分地注意到。

　　《中国边疆》的写作，需要靠大量的相关细部的实证研究来支撑。它们部分地来自拉铁摩尔在实地勘察中捕捉、提炼和解剖关键性细节的锐利思考力，还有很大一部分则来自其他学者们的著述。不过像作者的其他著作一样，本书并没有对这些细部研究本身作详细的展开或考辨。从本书中我们也很容易辨析出当时流行的诸多社会学、人类学和政治学理论给予拉铁摩尔的影响。不过他同样没有在其中去从事对这些理论问题本身的讨论追问。拉铁摩尔要做的，乃是从这些成果出发，或者说是在这些被他当作现成素材的基础上，去勾画一幅关于中国边疆问题的宏大、连贯的总图景。从本书字里行间，我们经常能读出作者的匠心，却一点也找不到平庸琐屑的匠气。在三十多万字的庞大叙事里，蕴含了太多闪耀着智慧光芒的、带原创性的灵感或思想片段。它们往往是被平实简略的叙事进路引向水到渠成的当口，好像是在全然不经意之中被作者轻轻拈出的。只是三言两语，点到为止；没有更多的论证，也没有更多有关其适用性的发挥。然而这样一些思想片段，却在直到现在为止的人类学或历史学相关研究中，分别成为被着重加以发展、引申与推进的核心观念。很少有像《中国边疆》这样的学术著作，在它出版七十多年之后，在它据以展开论说的许多具体知识早已被更新的情形下，依然具有丰富的参考价值，而不仅是留在有关领域的研究史目录中的一项记录而已。有些不从事中国边疆史地研究的评论者以为，拉铁摩尔的影响力，主要体现在关心亚洲政治和美国外交政策的非专业读者群之中。这种估价恐怕有点外行。事实上，《中国边疆》的学术影响经久而不衰，最像中国人用来描写梅花的那种"暗香"，幽渺而不绝，既灭而复著。

二、蒙古高原游牧人群的起源：与司马迁、王国维观点的比较

拉铁摩尔有一个重要贡献，经常被人们多少有些不准确地界定

为关于"草原游牧方式之起源"的讨论。但他的思考的真正聚焦点，其实是游牧制度在蒙古草原这一具体地理环境内形成与发育的历史过程问题。然而即使在澄清这一点之后，拉铁摩尔的见解仍然很容易被读者误解。这是因为游牧经济在蒙古草原上产生和兴起的地带，实际上并非止于一处而已。

《中国边疆》一书所欲考察的最核心的问题，是中国西北及北部边疆与东部发达地区之间的关系问题。所以作者极其重视长城沿线的农牧混合带在蒙古草原游牧制度起源中的历史地位。他指出，标志着分割农牧地区边界的长城，不能仅仅视为一条线。"线的边界概念不能成为绝对的地理事实。政治上所认定的明确的边界，却被历史的起伏推广成一个广阔的边缘地带。"[1]这是因为从黄土地到草原的生态转变不存在一条显著的界线，而只是从雨养农业地区到半灌溉地区，再到非灌溉地区。就在位于草原边缘的农牧混合带，从"部分专业化的以农业为主的中间社会"里，一部分居民由于"脱离了旧有专业化或半专业化路线而产生"出一种新的专业化与进化的路线，游牧经济制度于是起源并发展起来。他写道，草原游牧经济的主要来源，"是草原边缘上的一种特殊的农业。从事这种农业的社会群体，由于不能向更好的土地移殖，所以无法发展专业化的农业"（页39、页208—209）。正是在这一意义上，他用一种很容易被误读的口吻宣称，公元前4—前3世纪突然出现在蒙古草原上的游牧型"'新'蛮族"，也许大多数与原来生活在农牧混合带的"旧蛮

---

[1] 《中国的亚洲内陆边疆》，唐晓峰译，页156。以下凡引述本书，仅注页码。

族"属于同一个人群（页 41）①，他们"大都是因汉人的发展而被迫自中国北部及西北部的贫瘠地区，退到草原上去的'蛮族'部落的后裔"（页 179）。不过在另一些地方，他把自己的意思表达得更为精确。例如他说，匈奴游牧集团中"至少有一部分原是秦国北部边疆前游牧时期的戎、狄"（页 288）。他又说，"真正游牧民族"中"至少有一部分是从'旧社会'前汉族中的蛮族演化而成的，虽然他们也有另外的来源"（页 231）。是汉族的发展把保留着戎狄身份的这部分人群推入草原新环境中，在那里，他们不再像中国南部的土著人群那样成为注定要被汉化的"前汉族"，而是转变为蒙古游牧社会里的"非汉族"（页 228）。

十分明显，在追溯游牧于甘青高原谷地的"羌"人起源的晚近研究中，拉铁摩尔的这一分析理路发挥出十分有力的作用。但是当研究者试图使用同样的解释框架，在汉地社会边缘的农牧混合带去寻找蒙古高原游牧人群的起源时，情况就完全不一样了。拉铁摩尔像是早就预见到在这个问题上可能产生的混淆，因此他又明确断言，尽管"在汉族农耕环境的边缘迅速兴起了一种新的与汉人不同的地方性生活方式"，中亚及蒙古的游牧制度并不"完全是原始民族从黄河流域后退到草原的结果"（页 106、页 228）。他指出，"亚洲内部游牧经济的起源地至少有三处：西伯利亚森林的边缘、中亚绿洲的边缘，和中国北部草原的边缘"（页 106、页 208）。活动于这三处起源地的人群是不一样的。被汉人的扩张活动逼到草原边缘农

---

① 此处对原书汉译文本稍有改动，以下凡遇到类似情况，不再一一注明。

牧混合带的戎狄,"在人种学上也许与汉族差别不大"。他们"是残留于汉文化发展所及地区的后卫",是"汉族本源的民族中比较落后的一支"(页223)。他们也许部分地融入了那个突然膨胀起来的草原游牧人集团,但绝不是组成后者的主体成分。拉铁摩尔强有力地反问道:"如果草原社会的形成是基于一部分'旧社会'边境的残余人群,而这些人群又与汉人同源,那么,为什么草原的主要语言属乌拉尔—阿尔泰语系,而与原始汉语完全无关呢?"(页290)

草原人群语言的独特性确实是一个最雄辩的事实。"任何的汉语方言,从汉地带到草原时,都不能在自外面传入游牧民族的非汉语的乌拉尔—阿尔泰语系的包围中保存下来。"(页330)拉铁摩尔据此质疑司马迁的《史记》试图构建一个北方非华夏人群从戎、狄到胡、匈奴的演变层序,并由此引出"新的名称并不代表新的民族,而只是从旧民族中发展出来的新团体"的错误历史见解(页286)。他指出,之所以会产生如此误解,是因为在司马迁所要考察的游牧方式的动力源从汉地社会边缘的农牧混合带移向草原的其他边缘,并进而又从那里移入草原深处时,"正统派的中国历史学家就无法了解游牧社会的情况了"。因此司马迁的叙事,总是力求在更古老的边缘性蛮族生活方式和位于开放草原上一种新蛮族的游牧方式之间,"维持着一种连续性,哪怕面对的是一种新蛮族生活方式,却仍不证自明地采用了老一套的处理方法。就好像对诸如蛮族起源那样的问题,本不必加以细致检讨"(页290)。

上面的批评,显然不只针对司马迁。拉铁摩尔在写作本书时,已经通过间接途径了解到王国维著名论文《鬼方昆夷玁狁考》的主要结论（页221—222，并参页222上的注七与注八）。按照近现代中国的这位伟大学者的看法，"古之獯鬻、猃狁，后人皆被以犬戎之名。……尔后强国并起，外族不得逞于中国。其逃亡奔走、复其故国者，或本在边裔、未入中国者，战国辟土时，乃复与之相接。彼所自称，本无戎狄之名，乃复以本名呼之。于是胡与匈奴之名，始见于战国之际。与数百年前之獯鬻、猃狁先后相应。其为同种，当司马氏作《史记》时盖已知之矣"。王国维赞同司马迁的看法，把分别以獯鬻、猃狁为一组，戎狄为一组，以及胡与匈奴为一组的异族人群名称，视为只是对同一人群在不同时序中被赋予的不同称呼。而拉铁摩尔则以为，在这个问题上，"现代中国历史批评家们也受旧传统的影响"，因而多倾向于"只注意通过研究名称来考察"不同人群的来源问题。戎狄和匈奴是两个完全不同的人群范畴。戎狄被华夏从兼宜农牧的地域逐渐挤压到农牧混合带边缘。因此，汉文记载里的"戎狄入侵"，并不是"从蒙古及中亚已经发展的游牧社会侵入中国"，它在很大程度上是对华夏在原来由戎、夏共享的地区内经营土地扩张的回应；并且这种回应总的说来是失败的。正因为如此，尽管史料记载过华夏与戎狄在多处地点上的遭遇，却从来没有提到有游牧部落从敌对人群的后方涌现出来。另一方面，胡或者匈奴指的是位于戎狄背后的草原地区游牧社会中人（页42、页223—225）。

在以上两种不同主张里，后者应当更加接近历史的实相。半个多世纪之后，狄宇宙从对欧亚草原带和西伯利亚地区考古资料的梳理分析中，也肯定了这一点："中国北部地区游牧文化的形成，很可能与远离中原的一个更广阔的地区有着密切的联系,而发生在中华文化圈内的政治和文化进程对其的影响只是边缘性的。"① 尽管是在一个被看走了眼的问题上,王国维依然展现出他目光锐利的那一面。其实他已经非常正确地指出,自西周中后叶至于战国,华夏对与它发生接触的异族人群的认识,是分成为先后两个层次去加以区别的。较早已为华夏所熟悉者,分别被纳入属于他称性质的"戎""狄"(显然还有"蛮""夷")等"中国之名"。战国中叶之后,在华夏原先熟悉的戎狄等族背后,又出现了一个令"中国"十分陌生的驰骋草原的真正游牧人群。他们以其"本名"见诸汉语文献,是即胡及匈奴名称之由来。王国维与拉铁摩尔见解之间的区别,只是前者在明明已被他自己判为两个层次的戎狄与胡或匈奴之间,过于轻率地画上了等号。像司马迁和王国维那样在"华夏边缘"去寻找蒙古草原游牧人群起源的思考路径,至今仍在影响汉语学术界有关蒙古游牧社会起源问题的思考。

那么蒙古草原上的游牧方式究竟起源于何处呢? 拉铁摩尔认为,分布在很多生态合适地带的边缘游牧人群,是从"原来迟缓的向游牧方式的进化,突然迅速发展成具有整个草原规模的草原社会"的(页297)。尽管还无法知道"从边缘游牧经济到完全游牧经济的转变点是在什么地方",但转变一经开始,它的发展迅速的影响力便是"突然而广泛的";它会"迅速释放出极大的新的力量"

---

① 狄宇宙:《古代中国与其强邻:东亚历史上游牧力量的兴起》,贺岩、高书文译,北京:中国社会科学出版社,2010年,页83。

(页289)。他不赞成蒙古草原上的完全游牧方式是经由西方游牧人群向东传播的结果,因为"我们没有远方草原民族突然接近中国的确证"。他心目中的所谓西方影响,似指埃及和美索不达米亚两地"绿洲社会边缘上的草原社会"而言(页106)。虽然也曾简略地提到过巴泽雷克墓葬,但对从欧亚草原带西端的斯基泰人直到其东端匈奴人的考古资料的比较研究,似乎基本没有进入拉铁摩尔的视野。因此他干脆没有受到过以下这类问题的困惑,即匈奴人的游牧方式是否可能源自斯基泰人由西向东的影响? 狄宇宙根据较新的考古研究成果推测,南西伯利亚和哈萨克草原—阿尔泰地区,也许是最早的游牧人群的形成地①。那么,蒙古草原周边的各种半游牧人群,是否可能是受到从它西边邻人中间发展起来的最早的完全游牧技术刺激,而得以大踏步地从各个方向深入草原内部,迅速膨胀成一个巨大的游牧部落群,并很快与汉地社会发生接触的? 这样一条文化传播路径确实早就存在了。我们知道,从赤峰到南俄,从西伯利亚到黑海沿岸的环草原地带,广泛分布着与"鄂尔多斯剑"和大角鹿母题金属牌饰等在形制、风格和制造技术上都十分相似的青铜制品。"表现在所有这些地方的青铜工艺之间的共同性,都要多于这些地方与在距离上更接近它们的各南方邻人之间的技术共同性。"②

不过事实上,我们至今没有在阿尔泰、图瓦和哈萨克草原寻找

---

① 《古代中国与其强邻》,页40。

② Gideon Shelach, Early Pastoral Societies of Northeast China: Local Change and Interregional Interaction during C. 1100-600 BCE, in R. Amitai & M. Biran edit., Mongols, Turks, And Others: Eurasian Nomads and the Sedentary World, Leiden: Brill, 2005, p.33.

到可以称得起最古老游牧人群的考古学证据。著名俄罗斯考古学家库兹米娜写道:"朝向流动畜牧的转变并不具有自发跨越式的特征,而是一个由草原生态诸特殊性和畜牧经济演化的整个进程所导致的持续数百年之久的漫长自然过程。这个过程最终产生的,就是流动畜牧形式,即游牧经济在斯基泰时期的确立。"①那些留下了"神秘的大墓,或者所谓'库尔干'"的斯基泰人,依然是迄今可以确认的最早的游牧人群。因此,看来我们应该将活动于蒙古高原的主体人群的来源及其所拥有的游牧文化的起源当作两个不同的问题,分别加以处理。而后一个问题,即蒙古高原的游牧文化究竟源于何方的问题,恐怕还不能说已经解决了。或许我们根本就不应当以这样的方式提出问题。正如克立伯所说:"游牧经济是一种以最大注意力从事于畜牧的不稳定、不规则现象,因而我们最好还是去研究导致它兴起或衰落的那一系列条件是什么,而不再追问它的诸种起源,或试图建立种种因果模式。"②由此看来,拉铁摩尔当初无意汲汲于探究游牧经济的进路在蒙古高原的起始地点,是有先见之明的。

三、 中国疆域结构的二分化:"胡焕庸线"与"拉铁摩尔线"

1935年,中国地理学家胡焕庸提出一条反映中国人口密度特征

---

① E. E. Kuzmina, *The Prehistory of the Silk Road*, Edited by V. H. Mair, Philadelphia: University of Pennsylvania Press, 2008, p.66.

② R. Cribb, *Nomads in Archaeology*, Cambridge, New York: Cambridge University Press, 1991, pp.1, 9.

的"瑷珲—腾冲线"。1987年,他又根据中国疆土及人口变迁的新数据,对这条被更改为今名的"黑河—腾冲线"重新描述如下:在该线以东,占国土总面积42.9%的土地上承载了94.4%的中国人口;而在占国土总面积57.1%的西部中国,只分布着5.6%的全国人口。故知中国东西部的人口密度之比大体为22:1。这条线在国外学术界被称为"胡焕庸线"或"胡线"。我们不太清楚拉铁摩尔是否听说过这条"胡线",但他在《中国边疆》一书中刻画出另一条不怎么连贯平直的分割线,却与"胡线"有异曲同工的功效。

按照他的估算,当日中国疆域内属于长城以外的各地区(今蒙古国及俄属唐努乌梁海也被他计算在内)及青藏高原的总幅员,约为300万平方英里,长城以内各地的总地域面积则约为150万平方英里。但生活在这两部分版图上的人口,却分别是4 500万和4亿至5亿之间(页7)。由此推断,二者间的人口密度比约为1:22。拉铁摩尔按当日习称把"长城内各地"叫做"中国本土"(China proper),可能引起当代中国读者的不快,以为其中暗含着"只有长城之内才算中国"的阴谋算计。但它实际上只是在清代汉语的政治术语把全国版图划分为"内地"十八直省和边疆各"藩部"这样两个部分的历史语境中,对"内地"一词的意译。严格地说,他亦未曾把上述划分明确地界定为一根连贯的线条。不过如果需要画一根线出来,那么它的上半段就是蜿蜒曲折的长城,而下半段则从明长城西端嘉峪关横切河西走廊,沿祁连山北麓东南行,由青藏高原的东缘界限所构成。基于这样一种二分法的分析,拉铁摩尔设问道:虽然挤满了"内地"的汉人可以由陆地直接到达地域广阔、人口稀疏的西部中国——他将它冠名为"长城边疆"（the Great Wall Frontier，页 15），但在几乎整个历史时期，"汉族却没有永久性地成功移民于长城之外，这是为什么"（页 7）？他用这样的提问来引出全书有关东西部中国之间充满张力的历史关系的讨论，真可谓意味深长。

《中国边疆》一书的内容，或许可以用"两极、三时段、四部分"这样几个词予以概括。所谓两极，是指由东部中国的雨养农业环境（拉铁摩尔的原文称之为 the river lands of China，译言"中国的大河流经之地"）所培育的汉族农业社会基本形态和植根于蒙古草原的游牧社会形态。两种形态所代表的，大体上是在同一个中国内部的汉族中国与少数民族中国之间的划分。毛泽东曾经说过一段大致相同的话："我们说中国地大物博，人口众多。实际上是汉族'人口众多'，少数民族'地大物博'。""长城边疆"区域之内的其他环境也很重要，但它们所培育出来的，只是处于上述两极之间的各种"过渡性的、次要的社会"（页 163）。该书第一部分分别论述长城边疆各地区和黄土地带的历史地理特征，指出长城边疆各地区之间是如何不同却又如何相互联系（页 15），以及汉人社会如何可能顺利地向南扩张的问题。接下来的三个部分，又进一步分"传说时代和早期历史时代""列国时代"与"帝国时代"三个时段，去追述中国历史形态之两极间的紧张与互动关系。

"长城边疆"所呈现的人类生存环境本身是多样的。但按拉铁摩尔的见解，"东自满洲的混合型地理环境，西至中国突厥斯坦的绿洲和沙漠，乃至西藏的寒冷高原，起源于上述诸地域内各种社会的历史角色，最宜于被看作是基于蒙古草原历史的一系列变形"。在此种意义上，蒙古草原的历史成为"所有边疆历史中最典型的篇章（*the locus classius*）"（页37）。之所以如此，是因为从中国的腹地亚洲边疆诸地域发育而成的社会，都具有某种共同的"绿洲"背景：从新疆北部和青海的草原绿洲，到南疆的沙漠绿洲，再到西藏高原被山岭而不是沙漠包围的绿洲——"新疆中部的盆地及其周围的绿洲，正好与西藏中部隆起的高地及其周围的河谷村落相对照"（页140）。从草原到草原绿洲、沙漠绿洲，再到被山岭包围的绿洲，长城边疆各地域社会的这一生存环境的连续性或共同性，使它们"更易于接受来自草原而不是来自汉地的影响"。就这样，凭倚着"抵拒汉人渗透的最主要环境"即草原，以"最执拗顽强地对抗汉地社会"的草原社会作为中坚，蒙古草原游牧部落与长城边疆的其他人群组成了中国内部与汉人社会持续对抗的联合阵营（页179）。结果，从中国历史的"主要中心"即黄土高原这片最容易耕作的土地上成长发达起来的汉文明，可以先把水患频仍、莽野起伏的华北大平原合并为它的一部分，接着又将较大规模的经济经营、社会组织及政治统一的制度文化传播到南方，最终将长江流域及其以南作为"一个完整区域合并到更大的整体区域中"；但在另一个方向上，汉人对无法从事雨养农业的长城边疆却难以实现类似的"合并"，而只能做到"从远处使之臣服并加以控制"（页21—24、110）。

《中国边疆》一书对构成一个整体中国的这两大板块的分析，很容易使我们想起清朝在征服漠南蒙古和后来被称为"内地"的汉地社会之后，继而将漠北蒙古、青海、西藏、准噶尔盆地、塔里木盆地等处收入版图的历史过程。清政权在延续三朝之久的这场领土争夺中，有一个几乎自始至终的对手，那就是漠西蒙古部。游牧的蒙古部成为对抗形势中另一板块的轴心力量，或可印证拉铁摩尔有关"典型篇章"的上述说法。

现在看来，就认识中国内部各民族间相互关系的历史格局而言，"拉铁摩尔线"似乎比"胡焕庸线"更贴近不同生态—人群—文化区域的实际分布形势。胡线所界划的中国东部，将今吉林和黑龙江大部划入中国东部，就绝对不如"拉铁摩尔线"把它们划出"内地"范围，并将之作为"长城边疆"的一部分来处理显得合理了。在东北，只有南部的辽河下游及沿渤海海岸各地，其气候、作物和农业条件与黄河流域较少区别；因此尽管由于其"半孤立性，使其可能在政治上与汉地分离"，那里的社会、政治组织都与华北相同，可以成为"中国本部之延伸"，成为"从华北向前突入的狭隘的前沿阵地"，甚至"时时有变成'小中国'的趋势"。但是东北的西部平原与蒙古的联系更为深远，东部的山林地带是朝鲜半岛环境的延长，而其北部的高山及密林，直到17世纪还不能自别于西伯利亚（页69—73、166）。汉人进入东北腹地从事农业活动，只是近代以来的事情；其移民形式"不完全是中国历史的老方式"。"汉人从辽河流域大量移民到北部的通古斯森林和西部的蒙古草原，则完全是古代中国所没有的铁路、新式军械、金融、工业及贸易活动的结果。"（页8、9）在传统时代，这个地区处在汉地农业社会之外，但它对汉地具有极重大的历史影响。清政权从这里走向君临全中国的权力巅峰，其中乃有一定的历史因缘在。下文还将回到这个话题上来。

四、两片领土板块的整合：对清统一成就的低估

然而，恰恰是清王朝征服和治理汉地及长城边疆的划时代成功，似乎动摇了拉铁摩尔对中国内部这两个板块之间存在无法调和的冲突和对抗性机制的反复强调。

他写道："典型的草原社会与典型的汉地社会所代表的是两个极端。"（页347）"中国内地与蒙古草原的最大差异是：草原的原始农业文化没有能够发展到大农田粗耕制，或农耕与畜牧并行的混合经济。游牧最终成为占统治地位的制度。"（页37）这就是说，支配着草原和汉地社会的，是两种互相难以调和的经济制度。"乘马的游牧经济技术起源很晚，而且是在外围边疆，从未能与汉地文化调和。"（页42）于是"在草原社会主体及汉地社会主体各自发展其固有的特征及专门的政治体制后，它们便随着这种发展，而互相对立了"（页303）。

对立之所以发生，首先是因为双方的内在条件或社会特质"使它们不可能混合成一个在经济上既有精耕也有粗放，在政治上既有集权又有分散的社会"。其次，这两种无法统一的社会，既不能凭依"事实上永远不能完全实现"的"长城式的绝对固定的边疆"而互相分离，又不能由任何一方吸纳或永远控制另外一方，"由此就产生了没完没了的斗争"（页328、304）。基于这样的理由，他相信在传统时代，汉地与草原是不能调和的。"唯一可以真正整合以农业为主和以畜牧为主的社会的桥梁是工业化。"（页38、351）这一观念

也表现在他对未来东北整合的期望中："用过去所缺少的工业技术来联系整合农田、草原和森林。这样就可以在亚洲历史上第一次取消那种不同环境造成不同经济的情况，消除社会间的互相敌视。"（页93）所以他又说，"未能发展工业化，是中国亚洲边疆消长起伏的历史关键"（页329）。

现在的问题是，清王朝所确立的广袤的中国版图，难道还不能看作是上述两种对立社会制度，或者更准确地说，是中国的内地和长城边疆两大板块之间的统一与整合的历史成果吗？清军的军事征服固然使用了较新式的火器，但它基本发生在前工业化时代。可见传统中国内部两大板块之间的对立，被拉铁摩尔不适当地绝对化了。

不过本书的卓越之处也在于，即便在作出稍有过当的断制时，它的陈述仍然会包含某些合理的、极富于启发性的思想因素。就目下的讨论来说，这种灵感火花至少在两个方向上有力地激发着后人将思考进一步向前推进：其一是对植根于汉地农业社会的专制君主官僚制在塞外各边区发挥其功能的极度有限性的认识；其二则与超越两大板块之经济—政治—文化制约的国家建构模式何以可能出现的问题有关。这里先说前者。

在谈到中国历史上国家版图的拓展形式时，拉铁摩尔指出："这里，我们必须区别两种情况，一种是一个社会向新的地区的发展，另一种是政治力量对并未实际占领的地区的伸入。"（页303）很清楚，根据这样的区分，长期以华北为其统治中心与根据地的华夏—汉族国家，只能在它的南面才找得到"开阔并有无限深度的边疆"，可以依赖用汉文化对那里实施同化的方式来保障在这个方向上的疆域扩张成果。而在其他方向上,征服成果却无法通过持续跟进在征服之后的大规模北方汉族移民运动而获得充分消化。版图的膨胀只能止步于依赖政治—军事力量"伸入"各个"并未实际占领的地区"的方式达成。这是因为汉人的社会及国家只能建立在被限制于某种地理环境内的农业技术上。"蒙古和东北西部的那些草原以及西藏诸荒原都缺乏汉族从事精耕和灌溉农业所最必须的条件。而东北东部及北部的丛林莽原和零碎的新疆绿洲又不能有适合[汉人]政治及经济需求的集中人口。"(页157、158)在那里,传统时代的汉族社会无法再施展像铺地毯一样地开辟自身生存空间的顽强努力:西藏是"难以逾越、无法侵入"的;北方是一片"想要关闭却未能真正关闭的边疆",即便有少数汉人得以深入草原环境,那也只会在他们中间产生异化和离心的倾向;中亚绿洲倒是较易接近并可能被战胜和占领的,但那里的文化、族裔与汉族完全不同,而汉地社会的影响则由于距离它太遥远而减弱,因此它们虽然可能从远处征服控制,却无法被同化(页135、318、110)。

汉地社会对长城边疆采用的这种"不依赖移民占领而从外面将统治伸入其地"的控制方式,作为专制君主官僚制体系的一个组成部分,在唐朝形成以羁縻和册封为核心的制度化框架。今中国新疆及其以西地区和蒙古高原都曾被纳入这个制度化的治理框架之中。唐王朝靠这套制度间接统治蒙古高原,大概有40年时间(630—670)。它维持对西域的控制,则前后大约110年(630—670,690—760),加上此后唐军困守龟兹、北庭等孤城又有30余年(760—792),它对西域实行间接统治总共一百四五十年。唐王朝之后的一千年中，汉式专制君主官僚制国家再也没有过统治这两个地区的历史记录；至于它将西藏纳入版图的事情，更是从来没有发生。

两宋和明朝相加，持续超过六百年。它们虽然未曾据有长城边疆（明代在辽东边外维持的羁縻体系除外），却继承了唐代那套羁縻册封制度，主要用来控御环绕于汉地社会周边的各种少数民族区域。如果说唐代的羁縻体系或许含有朝着不止一个方向演化变迁的潜在可能，那么后续列朝的制度实践越来越清楚地表明，尽管沿着从羁縻制到土官、土司制度，进而再通过土流并置、改土归流，国家可以把所治理的地域最终纳入统一施行于内地的府县制体系之内，但这一套做法并不是在任何地区都能顺利推行的。

这是因为中央政府遵循此一过程完全"消化"边缘性人群，还需要有两个必需的前提条件。一是它们必须位于紧贴在汉地农耕社会外缘地带并且尚可从事农业垦殖的区段；二是其地域及人群规模都不能过大。唯其如此，才可以在那里培育出一定数量的由汉族移民和被汉化的当地原住民混合组成的编户齐民，从而为将该地区整合到府县管治体系之内造就必不可少的政治文化及社会响应的基础。不难看出来，这个原本服务于按"从外面将统治伸入其地"的策略来扩大新领土的羁縻体系的制度框架，实际上已演变为通过旧有汉族社会向外推进其边缘线来包纳和融化新地区，从而完全消化新增领土的依赖路径。正因为如此，此种依赖路径所能适用的空间范围又反过来受到上述两项前提条件的严重局限。而停留在长期与中央政府维持羁縻、册封关系层面上的那些更为外围的附属地区和人群，既然不能被置于有效的国家治理之下，就完全有可能最终摆脱受羁縻册封的地位，朝着相对独立的政治—文化实体演变。

由以上分析可以知道，在儒家拟想中的"天下"之内，可能被外儒内法的专制君主官僚制国家机器牢固地纳入中国版图的边界，理应位于期望中得以通过改土归流而内地化的土司建制地区，与无法推行土司建制，而只能与之维持松散羁縻关系的那些更带边缘性的原住民地区之间。很明显，除了伸入到青藏高原东侧部分的土司建制地区外，属于长城边疆的大面积地域并没有被囊括在这条边界之内。

既然如此，传统中国凭什么能大幅度地跨越"拉铁摩尔线"，并最终将长城边疆各地区牢固地转化为自己的国土呢？ 拉铁摩尔是不可能从这一角度思考这个问题的，他甚至认为在工业化之前这是不可能的事情。但是他在本书中的论述，事实上已经为我们回答这个问题提供了某些重要线索。

五、"内、外边疆"和"贮存地"：分析概念的有效性与欠缺

关于传统中国的国家建构模式问题，《中国边疆》一书中包含一个极富启发意义，但还需要加以进一步澄清、修正和完善的原创性观念。它指出，"在中国历史中，可以看出有一种显著的'边疆格调'：或者是一个王朝建立在边疆以外或边疆之上，然后向内地推进，建立起它对汉地的统治；或者是在汉地以内建立王朝，然后向外推进，建立起它对边疆及边疆以外的统治"（页264）。这里讲到

的后一个"或者",指的无疑就是汉式的外儒内法专制君主官僚制的国家建构模式;而对于前者,作者分别采用"边疆王朝"(页87,英文原文作 a frontier dynasty)或者"边境王朝"(页349, the border dynasties)、"边境起源的王朝"(页81、350, dynasties of frontier origin, dynasties of border origin),乃至"'游牧'王朝"(页348, "nomad" dynasties)来命名之。它们往往"在汉地的边缘赢得一个根据地,部分地被它的汉族臣民所同化,然后将其依然保留着的蛮族的活力与他们已获得的汉文化的温文老到结合在一起,向内推进,建立一个统治当日全部中国的王朝"(页228)。

在拉铁摩尔看来,中国历史之所以会形成这种"边疆格调",与位于分别接近草原和农业中国的两种不同的过渡地区有密切的关系(页265)。在书里,他可以说是一而再、再而三地提及这个概念,尽管所使用的名称并不完全统一,诸如"边缘领土"(marginal territories,页264)、"边缘地区"(marginal region,页271)、"边缘土地"(marginal lands)、"边缘地带"(marginal terrain,俱见页272)、"边缘区域"(marginal zone,页316)等。本书汉译文本几乎把它们全都翻译为"过渡地区"或"过渡地带",此种对译是深得要领的。因为"过渡",或者说"中间性质"(midway in character)、"中间地位"(middle position,俱见页103),确实是这些"边缘地带"的最显著的共性。

不过对于这种过渡地区,拉铁摩尔在本书中的界定还带有某种模糊之处。也许在他的心目中,实际上它们有时候是就其狭义而言,而有时候又是广义的。他写道,自从游牧社会成熟之后,便有两种不同的过渡地区从两套地理环境系统中产生出来：在华北，由南向北依次分布着"形成早期汉族农业发展的良好土地"，"当灌溉及其他技术相当发展后也能与良好土地一样有利的次等土地"，以及"汉族农业的渗透未及其地的'过渡地区'"；从蒙古草原方面由北向南伸展的，则是"只能支持游牧业的真正草原"，"游牧业比粗耕农业或农牧混合生计都占优势的'次草原'"，以及"必须依靠实践来确定农业与畜牧孰优孰劣的过渡地区"（页266）。这样两种有差别的过渡地区，虽然都具有"混合经济"的形态，但仍拥有各自不同的特征。其中一种"容有较多的汉族特征"，而另一种则"容有较多的游牧特征"（页316）。可以想见，双方的过渡地区位于长城两侧幅度并不会太宽的地带。因为"在中国内地及蒙古之间，长城把传统中国生活方式比草原游牧方式更占优势的地区都划给了汉人。在这些地区中，有些东西会削弱汉族农业的特征，但是最成问题的地区都在长城以北"（页318）。而另一方面，在长城之外，今内蒙古有相当大的地域面积至少可以看作属于"次草原"。

可是在书里的另外一些讨论中，位于长城之外的内蒙古又被整个地当作同一个地理单元来处理。长城的修建意味着"汉族的扩张已经达到真正草原边缘"（页249）。而在长城以外，"边界本身的自然结构，即内边疆区域和外边疆区域，在长城和内、外蒙古之间的关系中表现得最为清楚"（页161）。相对于"内、外蒙古"作为内边疆和外边疆的这种区分，也存在于"宁夏及甘肃西部的次绿洲地区"（sub-oasis areas，页128）与新疆之间。作者补充说，宁甘地区可以灌溉的土地"不能叫绿洲，因为它们并不很孤立，但它们又很像绿洲,所以最好叫做'半绿洲'"(semi-oases,页270)。因此作者以为,甘肃西部和宁夏"之对于新疆的关系,如同内蒙古之对于外蒙古的关系"(页101)。如果要说二者之间还有什么不同之处,那就是"内蒙古地区,即外蒙古大草原的门户,在长城之外,而'内中亚'却在长城以内"(页318)。这就是说,相对于长城外的新疆中亚,长城之内的陇西和宁夏庶几可视为"内中亚"。读到这里,我们便能对上面引述的页161中那段话里"在长城和内、外蒙古之间的关系"一语理解得更透彻了。长城既可以是内地和边疆之间的界限,也可以成为内边疆与外边疆之间的界限。此外,今青海、四川和云南的藏区,"形成了一个'内藏'地区,与内蒙古相似,而拉萨所统治的'外藏'则与外蒙古相似"(页151)。

拉铁摩尔在本书中似乎没有非常明确地论述过所谓"过渡地区"与内、外边疆的判分之间究竟是什么样的关系。只有一处,当他说到宁甘半绿洲地带时,他又径称该地为"过渡地区"(marginal region,页271)。但是我们几乎可以肯定,他所说的过渡地区,在大多数情况下,都指内边疆而言。

内外边疆的概念,可以用来非常有效地解释很多现象。比如拉铁摩尔指出,由于汉人比草原人更容易掌握类似绿洲的河西走廊,该地终究被汉人所控制。在这个过程中,汉族生活方式(注意:他在这里说的是汉族的"生活方式",还不是汉族这一人群本身)"在甘肃次绿洲地区渐占优势,一步步把印欧语系诸部从他们最东方的地方挤走"。但是另一方面,由于距离、交通以及中间非汉族居地的阻隔,又使这里难以与汉地完全结成一体。因此按他的看法(这个看法实际上不完全正确），尽管甘肃的回民"在血统、语言和文化上都是汉人"，由于伊斯兰教影响与当地地理环境的合力作用，在那里却形成了一个"自处于汉族之外，不愿受人统治，汉族人也未能完全同化或使之心悦诚服地归顺的少数民族"。所以该地"表面上虽被汉文化同化，但其内部还多少保留着一些地域的、社会的及政治的独特性"（页109—110、页116）。

又比如，与外边疆草原"多半时期是由一个普遍和谐的游牧社会占着优势"不一样，"掌握内边疆的游牧人则有时依附于草原上的同宗，有时却依附于汉地的农业和城市"（页162）。这就使汉式的专制君主官僚制国家有可能谋求内蒙古各游牧部落的中立化，使他们既不对边界产生压迫，也不退出维持着该边界的汉式王朝国家对他们进行干涉调节的地域范围。也就是向那些本来应当被边界隔绝的部落谋求帮助，"使他们调转方向，背向边界而不是面向边界"（页160）。这段话将长达一千三百余年间，内蒙古与漠北蒙古草原之间的历史关系以及二者间不同历史定位的区别，以很简洁准确的方式概括出来了。自匈奴被汉武帝逐出漠南直到元统一漠北和漠南草原为止，内蒙古草原曾长时期地成为离析于中心之外的边缘游牧人群为中原王朝防卫来自外边疆的游牧社会主流人群南侵所凭依的缓冲带。不仅如此，在明政权建立之后，"北方远离中国内地的蒙古人与居住在内蒙古的曾与蒙古人统治中国的机构有密切关系的蒙古人"，仍有明显不同（页53）。直到明中叶，蒙古部的活动重心才再度南移。

借助于内边疆的概念，我们也得以更好地理解为什么土司制度能在甘青和四川藏区长期维系下来。这不但是因为"柴达木和青海高原没有一个足够富腴的牧场来支持一个大型独立的游牧社会"（页323），它与清王朝能越过这个地区而将西藏、新疆纳入版图也有密不可分的关系。正因为巩固地确立了对上述"外边疆"的统治权力，清王朝才得以成功地消除可能诱发川甘青三省藏区离心倾向的外部渊源。同时，清在青海草原和硕特蒙古部设立的札萨克制，也是对青海各藏人土司的一种重要制约因素。因此，不应当把清对川甘青藏区的有效治理，看作仅仅根源于土司制度所发挥的功能。此地作为一个"内边疆"地区所具有的特别属性，也是在其中起到极关键作用的因素。

与内边疆概念紧密相关，本书还提出了一个叫做"贮存地"的概念。在长城以北的方向上，这个"贮存地"指的也就是内蒙古，在它的更北方则是"顽固不化的土地"（the "lands of unregenerate"），即作为外边疆的漠北草原。在北方游牧人群入主于部分乃至全部汉地社会时，这个人群不会完全移入汉地之内，而总是会有一部分驻扎在北部邻近长城的地区。后者担当起其入侵同伴们的"后卫"，既负责保卫被征服的汉地，以免它遭受从更遥远的北部南下的敌对部落的攻击，同时也是为统治汉地社会的同伴提供源源不断的官吏与守军的资源地（页162）。在这里我们又仿佛看到了隐然存在于"贮存地"与"过渡地区"之间你中有我、我中有你的关系。确实，拉铁摩尔强调说，"贮存地"的文化与"过渡地区"文化一样，具有"混合文化"的属性，因此它会"自限于可以容忍混合文化的环境范围中，不再深入草原"（页351）。这个"可以容忍混合文化的环境范围",不就是"过渡地区",或者就是"内边疆"的范围吗?

引入这么繁复的名词概念,对拉铁摩尔的叙事框架果真是必须的吗? 平心而论,他在这方面难免有过于随意的嫌疑。但他既然已经把它们都提出来了,那就迫使我们不得不对这些概念及其相互关系进行细心的梳理。只有在这样的基础上,才可能从略显含糊其辞的陈述中,把属于他的一项最带原创性的精辟见解发掘出来。

六、"边疆王朝":"长城边疆地区"对中国历史的重大贡献

纵观《中国边疆》全书对"边疆王朝"的界定,大体包含如下一些主要内容:(一)它是指的自外边疆将其统治推向部分的或全部汉地社会的王朝。(二)它的创建者往往不是来自严格意义上的、"纯粹"的草原社会,而是来源于草原边境的混合文化社会。(三)它虽然来自外边疆,却会把内边疆当作为防卫基地和人才资源的"贮存地"。(四)统治人群分化为进入汉地社会和留驻"贮存地"这样两部分的结果,是"原来建立帝国的人,现在成了他们自己帝国的牺牲者,而另一些变得像被征服者的人们,却享受最大的利益"。当逐渐增大的差异终于撕裂了那个混合国家时,边地游牧人就会在政治上"回到游牧制度去"。(五)由于边疆之内汉族经济是最有利的方式,进入汉地的草原统治者及其政权多半会变成汉式的统治者和汉式政权。本书或详或略地讨论过的像这样的边疆王朝,有北魏、辽、金、元和清等国家(页162—163、334、347—350

等）。但这个"清单"却存在三个互有联系的非常大的问题。

首先是能否将内边疆和"贮存地"等同看待，或者说二者是否必定要位于同一地域范围的问题。这一点最清楚地反映在清东北方向上的内边疆和"贮存地"互不一致的情况中。拉铁摩尔自己使用以下措辞来划分该地区的内、外边疆："长城、汉人边区、柳条边；加上它西部和西北部的蒙古人，以及它东部和东北部的满洲人。"（页161）这也就是说，山海关之外的辽东汉文化地区按上述界定属于内边疆，而其外边疆则位于分别从西—西北和东—东北方向将辽东封闭起来的柳条边之外。那么清朝的战略"贮存地"又在哪里呢？ 拉铁摩尔在最初提出"贮存地"概念的《满洲：冲突的摇篮》①一书里，把柳条边内外，也就是清朝在这个方向上的内外边疆都看作它的"贮存地"。柳条边以内是"汉军八旗的最初'贮存地'"；其外两侧分别是"蒙古'贮存地'"和"满洲'贮存地'"。更粗略、更一般地说，那么"东北的'贮存地'区域也许可以界定为整个辽宁省（奉天），以及位于北纬四十六度以南的吉林省"②。如果硬要对被包含在这个"贮存地"内的各地域的重要性之间进行比较，那么其中最重要的，当然不会是位于内边疆的汉八旗所在地。另外，拉铁摩尔虽然从未指实过元代蒙古人的"贮存地"究竟是在哪里，但它显然也不能认为仅仅是内蒙古，虽然为了军事指挥

---

① *Manchuria: Cradle of Conflict*, New York: Macmillan Company, 1932, 2nd edit., revised, 1935.
② *Manchuria: Cradle of Conflict*, pp.42, 105；并参书末所附"各盟旗'贮存地'"地图。

的需要，进攻中原的司令部曾经设立在那里。蒙古人心目中的"祖宗根本之地"，则一直是以漠北为中心的。

第二个问题在于，"贮存地"和内边疆非但就其所在地域而言并不重合，而且具有完全不一样的政策实施目标。拉铁摩尔用非常生动明确的语言把可以在边疆实施的政策区分为"面对内里和面朝外方的政策"（inward-facing and outward-facing policies），它们的目标分别是为治理腹地提供出身于特定族群的政治或军事精英，以及为抵拒来自外围边疆的蛮族入侵提供军事防卫资源①。但他以为"贮存地"（在他看来，这个概念与内边疆几乎是一物两指）可以同时承担起对内需求的人力资源库和防卫外来侵入的军事资源库功能，却与历史上的各种实际情况都不相符合。

辽、金、元、清四个边疆王朝各自的"贮存地"，分别是以"平地松林"著称的辽西草原—森林地带、松嫩流域的河谷—森林地带（金初称上京为"内地"，dorgi qolo）、整个蒙古高原（元初视居庸以北为"内地"），以及东北的"白山黑水"之地。它们都位于外边疆地区，或者至少不限于内边疆，并且总的说来也没有起到替各自的中央王朝阻挡来自"顽固不化的土地"上的蛮族部落入侵中原汉地的作用。若言及兼有"面对内里"和"面朝外方"两项功能的内边疆，最容易使人想起的，似是北魏平城时代的"六镇"。除了屏障首都平城的主要功能外，六镇将领一度是北魏统治集团汲取军事人才的重要资源所在。但这种情况只发生在平城时期近百年中。随着

---

① *Manchuria: Cradle of Conflict*, pp.110, 181.

迁都洛阳，拓跋集团在深入汉地和进一步汉化的过程中，差不多完全失去了对外边疆的控制。它利用安置在内边疆的部落来阻挡更北方的柔然骑兵南下，与它之前的汉政权利用降附的南匈奴抵拒北匈奴侵扰汉边，已经没有太大的差别。在此之外，六镇再也不被看作是向中原供给政治及军事精英的资源库，至于其所在的雁北外围，更是从未成为过拓跋集团在族裔及文化认同方面的根据地。所以六镇的作用，最终还是面对外边疆保卫华北的一片缓冲地带。它曾部分地拥有过的"贮存地"功能，更宜看作是北魏政权在形成为充分发展的成熟形态之前的非典型表现。

本书还提到被称为"成吉思汗边墙"的金界壕—边墙—边堡系统，似乎认为可以用它来证明金朝的"贮存地"兼有抵拒游牧民族自外入侵的内边疆功能。金界壕系统的目标是保卫作为女真人根据地的外边疆，亦即其"贮存地"本身，所以他正确地称之为"贮存地围墙"（页350）。既然如此，它就与内边疆以及内边疆作为中原汉地防卫来自外边疆侵入的"贮存地"功能完全不是一回事。而在内蒙古长城一线，被金朝降服后替它守卫边墙的汪古等部，并不被视作与金人同族。他们连北魏前期"六镇"那样的地位都没有。金在该地带的边防措置，也与汉式的专制君主官僚制国家戍守长城的做法一脉相承。总之，内边疆或者担负的是"面朝外方"的防卫功能，或者需要与外边疆合二而一，承担"面朝内里"的"贮存地"功能。无论如何，我们找不到历史实例来证明，内边疆可以同时兼有"面对内里"和"面朝外方"这样两种功能。

那么拉铁摩尔为什么会刻意将"贮存地"观念与他稍晚提出的

内外边疆观念——这两类观念各自都非常有用——颇不协调地整合在一起，并由此把"贮存地"和内边疆混为一谈呢？ 内外边疆概念主要来源于对汉式王朝领土结构的分析。而在拉铁摩尔看来，边疆王朝在进入汉地社会并在那里立住脚跟后，必将逐渐蜕化为一个汉式王朝。很可能出于这样的原因，他才会觉得，用于汉式王朝领土结构的解释框架也完全可以原封不动地移用于边疆王朝。

这里就涉及本书枚举边疆王朝诸特征的清单里所存在的最后一个问题了，即对这些边疆王朝最终都将被汉化的断言。所谓"汉化"，至多可以用来描述边疆王朝越来越多地在统治汉地社会方面采用汉家制度。但尤其是对于元、清这样的政权，处于其有效治理之下的疆域已经大大超出汉地范围，怎么还能如此以偏概全地用"汉化"来界定它们的整个统治体系的性质或特征？

实际上，本书已在不少地方揭示过清政权充分利用东蒙古势力征服汉地，揭示它以极小的战争代价收服了"差不多所有的蒙古民族"，它"在蒙古和西藏都成功地控制着部落与地区的权力变更过程"，由以保持帝国版图结构的平衡，"既不令边疆压迫内地，也不令任何利益团体越出中国内地而进入边疆的旋涡"（页 50—51、150）。作者在《满洲：冲突的摇篮》里甚至更加明确地宣称："事实上，满洲人所统治的帝国并不是一个汉式的帝国。它囊括了一片比任何出自汉族的王朝治下更大的领土，版图远大于最后一个纯粹汉族的明王朝所有。"[①] 凡此种种，都不是最近一千多年内的汉族王朝

[①] *Manchuria: Cradle of Conflict*, p.309.

想这样做并且做到了的。这些独特性，显然非汉家制度或汉化叙事所能涵盖。可惜的是，拉铁摩尔对这一点尚未给予足够的注意。

不过，前文揭示的那三方面的缺陷并非无可弥补。关键是在运用边疆王朝的重要概念从事历史分析时，还需要把它拆分成两个次类型来处理。前期边疆王朝以北魏为代表。拉铁摩尔所枚举的起源于北亚边疆的非汉族王朝的那些特征，其实主要是它的前期特征，例如极高程度的汉化以及位于内边疆的对外军事防线。这与它在长时期向中原渗透的过程中逐渐被汉化并由此失去了自身文化及族裔认同的资源所在地密切相关。10世纪之前统治过汉地的其他边疆王朝，如十六国、北魏的各继承政权，乃至五代时的后唐、后晋、后汉政权，也都可以大体归入这一次类型内。如前所述，它们在与外边疆的关系方面所扮演的角色，与纯粹汉族的王朝相比没有太多的区别。

另一类便是由10世纪起的辽、金、元、清所代表的后期北亚边疆王朝。它们都是在相对短暂的期间内征服并统治了汉地社会一部分或者甚至是全部汉地，因此仍得以保留着自己所赖以兴起的原居地，把它变成帝国版图结构中的重要组成部分。相对于前期边疆王朝，它们最显著的特征就可以说是多元性格的国家治理体系和位于外边疆的"贮存地"。拉铁摩尔说，草原本身是游牧制度的"贮存地"（页351）。他实际上也已经看到，在他的分析框架中属于外边疆的女真发源地是金的"贮存地"。但他始终没有想到，对已经萌发于他心中的这些非常有解释力的念头，应当有意识地再往前推进一步，明确指出以"真正的"草原乃至其他外边疆作为自己的"贮存地"，乃是后期边疆王朝之所以区别于没有这样的"贮存地"，而只能退守内边疆的前期边疆王朝的最重要特征之一。

七、边疆王朝的历史分期问题：对拉铁摩尔思考的再推进

现在我们可以回到由那条将中国分为两半的"拉铁摩尔线"所生发出来的问题上去了。正是在后期北亚边疆王朝中孕育和发展起来的国家建构模式，才使传统中国做得到大踏步跨越"拉铁摩尔线"，把西部中国的广大地域囊括在自己的版图之中！

后期北亚边疆王朝的国家建构模式，自然有继承外儒内法的专制君主官僚制模式的那一个层面，主要表现在帝国中央政府的基本架构，以及治理汉地社会的主要制度体系中。同时它也有汉式的国家建构模式所不具备的另一种面相。这是因为后期边疆王朝不像汉族政权那样，把"车同轨，书同文，行同伦"，也就是用汉文化来覆盖王朝的全部疆域当作自己所追求的理想治理目标。因此它必须有另外一个管理系统，来维持对中国西部的有效统治。在清代，这个管理系统以理藩院为其核心组成部分。十分有意思的是，当清人力图证明自己的各种机构衙署渊源有自，由以彰显出清统治体系的政治合法性时，乾隆钦定的《历代职官表》却不得不承认，它无法在明、宋及五代为理藩院追溯一个前身。但再更往前推，它却把唐朝的鸿胪寺与清代理藩院相比拟。

鸿胪寺本是专掌"宾礼"的部门。"鸿"，大之谓也，"胪"，陈

序也；是"以大礼陈序宾客也"①。宾礼原有内外之分，对外的宾礼就是所谓"边仪"。据《唐六典》，唐鸿胪寺有关"边仪"的具体职掌是，"凡四方夷狄君长朝见者，辨其等位，以宾待之。凡……夷狄君长之子袭官爵者，皆辨其嫡庶，详其可否，以上尚书。若诸蕃大酋渠有封建，则受册而往其国。"②宋鸿胪寺的职掌与此相类。"诸蕃入贡"时，它还须负责照看"其缘路州、往来待遇，及供张、送遣、馆设之礼"③。在明代，鸿胪寺下设司宾、司仪二署，归礼部节制。可见鸿胪寺有关"边仪"的职责，实质具有准外交的性质。清鸿胪寺"所掌者惟傧赞及朝仪"；按《历代职官表》编撰者的说法，它原来承担的"宾客之事"，"则分属理藩院、礼部、会同、四译馆"④。因此，这本钦定著作不但将唐和比唐更早时期的鸿胪寺追溯为本朝鸿胪寺的来源，而且也把它列为理藩院制度的渊源所自。

《历代职官表》说前代鸿胪寺掌管的"宾客之事"为清礼部、会同及四译馆所分摊，这没有错。大体上凡涉内宾礼者属礼部，"边仪"则属之两馆。问题是理藩院分摊到的，又是它哪一部分的职能呢？理藩院对蒙青藏、南北新疆及西部四川的治理范围，包括涉及旗界、封爵、设官、户口、耕牧、赋税、兵刑、交通、会盟、朝贡、贸易、宗教等事项在内。《历代职官表》作者心里很清楚，这是一块"秦汉以来，德不及远"的地域，"故从未有设官以治之者"。由此

---

① 孙逢吉：《职官分纪》卷20。
② 《唐六典》卷18。
③ 《庆元条法事类》卷78。
④ 《历代职官表》卷17。

可知，以清理藩院乃自唐之鸿胪寺派生而来，是论殊不足取。但前引"从未"之说亦尚稍有未确，那就是它未能反映元代的情况。《历代职官表》事实上亦将元代负责管理西藏和全国佛教的宣政院列为理藩院的制度渊源。这是完全正确的。元、清在创建后期边疆王朝国家建构模式方面前后相连续的线索于此清晰可见。更准确地说，这一模式的发生还要早于元。它萌芽于辽，发育于金，定型于元，而成熟、发达于清。

拉铁摩尔有关北亚边疆王朝之见解的原创性，还体现在由他最早提出来的以下论断中："我相信还没有人指出过，重大的'游牧人的征服'并非来源于大草原，而是来自草原边境。换句话说，侵入者并不是纯粹典型的游牧人，而是邻近内陆亚洲边疆的各种混合文化人群。"（页347）换言之，"真正"的游牧者，"很少，或者就干脆不受贸易的影响，也不想统治定居人口"（页329）。中国东北地区的重要性就这样被凸显出来。在以辽河中下游为"动脉"的汉式农业区域以北，西侧是契丹等原蒙古语游牧部落以及后来的蒙古人活动的森林—草原地段，向北与呼伦贝尔草原相联系，东侧则是通古斯—满语人群从事农耕、畜牧和渔猎生计所依赖的森林—河谷地带。由此往北到今吉林、宁古塔一带，农耕逐渐减少。进入黑龙江地区，渔猎、小舟和雪橇越来越常见。在更北面的西伯利亚森林和半北冰洋苔原，驯鹿取代马匹变成人类用于交通的主要牲畜；在那里，"雅库特族和通古斯族以一连串逐渐变异的经济与社会，把这个地区与满洲、蒙古及中亚的突厥族联系起来"（页71—75）。

位于辽河流域的汉地前沿之北，有很多河谷地带都适合于农耕。迫使汉地社会的北进止于辽河流域的原因有三项。过于零碎分散的可耕地，致使那些河谷盆地即使合在一起仍不足以支撑一个能独立发展的农业社会；江河的流向以及辽东的半孤立性，都不利于自身能量不足的河谷居民把位于它南方的辽河沿岸汉地社会并通过那里以华北汉地作为谋图发展的后盾；相反，每一片"有希望的"谷地都面对着邻近森林或草原居民的干扰与威胁，因而显得过于脆弱（页72）。在杨虎嫩对东北的族群历史所由以展开的地形空间与自然环境的分区域描述中，我们依然看得到拉铁摩尔式思考的影响力①。

拉铁摩尔指出，正是在"这片森林、河流和山地的世界之内"，不止一次地孕育出"真正重要的历史发展"，即边疆王朝的诞生与崛起。相邻不远的不同人群及其文化之间较易于互相渗透与交融，成为整个东北的最一般的共同性。此种共同性一方面具有被植根于不同区域内的不同文化之间的差异性所抵消的倾向，但另一方面它又可能变成一种"不固定的中介"，导致某一特定人群及其文化转换或融入另一特定人群及其文化之中，或者使二者混合为"一个新形式"（页75）。这种一般共同性与特殊差异性之间的辩证关系，使东北各人群的文化与社会天生带有朝着多种不同方向发展的可能，因此转变并不困难。它并不要求某一个特定人群突然地将自己的生活方式变成另一种全新式样，而只需要使之"偏重于他们原来经济社会组织的某一部分，同时放弃其他部分"。一个有能力大体均衡

---

① J. Janhunen, *Manchuria: An Ethnic History*, Helsinki, 1996, pp.3-11.

地同时驾驭农耕、游牧和渔猎畜牧人群的政权,于是从这里发展起来,继而成长为统治全中国的边疆王朝(页78)。我们看到,巴菲尔德在出版于1989年的《危险的边疆:游牧帝国与中国》中,用几乎整本书的篇幅来加以精彩论述的核心观念,即"满洲边缘地界"是中国大多数边疆王朝的真正摇篮,就脱胎于拉铁摩尔自谓"我相信还没有人指出过的"最早但很简略的表述。

顺便说说,在巴菲尔德的分析框架里,蒙元王朝的兴起看来变成了一个"独一无二"的例外,因为它的起源地显然不属于"满洲边缘地界",而是完全的草原地带①。他像拉铁摩尔一样,认为纯粹的游牧人无意于直接统治汉地人口及其社会,而更愿意采取通过战争和战争威胁的"外部边界战略",榨取其所需的中原资源,同时不丧失其机动性②。拉铁摩尔或许也曾感到过同样性质的解释困难,因此他宁可说,成吉思汗原本"不是大草原的人,而是草原边缘的人",不过"从小就被逐到草原"上而已。"当他返回到草原边缘时,有许多混合文化的下属,可以引导他从事新的征服,并在征服后立即将那里组织起来。"(页349)也有些学者,从分析蒙古社会文化中的森林狩猎人因素出发,强调在其中显示出来的混合文化属性。但是这样的混合成分,究竟是被完全的游牧方式在进化过程中所吸纳并已转化为属于自身的某种有机组成部分,还是它反映出蒙古人并不属于纯粹的游牧部落,而是出于游牧及森林狩猎部落之

---

① 巴菲尔德:《危险的边疆:游牧帝国与中国》,袁剑译,南京:江苏人民出版社,2011年,页293。
② 同上书,页62—65。

间的"边缘集团"？我以为前者可能更接近历史的实相。

拉铁摩尔其实没有必要采用将成吉思汗和蒙古部"边缘化"的解释策略。在蒙古人从草原深处迅速走上征服汉地农耕世界的道路之前，位于"满洲边缘地界"的契丹人和女真人已经这样做过了。在中亚的东部穆斯林世界，原先游牧的突厥人也已经在他们以南的绿洲农业社会做过同样的事情。正像拉铁摩尔认识到的，蒙古人是在契丹、女真和突厥人的启发与协助下，才得以突破草原文化对其自身的限制的。就此而言，蒙古人的成就倒又不完全是一种"例外"了。

拉铁摩尔之前的中外历史学家们，恐怕还没有什么人从积极的意义上把长城边疆地区看作是中国历史的一个重要推动力。"边疆王朝"观念的提出，是他对中国史研究的一项具有开创性质的巨大贡献。到今天，我们应该是比过去更容易看清他的这个贡献的意义所在了。

八、书里的其他精湛见解

这是一本厚重的书。信手翻开它，拈过三五页，就会有随处散落的真知灼见跃入阅读者眼帘。例如关于铜器对上古中国社会的主要影响，书里强调，农民没有铜器时代。因为"它并没有被制成工具以增加农业的产量"，而只用来制造武器、奢侈的装饰品及祭祀用品，作为武力和贵族价值的象征，以利于统治者增加其统治范围和效率（页176）。我们知道，这个见解在后来有关商代青铜器的考古人类学研究中被大大地向前推进了。在肯定疑古派对古文献中记载的传说材料的质疑态度同时,该书指出,对这样的材料"仍可以用新方法"加以研究。它们"虽然不能用来证实历史事件,但它可以表现那时社会的观念,甚至是那些已无法复原其政治事件的社会的观念"(页183)。这很接近于知识考古学的立场,它把有关传说的叙事看作一项"社会事实",从中去发掘存在于叙事形成时期的那个社会的时代观念。关于中国从史前时代向文明的突破为什么发生在黄河流域,拉铁摩尔说,"第一个主要发展的地区并不是中国各区域中最富饶的地方,而是对文明初期发展阻力最小,并对最简陋的灌溉制度也能给以丰厚回报的地区"。中国北部在环境上的优良条件"显然能使人们优先进步到较大规模的经营经济、社会组织及政治统一",由此造成华夏文明从北向南的扩张(页24—26)。

拉铁摩尔不太准确地用"非封建主义"来界定孔子的政治主张,但他的下述判断仍然是很有眼力的:面对秦以帝国制度取代封建制,"孔子的信徒们在那个时候太习惯于理想的制度,以至当一个真实的新制度诞生时,他们却不能认识"(页254)。不过他也没有因为秦立国的政策代表了一种"历史新趋势"便对它予以全盘肯定。他本能地不喜欢秦推行的"斩敌人的首级而获得奖赏的制度",认为它是破坏"文雅"传统的"冷血政策"(页255—256)。他可能不知道顾炎武在四百年前也说过类似的话:"终春秋二百四十二年,车战之时未有斩首至于累万者。车战废而首功兴矣。"[1]他更不会知道钱穆在差不多与他同时在西南联大的课堂上说的那些话。后

---

[1] 顾炎武:《日知录》卷3。

者赞扬春秋时代的文化是发展到"极优美、极高尚、极细腻雅致"的古代贵族文化。而到战国时代,"浮现在上层政治的,只是些杀伐战争、诡谲欺骗、粗糙暴戾,代表堕落的贵族"①。他们的立场,与那些从线性进化的历史目的论出发,完全摈弃道德判断,而只是从抗拒或顺应历史运动方向的原则去解释人类行为,把道德上的善与政治实践中的成功以及胜利混为一谈,并对赤裸裸地宣扬邪恶的法家学说赞不绝口的庸俗见解相比,不知道要高明多少倍。拉铁摩尔对儒家理念与它的制度实践之间严重脱节的评论也入木三分。他说,儒学的道德标准"在事实上的表现是几个模范官员两袖清风地退职,而大多数人却在告老时宦囊中饱"(页120)。被垄断的"'文化'成为一种最腐败(尤以贪污舞弊为盛),同时又最雍容多礼、知识高深(在某些方面)的特殊阶级的专利品"(页32)。他没有来得及看到的是,"文化"不幸还可以在"革命"的名义下进一步堕落到"雍容多礼、知识高深"扫地以尽的地步,而只剩下"腐败"肆行,其不坏几如金刚之身。

　　用"绿洲"特征来凸显出不同地貌背景中的不同人群所可能具有的生存状态类似性,这是需要丰富的想象力才能完成的一种逻辑运算。好像是沿着同一思考路径,弗拉埃进而把这一特征归结为整个中亚历史的属性。他写道,从近东的伊朗直到中国甘肃省的历史,"基本上是一部大大小小的绿洲的历史。甚至像费尔干纳和伊犁河谷这样的盆地,也可以被描述为特别巨大的绿洲,尽管二者的边

---

① 钱穆:《国史大纲》上册,北京:商务印书馆,1994年,页71—72。

界都由山脉而不是荒漠所构成"。他强调说,"无论如何,生活在一个绿洲里的感觉对所有的人都是一样的。可耕地的开辟基本是灌溉的结果。从发育于冰川的河水引流的沟渠,使中亚的大量人口能通过一直逼近到周围高山和沙漠之边的农耕,而生存下来并且取得繁荣"①。

不过《中国边疆》作者观察南疆绿洲社会的特征,有一个稍微不同的关注点。他从对绿洲感知的共同性中发现的,不是绿洲地区作为一个统一的政治共同体由以生成的可能前景,而是它们"都很相似,却仍然彼此分离"。虽然每一个较大的绿洲与它背后山坡台地上的微型绿洲群之间存在着一定程度的物资交换关系,但主要各"绿洲间没有任何贸易的需要。因为这个原因,这些绿洲居民在族裔、语言、文化上虽是一体,彼此却完全漠不相关。……某个绿洲中所产生的剩余人口、粮食、器具及财富使它偶尔可以攻击并占领一两个其他的绿洲,但没有任何机制可以把它们结合起来"。基于绿洲社会像"原子"一样的同一性,从他们内部"很难建立起一个金字塔式的政治统一体"。因此,"对绿洲的有效的贸易和有效的征服,只能来自绿洲以外的中国或草原的势力"(页 110—111,页 321)。本书对冰川河流下游的大绿洲及其中游台地上小绿洲之间的经济联系,以及大型绿洲之间互相孤立的粗线条分析,在后来比如保柳睦美的著作里,获得了进一步的肯定②。

---

① Richard N. Frye, *The Heritage of Central Asia: Asia from Antiquity to the Turkish Expansion*, Princeton, NJ: Markus Wiener Publishers, 1996, p.13.
② 保柳睦美:《シルク・ロド地帯の自然の变迁》,东京都:古今书院,1976年,页 28—29。

关于对"丝绸之路"上商业规模的估计，拉铁摩尔很冷静地指出，"除了可以承受高价运输的奢侈品外"，绿洲地区没有和中国贸易的必要；而中国以外地区虽然需要丝绸，"但国内并没有增加出口的必要。因此，贸易多半是在中亚商队商人及中间商人的手里。也许丝绸的输出是由赏赐及补贴开始的，丝绸成了奢侈价格的标准，小国君主接受的这种赏赐、补贴太多，便把它们卖到更远的地方去"（页314）。不久前出版的《丝路新史》一书，利用晚近发现和获得解读的大量考古及古文书材料，对丝绸之路在它繁荣时期的商业规模进行了十分具体翔实的实证性论述。该书指出，在丝路上各绿洲社会内，市场虽然存在，但很有限。流通于其中的绝大部分商品是当地货物，而不是外来物品。大部分商队只活动在从自己所在的绿洲到下一个绿洲之间大约500公里的范围。这些市场的供给者只是那些以十到二十头驮畜组成的小商队。"拥有数百头驮畜的长途商队在各种历史记录中都很少提及，一般只见于国家间使团互访之时。"只有在755年之前的唐鼎盛时期，我们才看到，为供给西域驻军而从中原向今新疆的大量财富转运，给丝路各绿洲带来高度的经济繁荣，包括货币经济形式在内。按上引著作的看法，唐以后丝绸之路上的商业主角，转变为零售或沿街叫卖的商贩[1]。这些结论没有推翻，而只是更让人感觉信服地落实了拉铁摩尔见解的基本面。

蒙古高原的游牧人群是《中国边疆》一书最关注的对象。它力

---

[1] Valerie Hansen, *Silk Road: A New History*, Oxford: Oxford University Press Inc, 2012, pp.237、106-107、10.

图在一个比较复杂的互动结构中去展示"游牧生活不可能完全自给自足或独立"的属性。在和平的游牧环境中,"牲畜的过剩会多到没有意义。……在这种情况下,伟大的领袖就要利用他部下的机动性,趁汉地衰落的时候侵略汉地,或是在汉地强盛的时候进行贸易"。任何在游牧社会里因消费不完而积聚起来的剩余物资,诸如牲畜、毛、皮之类,都可以用于和农业社会交易。同时,在农业地区的边缘地带生产的粮食,运到草原比运到汉地中心区域更便宜,所以能以较大的利润出售到游牧区。另外,促成没有内部贸易的经济必要性的草原社会去追求对外贸易的主要动力,不完全是经济性质的。"草原社会里必需品分配的普及性,造成了必须用来自这个社会以外的奢侈品来区分贵族与平民、统治者与被统治者。"(页211、47、45)

有时候,作者考虑问题的角度是非常独特的。例如他写道,虽然在牧民最难熬的初春季节,干草对越冬后体质特别薄弱又要生产幼仔的牲畜具有特别的价值,但"储草的方法却没有普遍而持久地实行过"。这是因为移动权比固定的居住权对牧民远为重要,因此游牧社会拒绝私有地产概念的发生发展。而"在牧场割草,会引起确定牧场所有权及限制迁徙等问题"。同样的理由也被用来解释下面的问题,即在有些大的草原,为什么"即使在好的季节也没有放牧的牲畜"?"因为这里需要较深较昂贵的井。在可以很容易挖井,任何人都可以用水的地方,可以根据需要去掘浅井,不会有什么问题。但是很深的井具有特殊的价值,也就有了固定的所有权,而固定的所有权并不符合社会的一般利益"(页44—45)。不论这些几乎全然出自丰富的现场经验的"人类学"解释在今日是否需要修正，在读到它们的时候，我们仍然会情不自禁地感受到由含蕴其中的机智所传达的冲击力。

本书提出，藏传佛教给予蒙古游牧社会的影响中，有一项很少被人意识到。是即"召庙的不动产强化了为各旗及其首领划分疆界的稳定政策，打倒了作为草原游牧经济传统的移动性"（页61）。这一点在漠南的内蒙古草原不容易很清楚地显现出来；因为正如拉铁摩尔所说，"俺答汗是一位筑城的王公。他所统治的土地不在草原的中心，它的经济形式是混合的"（页54）。近来日本学者有关清代外蒙古中心城市库伦兴起的历史研究，证实库伦的城市化与哲布尊丹巴呼图克图的驻锡召庙从流动到固定（1778）的曲折过程紧密相关。召庙的固定不但导致了作为长距离交易商业中心的"买卖城"在库伦以东约十里处的建立，而且还形成一批在库伦和买卖城之间从事批零转卖的小商贩（"塔木诺尔臣"）。随之也就发生"民人"（即汉人）进入库伦城内违法居住日益增多、屡禁不止的现象。道光末，召庙从其定驻点移往别处（1839），长期没有解决的库伦城内蒙汉违禁混居的问题不了了之。1855年，召庙再度移回原地。为继续推行蒙汉分离的统治政策，混住在旧库伦城内的汉族商民几经周折，最终被完全迁出来。于是在库伦的东西分别形成两个称为"塔木诺尔臣"的商民居住区，分别叫"东营子"和"西库伦"[①]。由此

[①] 佐藤宪行：《清代ハルハ・モンゴルの都市に関する研究》，东京都：学术出版会，2009年，页10—26、332—333。

可见，拉铁摩尔关于召庙对于城市在蒙古游牧社会中的产生所起到的促进作用的直感，是非常敏锐、富于创意的。

九、对弱势与边缘人群的同情与敬重

1975年，在为纽约 AMS 出版公司重印他的第一部学术性著作《满洲：冲突的摇篮》修订版所写的导言里，拉铁摩尔坦率地承认，他在写这本书的时候，曾受到斯宾格勒"带有一点不祥预言倾向"的影响。"不过如果不是因为我的妻子，这种影响还会更严重。她不断对我说，不要太多地依赖于某种属于别人的思想。因为我已经表明我能够进行自己的思考，并且有时候它还不错。为什么就不能让它展开来呢？她还很真诚而慷慨地补充说，斯宾格勒也许从未听说过满洲之地，而我在那时已经比任何一个其他西方人都更了解满洲了。"这虽然是一段事后的追述，但我相信，它仍在一定程度上反映出拉铁摩尔的一个信念，即信任经验和自己的感觉，比追随任何一种理论都更加要紧。因此，即使是在真正奠定他作为一名学者而不仅是旅行记写作者地位的《中国边疆》这本书里，我们也读不到甚至只是中等篇幅的理论性阐述。他主要是凭丰富的经验、敏锐的眼光与感觉来获取、组织和表达他对事实的洞见。

不过除此之外，拉铁摩尔对于我们今日所处认知环境的另一项弥足珍贵的启示，是他在观察分析变动中的历史与现实形势时最念兹在兹的那种对受到不公正对待的边缘社会和其他类型弱者的理解的同情与敬重之心。他声称"中国一定可以收复东北"（页93），所表达的也可能主要还是反对德、意、日的同盟国立场。但是，当他批评列强在"各种约定条件"下豁免庚子赔款是"对中国事务的一种随意控制"时，当他满不以为然地写出下面这样的话时，确实没有人再能否认他是在为被欺负的中国伸张正义了："豁免赔款的各国无疑认为他们做的是'对中国再好没有的事情'，不过这只是从外国人观点看来再好没有而已。毫不奇怪，中国人对此绝不会带着同样满足的热情而感觉兴高采烈。"①

遵循与此相同的观照角度，上古中国夷夏关系中的另一个层面也得以更清楚地再现出来。他尖锐地指出，"中国古代及现代历史家们"有关历史上的汉族只在抵御侵略和保卫自己文化时才从事战争、华夏与戎狄的战争都起因于戎狄攻击的见解，传达给读者的只是一种"肤浅的印象"。作者举出的最令人信服的例证是，伊水上游的河谷在公元前 5—前 4 世纪被来自北方和西北的戎人占据了，但这些部落恰恰是由于秦和晋从两个方向上的领土扩张而被排挤出他们位于陕西东北部的原居地的。他们之所以侵入东迁后的周室，"是因为他们被迫从秦、晋之间退出来，而并非因为他们是单纯的侵略性游牧民族"。这是一种"退却的侵略"；"事实上是被迫把较好的土地让给一部分汉族，而向另一部分汉族取得较贫瘠的土地"（页221—232）。拉铁摩尔因此同意马伯乐的见解，以为北狄"在人种学上和中国北部居民是同一民族，他们是被在中国北部进步到较高农业经济的中国人排斥出来的"（页 38）。此一"排斥"包含两种不同

---

① *Manchuria：Cradle of Conflict*，p.278.

过程。一方面是把"一个一个的少数民族部落……合并到逐渐扩大的汉族中来"(页178)——这种同化过程当然不可能是完全和平、非暴力、无压迫性的。另一个方面就是把未能被同化的各种非华夏人群边缘化，即从原先由它们与华夏共同享有的华北核心地区逐渐驱赶出去，最终在华北形成"内夏而外夷"的空间分布格局。如果有人对上述空间格局的产生过程所内含的不公正毫无意识，那就只能认为，他们是受了至今弥漫于汉族社会的族裔中心论和"物竞天择"的社会进化论思想太过分的影响。

在这个意义上，甚至长城也不能再被完全理解为是汉族农业社会保卫自身安全的纯粹防御性建筑。用类似"圈地"的方式把被排挤出宜农地区的边缘人群阻隔在外，至少是最初修建长城的动机之一。

由此可以得出以下两个结论："第一，虽然文献记载的目的是强调汉族在自卫，但对具体的攻击、征伐及扩张的记载中，却表现出汉族主动侵略的时候比他们自卫的时候要多。第二，在这个时期，汉族所统治的土地无疑是在增加。这个过程是与中国'封建列国'间均势的时常变迁并行的。称霸的国家就是对少数民族战争最多、掠地最广的国家。"(页223)由此还可以看到，"胜利者"书写的代表了支配者言说的历史是如何靠不住："一个自命为文明的民族，虽然事实上是在侵略一个落后的民族，但仍说自己不过是'巩固自身的地位'。另外，尽管少数民族实际上是在自卫，但其战争的方式却是突袭，于是常常被编年史记载为'攻击'，使优越民族进一步声张自己的权势变得合理合法。"(页225)

对 20 世纪蒙古民族主义的同情，充斥于本书和作者其他著述内相关篇章的字里行间。有很多原因共同导致了蒙古社会在近现代的衰落。清政府实行的旗地划分政策，把蒙古各部变成了"游牧附庸"。它不但减少游牧人移动循环的规模，"而代之以比较严格的土地制度"，因此非但有效地阻止了各部间的联合，更以严重违背蒙古社会传统的方式，把蒙古土地在事实上变成了蒙古王公和藏传佛教高级僧侣们个人所拥有的财产。蒙古的对内和对外贸易逐渐被来自汉地的商人们垄断。这种垄断得到蒙古本土上述两种统治势力的支持与协助。蒙古王公通过对其部属的控制阻碍了蒙古商人阶级的兴起，同时充当汉商保护人，并进而通过向汉商投资和合伙经营来分享汉商的贸易利润。此外，早在旗地正式开放之前，他们就开始以牺牲蒙古游牧人利益为代价，把土地出让给汉族移民耕种。蒙古社会里的藏传佛教教团使将近一半的当地男子成为僧人。召庙非但参加到与汉商分取商业利润的活动中去，他们掌握的不动产也加强了在各旗及其首领之间分疆划界的趋势。与王公贵族和高级喇嘛"对社会的功用越来越少，而其所积累的财富却越来越多"相对应，游牧经济中的直接劳动者在丧失游牧经济的若干利益的同时，"却没有丧失他们理论上的游牧民族的义务和职责"（页 51—59）①。

尽管如此，直到 19 世纪末期之前，"穷蒙古人总要比穷汉人多少吃得好，穿得好，住得好"（页 60）。在这之后，又有三样新因素

---

① 并参 James Cotton, Owen Lattimore and Chinese Frontiers, in D. S. Goodman ed., *China and The West: Ideas and Activists*, Manchester & NY: Manchester University Press, 1990, p.152。

的加入，使蒙古人的境遇变得越发糟糕。铁路这种在"整个中国体制中还没有过的经济与政治力量的新产物"深入蒙古（在满洲发生的情况也与此类似），完全改变了生产于边疆的谷物产品去向。此前在边缘的农业地带生产出来的粮食，运往草原的成本低于运往汉地；另外游牧人对粮食补给的需求有限，也限制了粮食生产规模的肆意扩大。因此这可以说是一种有利于游牧社会的生产活动。铁道运输的出现整个地改变了谷物运输的方向，因为现在卖往汉地市场变得更有利可图了（页89、211、62）。于是接着就产生了第二项新危机，即汉地贸易经济控制蒙古经济的现象，在20世纪转变为由大量农业移民而导致的"南方农业经济代替蒙古游牧经济"的局面（页61）。其三，自1928年以后，国民政府实质上改变了孙文关于五族共和的民族平等政策，转而利用铁道和火器，对蒙古民族实施一种被拉铁摩尔称为"次帝国主义"或者"亚帝国主义"的统治路线。它在蒙古地区的具体做法之一，是"以没收土地的方式加强对蒙古人的压迫"（页63、91）。当然，他也没有忘记立即补充，他并不是想使人把整个中国误解为是帝国主义。其实只有几个阶级是如此，他们的权益与整个国家利益并不一致（页133，见注67）。

所以，在现代蒙古问题上，拉铁摩尔其实是站在越来越沉重地遭受无情剥夺的蒙古普通民众一边的。他不满意蒙古王公和高级僧侣忽视本民族的根本利益，与汉商合谋压榨一般蒙古部众，变成接受政府补贴的国家政策的工具。他用事实揭示出汉商对蒙古大众骇人听闻的巧取豪夺。1911年，清代外蒙古诸部积欠汉商的全部债款约1 500万两白银，平均每户牧民欠债500两。归化一家著名商号

"大盛魁",每年收取的蒙人债务利息达 7 万匹马和 50 万只羊。他用几乎像是在控诉的语调写道:"事实上,整个旗(部落土地单位)的总债务会成为一笔转账,商人可以因此逐年把全旗剩余的产品完全拿走,另以高价换给蒙古人以刚刚够用的衣料、用具、商品和冬季需要的谷类和面粉,使这个社会能够生存下去。这一笔复利账因利息过高而逐年增加,变成商人在这个社会中的合法地位与权利的象征。保留蒙古人的债务极为重要,即使一个旗愿意完全把债务偿清,汉商也不愿意收,而情愿把债款留在那里。利息有时高达百分之五百。"(页 59)

他拿这些实地感受以及其他源于间接渠道的闻见,与缺乏真正透明性、有限而并不完全准确的当日苏联的有关信息进行对照。正因为太轻信那些半真半假、半遮半掩的不实报道,拉铁摩尔才会对苏联的民族政策予以非常积极的认可。与罗曼·罗兰、萨特等访问过苏联并且对那里的异常情况有所意识,却终生对此缄口不言的西方知识分子相比,他完全有权利获得今人更多的理解。

对于清代外蒙古从中国脱离出去、独立建国的问题,拉铁摩尔的分析也值得引起我们的思考。他在为一本出版于 1949 年的专著《外蒙古及其国际地位》所写的"导论"里指出,概括地说起来,沙俄的蒙古政策是维持蒙古作为俄、日势力范围之间缓冲地的地位;而有关苏联政策最清楚的迹象,也是指向把蒙古当作缓冲地来处理的。甚至早在 1911 年之前,从清代外蒙古人自己的观点来说,他们面临的最急迫的威胁,并不是遭受代表着某个外国政府的少数外国人的"殖民"统治,而是那里的最好土地被迁移而来的定居农民变成垦殖对象的危险。他们将不是被臣服，而是被替代。他们的命运将不像印度，而更像是美洲印第安人①。毫无疑问，他是同情并支持这个民族主义运动的。

不过与此同时，他并没有忽略中国人的态度和感受，仍然对中国表达出充分的尊重。在发表于1946年《外交事务》杂志上的论文《外蒙古的状况》里，他强调中国对当日蒙古人民共和国的承认具有重大的意义。这个承认的基础是在中方未出席的雅尔塔会议上奠定的。"我们不知道承认外蒙独立的压力是苏联施加的，抑或是苏联的盟国为促使它参加对日战争，而把建议承认蒙古人民共和国作为一种交换条件提出来"。无论如何，蒋介石在1945年8月24日最高国防委员会和国民政府中央执行委员会联席会议上发表的讲话里，已经明确承认了这一事实。拉铁摩尔援引会议次日由中央新闻社在华盛顿D.C.发布的专号称，蒋介石宣布：本着中华民国自身的"革命诸原则"，必须"以果敢的决心，通过法定程序，承认外蒙古的独立"。几个月之后，在那里举行了由中国官方视察员出席见证的公民表决，一个新国家就这样最终确立了②。对这番话今天的人们或许会有不同的评价。不过无论如何，它已被固化为历史的一部分。蒙古国作为今日中国的一个邻邦，已经是谁都不可改变也没有人再想去加以改变的铁的现实。

与以上讨论相关，我们可以从拉铁摩尔的思想遗产中获得的另

---

① Owen Lattimore, *Studies in Frontiers History: Collected Papers 1928-1958*, London: Oxford University Press, 1962, p.276.

② Ibid., pp.266-277, 260.

一个启发，是他对同一个国家内部存在着诸多历史地形成的不同人群以及分别属于他们各自的历史世居地这一事实的高度重视和尊重。重视和尊重这样的事实，对他来说就意味着重视和尊重这些不同人群，尤其是其中人口较少的边缘人群在他们世代生活的那片历史家园里保存并继续发展属于自己的语言和其他文化传统的合法权利。今天，是不是承认在中国的版图之内还存在着诸多历史地形成的属于各不同民族或族群的家园，对于理顺汉族与其他各民族，乃至与生活在某些特别地区的人们之间的关系，很可能是一个具有关键意义的问题。

这里必须补充强调的是，对历史家园的承认，意味着我们要承认的，是某个特定人群在某个特定区域内可以行使的某些特定集体权利，但它是一种内生于国家宪法基本框架之下的集体权利，它不能违反宪法和国家的其他基本法律、制度和规定，不能否定生活在其中的该特定人群以及任何其他人群的任何成员作为一个国家公民所拥有的全部个人权利和个人自由。人群的迁徙移居在任何地方都一向存在。中国很多的少数民族历史世居地域内的人口比例中，有相当大一部分是汉族及其他民族人口。他们之间的关系，只能是共生和互补的关系。不过我认为现在的关键，仍然在于我们究竟有没有这样一种心胸去面对如下事实：共生互补本是可以适用于无关乎历史家园问题的任何一个地区内处理人与人之间相互关系的原则；但在那些特定地区，还须要承认其地方治理权能所具有的"非均衡性"特征，亦即承认它拥有为维护特定人群的集体权利所必需的溢出于相应层级一般地方政区治理范围的某些特殊权限。这种非均衡性是绝不可忽略的，因为我们必须实事求是地认识到，"国家可以用多种方式不必践踏个体公民权和政治权利就可系统地削弱少数民族的权力"①。

在结束全书时，作者提出，展开在本书中的研究，最终是为了"使我们能够积极参与促成我们这个时代的各种发展，而不只是消极地等待它们"。历史研究的性质决定了研究者必须眼望过去。但是因为历史研究者永远做不到，也根本不应该试图做到"价值中立"——超越被研究对象的价值观本身并不意味着研究者因此就能以"价值中立"自命——，他们心中所怀有的根本价值关怀，总是可以使他们所研究的过去能在与当下乃至将来之间的相互对话中获得解读。历史学家绝无预言未来的能力，但是他们应该有参与和促成时代发展的积极性和责任感。或许这也是拉铁摩尔这部书之所以具有如许生命力的基本原因之一。

（原载清华国学院编：《清华元史》第 3 辑，北京：商务印书馆，2016 年）

---

① 威尔·金里卡：《少数的权利：民族主义、多元文化主义和公民》，邓红风译，上海：上海译文出版社，2005 年，页 251。

沟通欧亚的"瓶颈"
——中西文化交流史上的新疆

一、"瓶颈"是如何形成的

在中国地图的框架里，占据着全国六分之一陆地面积的新疆地处西北一隅。但如果以整个欧亚大陆作为背景去看新疆，它所占据的似乎又是一个相当中心的位置。这并不完全是因为它恰好坐落在上述这片地域空间的中心地带，更多地还是取决于它作为沟通东亚与西亚乃至与欧洲之间陆上经济—文化及政治联系的瓶颈地区所拥有的特殊的地形地貌特征。

若按海洋性气候能否渗入其地作为区分尺度，欧亚大陆可以说是由两大区域，即其腹地欧亚与"外圈"欧亚（Outer Eurasia）所构成。历史上的大型农业定居社会都出现在靠近海洋的外圈欧亚（以及邻近地中海与红海的非洲东北角）。但是它们之间的陆上长途交流，为缩短行程距离计，往往需要利用穿越腹地欧亚的通道来实现。而在抵达东亚最不便利的地段，贯穿塔里木沙漠的绿洲道几乎成为除游牧之外各人群的陆上行旅不得不采取的路线。

在新疆以南，帕米尔山结向东伸展，形成了将人迹罕至的藏北羌塘高地北缘及西缘围隔起来的昆仑山、喀喇昆仑山（主峰乔戈里山在中国新疆和巴基斯坦边境，海拔 8 611 米，是世界第二高峰）、冈底斯山，以及拉达克山和喜马拉雅山等险峻的丛岭。连同藏北高原本身在内，这片扇形的高寒"雪域"在极大的空间范围内构成难以逾越的巨型自然屏障。在这整个区域内，东西交通几无可能。

北部新疆以西和以东，是横贯中部欧亚的草原及半草原带。那里是游牧人群得天独厚的乐土。草原上的"路"只属于游牧人。外来人想要通过草原，就必须与游牧团队同行止，以求一路上获得后者的照应；但是他们因此也就很难达成原有的旅行目的，无论是行商、传教还是出使。他们也可以独自进入大草原，但必须保证在每一个需要物资补给和前行向导的关键时间节点上，很幸运地与刚好经过那里的游牧人相遇；当然不大会有人愿意冒这个险。因此，在看来一望无际、可以任人过往的草原上，却很难形成通达西东的有效的长途路线。

新疆地理位置的特殊性，由此便突现出来：这里有两条沿途点缀着诸多绿洲的沙漠道路，分别位于塔里木盆地的南、北两缘，可以打通东亚与西半部分中亚乃至南亚之间的往来联系。此外，沿着天山北麓往西，还有一条草原路，在现代被人们称为"天山廊道"，则是东部游牧人往返中亚绿洲农耕区时最常使用的路线。

就其地形而言，这个"瓶颈"区位由三条大山脉，即阿尔泰山、天山和昆仑山（喀喇昆仑山—阿尔金山），以及四个盆地，即准噶尔盆地、塔里木盆地、吐鲁番盆地和哈密盆地构成。

天山由西向东把新疆分成两个部分，即所谓北疆和南疆。北疆大体呈三角形状，分别以天山和阿尔泰山为三角形的底边和右边。夹在阿尔泰山和天山之间的是准噶尔盆地。南疆以天山和昆仑山为北、南界山，中间是椭圆形的塔里木盆地。在塔里木盆地的东北，则有吐鲁番与哈密两盆地，分别在天山东端（博格达山）与东部天山支脉库鲁克塔格山的南麓西东排列。

位于塔里木盆地中心的塔克拉玛干沙漠，东西长度近1 000公里，是中国最大的沙漠、世界第二大的流动沙漠。流沙堆积的高度可达100米。这里的年平均蒸发量是年均降水量的三十倍以上，夏季空气的绝对湿度接近于零。极端干旱的罗布泊干盐湖盐壳，就位于沙漠东端。吐鲁番盆地则是中国最低的内陆盆地。其底部的艾丁湖湖面海拔为-154米，它的海平面之低在世界上仅次于死海。

天山以北的准噶尔盆地，自然条件没有那么严酷，大体属于欧亚草原世界的一部分。

新疆地表面貌的变化，是风、冰川、地震等各种地质营力作用的结果。若以更大的时空尺度看问题，则影响该地区地貌变迁的更深层的内因，还是新疆及其邻近区域的构造运动，包括陆块漂移以及它们之间的碰撞挤压、海洋地壳的退缩、板块的碰撞与造山运动等。

据地质年代学与岩相分析数据所作的推断，从晚古生代到中生代（约4亿年至65百万年前），新疆及相关地区构造过程中经历的重大地质事件先后有：西伯利亚地块与携带着准噶尔断块作为其延伸部分的哈萨克斯坦尼亚小陆块相撞，安加拉古陆形成；安加拉古陆与波罗的地块相撞，乌拉尔山在此后隆起，联合大陆形成；中朝—塔里木板块与联合大陆相撞，天山、阿尔金山隆起；作为"形成于相撞的哈萨克斯坦、西伯利亚和塔里木克拉通之间的一条褶皱带"，阿尔泰山造山运动也在此处发生；羌塘—印度支那陆块与联合大陆拼合，昆仑山随后形成于塔里木以南；联合大陆在侏罗纪（约 2 亿年至 1.4 亿年前）前期分离为冈瓦纳和劳亚两个超大陆；侏罗纪中晚期，辛梅里安地块自南向北冲撞劳亚大陆，在羌塘南缘与藏南地块拼合；劳亚大陆在白垩纪（1.4 亿年至 65 百万年前）分离为北美地块和欧亚地块。

新生代（前 65 百万年至今）最重大的地质事件，无疑应属约 4 000 万年前发生的印度次大陆向北与亚欧大陆的碰撞和俯冲，及其引发的喜马拉雅造山运动。"……印度地块在后冲撞时期的向北凹陷，产生出两千公里的地壳退缩（基于古地磁证据），并且引起业已拼合的这一板块联合体内各主要部分的再度变形。"源于喜马拉雅造山运动的大规模挤压和陆内俯冲，不但促成天山、昆仑山等山岭持续隆升，导致原已大体夷平的阿尔泰山体断块再度沿原先的断裂带位移上升，同时也"形成了多阶段连续型的陆相盆地发育。在准噶尔南缘、塔里木南缘和北缘、柴达木盆地，以及河西走廊各盆地，都形成极厚的堆积。从盆地周边沉积相和厚度分析，挤压力不独来自南方，而常常是双向挤压的结果"①。

---

① 关于新疆及邻近地区地质构造的过程，可参阅维基百科"天山的地质构造""喀喇昆仑山断层系统""喜马拉雅地质学""辛梅里安地块""联合大陆"（Pangaea）等英文词条对地质学界已取得的共识的概述。此处三段引文，分别见萨伏诺娃（Inna Safonova）：《俄—哈境内阿尔泰山的造山运动：研究综述及争论的主要问题》，《地理科学前沿》5-4（2014）；温德雷（B. F. Windley）：《喜马拉雅、喀喇昆仑和西藏的地质构造框架及其演化问题》，《皇家学会哲学互动》A（数学、物理与工程科学分卷）326 (1988)；李四光原著，中国地质学扩编委员会编著：《中国地质学》扩编版，北京：地质出版社，1999 年，页 34。又，关于各地质时期的大陆诸地块形状及其相互位置，可参见德克萨斯大学（阿灵顿）地质学教授 Christopher R. Scotese 创立的 Paleomap Project（在线项目）中"地球历史"专栏的各图幅，网址为 http://www.scotese.com/earth.htm。

当中国古人说到"高岸为谷""沧海桑田"时,其本意也许只是借用夸张的比喻,极言造化盈亏更易之剧烈。他们无论如何也想不到,现代地质科学真的可以为我们证明高山夷平而再突起、大陆聚合却又漂离的那段漫长而让人惊异的地球演变历史。

尽管被天山所分割的南北疆地形的特征都可以用"盆地"这个词概括,但两类盆地的自然环境却大不一样。"天山的北坡受西伯利亚的气候影响,森林茂繁。漠北蒙古山脉的北坡大致也是如此。不过,漠北蒙古诸山的南坡面对的是一个逐渐消失在沙漠中的草原,而天山的南坡却面对着大戈壁,一片极干燥、没有雨量、没有真正牧场的沙漠"①。

南疆的人类活动区域,主要集中在流入塔里木盆地的许多雪山河流边的农耕定居点。象征着生命气息的绿色,星散在将它们互相隔绝、孤立开来的黄色沙漠中,形成十分显眼的"绿洲"景观。蜿蜒于塔里木北缘的天山,其雪线比塔里木南缘的昆仑山雪线低近千米,因此在天山南坡才可能培育出较大规模的绿洲城市,著名者如库车、阿克苏、喀什等。昆仑山北坡的雪线较高,雪山河往往从某处潜入地下,而后再度露出地表。那里的绿洲没有分布在塔里木北缘的那么大。

南疆诸盆地中的这种人类生存环境,实际上与它以东的河西走

---

① 拉铁摩尔:《中国的亚洲内陆边疆》,唐晓峰译,南京:江苏人民出版社,2005年,页100。

廊，以及它西面的广大中亚地区有很大的相似性。所以 R·N·弗拉埃说："从近东的伊朗直到中国甘肃省的历史，基本上是一部大大小小的绿洲的历史。甚至像费尔干纳和伊犁河谷这样的盆地，也可以被描述为特别巨大的绿洲，尽管二者的边界都由山脉而不是荒漠所构成。""无论如何，生活在一个绿洲里的感觉对所有的人都是一样的。可耕地的开辟基本是灌溉的结果。从发育于冰川的河水引流的沟渠，使中亚的大量人口能依赖一直逼近到周围高山和沙漠之边的农耕而生存下来，并且取得繁荣。"①

虽然南疆历史上也曾存在过一些以流动畜牧甚至捕鱼为生的人群，它的人口主体主要还是靠绿洲农业维持生计。另外，绿洲居民也参与长途的过境贸易，经营以途经其所在地的长途客旅为对象的各种服务业。由西向东排列在近乎同纬度线上的诸多绿洲，其出产几乎相同，基本上处于自给自足的状态。因此它们之间很少有迫切的日常生活物资的互补性交流。相反，在过境长途贸易和针对过境客旅的服务业方面，它们之间存在相互竞争的潜在紧张。倒是在每一条雪山河所流经的若干台地上纵向排列的大小绿洲之间，可以形成某种资源互补。这就导致绿洲之间缺乏横向联系的动力，缺少将它们联合为较大的政治—经济—文化实体的内部动力。南疆诸绿洲之统一，往往来自外部势力，因而被从远处进行统治，并被合并在一个更大的政治实体之中。

---

① 弗拉埃（Richard N. Frye）:《中亚的遗产：从远古到突厥扩张时代的亚洲》，新泽西：马库斯·维那出版社，1996年，页13。

准噶尔盆地则带有更多地向西开放的性格。"沿着它的大部分西部边界,可以毫无障碍地进入哈萨克斯坦的七河地区。准噶尔的各放牧草地在历史上一般与塔拉斯河、楚河及七河流域其他河流的分水诸岭构成同一[地理]单元。"①这个单元的西部,一直伸展到锡尔河的东岸。所以松田寿男在阐释"亚细亚史的基础"时,将亚洲解析为"东亚农耕世界""游牧世界""绿洲世界"和"南亚农耕世界"四个主要部分;而前三者之间的分界线则为长城和"天山—锡尔河"沿线②。从蒙古草原翻越阿尔泰山,经过阿尔泰南坡和天山北坡的草原,可以向西一直联通哈萨克斯坦草原、乌拉尔草原、南俄草原和卡尔巴契亚草原。在这条路线上,分隔蒙古高原和准噶尔地区的阿尔泰山并不构成游牧人无法通过的天险。起源于此地的古代突厥人,除了用"塔格"(tagh)来称呼一般意义的山岭外,还用另一个词语 yish 来指称"大山脉中的森林与草原或山中牧场"。他们不把阿尔泰山叫做"阿勒坦塔格",而称之为"阿勒坦 yish"(阿勒坦译言"金")③。可见它是一道可以容留游牧人带着畜群穿行其间的大山脉。

北疆除了可供游牧之用的草滩,也有一些绿洲。它们常被移动的游牧人控制。北疆绿洲与南疆绿洲之朝向灌溉农业的单向发展不

---

① 米华健(James A. Millward):《欧亚十字路口:新疆史》,纽约:哥伦比亚大学出版社,2007,页5。我们或许应当注意到,一个国家的政治边界,与承载其疆域的若干自然地理单元的区域边界,同时也与按照族裔、语言、传统经济方式、宗教信仰等尺度来划分的文化地理单元的边界,在大多数情况下往往是犬牙相错,而不是相互重叠的。

② 松田寿男:《亚洲的历史:从东西交涉直到前近代的世界图景》,东京都:岩波书店,1992年,页30。

③ 森安孝夫:《丝绸之路与唐帝国》,东京都:讲谈社,2007年,页52—53。

同，呈现出在根源于草原基盘的几种不同的发展可能性之间摇摆变化的趋势。明清以七河流域和准噶尔盆地为核心势力地区的卫拉特蒙古（西蒙古），曾向东控制蒙古草原，向南控制南疆、青海和西藏。在清前期延续雍正、康熙、乾隆三朝之久的统一西北的战事中，它的自始至终的主要对手，就是卫拉特蒙古。

除去来自北方的政治军事势力如卫拉特蒙古，历史上控制过南疆的，还有来自塔里木盆地以外东、西、南三个方向上的外部政治势力。

吐蕃王朝强大起来后，为与唐争夺外部空间，从位于藏地西端的克什米尔出兵中亚。747年，戍守西域的唐军在高句丽出身的将领高仙芝率领下由北向南穿越帕米尔高原，在瓦罕河谷之南兴都库什山脉中的"连云堡"与吐蕃军队鏖战获胜，一时阻止了吐蕃西进的兵锋①。

---

① 史称高仙芝在连云堡之战后，又率军进至"坦驹岭"，由此进入小勃律。斯坦因将坦驹岭勘同为兴都库什山南北分水岭上的 Darkot 山口；在它以南不远，就是位于巴基斯坦"北方各地区"的重镇吉尔吉特（Gilgit，它也是从中国翻越红其拉甫山口后抵达的第一个较大的巴基斯坦城镇）。虽然"驹"是以元音收声的阴声字，视其为用来记录-kot 读音的记音字，从审音角度并不完全和谐；但度以当日地理与政治形势，斯坦因的见解是可以成立的。从吐蕃之地西进，难以采取翻越喜马拉雅山脉的路线。最可行之道，即在藏地西部沿拉达克山和扎斯卡尔山之间的印度河上游河谷西行。而吉尔吉特正处于这条路线上，从此可以北渡葱岭或向西北翻越兴都库什山，进入阿姆河—锡尔河流域。因此唐军直指此地，要在这里截断吐蕃向西扩张的生命线。据此，连云堡或即座落在瓦罕河谷南缘、阿富汗和巴基斯坦的交界地区，旨在扼守在它之南位于兴都库什北坡的 Baroghil 山口，以及更南面、也更险峻的 Darkot 山口。唐代在"西番部落所置州府"中，有以"布路犍城"为"悬度州"者，属于罽宾国（在今克什米尔）的一部分。"布路犍"即 Baroghil 山口所在之城堡。是知所谓"悬度"，指自帕米尔方向进入印度河流域所必须翻越的险要的兴都库什山区。古人说"悬度、贤豆、身毒、天毒"都是印度之名的一音之转，这是有道理的；悬度与"新头"，均系以印度之名移称其山、其水。或以为其地山势险要，须"乘索而度""悬虚为度"，固有此名，实为望文生义之臆说。

755年安史之乱后，唐撤回全部西域戍兵。吐蕃遂从甘青出藏，控制河西走廊、南北疆，西至费尔干纳盆地近一百年。正因为如此，敦煌文书中才会留下那么多重要的吐蕃文书。

由西向东控制过南北疆的，有喀拉汗王朝、察合台汗国、叶尔羌王国等。它们都在经历版图扩张后又分裂为东西两部分，而分裂后的东部又总是以新疆为其主体部分。这一事实说明，立国于中亚的诸政权还不具备足够的政治控制能力，可以把新疆地区巩固地纳入其疆域之中。

由东向西将南北疆纳入版图的，则有汉晋与唐，以及元、清等王朝。中国创造了世界上最早发达起来的专制君主官僚制国家体系。东亚政治体系的中央集权化程度之高，世无其匹。因此，汉唐虽未在新疆施行直接统治，仍得以对新疆产生很重大的政治、经济和文化影响①。据《汉书·西域传下》，西汉后期龟兹（今库车）王娶了一个出嫁到乌孙的汉朝公主之女，遂入朝长安，留驻一年，后来又数次来朝。他在本国使用汉朝的衣服、宫室制度，出入传呼采用撞钟击鼓的汉宫仪式。西域胡人皆曰："驴非驴，马非马，若龟兹王，所谓赢也。"（赢，音 luó，骡，公驴母马所产）。此王死后，其

---

① 汉唐政府对今新疆及其以西区域的政治支配，是通过后来称为"羁縻"的间接统治体系来实现的。它主要包括两方面的内容。一是在战略要地驻军弹压，即所谓"屯田垒城……以伸慰抚诛伐之志"（张雨：《边政考·西域经略》）；二是朝贡册封，即以朝廷官号封授给大大小小的当地实际统治者，用朝贡礼仪将他们纳入体现"君臣之义"的等级秩序中。西方研究者经常把"羁縻统治"英译为 loosely controlling。两汉维持对西域的间接统治共一百多年；唐代的西域都护间接控制西域，包括因守少数几个孤城的三十年在内，凡一百四十余年。

子仍自谓"汉外孙",成帝、哀帝时与汉往来甚勤。唐朝前期为维持西域驻军而支拨到新疆及其邻近地区的绢帛铜钱,成为支撑当地货币经济的重要支付媒介。

来自东方的影响还不止出于汉唐体制的国家。产生于汉文化的专制君主官僚制,迫使与它相毗邻的北亚各非汉族人群为在与其争锋并最终取而代之的政治—军事过程中提高自身实力及权力合法性,而发展出建构大规模"北亚边疆帝国"的强大传统。以元、清为典型的少数民族统一王朝,即以专制君主官僚制和北亚边疆帝国这两大传统立国。新疆牢固地被纳入中国版图,与清代对它的长时期经略势难相分。

由于存在上述两种来自东方的强大的政治牵引力,新疆最终成为中国疆域的一部分。这一局面显然不是偶然发生的。

二、人群、语言和文化:交往、积淀与变迁

正是在位于上述广袤空间内的这几条狭长通道上,在源源不断地来自东方和西方的形形色色的人群,以及他们所携带的语言、物品、技术和观念之间,发生着数不清的交汇和碰撞。日久天长,这些交汇碰撞逐渐积淀于当地的人情风物之中,竟使十分逼仄的人类生存环境呈现出人群及其文化的惊人多样性。

尽管上述多样性分别在北疆游牧人群和南疆的绿洲农业人群内部造成了某种程度的地域差异,但它更显著的特点还在于,多元起

源的各种人群构成元素和文化元素，分别在北疆和南疆内部漫长而全方位的社会互动中被"研磨"或相互混合得相当均匀。由于多样化与均质化之间的持续张力作用，经营着相似的游牧或绿洲农耕生活的各人群对于自己的集体身份认同，他们的语言、宗教和社会文化也曾经发生重大的转变。

不同文化间的交流，可以通过许多不同的载体，如书籍、器物、工艺技术、宗教仪轨及其所含蕴的精神意识等的持续流动而得以实现。但所有这些都有赖于人群本身的流动来推进。因此，讲述东西文化交流的历史，还需要从人类如何在流动中不断分化和融合的过程说起。

早期人类因流动而产生的群体间分化和融合，被相当系统地记录在他们的基因里。以人类基因组为主要研究材料的分子遗传学已经揭示出，近四五千年以来活动在新疆的各人群，其遗传成分来自四面八方：Y染色体单倍群O辗转来自东亚，其最主要的携带者即原汉藏语系各人群，该单倍群在今日新疆维吾尔、哈萨克和回族中的平均分布频率为24.08%；从北亚南下的原蒙古—通古斯·满语各人群以及古叶尼塞语人群，分别带来单倍群C和单倍群Q，二者在前举三个现代民族中的平均分布频率分别为37.50%和5.35%；来自原突厥语人群和欧亚西部各人群所携带的单倍群R、E、F、G、I、J、T，在群体中的平均分布频率总和为24.70%；新疆人群中存在与藏族共享的单倍群N，则反映了由南向北的基因交流；其中的单倍群N1*很可能起源于喜马拉雅山区东部河谷，并很早已分布到新疆，然后融入维吾尔人群之中①。

当来自不同人群的遗传成分融合在同一个人群之中时，在这个人群中居于支配地位的那部分人们的语言—文化，就可能演变为该人群共有的语言和文化。在南疆绿洲社会，直到 9 世纪中后叶为止，覆盖其人口主体的语言一向是由西向东扩展的印欧语系诸语言。在历史上分布于新疆境内的印欧语人群可以分为两大系统，即说吐火罗语的人群和说东伊朗语的人群。两种语言虽然同属印欧语系，互相之间却已完全不能听懂。在原始印欧语的演进过程中，它们分化出来的先后次序相差很大。

最早迁入欧洲的印欧语系诸祖先人群，看来至少源于两个不同的地区。其中一波最早的移民，应源于公元前 7 500 至前 6 000 年间从小亚—中东向西扩散的原始农业人口。公元前 4 000 至前 3 000 年间，又有分布于黑海、里海以北草原的"牙姆纳亚"牧人向中欧和北欧不断扩散，并在很大程度上替代了此前生活在那里的人群。

牙姆纳亚人不但大规模地向西拓展自己的生存空间。从他们中间还有一支人分离出来，一直向东迁徙到西伯利亚和蒙古高原的西

---

① 以上数据来源于对采自新疆的 1 164 个无血缘关系的维吾尔、哈萨克、回族个体样本的检测，并对其 Y 染色体单倍型主成分进行分析所获得的结果。参见李辉、金力：《Y 染色体与东亚族群演化》，上海：上海科学技术出版社，2015 年，页 243—273。以为分子遗传学可以有助于"鉴定"某个人群的民族或族群身份，这是对于该专业领域的一种相当普遍的误解。研究民族/族群作为一种"想象的共同体"是如何被"发明"或塑造出来的，这是文化人类学/民族社会学的任务。分子人类学则以业已被界定的民族/族群作为既定单元，通过检测它的遗传主成分，分析其遗传结构的特征，并据此描述它与其他相关民族/族群之间的分化、融合或其他形式的基因交流历史。

北角。其后裔中又有人向南迁入塔里木盆地东端，时间约在公元前第三千纪后期或末叶。他们的语言被称为吐火罗语。

到公元前第二至第一千纪之际，今新疆地区又受到来自它以西地区的下一波人口迁徙的巨大影响。与牙姆纳亚牧人有遗传关系的安德罗诺沃文化持有者，包括被涵盖在早期安德罗诺沃文化范围内的辛达希塔文化的继承者们在内，成为中部欧亚草原人口中的支配成分。鉴于印度语族和伊朗语族的分化在此时很可能早已完成，故而尽管安德罗诺沃文化很可能由说上述两个不同语族之各种语言的人群所共同创造，第二波迁入新疆的印欧语系人口，恐怕主要还是说东伊朗语的各人群。和田塞语和大月氏人的语言，大约都属于东伊朗语族。根据贝利的见解，河西走廊有不少地名看起来纯出于汉语，其实都是源于东伊朗语的汉字转写。另一方面，我们所熟知的汉语地名"玉门"，则以记音的方式出现在和田塞语的文书里，它被写作 Gūkemana①。

塞语人群和吐火罗语人群在古代新疆地理分布的大概形势是：塞语诸人群居于塔里木盆地的西部以及天山以北，又从天山北麓向河西走廊伸展；盆地东半部则为吐火罗语人群所据有。在罗布泊地区发现的距今 3 800 年的"楼兰美女"，其生前所用的语言，应当就属于一种吐火罗语。

---

① 贝利（Harold W. Bailey）：《古代伊朗语和田的塞人文化》，纽约：克伦比亚大学伊朗学研究中心，1981 年，页 1。和田塞语文书用 gūke-mana 音译汉语的"玉门"。汉语"玉"字古音属疑母，可拟构为 ngiok。值得注意的是，这里使用辅音 g-来记录汉语中疑声母（ng-）的读音，与汉语文献用"月氏"记录塞语 kush 的读音，恰可互为比证。

正如研究这段历史的学者已经指出的，自公元前2 000年后的考古证据显示，新疆"最初的农人们"，即吐火罗人和塞人，分别是从塔里木的北方和西方来到这里的。来自东亚的人群进入此地，则很可能还要晚一些①。他们有些从语言和文化上融入印欧语的人群之中，也有一些曾长时期保持着属于自己的族群特征。汉代西域的"婼羌"乃至"西夜"等部，大约就是他们的后裔。

文化的传播当然要依赖于一定规模的人口流动。在很多情况下，由流动人口带入的某些新的文化元素会被整合到当地原有的文化体系之中，演化为其中的一个有机组成部分。如佛教在汉地及藏地的"在地化"进程就是最显著的例证。如果这个流动人群极其强大，在它所到达的地域中占据了支配地位，那么他们也可能全方位地改变那里的文化（包括语言）面貌。在历史上的新疆，即曾发生过这样巨大而深刻的文化变迁。正是在这样的变迁中，除分布在塔什库尔干的说东伊朗语的塔吉克人以及语言属于突厥语族的柯尔克孜人之外，南疆成为当地人口的主体即维吾尔人的世居历史家园；北疆则在稍后形成主要由西蒙古诸部、突厥语的哈萨克游牧人群和维吾尔农业移民共同居住的地域。

直到公元9世纪前叶为止，南疆基本上处于印欧语系诸文化覆

---

① J.P. Mallory & V. T. Mair, *The Tarim Mummies: Ancient China and the Mystery of the Earliest Peoples from the West*, London & NewYork: Thames & Hudson, 2000, p.303. 关于吐火罗语和吐火罗人，并可参见徐文堪：《吐火罗人起源研究》，北京：昆仑出版社，2005年。

盖之下。只是在它的最东端,在吐鲁番盆地,情况显得稍微复杂一点。从那里出土的吐火罗语文书和梵文佛经抄本表明,当地土著亦属印欧语人群,甚至连"吐鲁番"这个地名也可能源于东伊朗语词 druva-pāna(译言"安全的城塞")①。唯自 5 世纪以后,最初受柔然扶植的汉人阚氏政权及其后的张氏、马氏和麴氏政权相继统治该地;唐攻灭高昌国后,又设州县于其地。汉化的影响力于是在这里日渐强大,以至于有学者迟疑地以为:"吐鲁番盆地的居民在突厥化之前究竟从何而来,以及如何确定其族属,这个问题还远远没有解决。"②唐前期在西域的驻军,远至碎叶水(今名楚河)之西的塔拉斯河流域;唐的军事经略更从那里向西南行,穿越全部帕米尔高原,抵达兴都库什山脉。不过在当日,哪怕是部分地曾为汉文明所浸染的地区,或许最西也基本上未超出吐鲁番盆地。

新疆在历史上发生过的最重大的人口事件,与回鹘人统治下的游牧汗国于 9 世纪中叶在蒙古高原上的瓦解密切相关。840 年代几乎同时发生了两件大事。吐蕃王国的最后一任赞普朗达玛被刺事件及紧随其后的王国解体,极大地动摇了安史之乱后吐蕃对从河西走廊西至七河流域诸地区的政治控制。另一方面,立国于漠北草原的回鹘汗国被它从前的部下黠戛斯攻灭,导致大批回鹘人从蒙古草原离散;不少人口迁居到在此之前已经先后被回鹘征服的龟兹、吐鲁

---

① "吐鲁番"之名出现在汉文史料中的时间非常晚。但这个地名应当是从很早的时期流传下来的。它与"敦煌"一名几乎有着相同的起源。见贝利:《和田语文书》卷 7,剑桥大学出版社,1985 年,页 100。

② 莫尼克·玛雅尔:《古代高昌王国物质文明史》,耿昇译,北京:中华书局,1995 年,页 159。

番、博格达山北麓山地以及河西走廊诸多绿洲。"高昌回鹘"（或名"西州回鹘"）、"甘州回鹘"、"肃州回鹘"、"沙州回鹘"等名称自此常见于北宋历史文献。一些分子遗传学家认为，这时在东部新疆发生的，很大程度上可能是一次大规模的人口替换。

迁至高昌等地的回鹘人，逐渐从漠北时期信奉摩尼教改宗流行于其新居地的佛教或基督教东方教会（旧称聂斯脱利派基督教）。高昌回鹘国的地理范围，局限于新疆东部。成书于11世纪的"喀什噶里词典"提及它境内有"五城"，包括唆里米（即今焉耆）、高昌、彰八里（今昌吉）、别失八里（在今吉木萨尔县境内）、仰吉巴里（在今玛纳斯县西）等①。其辖地西至龟兹（今库车）与疏勒（在今喀什东）之间，南括今罗布泊；西南与于阗王国毗邻，正西则与喀拉汗国接壤。

根据穆斯林史料的记载，喀拉汗国起源于活动在西部天山的突厥语游牧部落联盟。构成这个联盟的主要人群之一，应是曾与回鹘和拔悉密部一起颠覆第二突厥汗国的葛逻禄部②。据后来传说，10

---

① 麻赫默德·喀什噶里：《突厥语大词典》卷1，何锐译，北京：民族出版社，2002年，页120—122。对于其故乡已经皈依伊斯兰教的本书作者来说，"回鹘"这个指称在他心目中与烧香拜佛的"异教徒"是同义词。

② 中国学者多主张喀拉汗国是由迁徙到葱岭之西的回鹘人建立的。但据著名突厥语专家克劳森的看法，现在可以读到的以写成于11世纪后期的《喀什噶里词典》和《福禄智慧》为代表的西部塔里木在喀拉汗时期流行语的最早文本表明：这种语言虽与阿史那突厥语及回鹘语都非常接近，但仍有足够证据将它当作另一种突厥语，因而可以把它与后二者都区别开来；它确实与西迁之后的回鹘语两两并存长达二至三个世纪之久，但并不直接起源于漠北时期的回鹘语。克劳森因此称其为"黑韩语"。穆斯林文献和藏文文献都有谓喀拉汗国为葛逻禄人所建者，此说或可视为属实。后期喀拉汗钱币上铭刻的汗的名号中出现 akdash 一称也许可以说明，该王朝最高统治（转下页）

世纪上半叶，萨图葛·博克达汗带领大批国民皈依伊斯兰信仰。10世纪下半叶，喀拉汗国军队南侵塔里木盆地，曾与于阗李氏王国为争夺疏勒发生激烈战争。于阗在970年前后一度攻占疏勒，派佛僧持国书至宋，要向宋朝赠送从疏勒缴获的"舞象"。10世纪后期，喀拉汗国征服疏勒。11世纪初，于阗亡于喀拉汗国。《喀什噶里词典》这样描写征服者们的行径："冲毁他们如洪水席卷/我们出入于他们的城池之间/捣碎偶像教的庙宇/我们在佛头上溺便。"幸存至今的写成于喀拉汗国征服于阗大约一百年后的一束当地文书，包括三件突厥语契约，另有十二件使用阿拉伯文，其中五件是用回鹘字母来拼写阿拉伯语的①。这些文书十分生动地反映出，至少是在书面语文的范围里，突厥语以及作为官方语言的阿拉伯语业已取代原先流行的塞语。

于是我们看到，前后相差150多年，从塔里木盆地的东端和西端相继开始的突厥化过程，如何全方位地改变了那里原有的印欧语

(接上页)者出于葛逻禄三部之一的"踏实力"部。akdash 似即鄂尔浑突厥碑铭里的 eki（＜ekki）-ediz，译言"两 ediz"部。此处所谓 ediz，就是唐代汉文史料里的"阿跌"部。而"踏实力"恐系［e-］daudz-lig 一语的音写，译言"阿跌部所统"。这个阿跌，或可异写作"硖跌"，但与取代药逻葛氏而成为晚期回鹘汗国可汗的阿跌氏背景不同，它本来就是葛逻禄的成员部落。喀拉汗国建立者的族属失传，则很可能是因为他们在把自己的祖先追溯到当时已用于移指突厥部落的"图兰"人（即中亚伊朗语绿洲传说中的敌对部落）之王阿弗拉昔牙卜以后，遂"忘记"了自己真正来源的缘故。见克劳森（Sir G. Clauson）：《十三世纪前的突厥语词源学词典》，牛津：克莱莲顿出版社，1972年，"序言"页17至页18；考齐涅夫（B. D. Kochnev）：《对喀拉哈尼德朝起源诸说的再考查》，《伊斯兰东方的历史与文化》，1996年1月；华涛：《喀拉汗王朝祖先传说的历史解读》，《历史研究》2005年第6期；华涛：《唐宋时代汉文、阿拉伯—波斯文史料中的"阿跌"和"اذكش"（Adhkish）》，未刊稿。

① 韩森：《丝绸之路新史》，张湛译，北京：北京联合出版公司，2015年，页287。

人群的社会及其文化面貌。和田（和田文：Hvatana/佉卢字铭文：Yuti）和库车（kuśi）的名称分别改变为"斡端"（Udun/Hotan，"忽炭"）和"曲先"（Küsen），就是印欧语地名突厥化的生动例证。15世纪之后，今新疆大致形成三个突厥文化区。北疆属于突厥化的察合台后王政权根据地，故被称为"莫卧勒斯坦"（Moghulstan，即蒙古地面）；南疆西半部称"额蒂·沙尔"（Elti-shahr，译言"六城"），是突厥—伊斯兰化的绿洲农业区；它东面的吐鲁番和哈密盆地虽然也在信仰伊斯兰教的突厥化蒙古人统治之下，当地人口却已然演变成入居该地后大面积改宗佛教的回鹘人群，故长期保有"畏兀儿斯坦"（Uyghulstan，即回鹘地面）之称。

那里发生的再下一个阶段的变化是，随着伊斯兰教从南疆西部不断向东传播，"畏兀儿斯坦"的佛教徒越来越多地改变原有信仰，成为穆斯林。南疆东部伊斯兰化的结果，导致被穆斯林视为"异教徒"同义词的"畏兀儿人"最终消融在向东扩张的"突厥人"（Turki）之中。"畏兀儿人"的名称出现在当地留下的文献里，最晚到17世纪上半叶为止。描写依思哈合·瓦里（Ishaq Vali，死于1597或1598年）生前事迹的一篇波斯文的《圣徒传》说，受在吐鲁番活动的他的一名和卓信徒祈请，他在那里显灵，并医好了当地宗教法官女儿的重病。"那时有近三万畏兀儿异教徒围绕在和卓身边。他们全都成了穆斯林。"① 据发现于酒泉的畏兀儿文《金光明最胜王

---

① 《变化的土地》（*Ziya al-qulub*），Houghton 图书馆波斯文手抄本第 95 号，转引自布洛菲（David John Brophy）：《寻求联合：维吾尔民族主义的起源》，哈佛大学博士学位论文，2011 年，页 27。

经》的几处题记，这部抄本写于康熙二十六年（1687）的敦煌①，乃是我们现在知道的有关畏兀儿人活动的最后记录。可以说，名为"畏兀儿"的人群在吐鲁番、哈密最终消失，至晚约在17世纪下半叶。

又过了一百多年之后，近代东方学再度将当日西域居民与历史上的"回鹘"人群及其语言和文化联系在一起。这一学术上的发现与20世纪初发生在俄罗斯的新疆移民人群之中，不久又从那里东传到新疆当地的民族主义运动结合在一起，推动了现代维吾尔族的形成。现在被包括在这个民族里的，不仅是古代"畏兀儿斯坦"居民的后裔们，还有"额蒂·沙尔"的古代穆斯林后裔（在"维吾尔"之称复兴时，这两者已拥有一个共同名称即"喀什噶里"；而它们之间的差异则已经被绝大多数当事者们遗忘了），以及被西蒙古和清王朝从南疆迁往伊犁地区的"塔兰奇"人（taranchi，译言"耕田者"）②。

---

① 见耿世民：《关于回鹘文佛教文献和〈金光明经〉的发现和研究》，《文津流觞》2011年第4期；并见刊载于同卷的杨富学：《回鹘文〈金光明经〉及其忏悔思想》。

② 克拉普鲁特在《畏兀儿的语言与文字考》（1811）一书里最早指出，穆斯林文献中的Uyghurs和汉语文献里的"回鹘"，可以十分确切地与生活在当代新疆绿洲的突厥语人群相联系。1919年，鞑靼族历史学家Khasangata Gabishi在《突厥人通史》里描写了回鹘语怎样在成吉思汗时代之后以"察合台语"知名，回鹘人则失去了原有族名而改称"喀什噶里突厥人"。而1921年在塔什干召开的"准噶尔与额蒂·沙尔劳工大会"用"维吾尔"作为"塔兰奇""喀什噶里"人（当日对南疆突厥语人群的统称）和东干人（迁入新疆和俄罗斯的回族人后裔）的共同称呼，以及盛世才于1930年代将维吾尔列为新疆十四个民族之一，一般被认为是在政治上"重新发现"回鹘/畏兀儿/维吾尔的两大标志性事件。最近几年以来对维吾尔"现代起源"问题的进一步认识，则大致体现在以下三个方面。首先，上述"标志性事件"绝不意味着维吾尔人群恢复过去的集体记忆，是消极地拜赐于自上而下的苏联式民族政策"任意选择了一个业已死亡或正在死去的中世纪称谓"来命名一个中亚人群的结果。事实（转下页）

由于自然条件的特殊性，这个"瓶颈"地区成为过往人群各种遗物（包括人类自身的遗骸）的天然保存柜。研究欧洲考古学和印欧语言学的马洛里教授这样形容新疆考古遗迹的惊人多样性：

> 有关塔里木盆地的各种最早记述所描绘的社会，其语言和族裔的多样性，足可与今日人们会在一个国际枢纽空港看到的复杂程度相比拟。大漠上的沙堆在保存干尸、干尸上的衣着及其他随葬物品，保存书写在石头、木片、皮革，或写在出于汉人伟大发明的纸张之上的数不清文献方面，起到了很好的作用。20世纪早期一个前往塔里木盆地的德国探险队，带回来十七种不同

（接上页）上有一种"存在于'将成为'维吾尔人的人群之中的前民族认同"，成为现代维吾尔认同之所以可能形成的深厚历史根基。其次，基于前述认识，一个处于被支配地位的地域性人群在创建或重新产生其现代认同过程中的主观能动作用便油然显现出来。自18世纪以往的两百余年里，通过对穆斯林圣徒传的撰写、反复大量的文本传抄和口头诵读，以及与之相关联的在全南疆范围内的圣墓朝拜活动，南疆绿洲人在缺乏一个可以用来排他性地指称其整个人群之共同名称的情况下，已经采用被他们区别为"他者"的各种外部文化的诸多因素而构建起一道关于自己是谁的边界。尽管有关圣徒传、朝圣和民族主义的任何一种个别表现都非南疆所独有，但是对所有这些共有成分的特定组合方式依然足以体现出南疆绿洲社会的共同特点。正是它，成为构建同质性区域认同的草根基础。最后，但同样重要的是，与一般印象相反，苏联对1920年代现代维吾尔认同的官方支持之"显著缺乏"表明：尽管"如果没有发生在苏维埃中亚的那些更广阔的变迁，一小群边缘的知识人很难有机会将他们对维吾尔民族的愿景投射到一个如此大规模的受众之中"，但是真正推动着这一认同形成的，其实是移居苏联的新疆绿洲人群中的共产党员们。见布洛菲：《寻求联合：维吾尔民族主义的起源》，页46、页54、页315；罗伯茨（Sean R. Roberts）：《想象维吾尔斯坦：现代维吾尔民族主义再评价》，《中亚观察》28·4（2009）；里安·图姆（Rian Thum）：《历史的预构件：维吾尔民族主义之前的集体认同之存续》，《亚洲研究杂志》71·3（2012）；里安·图姆：《维吾尔史形成的神圣路径》，麻省剑桥：哈佛大学出版社，2014年，页46、页54、页315等。

语言的文本。如果把自己想象成一名往返于8世纪丝绸之路上的行商,我们就能大概领略上述那种语言现象的复杂性。来自西方的最常见商人在家里说的应该是粟特语。在他曾到访过的佛教寺院里,经文可能是混合梵语的,而日常用语则是吐火罗语。如果他的行程是往南抵达和田,他或许需要用和田塞语从事交流。如果他在那里遭遇来自南边的劫掠,他就必须说吐蕃语以求从对方手中解脱,或者指望被说汉语的军队解救。他甚而会突然碰到一名买卖羊群的说现代波斯语的犹太商人。如果他看清了正在转变的风向,他还会让他的儿子们花时间学习回鹘语,一个重要的突厥语部族的语言,这个部族将在9世纪君临塔里木,变成下一个支配该地的族裔—语言群体。①

正是因为古代新疆在语言、历史与文化方面如此惊人的多样性,所以在那里的发现才会在近现代学术研究史上掀起一阵又一阵强劲风暴。

由于清前期对中国西北疆域的大规模军事经略,更由于道光、咸丰以降中国面临的西北边疆危机,晚清读书人治"西北舆地之学"遂大成风气。这门学问所承袭的,基本是"乾嘉汉学"博大精深的考据传统。与此同时,受殖民列强在中亚争霸的局势及"重新发现中亚"的探险考察所激发,欧洲东方学对包括中国新疆在内的中亚地区各人群、语言、历史、地理及宗教的认识也日益深入。"西

---

① 马洛里:《铜器时代塔里木盆地诸语言》,《探险》(宾夕法尼亚大学考古及人类学博物馆主办)52·3(2008)。

北舆地之学"得欧洲东方学的助力,开始转型为现代历史地理领域内可以称作"边疆历史地理"的一个专门学科方向。

19世纪欧洲对新疆的研究,主要围绕四个方面展开[①]。一是西方汉学家们先后将中国"正史"里诸多《西域传》及古代求法高僧传(如《大唐西域记》《大唐慈恩寺三藏法师传》《法显传》)译为西文并详加注释。二是由突厥学家从事的对中亚突厥语诸方言资料,和以察合台语为中心的中期突厥语文献的收集、刊印和翻译,最重要的成果中包括拉德洛夫的四卷本《突厥语方言词典》(1888—1911)、《阿布尔嘎齐突厥世系》、《沙班尼传》等书的刊译,对《福乐智慧》的研究也在这时起步。三为在外交官、军人等对当地政治及对外关系形势进行调查研究的基础上形成的诸多旅行记和报告书。四是开始利用伊斯兰时代的波斯语、察合台语和突厥语等文字的当地资料来从事对喀拉汗国史、喀什噶尔史、广义及狭义西域史的综合性素描。到20世纪末,这一领域的研究基础已相当雄厚,而学术巨人巴托尔德的出现,更将西域历史文化的研究推向一个新的飞跃发展的阶段。

上述新飞跃的产生,也与发生在世纪之交的下述两组重要发现直接相关:其一是瑞典探险家斯文赫定先后在和田东北沙漠深处和罗布泊西岸探察到"丹丹乌里克"(1895)与楼兰古城(1900),其二则为吐鲁番出土文书的流入俄国(1893)和敦煌藏经洞的偶然发

[①] 此处以下叙述,主要参照了间野英二为《亚细亚历史研究入门》卷4("内亚与西亚")所撰第二章("突厥斯坦")的相关内容。

现（1900）。受这两组事件的刺激，英、德、俄、法、日、瑞典等国的"科学考察"团队争先恐后拥入中国西北，大量攫取属于中国的珍贵历史文化遗产。敦煌胡语文献几乎被他们悉数劫走；汉语文书残留在中国的，其写本种类和内容的精彩丰富也无法与收藏于英法者相比肩。与敦煌文书的流出状况不同，吐鲁番文书非出于集中收藏，因为出土零碎杂乱，难以一网打尽，而且自20世纪50年代以来还在源源不断地被发掘出来。所以中国在吐鲁番文献收藏方面的优势将会随时间的推移而日益显现①。

新资料的大规模涌现促成了有关新疆历史新知识的极大增长。新疆回鹘语文献（还有蒙古高原上的古突厥碑铭）的发掘和识读，将人们对突厥语的了解从以察合台语著称的"中期突厥语"推进到它的古代形态。由于以柏林和列宁格勒为两大学术中心的突厥学的发展，将古代突厥和回鹘语文本与汉语有关草原时代的古突厥人、回鹘人以及绿洲时代回鹘人的记载放在一起从事对读与互证，从而对古代突厥人和回鹘人的政治、社会、宗教乃至其日常生活各层面进行深入细密的研究，于是方始成为可能②。

---

① 孟宪实、荣新江：《吐鲁番学研究：回顾与展望》，见 www.ieforex.com 转载于"新疆哲学社会科学网"。关于俄、德、日、英、法、美等殖民列强的"探险团"对吐鲁番文献的劫掠，可参见 W. Sundermann："吐鲁番探察"，《伊朗学百科全书》在线版，2004年7月发布。

② 参见间野英二上引文。应当不是出于偶然，研究高昌回鹘社会的三部经典性著作恰恰都是用德文或俄文写成的。它们分别是葛玛丽（Annemarie von Gabain）：《高昌回鹘王国：850至1250年》，德国科学院学报语言文学与艺术部，1967年第7号，柏林；葛玛丽：《高昌回鹘王国的生活》，莱顿：哈拉索维兹，1973年；吉洪诺夫（Д.И.Тихонов）：《10至14世纪回鹘国家的经济及社会制度》，莫斯科—列宁格勒，1966年。

另一组新发现资料即属于东伊朗语的塞语、粟特语文书，以及吐火罗语文书，成为推动学术界更翔实地了解突厥化之前新疆居民的语言、宗教、文学和日常生活的重要素材。此外，被探险队带走的汉语、藏语文献也被充分使用于新疆历史文化的研究。大约始于此时的对大量西夏语文献、壁画及其他物质资料的解读，同样大幅度地增进了我们对古代新疆文化和生活史的认识。

本节最后拟以枚举方式，介绍新疆出土的用以书写各种宗教和世俗文献的主要语言文字。所有这些书面文字出现的最早年代，均不先于公元2世纪。这些书写体系似乎都是从外部世界传入的。

（一）和田塞语。这是更早时期的"塞人"后裔们所说的一种语言，与粟特语、花剌子模语等同属中古形态的东伊朗语族。据说与现代的瓦汗语（Wakhī）、高加索山地的奥塞蒂语（Ossetic）甚为接近。书面语用婆罗米字母来拼写。和田文的书写系统与和田文佛教写本的最初出现约略同时。现存文本除有少数写在木板、壁画，乃至一个广口坛子之上（用佉卢字母书写）的以外，大多数是写在纸上的手稿。它们主要是从和田地区和敦煌藏经洞内发现的。从和田发现的大多属"老和田文"（5世纪中期至9世纪初），文本残破较为严重。敦煌写本则多属"新和田文"（总共约2 300余件，大多写成于10世纪或稍后），文本保存情况较好，最长的卷子达20米，上面写有1 100行文字。上述差异也许反映出，从790年至9世纪中叶吐蕃在和田的统治，中断了当地原有的佛学传统乃至与之相联系的老和田文书写系统。相当大一部分和田语文献是韵文，还不清楚其体裁系源于印度还是当地原产。现存文献大都是佛经翻译或改写，此外也有非宗教训喻性质的文学作品，以及世俗文书如契约、国王敕令、户籍账簿等。

在位于库车和喀什噶尔之间的佛教遗址图木舒克及巴楚，还发现了从语言形态来说更为古老的一种和田塞语文献，共有约15件文书残篇，内容涉及公私书信、若干部派佛教经文（如无诤念王本生经）和一种摩尼教文本。有学者建议当名之为"据史德语"。和田语与图木舒克语之间的互相接近程度，远远超过它们与任何其他伊朗系语言之间的关系。尽管纯粹出于推断，语言学家们还是相信二者应出于游牧于中亚的同一个人群的语言，不过在公元前第一千纪下半叶，在二者分别定居于今和田及图木舒克绿洲后，他们之间就很少发生联系了①。

与和田塞语同时代的今喀什地区的人们，说的又是什么样的语言？现在还缺乏证据，可以让我们在这个问题上形成比较确凿的认识。但是学者们猜想，他们的语言也许与和田塞语相差不大。

（二）吐火罗语。这是一种只遗留在新疆的用婆罗米字母来拼写其书面文献的死语言。在塔里木盆地东部，从阿克苏到吐鲁番的30多个古代遗址中共出土大约7 600多枚吐火罗语文书（内中约有一半已经过学者较详尽的研读；一说乙种吐火罗语的出土文献约有1万枚，甲种吐火罗语文献则有约2 000枚），其年代约为400年至1200年。与分布于亚洲的其他印欧语系诸语言都属于印度—伊朗语

---

① Mauro Maggi: "和田语文献"，见"Khotan iv, Khotanese Literature"条，《伊朗学百科全书》在线版（http://www.iraniconline.org），本条文字的最后修改时间为2008年7月；埃默里克：《和田语及图木舒克语》，G.温德福赫尔主编：《伊朗系诸语言》第七章，伦敦：路特里奇出版社，2009年。

族不同，与吐火罗语更接近的，却是分布在西欧的凯尔特、希腊、意大利或日耳曼诸语。它被分为甲、乙两种语言。

甲种吐火罗语文献的主要分布地区在焉耆。虽然有证据表明，在文献形成的年代它似乎至少还在若干地方作为口语存在，但流行于包括焉耆在内的绝大部分吐火罗人分布区域的口语仍应当是乙种吐火罗语（又称库车语），而甲种吐火罗语已演变成与大多数人口语相脱离的、专用于佛教经文或法事仪轨的"教会语言"。乙种吐火罗语文献拥有更大的词汇量，Doug Adam 编订的词源学词典（1999）共收录 2 560 个语词，其中 58% 属于原生性的印欧语语词，37% 源于可追溯到印度—伊朗系诸语言的佛教混合梵语。源于和田塞语和粟特语的外来词都是在相当晚近的时期才借入的。

此外，从出土于楼兰、尼雅诸废址的用佉卢字母书写的西北印度俗语（又名"犍陀罗语"）文献内部所透露的信息表明，使用该种书面语的人群的母语，实际上也是一种吐火罗语。

占压倒性多数的吐火罗语文献出于佛教寺院，包括佛经译抄本、发愿文、剧本、咒语咒法、寺院内部管理的文书等；也有少量属于世俗性质的，如医药、驿传、账册、契约文书；还有一件是摩尼教经文。已发现的吐火罗语文献，大都已相当残破，因此"可加以处理，从而用作研究的文献数量要远小于文献总数量可能带给人们的过度期望"[1]。

---

[1] J. P. 马洛里：《吐火罗人的起源问题：以考古学为视角》，Sino-Platonic Papers 259（2015），宾夕法尼亚大学东亚语言及文化系发布（文本可从网上接获）。并参见 M. Peyrot，"吐火罗语"，《伊朗学百科全书》在线版，2015 年 7 月发布。据后者见解，甲种吐火罗语文献的断代应为 7—10 世纪，而乙种吐火罗今存文献的时代则为 5—10 世纪。

(三) 回鹘语与"黑韩语",以及用回鹘字母来拼写的回鹘文与黑韩文。塔里木盆地突厥化之后,此二者成为那里的主体语言。回鹘字母似乎是蒙古草原时期的回鹘人根据粟特字母创制而成的,但草原时期的回鹘人主要采用从突厥人那里借入的鲁尼字母来书写自己的语言。直到回鹘西迁后,回鹘字母才逐渐流行起来。大多数回鹘文书都难以精确断代。但是,"从一些序跋的情况和其他一些并不太直接的理由来看,大部分回鹘语摩尼教[文献]和最古老的佛教文书的时代应在8—10世纪左右。写成于10—13世纪的文献大多为佛教内容或其他非宗教的文书"①。回鹘字文书有反映社会经济关系的借贷、典当、租佃、收继契约与各种收据等世俗内容的,有佛教和摩尼教文献,还包括带有拜火教痕迹的基督教东方教会(聂斯脱利派)文书、文学作品如剧本《弥勒会见记》译本和《乌古斯汗传》、医学文献等。黑韩语最具代表性的作品则是《喀什噶里词典》和《福乐智慧》。后者的抄本有使用回鹘字母,也有使用阿拉伯字母的。它的最原始文本使用了什么样的书写系统,还不太清楚,但很可能还是回鹘字的。

西迁后的河西回鹘与高昌回鹘人仍在使用突厥鲁尼字母。最著名的例证是斯坦因在敦煌发现的用鲁尼字母抄写于9世纪的完整的《占卜经》(Irk Bitig),共有106页,分为65个部分。有人认为原书可能是用回鹘字母书写的。在新疆,则有出土于米兰的突厥字军

---

① 茨默(Peter Zieme):《柏林收藏的回鹘语文献及其研究概况》,载杨富学译:《回鹘学译文集》,兰州:甘肃民族出版社,2012年。

事文书，以及吐鲁番突厥字写本与刻文的发现。

随着该地区伊斯兰化过程的逐步深入，大约在14世纪或15世纪之后，用阿拉伯字母拼写的书面突厥语（俗称"察合台文"）遂占据支配地位。近现代维吾尔文便由此演化而来。

（四）犍陀罗语及佉卢文书写系统。流行于古代犍陀罗地区（在今巴基斯坦西北部的白沙瓦河谷）的中期印度语，是一种十分接近于梵文雅语的西北印度俗语。自公元前3世纪至公元3世纪，犍陀罗语是印度次大陆西北地域的文学语言和族际共同语（lingua franca）。在1—3世纪的贵霜王朝时期，这一语言的使用范围扩大到邻近的印度、阿富汗和中亚各地区，并且成为传播佛教的主要语种。它采用流行于阿凯美尼德王朝东部诸省区（包括犍陀罗地区）的阿拉美字母的变体，即佉卢字母为书写媒介（俗称"驴唇文书"），因而显得与采用源于婆罗米字母的印度语族中其他各种书面语都不一样①。

用佉卢字母书写的犍陀罗语既不像和田塞语、吐火罗语以及后来的回鹘语、黑韩语那样，曾是古代新疆各主要人群的口语，也不像以下将要叙述的藏语、粟特语、大夏语（巴克特里亚语）、帕提亚语、波斯语、叙利亚语等那样，属于曾统治过古代新疆的人们或往返过客及留寓者们在那里留下的语言遗迹。它是被新疆绿洲王国采用为官方书面语言的外来语，也是迄今所知最早的新疆书面语。它曾流行于2—4世纪的和田、库车、尼雅、米兰、楼兰等绿洲，使用

---

① R. Salomon:"犍陀罗语"，《伊朗学百科全书》在线版，2008年7月发布。

于楼兰的时间最长。现存文献约有近千件（近二三十年来的若干新发现未计入），内容涉及国王告谕、公私信件文书和佛教经文，后者中最著名的就是和田出土的《法句经》写本。

佉卢字母也被使用在这个时期和田冲制的钱币，即所谓"汉佉双体钱"上。不过用它拼写的并不是作为官方书面语的犍陀罗语，而是当日人们的口语即和田塞语①。双体钱上的"六铢钱"等汉字字样，则是一种象征至高政治权威的符号，是两汉强盛时期对西域的间接统治遗留在当地的一种历史记忆，类似于西域人移用对华北的称呼"桃花石"（"条贯"）来作本地汗或国王的名号。

（五）混合梵语。这当然是指的佛经写本，用婆罗米字母书写。出现在塔里木诸绿洲的梵文写本，无论是在韵文还是散体文内，大都难以在文字上做到完全雅驯，故而还不同程度地夹杂着一些俗语词汇。

（六）藏语。新疆出土的藏语文书，与昆仑山北麓一直有藏人出没关联不大，而是公元8—9世纪扩张到包括新疆在内的中亚其他地区的吐蕃王国留在那里的遗物。斯坦因和伯希和两人取走的吐蕃文献，被武内绍人称为西北出土古藏文资料的"双璧"。与伯氏所收主要是出于敦煌的纸质古藏文写本及印本不同，斯坦因所收除敦煌纸质藏语文书外，还有出土于新疆绿洲路沿线的大量纸质文本、木简、印戳、陶器铭文等资料。据武内统计，木简总数凡2 600多件，

---

① 林梅村：《佉卢文书及汉佉二体钱所记于阗大王考》《再论汉佉二体钱》《于阗汉文钱币考》，俱载同氏：《西域文明：考古、民族、语言和宗教新论》，北京：东方出版社，1995年。

斯坦因搜集品中的纸质文书则有 600 多件。木简内容大都与吐蕃在新疆的行政及军事活动有关，有不少抚慰已死军人亡灵或祈祷病人痊愈的仪轨文书，也有少量交易文执。纸质文书则包括宗教经文（佛经、苯教文本或其他未能识别的宗教文本），契约、法律或经济、军事、占卜、医药等方面的文书，名录或物品明细录，还有一份汉—藏—和田语三体合璧文本①。

（七）粟特语。它的诞生地在锡尔河与阿姆河之间的泽拉夫善河及科西卡河沿岸诸绿洲，故元代汉语称之为"河中"。阿拉伯地理学多名以"玛瓦尔阑那"（Mā warā' al-nahr，译言"［阿姆］河外之地"；转译为西文则作 Transoxiana，即"奥克苏斯河之外"）。从 4 世纪直到被阿拉伯征服的 8 世纪，粟特人是中亚最活跃的从事长途贩运的中介贸易商，陆上丝绸之路东段沿途分布着诸多粟特移民点。粟特字母来源于阿拉美字母。除在潘支根特出土的 8 世纪前后的 80 件世俗文书（"木格山文书"）和 2—8 世纪冲制在当地钱币上的铭文（已知最早的粟特钱币大约属于公元前 1 世纪，但铭文释读十分困难）外，现存粟特文资料大部分是在粟特本土之外的吐鲁番和敦煌发现的；此外，在连接中亚和西北印度的巴基斯坦北部各山口，还有行经那里的粟特商人们留下的约 600 处简短的摩崖石刻。

粟特文书既包括书信等世俗内容的文书，也有摩尼教、佛教和

---

① 武内绍人：《藏文木简概说》，载森安孝夫编：《中央亚细亚出土文物论丛》，京都：朋友书店，2004 年；同氏：《斯坦因搜集的突厥斯坦出土古藏语文书：概要及编目预案》，《内陆亚洲的语言研究》卷 11（1996 年 7 月）；同氏：《大英图书馆斯坦因搜集品中的东突厥斯坦古藏文写本·导论》，伦敦：大英图书馆，1998 年。

基督教聂斯托里派文献。用"摩尼字"粟特文书写的摩尼教文献残存较多。粟特人从摩尼信仰改信佛教，乃是受东方移居地文化影响使然，故粟特语佛教译文多以汉传佛典为原本（包括《善恶因果经》等汉文伪经都被翻译过去了），也有少数译自吐火罗文、甚或梵文本者，还有一些可能是用粟特语重写或改写的文本（最著名者如粟特文《须大拿本生经》敦煌长卷）。在吐鲁番北部布拉伊克村附近的一个基督教修院遗址里，发现过许多粟特语聂斯托里教文献残片，使用的是较晚期的粟特语，大约写成于9—10世纪。此外，还出土过采用婆罗米字母来书写的梵语—粟特语双语词汇表残纸①。

（八）巴克特里亚语。它与粟特语和花剌子模语等同属中古东伊朗语族，形成于以兴都库什山与阿姆河之间的今阿富汗北部为核心的地区。从被亚历山大征服直到贵霜王朝之初（前4世纪至公元2世纪初），统治该地的希腊化政权乃至游牧的月氏人一直沿用希腊文作为官方书面语。现今所知巴克特里亚文最早见于使用，在贵霜王国的建立者丘就却时期；到他的曾孙伽腻色伽王时代，贵霜钱币铭文由希腊语改为巴克特里亚语。这种以希腊字母拼写的巴克特里亚书面语亦称"希腊—巴克特里亚文"。楼兰发现的一件希腊—巴克特里亚文手稿残本可能写于4世纪，比在吐鲁番的吐峪沟找到的另外七件文书在时代上要早很多。其中有一件提到"罗刹天之王"，应与佛教有关；其他文书的内容尚难详悉。吐鲁番还发现过一件摩

---

① 吉田丰：《粟特语》，《伊朗系诸语言》第五章；同氏："粟特语文献 i·佛教"，《伊朗学百科全书》在线版，2015年6月发布。

尼字母的巴克特里亚文写本残纸。此外，在楼兰佉卢字印度俗语文书、和田塞语和吐火罗语文书中，都可以发现借自巴克特里亚语的外来词。贵霜王朝后期，巴克特里亚之名日渐不显。此后，汉文史料遂以"睹货逻"替代"大夏"来称呼那个地区①。

（九）帕提亚语。这是里海以东帕提亚地区的口语，伊朗在帕提亚人统治时期（安息王朝，公元前247至公元224年）的官方语言。它与波斯语一起构成中期伊朗语的西支，但也有一些与更东面的巴克特里亚语相同的特征。吐鲁番曾发现帕提亚语的摩尼教文献残片②。

（十）波斯语。出于新疆境内的最大量的中期波斯语（亦称钵罗婆语）文献，是上万片用摩尼字母拼写的摩尼教文书，与非摩尼教的中期波斯语文献所使用的字母有异。最早的摩尼教文献可能撰写于3世纪中叶，唯其传抄本的时代要晚得多；但吐鲁番出土的有些文本的形成，则可能晚至8世纪。这种"摩尼字"也被摩尼教徒们用来拼写帕提亚语、粟特语、早期新波斯语、巴克特里亚语和回鹘语的本宗教文献。另一品种以在布拉伊克遗址发现的《圣经·诗篇》中"大卫赞祷诗"的叙利亚文译本残页为典型。赞美诗文本共12页（11×9厘米，双面书写），写有其中第94首至第136首；由于这12页不是完全连贯的，所以中间有整首缺空或前后缺行者。这可能是一个书写于6—7世纪的传抄本。施杰我（P. O. Skjærvø）认

---

① 辛姆斯·威廉姆斯："巴克特里亚语"，《伊朗学百科全书》在线版，2011年8月最后更新。
② P. O. Skjærvø：《中期西支伊朗诸语》，《伊朗系诸语言》第四章。

为，原译者的母语当是中期波斯语①。吐鲁番还发现过一页讲述动词变化形式的钵罗婆文的语法文书。

（十一）叙利亚语。这种语言的聂斯托里教文书，在吐鲁番出土有数千件之多。一起发现的还有回鹘文和粟特文的同类文献。

（十二）汉语。作为汉晋和唐代间接统治西域时期的行政语言，在那里留下不少书写于木简和纸张上的汉语文书残片。前凉、北魏和唐朝曾置郡县于吐鲁番。从8世纪直到伊斯兰文化东进至哈密，汉文明的影响仍在此地持续存在过相当一段时期。

从这里还零星地发现过希伯来语、阿拉伯语和蒙古语的文书史料。

真是一个充满神奇的地方！在后来浸染了伊斯兰的绿洲/游牧文化和蒙古佛教文化的以绵延千里的荒漠为底色的这方土地上，还印刻着对于更久远的历史记忆的无数皱纹。每一道皱纹都是一个曲折生动的故事，不是地方性的新疆故事，而是有关人类在旧大陆的广阔历史时空中相遇相识、互相融汇的宏伟叙事。

（原载《西北民族研究》2018年第3期，收入本书时略有修改）

---

① Philippe Gignoux：“钵罗婆语赞美诗集”，《伊朗学百科全书》在线版，2002年6月发布。

马札尔人是西迁鞑靼部后人吗?
——评《中国北方诸族的源流》

就题材宏大而言，中华书局2002年出版的这部书，似乎很容易给读者某种耸动人心的冲击力。根据本书自序，作者锐意于"探新"的努力，从求证"马札尔人（即古代匈牙利人）起源靺鞨"之说开始，而以阐明"夏商周人与蒙古—突厥—通古斯语诸族同源"为"思考的返归"①。作者本人显然将它们看作是全书的两个最重要的创获。因此，这篇书评也将围绕上述两个命题来展开。

马札尔人是匈牙利民族自古以来的自称。他们在9世纪末从黑海北部草原迁到今匈牙利境。人们一般赞同，更早先的马札尔人应该分布在伏尔加河上源的森林地带。而这已是迄今所能知道的关于马札尔人最古老的消息。如今，本书却将马札尔人的起源追溯到唐代活动在东北地区的靺鞨部落（即后来女真人乃至满族的远祖）。那么，作者是否在他的书里证明了自己的这个见解呢？

该书罗列了存在于今匈牙利语与女真语、蒙古语乃至锡伯语中的诸多被看作音、义都相近的"关联语词"，作为马札尔人起源于东北亚洲的证据之一。但是细绎这些举证，我们发现，其中可议之

---

① 朱学渊：《中国北方诸族的源流》，北京：中华书局，2002年，"序言"页3至页4。以下凡引用本书，均在正文中以括注形式标明页码，不再另行出注。

处实在是太多了!

由于作者将马札尔语的"极东祖源"指为靺鞨—女真语,检验他所提供的马札尔语和女真语之间亲缘关系的证据也就尤其显得重要。为此,我们至少需要仔细考察书中的四个词汇表。先看该书页10所载女真语与匈牙利语的词汇比较表①:

	词义	女真语	清人解读的拉丁化转写	匈牙利语
1	客人	按答海	andaqa	vendeg
2	穷人[瘠人]	什古乃	shigune[满语无此字]	szegeny
3	摔角者	拔里速	barildu/barilduqu	birkozo
4	头	兀术	uju	fej
5	牙	畏可	uyihe/weihe	fog
6	第二[次第]	益都	idu/uduchi	ketto
7	和谐[和睦]	奴申	nesuken	osszhang
8	宽容	讹出虎	onchokon/onchon	eltur
9	快	撒八	sabuhū	sebes
10	买	兀带	uda	vetel
11	刀刃	斜列	seleme	el

① 原表内没有"清人解读的拉丁化转写"一项。这是笔者为便于读者进行语音比较而添加上去的,基本上是对殿版《金史》卷末《金国语解》所录满文字母转写的拉丁化处理;词汇后有括注者亦为笔者所增。表中"词义"一项下的括注,则是笔者补入的"语解"原有释文。清人用以解读女真语的满文字母转写,大多可与满语中的相应词汇互通。唯金代汉字音写所反映的北族语汇读音,时而亦与清代满语乃至蒙语中的相应词汇难以对勘。他们的释读似不足完全取信。笔者自己缺乏匈牙利语文的必要知识,又不愿意靠随便找一本匈牙利语词典来东翻西翻的方法从事比照。因此本表及文内其他几个表里的"匈牙利语"一项完全转录自朱著原表,笔者未对这些词汇的读音、词性与词义再加校订。尽管如此,就揭示朱著所提供的证据本身大都难以自圆其说,因而也不能支撑书中的相应结论而言,这样做仍然是合理且有效的。

续表

	词义	女真语	清人解读的拉丁化转写	匈牙利语
12	金	按春	ayisin	arany
13	口袋	蒲卢浑	fulhū	borond
14	罐	活女	hunio	kosso
15	红色	活腊胡	fulahūn/fulgiyan	voros
16	铁[生铁]	斡论	weren[满语无此字]	vas

上列"女真语"词汇，都是该书作者从四库馆臣附在《金史》卷末的《金国语解》里搜选出来的。请先说第一组词项。从表面看来，andaqa 与 vendeg 的发音确实很相似。清人将满语里的 andaqa（《语解》编者称该词意谓"客之通称"）追溯到《金史》中的"按答海"，这应当没有什么问题。但所谓"客之通称"一义在金代是否已经存在，却又十分可疑。蒙古语中有 andaqa 和 andaqai/andaqan 等词，分别是"盟誓"的动词和名词形式①。它们当然与蒙古语中的 anda（译言"契友""交物之友"，即互订盟约的朋友，又引申为一般朋友）同样，都应当是派生于更早先的突厥语词 and（译言"盟誓"）的外借词②。满语或邻近诸语言中的 anda 也只能是源于

---

① 作为动词的 andaqa，以现在分词 andaqaju 的形式见于《蒙古秘史》第178节。andaqai/andaqan 见科瓦列夫斯基：《蒙俄法词典》，喀山：喀山大学，1844年，页13。

② 据德福，蒙古语中的 anda 很可能是来源于 and 形式的古突厥语的借词。见同氏：《新波斯语中的突厥、蒙古语成分》卷1，威斯巴登，1963年，页149至页152；小泽重男：《〈蒙古秘史〉日文译注本》卷上，东京：岩波书店，1997年，页90。关于突厥语中的 and，见克劳森：《十三世纪前的突厥语辞源学词典》，牛津：克莱莲顿大学出版社，1972年，页176。王国维曾经从《辽史》有关结盟的记载推测，"……蒙古语中'安答'一语即自契丹语出也"。但这一推想至今缺乏文献学的证据。见王国维：《安答》，《观堂集林》卷16。

更早时代的突厥语或蒙古语的外借词，它的基本含义也应是盟友、契友的意思。而作为满语原生词的"朋友"则读作 guchu gargan。清人将满语 anda 译为"宾友"；"宾"者，客也①。如果 andaqa 在清语中确实意谓"客之通称"，那它应当就衍生于满语 anda 之"宾"的含义。问题在于，我们无法将此种转义的历史一直追溯到比清代更早的时期。从以上讨论可以获得两个结论。首先，清人断言早期女真语词"按答海"译言"客人"，其证据是不足的，因此将它与意谓"客人"的匈牙利语词 vendeg 进行比较，这件事本身就可能是没有意义的。其次，更重要的是，撇开女真语"按答海"的问题，即使在同样译言"客人"的满语 andaqa 和匈牙利语 vendeg 之间真的存在着某种"关联"，那么它也只能来源于二者在历史上都是突厥语 and 的外借词这一事实。总而言之，vendeg 这个词语的形成，不可能是直接受女真语影响的结果。

第二组词项的正字法形式也可以说是相似的。但关于女真语"什古乃"的含义，清人明明说是"瘠人"，即瘦长之人（笔者在满文里找不到这个字）。为了把它拿来与"同义"的匈牙利词语相勘同，本书作者首先将清人对"什古乃"的诠释擅改为"穷人"。因此该项举证也应视为无效。类似的情况还发生在第六组词项。据《语解》，"益都"译言"次第之通称"。本书作者将"次第之通称"的意思误解为"二、第二"（按，满语"二"写作 juwe），然后把它与相应的匈牙利语词去作比较。其结果自然也一无可取之处。

---

① 《增订清文鉴》卷10，页29下。

第三组词项中的"女真语",连清人自己也已莫知其究竟,只好硬将它诠释为蒙古语的外借词。所以他们写道:"蒙古语谓角觝者为'巴哩勒都'"(按原文并附注蒙文作 barildu)。barildu 这个动词出现在《蒙古秘史》中,汉文旁译为"相搏",它是动词 bari(译言"拿""把")的"互动态"。它的非限定式乃至动名词形式则应写作 barilduqu①。该项举证同样包含两种不可靠的成分。一是在二者之间的明显语音差别未获得合理解释的情况下,如何证明女真语的"拔哩速"果真是从译言"角觝者"的蒙古语词"巴哩勒都"转变而来的? 这个问题不解决,我们便根本没有理由推定,女真古词"拔哩速"的词义就是"角觝者"。二是就蒙古语词 barildu(qu)本身而言,它与匈牙利语 birkozo 在拼写形式方面的差异仍然太大,以至于很难让人觉得还有什么必要在二者之间去从事比勘。这种情形绝不是个别的。表内的第七、第八和第十一以下诸组词项,便全都属于此类情况。事实上,这是造成本书大量错误的重要原因之一。所以稍后我们还要重新回到这个问题上来。

对第四组词项,也有略加评述的必要。根据上列表格的制作方式,在女真语的 uju(译言"头""开初")与匈牙利语的 fej 之间,看起来很像有非常密切的"关联"。但是如果考虑到突厥语中"头"字读作 bash,那么我们便不难发现,fej 与 bash 之间的

---

① 小泽重男:《元朝秘史蒙古语文法讲义》,东京:风间书房,1993年,页290;K. 格伦贝赫与 J. R. 克瑞格:《古典蒙古语导论》,威斯巴登,1955年,页32;《蒙俄法词典》,页1103,同页又有 barilduqu büke,译言"角觝力士"。

"关联"其实更紧密。

经过上面的讨论,在表内列出的16组对应词汇中,多少还存在可比度,因而需要加以进一步考察的,总共只剩下3个组(即第五、第九和第十词项)。值得注意的是,这16组对应语词,被作者认为是表明了女真语和匈牙利语之间"高度亲缘性"的"匹配最为严整"的例证(页10)。如果这样一堆根本经不起推敲的"对应组合"竟然已经是作者所能提供的"匹配最为严整"的"关联比较",我们又怎么还敢对本书的其他举证怀有最起码的信任!

受篇幅的限制,接下来没有可能再像刚刚做过的那样,对本书所制"金女真语、蒙古语、匈牙利语关联语词"表内总共39个词汇组(页38至页40)逐一进行检讨。但是仍然有必要对该表所力图展示的女真语、匈牙利语之间的"关联"性作出某种评价。这39组词项内,也包含了上面已经讨论过的16组词汇,还包括被本书承认为看不出有什么内部"关联"的7个词项组合。于是还剩下另外16组词汇需要分析。可以将它们分为三种情况。属于第一种情况的是那样一些女真语—匈牙利语词汇组合,尽管本书作者暗示在这样的组合中存在着两相"关联"的性质,实际上每一对被比勘的词汇,其读音差异都相当大,因而根本不能据此就以为它们可能属于同源词,或是构成源词—外借词的关系。兹将这11个对照词组列为下表。表内的序数词所显示的,是该词项在原表中的次序:

马札尔人是西迁靺鞨部后人吗?

	词义	女真语	清人解读的拉丁化转写	匈牙利语
13	笨	漫都哥	mentuhun	bata
14	分享[与人同受福]	忽都	hūturi	kozos
15	帮助	阿息保	ayisilabū	segito
18	幸运[安乐]①	赛里	selambi	szerencse
20	堆积	吾里补	ulibu②	halom
2	山峰/高峰尖	哈丹/"超还"	hada/cholhon	csucs
26	海	忒邻	telin[满语作 mederi]	tenger
35	灶[灶突]③	胡剌	hulān	kalyha
36	松树	桓端	holdon	fenyo
38	幼犬	合喜	kachiqa/ajirgan	fiazik
39	狗④	讹古乃(库立)	ereneyi(kuri)	kutya

① 《金国语解》以满语里的 selambi 解释女真词汇"赛里"。这到底是否可靠,本身值得怀疑。姑且依《语解》以 selambi 为"赛里",是其意谓"安乐"。据《增订清文鉴》卷13页18下,selambi 译言"畅快""爽快"。是知"语解"所谓"安乐"者,"畅快"之意也。朱著将此词的意思引申为"幸运"(按:满语"幸运"/"奉恩"的名词与形容词分别作 kesi、kesingge,《增订清文鉴》译为"造化""有造化的"),再拿它与匈牙利语的"幸运"作比较,殊不可取。

② 朱著将"吾里补"(ulibu)按照"堆积"的意义与匈牙利语相对比,但清人对该词的释义实为"蓄积"。它的原词似应为 ulibumbi(ulimbi 的使役动词),译言用线或绳子把东西串起来,尤指把铜钱串积起来,故又可引申为积攒财富。满语"堆"则作 muqaliyambi(见《增订清文鉴》卷22,页6上)。二者之间,在释义上差别实在很大。因此把它们放在一起进行比勘是缺乏语义依据的。

③ 按《金国语解》,"胡剌"译言"灶突",《增订清文鉴》卷21页16下写作"烟筒",亦即烟囱。满语"灶"读作 jun。朱著读"灶突"为"灶",并据此进行对勘,此属大误。

④ 《金国语解》勉强以蒙语 ereneyi("有花文者")解释"讹古乃",表明清人对该词其实已不甚了然。朱著读"讹古乃"为"古乃",再将"古乃"当作 kuri 的音写来处理。此中的牵强附会极为明显。又按:满语 kuri 译言"黎狗"(《增订清文鉴》卷31,页31下),或曰有虎纹毛色的狗。它并不是"狗"的通谓。即便如此,kuri 与 kutya 在语音上到底又有什么样的联系?

属于第二种情况的词项有3组,即"围猎"(4),"心"(9),以及"坡"(25)。根据作者的暗示,在这3组词汇中的语音相似,主要显示在蒙古语词和匈牙利语词之间。无论他的证明是否有效,其结论都与我们现在关注的女真语/满语和匈牙利语言的关系问题无直接联系。因此不再在这里讨论它们。

剩下的两对词汇,即"户长"(6)和"疮"(11),似乎在某种程度上表现出需要进一步考察的"关联",虽然连这样说都是十分勉强的①。

现在检查页11至页12上的锡伯语—匈牙利语词汇对照表。这个表内总共列入了20组词项。其中的锡伯语词,除第一项里的"母亲"(语音作"额聂")②,全都与满语中的相应词汇同源。在这19个同源词里,有两个,即"头"(7)、"牙"(8)已经在上面讨论过了,剩下的17个词汇中,与匈牙利语相应词汇的语音差别颇大,因而很难认为有什么"关联"的,至少就有12个。兹列表如下。表内的序数词系指该词项在原表中的次序。

---

① 按清人用满文字母将女真语"胡鲁剌"转写为 kürela ("户长",满语中似无此字)。若谓这个词汇与匈牙利语同义词 felugyelo 的读音相关,必须证明在满语、匈牙利语词之间存在 -r- > -l- 的系统转换规律。但我们没有看到对这一点的有力证明。又,朱著以女真语"佛热"与匈牙利语 fajo 相比勘。但是,《金国语解》谓女真语"疮"读作"牙吾塔"(yoonaqa)。朱著胸有成竹地宣称,与 yoonaqa 同义但"较少受蒙语影响"的女真语词"疮"应当是"佛热"。按:"佛热"即 furu,满语译言"口疮"(见《增订清文鉴》卷16,页40下)。我们不知道朱著此说的根据到底在哪里。

② 锡伯语"母亲"的语音与突厥语及匈牙利语都很接近。三者之间的关系应为锡伯语 ene ("母亲") < 突厥语 ana > 匈牙利语 anya,所以这一组词汇不能作为锡伯语/满语和匈牙利语之间发生直接的相互影响的证据。

	词义	锡语伯/满语	锡伯/满语词的拉丁化转写	匈牙利语
2	妹妹	嫩	non	nover
3	乞丐	盖克吐①	giahoto	koldus
4	富人	巴颜	bayan	agyon
5	指甲	库浑	ketqun/hitahūn	korom
6	手、臂②	嘎拉	gal/gala	kar
9	鼻	欧弗	oforo	orr
10	鸡	超库	choko	csirka
11	牛	依憨	ihan	tehen
12	喜鹊	沙沙哈	sasq/saksaha	szarka
14	食物	依迪	jedere	etel
16	仓库	查尔	chal/chalu	csur
18	好	萨音	sain	szep

另外的五组词项，也许各自之间有某种应予进一步考察的"关联"。它们分别是："箭"（13），锡伯/满语 *niru*，匈牙利语 *nyil*；"村庄"（17），锡伯/满语 *gashan*，匈牙利语 *kozseg*；"鞋子"（15），锡伯/满语 *sapo*，匈牙利语 *cipo*；"新"（19），锡伯/满语 *iche*，匈牙利语 *uj*；"旧"（20），锡伯/满语 *fe*，匈牙利语 *ven*。

---

① 朱著页 11 至页 12 的对照表所据，主要是《锡伯语简志》（李树兰、仲谦编著，北京：民族出版社，1986 年）书末的《词汇附录》。唯原来的拉丁化转写，全被朱著置换成自创的汉字转写。又按：满语"讨化"作 *gioqoshombi*，"乞求"作 *giohambi*（《增订清文鉴》卷 13，页 7 上），其词根与 *giahoto* 同源。

② 蒙古语"手、手臂"读作 *ghar*。匈牙利语中的同义词 *kar*，极可能与蒙语 *ghar* 有源关系。满语的 *gala* 非但与匈牙利语的 *kar* 没有关系，甚至在它和蒙语的 *ghar* 之间，也不被认为有什么"关联"可言。见克劳森：《对阿尔泰理论的一个词汇统计测评》，《中亚集刊》13·1（1969 年），尤其是页 14。

最后需要检核的，是页 26 的满语(锡伯语)—蒙语(契丹语)—匈牙利语对照表。表内涉及的满语(锡伯语)词汇有 10 个，其中与前举词汇重出者四("牛"、"鸡"、"狗"、"喜鹊")。剩下 6 组词项中，同义但语音根本不相近者有四项。它们是"树、木"(满/锡伯 *moo*，匈 *fa*)、"花"(满/锡伯 *ilga*，匈 *virag*)、"马"(满/锡伯 *morin*，匈 *lo*)、"骑马"(满/锡伯 *yaluga*、*moringa*，匈 *lovagol*)。另有一词("豌豆")，据作者暗示，其"关联"性应在蒙语和匈牙利语之间，此处不讨论。只有一个词("猴"，满/锡伯 *monio*、*monj*，匈 *majom*)，似乎尚值得研究。

对朱著中四个词汇表的重新考察究竟说明了什么呢？它说明在朱著的全部举证中间，与匈牙利语可能(而且还只是可能！)有某种形式联系的女真—满语(包括锡伯语)词汇，不过十一二个而已。朱著告诉我们，书里所作的"比较就像是一个指纹鉴定。它以确切的事实证明匈牙利语的极东祖源，是古代靺鞨—女真语"(页 12)。在这里，语气的武断和陈述关键概念时的闪烁其词同样地令人觉得不可思议。说"匈牙利语的极东祖源……是古代靺鞨—女真语"，这句话到底是什么意思？如果这是在说，通古斯南支诸语是进入匈牙利语的各种外借词中间最东面的源语，那么这样说或许不错①。可是正如同出现在匈牙利语中的数量甚至更多的原蒙古语、突厥语借

---

① 这种见解至多也不过是"或许不错"而已，因为匈牙利语中的通古斯语成分，甚至更可能来自很早就已活动在草原北部森林地带的北支通古斯语部落。倘若果真如此，那么拿它们来与女真—满语的语词相比照，实在是从一开始就已弄错了对象。

词丝毫不说明马札尔人就是原蒙古语或突厥语部落的后裔一样，这样的证据也丝毫无助于马札尔人的靺鞨起源说之成立。如果它意味着匈牙利语与满语、锡伯语之间存在某种发生学意义上的亲缘关系，这倒可以成为马札尔人是靺鞨后裔的一种强有力证据。然而问题在于：仅仅凭十来个"关联语词"作为证据，是否就能支撑起这样一个重大的假设，即匈牙利语和通古斯诸语之间存在着亲缘性？答案当然只能是否定的。

部落名称的比勘，乃是朱著推定马札尔人远东起源论的又一重要证据。但这方面的问题也很大。

首先，许多分明不相同的部落名称，在被转换为汉字音写，尤其是当研究者用现代汉语的语音去识读这些汉字音写的时候，它们之间的原有差异（甚至明显的差异）就会变得很难识别。本书将匈奴姓氏"须卜"与女真部落名"苏不鲁"、匈牙利姓氏 Sipos 相勘同，即属诸多同类错误之一（页 16 至页 17）。"卜"在古汉语中是带有 -k 收声的"屋"部韵入声字。是知用"须卜"两个汉字来音写的匈奴姓氏，它后一个音节乃是 -buk/-bu。但女真姓氏"苏不鲁"的后两个音节或最后音节应为 -bulu/-buru 或 -bul/-bur，而匈牙利姓氏的最后音节则是 -pos。三者的最后一个音节明显不同，我们不知道朱著凭什么把它们混为一谈。

女真部落名称"徒单""术虎"和"散答"的识读，看来即使是对于语言、族属都与女真相近的清前期的满人而言，都已感到没有什么把握了。《金国语解》分别将这三个部名读作 *tusan*、*johre*、 *sakda*。但在12卷本的《金史语解》中，"徒单"和"术虎"又分别按照清代满族姓氏改读为 *tuqtan*、*juge*（卷7）。如果我们相信清人的识读，则"徒单"（*tusan/tuqtan*）与匈牙利姓氏Dudas，"散答"（*sakda*）与匈牙利姓氏Santa，以及"术虎"（*johre/juge*）与Juhos，都根本不存在勘同的可能。如果我们发现连清人的识读都已经不可靠，那么又凭什么断定这几个部落名称的确切音读，并且将它们用于与匈牙利姓氏进行比较？

其次，有些专名的语音之间确实可能存在相似性。但我们没有理由仅凭这一点就把用它们来命名的那些对象视为一体。例如在鞑靼一部的名称"泊咄"的正字法形式中，确实可能包括 *padu* 这样一种形式（其他形式还有 *pakdur*、*padul* 等）。朱著将它与匈牙利姓氏Bodo相勘同（页19），仅从语音方面来看，这是可能成立的。但是仍有两个不容回避的问题需要说明：怎么知道"泊咄"必定就是 *padu* 这一形式的音写？更重要的是，鞑靼"泊咄"部与匈牙利的Bodo姓氏，地域上东西相差逾万里，时间上前后相隔上千年，怎么知道二者名称的发音相似不只是偶然现象，而必定反映了两个人群之间的历史渊源关系？另一个近乎滑稽的例子与此前提到过的匈奴"须卜"氏有关。朱著说，蒙元前期的名将速不台，他的名字"就是蒙古语的'须卜氏'"（页58）。按："速不台"的拉丁化正字法形式为 *sübehetei*。从构词法角度讲，它可以看作由 *sübehe-* 与其后缀 *-tei* 两部分所构成。也就是说，"须卜"与 *sübehe-* 在语音上确实相当接近。但是在匈奴的"须卜"氏和这个蒙古名将之间，时间相隔一千年以上，并且"速不台"只是蒙古兀良哈部落中一个成员的人名,元代并不存在一个叫作"速别额"(按:"速不台"又写作"速别额台")或"须卜"的部族。难道仅仅以语音相近为立论基础,我们就可以把这个蒙古人名的词源,倒溯到匈奴时代的"须卜"吗?

以上讨论完全适用于"马札尔"(Magyar)与"靺鞨"这两个专名之间的对勘。从地理方位、时间上的接续性,以及审音等角度来判断,学者们大致同意,在汉文文献中先后用"勿吉"和"靺鞨"来译写的,应当是位于东北亚的同一个非汉语族群体的名称。但在缺乏来自其他拼音文字的确切证据的情况下,我们至今无法肯定这个部族名称的准确的正字法形式到底是怎样的。根据其第一音节的译音用字"勿""靺"都有收声-t 来判断,该音节可能有 ma-/ba-、mat-/bat-、mar-/bar-、或 mal-/bal-等诸种形式。但靺鞨在唐代又被异写作鄚颉,是则其第一音节的拼写形式当作 ma-/ba- 或 mak-/bak-。如果该音节的真实形式的确被同时反映在上述两组可能的拼写形式之中,那么这个音节就只能拟构为 ma-/ba-。不幸的是,在对于该名称第二音节的几种可能的拟构形式,亦即-kie、-kiet、-kiel,以及-kier 之中,我们却至今缺乏作出确切选择的充分理由。也就是说,尽管在"靺鞨"的几种可能的正字法形式之中,或当包含着与 Magyar 十分相近的那种拼写形式(即 makier/bakier)。但这个结论绝不等于说"靺鞨"与 Magyar 的音读必定相同;它更不等于说,倘若二者音读果真相同,这两个专名及其所指称的人群就必定具有共同的历史渊源。

再次,尤其令人大惑不解的,是朱著经常根据自己的主观需要，在前后间隔不过两三行的文字中间，将一连串从表面看来语音近似的部族名称，指归为同一专名的"转音"，进而又把用它们来命名的时代和地域差异都极大的各类部落集团看作是具有同一历史渊源的亲缘群体。如上所述，从纯粹审音的角度，不能排除在鞑靼与 Magyar 之间进行相互勘同的可能性。但是如果主张鞑靼所音写的，是某个类似 Magyar 的语音，那么它就不可能如朱著页 51 所建议的，同时又是 merkid（按：此即蒙古"蔑儿乞"部）乃至 murki 的音写。道理很简单。无论我们如何假定用"鞑"字来音写的那个源词的音节，总之它不可能既是 Ma-（即 Magyar 的第一个音节），又是 Mer-（即 merkid 的第一个音节），同时还是 Mur-（即 murki 的第一个音节）。同样，"靼"的语音也不可能同时是 -gyar、-kid 和 -ki。当然，"鞑靼"同样也不可能再是朱著页 52 所主张的"蔑促""弥列哥"，或者"马阿里黑"（页 51）、"满住"（页 57）、"马儿忽思"（页 59）、Mika'il（页 69）等①。

另一个典型的例子，是朱著先将女真部落名称"拓特"说成"和匈牙利姓氏 Toth 可能是有关的"，然后又声称"Toth 在蒙古语

---

① 按："蔑促"的"促"，中古音作 ts'iok。这表明其源词相应音节的首辅音不像是 k-/gy-，后者的汉语译音用字往往从声母为"见""群"（k/g）的汉字中选择。唐代都波的"弥列哥"部，在突厥语碑铭中写作 beligh（见韩师儒林：《唐代都波新探》，《穹庐集》，上海：上海人民出版社，1982 年），与"蔑里乞"（merkid）绝无任何关联。"马阿里黑"的蒙古文原名保留在《蒙古秘史》里，作 ma'aligh，如果"鞑靼"当读作 magyar，那它就不可能同时又是 ma'aligh；同样，它也不能再改读作"马儿忽思"（marqus，即《辽史》中的"磨古思"）或者"满住"（manchu?）。又按：朱著说伯希和"猜测"Mukri 即"鞑靼"。这是他误读《草原帝国》注文的结果。见《草原帝国》，蓝琪译，北京：商务印书馆，1998 年，页 246。

中的读法可能是 to-ta-ha"。从这两个极不可靠的"可能"出发，"拓特"和 Toth 被等同于 tatar（鞑靼），等同于从"秃秃黑里惕—塔塔尔"（tutuqliut-tatar）一名中被拆散出来的 tutuq①，等同于"脱黑脱阿"（toqtoqa）等"北方诸族频繁使用的人名"。本书就这样向读者显示出，"拓特"这样一个"通古斯姓名"如何"开始具有冲击性的世界意义"（页48至页49）。但是人们必须问，Toth 为什么可以读作 to-ta-ha？to-ta-ha 又怎么能既读作 tutuq，同时又读作 toqtoqa、tatar 以及其他完全不同的专指名称？

在上述种种场合，我们基本上看不到对那些五花八门的"转音"究竟如何产生这一问题所展开的正面论证。朱著往往采用"我以为""我们猜测""我猜测""大概就是""不难看出""我则以为"之类含糊的说法，来回避实质性的讨论。看来在力图证明那些离开真实情况实在太过遥远，因而找不到音近之外的其他历史依据的见解时，朱著便不得不完全依赖于真假参半的语音相近性这一极不可靠的基础来立论。不过这并不是说，朱著对语音比勘之外的历史证据一概不予置理。问题在于，它对北方诸部沿革流变的历史论证，同样充满了主观臆断和北方民族史领域中不该发生的常识性错误。

---

① 按：tūtūqlīūt-tātār 见于《史集》。此处 tūtūq 是进入突厥蒙古语的汉语词汇"都督"的音译，-li'ūt 由突厥语词后缀 -ligh 再加蒙古语的复数形式 -ut 所构成，是该名译言"都督所属之塔塔尔"。见韩师儒林：《读〈史集·部族志〉札记》，《元史论丛》第3辑，北京：中华书局，1986年。若照朱著的见解，这个词的释义就会变作"塔塔尔所属之塔塔尔"，根本不成其意思。

本书作者很清楚地意识到，就证实分布在腹地欧亚西半部的马札尔人属于西迁的鞑靼遗种这个命题而言，能否在比马札尔居地更加偏东的蒙古草原寻找到通古斯部落存在和活动的证据，具有十分重要的意义。朱著力主鞑靼起源于靺鞨之说的用心也就在这里。

　　现存文献中最早出现"鞑靼"的名称，是在8世纪前期的突厥文碑铭中，其正字法作tatar。这是突厥人对他们东面操原蒙古语的室韦部落的通称，这个称呼本身，应当起源于当时西邻突厥的室韦中间一个相当强大的部落的名称。年代上稍后于突厥碑铭的汉文史料中所出现的"鞑靼"一名，乃是对tatar这个突厥语名称的精确音写①。现在，有关回鹘汗国瓦解后大兴安岭北段原蒙古语部落逐渐移入草原地区的历史过程，由于学者们对"室韦—鞑靼"诸部和"鞑靼—阻卜"诸部动向的翔实研究，业已获得基本澄清②。

　　可是，朱著现在告诉读者，"往往只有那些与通古斯族相关的部落才被称'鞑靼'"，而这个重要事实却被"世界性的长期误解"一直掩盖着(页48)。作者主要通过以下两点来论证他所发现的这个惊人事实。

　　其一，《新五代史·四夷附录》谓："达靼，靺鞨之遗种。"其

---

①　"鞑""靼"两字都是带-t收声的入声字，两字读音可拟构为tat-ta t。中古汉语音节无-r收声字，古代常以-t收声的入声字来音写非汉语的-r收声音节。所以"鞑靼"是与tatar最贴近的汉语音写形式。[a]的发音方法与[a]相同，唯发音部位比[a]后移。

②　参见陈得芝：《13世纪以前的克烈王国》，《元史论丛》第3辑。

实，我们甚至还可以为朱著补充另一条材料，它同样直接地将室韦—鞑靼的语言、族属归于靺鞨，这就是《新唐书·室韦传》中的一段话。它说，室韦的"食啖言语与靺鞨同"。值得指出的是，两句话全都出自欧阳修笔下。与《旧唐书》《旧五代史》相比，两部新史的长处全不在记事的详赡准确上①。亦邻真早就揭示过，北魏以往有关室韦语言与契丹同类的明确信息，如何由于《通典》凭空添加史文而改变；此后《唐会要》抄《通典》，《新唐书》又抄《通典》《唐会要》，"但在改写中语气变得十分肯定，因而也就一错到底了"。至于《新五代史》中的那段话，则在更早先即已被日本学者揭明，乃是欧阳氏从宋白那里沿袭下来的错误②。事实上自两新史后，人们一般也不把鞑靼与通古斯诸族相提并论。这表明室韦—鞑靼的族属语言自北魏至元明一仍其旧，并没有什么改变。需要纠正的，倒是欧阳修自身主观而武断的误解。

其二，朱著又认为，鞑靼是"蒙古民族对于'通古斯人'的特称"。他提出的例证，是元代以"水达达""水鞑靼"称呼黑龙江—乌苏里江流域等处的滨水通古斯部落。但我们所知道的充分而确切的事实是，在元代蒙—汉双语颁发的政府公文中，专用于对译"蒙古"这一族名的固定汉语名称，正是"达达"或"鞑

---

① 四库馆臣称，虽然《新唐书》自夸说，与旧史相比，"事增于前，文省于旧"，但事实上"史官记录俱载旧书"，新书至多不过"搜及小说而已"。至于《新五代史》，与旧史相比，其优劣在于"发例褒贬分明而传闻多谬"。由此足知两部新史在记事方面俱无甚可取。见《四库全书总目》卷46。

② 亦邻真：《中国北方民族与蒙古族族源》，《元史论集》，北京：人民出版社，1984年。

鞑"。当然，要对采用这个对译专用名称负责的，首先应当是当时华北的汉人。但是蒙古人显然是知道，并且也同意这种对译法的①。而"水达达""水鞑靼"的称谓并不来自蒙古人自己的用语。根据彭大雅的北使记录《黑鞑事略》，蒙古人把通古斯滨江群落称为"斛速益律干"(usu irgen)②。这是一个标准的蒙古语词，译言"水百姓"。彭氏在该词后小注曰"水鞑靼"，可见这本来是不明东北情形的华北汉人对"水百姓"的翻译，而彭大雅的有关知识又得自北方汉人。入元之后，这个译名虽被沿用下来，但它多与"女直"一词并联使用，或作"女直水达达"，或作"水达达女直"，以示"达达"的名称在这一特定用法中的特殊族属。

朱著举出的另一条有关蒙古不认同鞑靼名称的证据，见于13世纪中叶东来的传教士鲁不鲁克的游记。据鲁不鲁克说："他们（按指蒙古部人）也不愿被称作鞑靼人，因为鞑靼人是另一种种族，关于这种人，我听到下面的情况……"将这段话从它的上下文中间割裂出来理解，它确实意味着，蒙古和鞑靼是两个互不相同的群体。但如果把它放回到鲁不鲁克的整个叙事中去加以认

---

① 保留在《元史》卷29《泰定帝纪》一中的也孙铁木儿即位诏，是用汉语口语体"硬译"的一篇珍贵蒙古语文献。诏书开头说："薛禅皇帝可怜见嫡孙、裕宗皇帝长子、我仁慈甘麻剌爷爷根底，封授晋王，统领成吉思汗四个大斡儿朵及军马、达达国土都［委］付来。"此处的"达达国土"为蒙语"蒙古田地"的对译词，它出现在皇帝诏书里，又被载入《实录》，自然不能说蒙古人对此一无所知。"达达"一词在元代并无贬义。

② 按《黑鞑事略》原文，误作"斛速益律子"，义不可通。据贾敬颜考订，此处之"子"字应作"干"字。如此校改以后，不但音译词组可以读通，而且也与小注完全相符。

识，尤其是如果能从这段话再往下读一两页，我们就很容易发现，此处强调蒙古和鞑靼之间的区别，那是就狭义的蒙古（即三河之源的尼鲁温蒙古部）和狭义的鞑靼（即贝尔池边的塔塔儿部）而言。鲁不鲁克在讲述蒙古、塔塔尔之间相互关系时，所叙述的事实虽然不太准确，但他要追溯的，无疑是尼鲁温氏蒙古在东部草原相继征服蔑儿乞、塔塔尔和克烈等部的那段史实。事实上，《鲁不鲁克游记》汉译本的注释者也将此处的"鞑靼"理解为塔塔尔部落①。鲁不鲁克这段话所反映的真实历史，是进入西部草原突厥语世界的蒙古人，不太满意突厥人将他们与被征服的塔塔尔部一起称为"鞑靼"。他们也许忽略了tatar在突厥语中很早就被用来泛称原蒙古语诸部落的往事。作为突厥人对原蒙古语和后来的蒙古语部落泛称的"鞑靼"，与该词后来又被俄国人用来泛称中亚某些突厥语部落（包括突厥化的蒙古人成分在内）的情形相似，原是一个他指名称。但在我们所讨论的这个时期，它实指广义的蒙古人。无论如何，"鞑靼"从未成为过蒙古人对女真语部落的"特称"。朱著的这一见解，是对本已被他误读的史料再滥加发挥的结果。

朱著关于马札尔人鞑靼起源说的另一方面的史实论证，从分析唐代的辽东战争及其后果切入。著者认为668年唐对东北的大规模用兵，导致"一场牵动满蒙广大地区的大逃亡"。鞑靼部一支的西迁就是发生在这场"大逃亡"中间，而后来出现在欧亚草原西半部

---

① 道森编，吕浦译，周良霄注：《出使蒙古记》，北京：中国社会科学出版社，1983年，页139至页141；并参见页246的第55条注文。

的马札尔人，就是这些西迁靺鞨的后裔(页27至页34)。应当承认，在朱著全书当中，对有关史实叙述最详细的部分，就是"唐帝国的辽东战争"这一段。它从唐军的战前准备、战略算计写起，一直写到高丽—靺鞨联军的惨败，以及唐军中的少数民族部队在高丽撤军后对靺鞨孤军所实行的"'除恶务尽'的扫荡行动"。

现在的问题是：对这场主要是在唐与高丽之间发生的战争大事铺陈，究竟是想说明什么？它或许可以说明，由于这场战争，作为高丽方面盟军的靺鞨部之"泊咄、安车骨等皆奔散，寖微无闻焉"。但无论是这场激烈的战争，还是"奔散""寖微无闻"等记载，都不足以作为接下来必定发生的"牵动满蒙广大地区的大逃亡"的证据。因为那是需要由反映这场"大逃亡"的种种历史事实本身来证明的。可惜朱著在这里根本提不出任何相关的历史证据。唐王朝的辽东战争是否可以被看作是"Magyar 人的祖先出走的原因"？回答这个问题的前提，是我们首先必须确认"马札尔人的祖先"从辽东出走这一事实。历史叙述一般是从结果去追溯它所以发生的原因，而不能根据某些自以为是的原因去推定在此之后必然会发生这样或那样的结果。朱著在这里的处理方法，刚好与一般所应当遵循的法则相反。

十分有趣的是，恰恰是对唐太宗征辽东之役的事实本身，历史学家的看法还有很大的不同。很可能有关这场战事，"正史的很多记载并不真实"[1]。本文无意于进一步考察其中的诸多细节。但是不论

---

[1] 周策纵：《原族》，《读书》2003年第2期。

高丽之役的实际情况如何，自信而固执的解释者都不难将靺鞨西迁安排为它的结局。这不是恰恰说明，本书就这方面所进行的煞有介事的"史实证明"，其实与它早就预设的结论之间并不存在真正的内在逻辑关联吗？

检验朱著第二个主要命题的任务，似乎要比较简单一些。因为作者用于支撑"夏商周人与蒙古—突厥—通古斯语诸族同源"论的基本证据，几乎全部来自对有关部落、姓氏、人物和地理专名的随意比勘。历史上的人名、地名、部落名、制度名称或官号等专指称谓，是辨识有关人物、人们群体及其文化与身份属性的重要依据。但是，由于人类语言中基本音节的数目本来就有限，而大多数专指称谓都不过由两三个音节所构成，所以在不同语言的各式各样专有名词之间极易出现语音相似的情况。语音相近的问题若发生在普通名词之间，较少会导致词源问题上的误解。人们不会仅仅因为语音相近或者相同，就把不同语言中语义根本无关的普通名词看作关联语词。没有人相信在英语的 fish（"鱼"）和汉语的"废墟"之间存在某种辞源学的联系。也不会有人相信如下的"考证"：英语中的 daughter（"女儿"）源于汉语词汇"逃脱"，因为女儿终究要在出嫁时从父母家中"逃脱"。在这里，包含在每个语词之中的既有语义，有助于我们澄清不同语言中的同音语词是否相互关联的问题。但就专指称谓而言，情况就不同了。因为除了知道它们是对某些特定对象的命名或称谓之外，我们对相当数量的专名的词义、词源知之甚微。在这种情况下，可资比较的指标只剩下语音一项。因此在从此类比较中提取有关结论时，就必须格外小心。

对于各族语言中的专有名词已"大部分失去了语义内涵"这一事实，朱著有明确的意识。所以它正确地指出："人们寻找'族名'的语义也往往是徒劳的"（页206）。可是，词汇的比较研究从音、义两项比勘转而成为只能凭借语音来从事对照分析，对朱著来说，不是意味着研究者在立论的时候必须更加小心、更加需要参照其他方面的旁证材料。恰恰相反，专有名词语义内涵的失落，似乎导致朱著更自由地在古今中外的同音语词之间任情比附，把各种语言里语音相近的专有名词及其命名对象统统指归为一体。毫不夸张地说，这就是朱著在论证本书第二个基本命题时所表现出来的最大特征。

例如，作者这样论证"'中原地名'与'北方族名'之间的关联"："《史记》的'昔唐人都河东，殷人都河内，周人都河南'的'三河'地区，也是'华夏民族'的根本之地。春秋时，那里有'北虢'、'东虢'、'大卤'、'曲沃'、'令狐'、'羁马'、'狐厨'、'簠祈'等地名，它们显然与'仆骨'、'东胡'、'同罗'、'昭武'、'术和'、'且末'、'兀者'、'赤狄'等族名相对应。又如，中原'戎'名'杨拒'、'伊雒'、'陆浑'、'鄋瞒'、'皋落'等，又与'按出'、'挹娄'、'术和'、'悉万'、'斛律'对应。这些关联现象，不仅是北方诸族出自中原的证据，也是确认中原古代居民族属的判据。"（页207）短短几行文字之间，居然完成了这么多专名之间的勘同问题。其实说简单倒也十分简单。此处的全部论证，只有"它们显然与……等族名相对应"这样一句话。

据朱著页 86 说，"仆骨"一名，"也就是西文族名 Bulgar"。而被罗列在上文中的"北虢"，既与"仆骨"是同名异译，于是也可以读作 Bulgar。但"北虢"与"仆骨"、Bulgar 前后相差一千年。"北"字是-k 收声的入声字，它根本不会被用来译写 Bul-这样的-l 收声的非汉语音节。除了审音上的问题以外，"仆骨"、Bulgar 这两个时代基本接近但东西相隔遥远的部落，一个讲突厥语，另一个的语言属芬—乌戈尔语族。照朱著看来，"北虢"究竟是谁的先祖？ 莫非地处西半部欧亚草原之北的 Bulgar 人也是从华北迁徙过去的？ 南北朝隋唐的"昭武九姓"，据其东迁后裔的不可靠传说，系从"旧居祁连山北昭武城"，亦即月氏故地西迁而来①。朱著说"昭武"即"曲沃"，仅据似是而非的语音相类一点，就进一步把它从今天山、阿尔泰山东麓搬到位于"三河之地"的曲沃。

朱著说，"'中原民族'与北方民族是有着深度渊源的"（页 209）。这个说法本身并没有什么错。问题是作者不仅迷信于上述那种极为不可靠的单凭语音比附的求证法，甚至不惜靠牵强附会来拼凑"音似"的证据，从中推出种种令人难以置信的结论。例如上古时期的"公祖""公肩""公东"等姓氏，全被视为金元时代的通古斯部落专名"兀者"的同源词，因此上述姓氏的族属都被归入东北通古斯部落。而"公孙""公胜"等姓氏则被等同于"乌孙"。以此类推，甚至黄帝的族属也变成了"乌孙氏"（页 209）。朱著将这一系

---

① 《北史》卷 97《西域传》，"康国"。余太山：《大月氏》，载同氏：《塞种史研究》，北京：中国社会科学出版社，1992 年。

列的语音勘同建立在"将'公'读为'乌'或'兀'"的基础之上。那么为什么"公"字可以被读作"兀"或"乌"呢？

作者说："从字形上来看，'公'与'瓜'有相像之处，但是'公'和'瓜'究竟是否相关？从文字考据的角度来说，是颇难求证的。然而，'瓜'可以衍生出'孤'和'狐'等字，我们也若（若也？）将'公'作'乌'、'兀'、'斛'、'纥'读，所有含'公'姓氏与北方诸大族族名的关联，倒是一目了然了。"（页209）"公"与"瓜"在《说文解字》中一属"八"部，一属"瓜"部，在汉字结构上毫无关系，本不属于"颇难求证"的问题。"'瓜'可以衍生出'孤'和'狐'等字"，只能理解为后两个字中有"瓜"这个声符，所以其读音从"瓜"。但是，为什么由此就可以推测出"公"可读若"乌""兀"？作者自己也觉察到这里欠缺必要的证据，所以他在这里使用的是一个假设句型，即"若……倒是……"根据上述凭空推测，中原数十个"公"字头复姓的起源都可被推到"兀者""回纥""乌孙""可萨"等北方诸族的部落名称。于是，朱著以自我赞许的口吻写道，读"公"为"乌""兀"，"不失是个成功的归纳和猜想"。以未经证明的假设为前提进行推理，再用推理的结果来证明假设的"成功"，这是典型的循环论证！经过这一番循环论证，朱著居然忘记了自己据以立论的出发点不过是一些未经证实也无法证实的"猜想"，很快就心安理得地把诸如此类"成功的归纳和猜想"当成毫无疑问的事实来相信了。

我以为上述推理结果经不起检验，不但因为即使是在异想天开地读"公"为"兀"、为"乌"之后，中原诸多姓氏与北族部名之间，至多也只有音近的关系，它根本不足以构成在两者之间相互勘同的充分理由，而且也因为在不少场合，即便在读"公"为"兀""乌"之后，作者宣称的那种"一目了然"的"关联"仍然未见存在。例如"公夏""公何""公户""公扈""公华"一组，被朱著勘同为"回纥"。毋庸置疑，"回纥"的正字法形式应为uighur。无论是"夏""何""户""扈""华"，都与-ghur的音节相去甚远。即使读"公"作"乌"，这一组中原姓氏与 uighur 的读音之间依然毫无关系可言。

朱著又将中原姓氏"司马"考订为"古代族名'悉万斤'"。页212写道："一般以为'司马'是从官衔转化来的。司马迁在《自序》中，却从未说过因祖上当过'司马'官而袭了这个'司马'姓。"在《自序》中"从未说过"，本不必成为一种有力的否证。难道我们可以因为《自序》未提及人用双脚走路而否定这一事实？不幸的是，《太史公自序》其实是说到过这一点的。司马迁追溯他的祖先时说："其在周，程伯休甫其后也。当周宣王时，失其守，而为司马氏。"这段话的意思是说，在周宣王时，他的祖先失去"世序天地"的旧有官守，改任司马，子孙因以为氏。诸家注解对此均无异词。朱著轻易否定前说，反谓"司马"与"古代族名'悉万斤'、'悉万丹'、'萨末鞬'、Sarmatae，地名 Samarkand 等如此音似"，因此断定"'司马'是族名'悉万'之变译"（页212）。"悉万斤""萨末鞬"与 Samarkand 为同名异译，是中亚古城之名。用"万""末"等带 -n 或 -t 收声的汉字来译写 -mar- 的音节，完全符合当日的转写规则。该词的末音节 -kand 则是波斯语成分，译言"城"。Samar 是否族名,不得而知;唯半带传说性质的也门国王中有一个名为 Shammar,因而也有的历史传说把他与 Samarkand 相联系①。但可以肯定,它与古代草原上的族名 Sarmatae("萨尔玛提亚人")没有任何关系。剩下的"悉万丹"倒是族名,但是否能将该专名拆成"悉万—丹"这样两个成分来处理,也无可推知。总之,我们根本不知道历史上是否存在一个叫做"悉万"的部族,更遑论"司马"与"悉万"之间的语音差异了。朱著所发现的诸如此类的"全面对应",其实大都只是作者一厢情愿的妄断。

通过对朱著中大量举证的检核,想来已经能够说明,本书的主要见解严重缺乏经得起认真推敲的可靠证据。现在,我还想比较集中地就本书所采取的研究方法,谈一点总的看法。

比较历史语言学,尤其是其中的审音与勘同方法,为中国北方民族史研究提供了极其重大的帮助。可以说,它是欧洲东方学与乾嘉以降的"西北舆地之学"在相互交流当中沉淀下来的积极遗产之一。与此同时,我们当然也已清醒地意识到,审音勘同方法的功能存在至少两方面的局限性。其一,尽管在提供否定性证据方面审音方法的功能较为显著;但是在相反的情况下,仅仅以审音为证据的勘同结论往往是十分不可靠的。特别是当被研究对象所处时间和空间的历史跨度都极大的时候,审音勘同必须与其他各方面的历史证

---

① 巴托尔德(W. Barthold):《蒙古侵寇前的突厥斯坦》,伦敦,1928 年,页 85。

据密切结合，才能有助于辨析事实。其二，对审音勘同法则的严格性也不应过于迷信。例如，蒲立本证明，用汉字入声字来音译的音节，在其源词的正字法中就不一定都有尾辅音①。此外还有许多其他例证，说明古人译音用字也有相当随意的时候。所以在使用审音勘同方法时，既需要尽可能遵循由过去经验所确立的有效法则，又不能简单地依靠墨守这些法则来处理所有资料。

朱著对上述第一方面的有限性似乎全然不介意。在仅据似是而非的音近来乱加推断方面，比前文已举过的例证更为极端的一个例子，是作者根据埃及曾有"密昔儿（Misr）"之称，遂以为这是"鞑靼"之名"尘埃撒播"的结果，并且信心十足地劝告读者"不必引以为是怪事"（页 69）②。对于审音勘同方法的第二种有限性，朱著显然有所察觉。书里写道："清代以来的中外文字语言学者们对先秦语音的研究，基本是在中古《切韵》系统上从事反推。一些学者客观地指出，作为规范汉语语音的一种努力，《切韵》等书也把许多'古音'抹煞掉了"（页 207）。但是，承认上述有限性，对朱著来说，意味着审音勘同方法的所有规则都已失效。于是，作者一方面不适当地夸大审音勘同手段的适用性，不顾时间和空间限制而将之滥加应用；另一方面又以古代韵书可能"抹煞"某些古音为由，对汉字的古代音读进行随心所欲的解释。两者相互促进，遂在构成朱

---

① 蒲立本：《突厥的汉语名称》，《美国东方学会集刊》85·2（1965 年）。
② 埃及法蒂玛王朝的新都开罗名为 Misral-Qōhirah，阿拉伯语译言"征服者之城"。Misr 遂亦用指埃及，宋元汉文史料译作"勿斯里""密昔儿"。这个词与"鞑靼"一点儿关系也没有。

著重要论证部分的语音比较方面导致错误百出的结果。

朱著置审音勘同必要法则于不顾的突出表现之一，是作者在对用汉字音写的他族词汇从事语音讨论和比较时，往往拒绝对它们进行拉丁化转写，甚至有些外族名词明明保留着可拼音化的正字法形式，朱著在讨论中却宁可采用它们的汉字音写。这种做法给该书带来许多本来完全可以避免的失误甚至笑话。作者说，Kalmuk"就是'克烈-谋克'"。如果他在这里对"克烈"一名采用见于蒙文中的正字法形式（Kereyid），那他怎么还可能把这个名称等同于"卡尔梅克"一名的第一个音节 kal-？ 他又说，土尔扈特"或许就是克烈部名'董合亦惕'"（页 60）。"董合亦惕"在蒙文史料中写作 Dongqayid①，而"土尔扈特"则作 Turghaghud。所谓"或许就是"，到底从何说起？

前面提到的《金国语解》明明有满文字母转写，朱著视而不见，宁可师心自用，胡乱注音。清人已用 nesuhen 来释读"奴申"。朱著弃而不用，另按己意将它读作 nosszhang。他没有告诉我们的是，为什么在这里"奴"会读作 nos-，而"申"作为一个前鼻音韵母的汉字，又为什么竟要读作 -szhang？ 其实作者不过是根据他意欲比附的匈牙利语"同义词"osszhang 来胡乱将"奴申"的读音拉丁化而已。这个例子甚至使我们怀疑，朱著偏好汉字音写的正字法形式，是因为这种非拼音化的"译音"更便于他

---

① 伯希和赞同贝勒津的看法，认为 Dongqayid 可能出自蒙语 Tongqo，译言树林。这个克烈分部可能是树林中克烈人。见伯希和：《圣武亲征录译注》，莱顿，1951年，页 228。

毫无拘束地对有关词语胡乱进行解释。

除审音勘同外,在历史比较语言学的其他方面,朱著也有诸多犯忌之处。书中毫不迟疑地把现代匈牙利语词汇直接当作古代形态的马札尔语词来举证,根本不考虑其中存在的以今训古的危险性。此书作者曾经回应上述批评说,谁要是提出这个问题,谁就是在强求历史语言学研究"做到百分之一百的'以古训古'"[①]。如果说对靺鞨—女真语的研究不得不参考金元之后的满语甚至锡伯语,那么对早期马札尔语的研究当然也必须以晚近各时代的匈牙利语作为必要的参考资源。但这绝不是说,我们因此就可以随便把任何一个现代匈牙利语词当作古马札尔语词汇来看待。这涉及如何尊重并依赖匈牙利语言史研究的相关成果和结论的问题。像朱著这样"百分之一百"地以今训古,无论如何是要不得的。

正因为任何一种语言都不可避免地会随时代变化,尤其是受到与它邻近的其他各种语言的影响,在采用历史比较语言学方法来识别相关语言的亲缘关系时,就必须尽可能采用与日常生活紧密关联的基本语词作为比勘对象,因为这些语词的抗干扰性相对而言会比较大。在鉴别不同语言是否存在亲缘关系时,以基本语词而不是以所谓"随机抽样的语词集合"(页9)作为比较的对象,这是为历史语言学的学者所普遍遵循的通常法则。朱著大言不惭地声称,自己采取的是"随机抽样"的方法。之所以这样做,恐怕仅

---

① 见《"学术事故"还是"学术碰撞"》,《文汇报》2003年3月30日,"学林"版。

仅是因为作者其实只知道有《金国语解》，而其中"一共才记载了七十七个金代女真语词"①。如果他知道除了这部被他奉为至宝的"语解"，还有多达十二卷的《金史语解》②，如果他还想到利用包括《华夷译语·女真门》在内的其他女真字材料，并参以满语和锡伯语的大量书面材料，本书作者就会发现，他为《金国语解》的篇幅短小而发的"遗憾"，在很大程度上是一种少见多怪的感叹。

在对选出的对照词组进行语音比勘时，朱著的做法也极其非专门化。在确认某个语音音素在两种不同语言中具有相互对应的系统变换规律时，必须有足够可靠的同音、同义的例词为证。例如说突厥语的 *y-* 在蒙古语中会系统地转换为 *j-*，因为我们有 *yil* > *jil*（"年"）、*yemish* > *jemish*（"水果"）、*yarligh* > *jarligh*（"命令"）、*yürek* > *jirüge*（"心"）等许多对照词组可以作为举证。此处所谓"同音"，是指除去那个系统转换的音素外，对照词的各正字法形式之间应保持足够程度的相似。但朱著用来证明"语辞变换规律"的对照词汇之间，正字法差异之大，使人难以相信它们属于不同语言之中的同音同义词。在页 41"蒙古语（契丹语）、匈牙利语语辞变换规律"表里，朱著总共列举十六个对照组，用来证明蒙语中的 *g/h/u* 在匈牙利语中转换为 *f/v*。兹将十六个对照组移录如下：(1) *gal* ～ *futes*，(2) *gol* ～ *fo*，(3) *gol* ～ *folgo*，(4) *guikh* ～ *fut*，(5) *gutakh* ～

---

① 《"学术事故"还是"学术碰撞"》。
② 清人以"满洲语正《金史》"，牵强之处极多。《金史语解》在这方面的问题与《金史》卷末《金国语解》相同。我们无法完全相信清人的结论。可是无论如何，"金代女真语词"绝不至于只有 77 个。

fenyo,（6）*hyanath～kekez*，（7）*hagas～fel*，（8）*heree～varju*，（9）*huuchin～ven*，（10）*huvaah～felvag*，（11）*huu～fiu*，（12）*hal～forro*，（13）*us～viz*，（14）*ud～fuz*，（15）*uulder～fajta*，（16）*uul～felho*。细绎朱著的举证，对照组中似乎还算勉强符合他所指认的同音的比勘原则的，只有（3）*ghool～folyo*（"河"）、（11）*kö'ü～fiu*（"儿子"）、（13）*usu（n）～viz*（"水"）三组。可见作者断言蒙语 *g/h/u* 与匈牙利语 *f/v* 之间存在所谓"转换"规律，至多也只有两三条极不可靠、极不确定的证据。紧接着，这个"规律"就被自由地运用到女真—满语和匈牙利语的比较中去。朱著就这样把"历史语言学"变成一种语言游戏。所以他说，把《辽史》里的"蛮葛""梅古悉""大蔑孤""梅只"等"大大小小的'鞑靼'"，乃至蒙古时代的"塔塔尔""蔑儿乞"之类，把所有这些名称统统"'正'作 Magyar 或'马札尔'，自非难事"①。这种口出大言的轻易甚至狂妄的态度，只能表明作者完全缺乏严肃谨慎地对待学术问题复杂性的最起码意识。

我们面临的问题其实很简单：在从事历史比较语言学的论证时，是否应对它的基本规则给予应有的尊重和遵守？这究竟是研究者可以凭借自由意志来随意决定的一种两可选择，或谓"是他们自己的事情"，还是对研究者的一种基本素质要求？

作为一篇书评，本文已经写得太长。还有些话就不说了。唐兰在 20 世纪 30 年代曾以六条治学戒律告诫学古文字的学生。其中之

---

① 《"学术事故"还是"学术碰撞"》。

一说:"有些人拿住问题,就要明白。因为不能完全明白,就不惜穿凿附会。因为穿凿得似乎可通,就自觉新奇可喜。因新奇可喜,就照样去解决别的问题。久而久之,就构成一个系统。外面望去,虽似七宝楼台,实在却是空中楼阁。最初有些假设,连自己也不敢相信,后来成了系统,就居之不疑。这种研究是愈学愈糊涂。"[1]治学六戒,非常值得成为包括本文作者在内的文史研习者的座右铭。

(原载《九州学林》2003年秋季号。本文的最简文本,是刊登于2003年1月12日《文汇报》"学林"版的一篇两千字的同名书评。该书评作者为李辉、姚大力。谨此说明)

补记

本文刊发后,偶尔翻检J.诺尔曼《简明满英语汇》(西雅图:华盛顿大学出版社,1978年版),即见 anda 一词,译言互结盟约的兄弟、知心朋友、自幼的朋友(页17)。可见 andaqa 之译言"客之通称",确是从该词所具有的义弟、至友这一基本词义派生而来的。明《女真译语》收有"岸答孩・捏儿麻"(andahai niyalma)一语,汉文对译则作"宾客"(葛鲁伯:《女真人的语言与文书》,莱比锡,1896年,页18)。不过我们仍然没有理由认为,它的这一层词义可以被径直地追溯到更早期的鞣鞨语中。因此即使满语 andaqa 与匈牙利语 vendeg 在语音、词义两方面的接近不是出于偶然,它们之间也不可能是简单地经由

---

[1] 李学勤:《失落的文明》,上海:上海文艺出版社,1997年,页8。

靺鞨语这个中介环节而发生相互联系的。这更可能是突厥语中的and这个词汇分别被借入其东、西两边的相邻语言并且各自在那里发生转义的结果。

通古斯语—满语系统、蒙古语系统和突厥语系统的诸多语言，曾经被认为属于同一个"阿尔泰语系"；它们又与所谓"乌拉尔语系"（包括芬—乌戈尔语族和萨摩耶德语族）一起被归属于"乌拉尔—阿尔泰语系"。无论这样一个语言"谱系"是否真正能成立，从东到西分布于欧亚草原带和西伯利亚平原—森林地区的这数十乃至上百种语言之间，在漫长的历史时期中曾发生过各种形式、不同程度的相互联系和相互影响，这总是一个毋庸置疑的事实。然而，因此就把存在于很大一批语言之间的那种复杂而形形色色的相似现象，看作是从上述"谱系"中任意挑选出来的两种语言之间具有直接渊源关系的证据，这样的做法便未免太过简单了。这应当是《中国北方诸族的源流》一书的主要不足之处。

朱学渊先生为强烈的学术兴趣所驱使，多年来孜孜不倦地耕耘于北方民族史的领域。他的这种精神，令我怀有深切的敬意。他在当代中国史方面所从事的一些工作，也具有长久的价值与学术意义。在针对《中国北方诸族的源流》展开检讨和批评的同时，我想仍然有必要郑重地强调这一点。

多蒙复旦大学出版社资深编审陈麦青老师殷勤邀约、荐引策划，使本书稿得忝列"名家专题精讲"系列。在从条贯篇目、勒成一编到付排审校、申准印行的两年多时日里，责任编辑史立丽一直坚持耐心细致、不厌其烦的工作态度,为本书出版付出的劳动和精力至大至巨。值此书付印之际,谨向二位致以衷心的感谢。

全稿校阅于 2022 年春季枯坐上海乌南幼儿园轮值期间

图书在版编目(CIP)数据

边疆史地十讲/姚大力著. —上海：复旦大学出版社，2022.8(2025.6重印)
(名家专题精讲)
ISBN 978-7-309-15982-0

Ⅰ.①边… Ⅱ.①姚… Ⅲ.①边疆地区-历史地理-研究-中国 Ⅳ.①K928.6

中国版本图书馆 CIP 数据核字(2022)第 113532 号

边疆史地十讲
姚大力 著
责任编辑/史立丽
复旦大学出版社有限公司出版发行
上海市国权路 579 号　邮编：200433
网址：fupnet@ fudanpress.com　http://www.fudanpress.com
门市零售：86-21-65102580　团体订购：86-21-65104505
出版部电话：86-21-65642845
上海盛通时代印刷有限公司

开本 890 毫米×1240 毫米　1/32　印张 13.375　字数 285 千字
2022 年 8 月第 1 版
2025 年 6 月第 1 版第 3 次印刷
印数 4 201—6 300

ISBN 978-7-309-15982-0/K·784
定价：88.00 元

如有印装质量问题，请向复旦大学出版社有限公司出版部调换。
版权所有　侵权必究